TRAUNER VERLAG

GASTRONOMIE

Bildung, die begeistert!

PETER WÖLFL

INES WEISSENSTEINER-WIESSLER

CHRISTINE RUETZ

ERNST KHOM

#rezeption

1. Auflage 2021

Köglstraße 14, 4020 Linz, Austria

Layout und Gestaltung: Bettina Victor, Teresa Foissner

Lektorat und Produktmanagement: Mag. Johanna Smejkal

Korrektorat: Mag. Bettina Trauner

Fotografien: stock.adobe.com, shutterstock.com, istockphoto.com

Herstellung: Gutenberg-Werbering Gesellschaft m.b.H.
Anastasius-Grün-Straße 6
4020 Linz

ISBN: 978-3-99033-828-5

A–Z

#rezeption

ABREISELISTE
BIS
ZWEIBETTZIMMER

EINLEITUNG

Die Rezeptionsmitarbeiter/innen sind das Aushängeschild eines Hauses.

Egal, wie luxuriös ein Hotel ausgestattet ist – ohne seine Mitarbeiter/innen ist es nur ein Bauwerk, eine leblose Hülle. Gäste sollen sich von der Reservierung bis hin zur Abreise perfekt betreut fühlen. Dabei kommt den Mitarbeiterinnen und Mitarbeitern an der Rezeption eine zentrale Rolle zu. Denn sie sind es, an die sich die Gäste zumeist wenden – ob mit Fragen, Wünschen oder Beschwerden.

Es gibt keine Faustregel, wie es gelingt, aus einer guten Gästebetreuung eine exzellente zu machen. Neben fachlichem Wissen ist jedoch vor allem die Freude am Umgang mit Menschen unverzichtbar. Für die tägliche Arbeit an der Rezeption ist es nötig, sich immer wieder in kürzester Zeit auf unterschiedliche Menschen und ihre Bedürfnisse einzustellen. Auch schwierige Situationen müssen professionell und zur Zufriedenheit des Gastes gemeistert werden. Damit dies gelingt, müssen die Mitarbeiter/innen die Grundlagen und alltäglichen Abläufe der Arbeit an der Rezeption perfekt beherrschen.

Im vorliegenden Buch sind alle zentralen Themen für die Arbeit an der Rezeption benutzerfreundlich und übersichtlich in mehr als 350 alphabetisch geordneten Stichwörtern aufbereitet. So finden Sie rasch, was Sie wissen möchten. Zahlreiche praktische Beispiele und Videos ergänzen die theoretischen Grundlagen und illustrieren, wie auch komplexe und schwierige Situationen professionell gemeistert werden können.

WIE WIRD DIESES BUCH VERWENDET?

Stichwörter

Sie wollen mehr über den Check-in erfahren? Das Thema Marketing interessiert Sie schon länger? Dank der mehr als 350 alphabetisch geordneten Stichwörter können Sie rasch und zielgerichtet genau jene Informationen nachschlagen, die Sie benötigen.

Verweise

In roter Schrift finden Sie Verweise zu anderen Stichwörtern. Im Anhang befindet sich ein detaillierter Index. Damit erhalten Sie einen Überblick über Themen, die bei unterschiedlichen Stichwörtern zur Sprache kommen.

Personas

Jedes Hotel hat andere Zielgruppen. Um im vorliegenden Buch eine möglichst große Bandbreite an Gästegruppen abzudecken, wurden unterschiedliche Personas entwickelt, die in Beispielen und Videos immer wieder auftauchen. Nähere Informationen zu den Personas finden Sie im Online-Paket.

> *Personas sind Nutzermodelle, die einer bestimmten Gäste-/Kundengruppe entsprechen. Sie sind sozusagen fiktive Gäste. Personas werden möglichst detailliert beschrieben. Sie erhalten eine Biografie, einen Beruf, einen Familienstand etc.*

Online-Paket

Im Online-Paket zum Buch befinden sich zahlreiche Videos, Formulare, Beispielbriefe etc. Sie können diese unter **www.trauner-digibox.com** freischalten. Auf der Innenseite des Umschlages finden Sie dazu einen Lizenz-Key.

ONLINE-INHALTE ZUM BUCH

Im Online-Paket zum Buch befinden sich zahlreiche ergänzende Materialien wie Formulare, Checklisten und Beispielbriefe. Zu vielen Stichwörtern gibt es Videos, die zeigen, wie sich auch komplexe Situationen an der Rezeption perfekt meistern lassen.

Direkt beim betreffenden Stichwort finden Sie QR-Codes zum Scannen, über die Sie das jeweilige Video direkt aufrufen können. Neben der deutschsprachigen Variante sind auch alle Videos mit englischen Untertiteln verfügbar.

Filmverzeichnis

Verzeichnis der Online-Inhalte

Ihren individuellen Lizenz-Key finden Sie auf der Innenseite des Umschlags. Sie können diesen unter ***www.trauner-digibox.com*** *freischalten.*

A

#rezeption

ABREISELISTE
BIS
AVERAGE DAILY RATE

ABREISELISTE

Die Abreiseliste listet alle Gäste auf, die am betreffenden Tag auschecken. Diese Liste ist für alle Abteilungen wichtig.

Das Housekeeping benötigt sie, um die Zimmerreinigung zu koordinieren. Ebenso lässt sich anhand der Liste kontrollieren, ob alle Abreisen plangemäß verlaufen. Alle betroffenen Abteilungen erhalten diese Liste zu Schichtbeginn (bzw. können diese dem Property Management System entnehmen).

SO GELINGT'S

Formulieren Sie eine Absage und bieten Sie dem Gast Alternativen an. Die meisten Hotels haben Partnerbetriebe in der Region und helfen sich gegenseitig bei Überbuchungen. Einige Hotelbetriebe führen auch Wartelisten.

ABSAGE

Eine Absage geht – im Gegensatz zum Storno – vom Hotel aus, da dieses für einen vereinbarten Zeitraum kein Zimmer mehr frei hat. Das kann etwa der Fall sein, wenn sich für einen Zeitraum die Buchungen überschneiden, z. B. weil Gäste erst nach Ablauf der Gültigkeit eines Angebotes buchen und auch das Follow-up nicht rechtzeitig zu einer Buchung geführt hat.

TEXTBAUSTEINE

- Vielen Dank für Ihr Interesse an unserem Hotel. Wir sind für den von Ihnen gewünschten Zeitraum von ... bis ... bereits ausgebucht. Deshalb ist es uns nicht möglich, Ihnen das gewünschte Zimmer zu reservieren.
- Gerne bieten wir Ihnen aber für die darauffolgende Woche von ... bis ... Folgendes an: ...
- Es würde uns sehr freuen, wenn Sie unseren Vorschlag annehmen.
- Es würde uns freuen, Ihnen bei anderer Gelegenheit ein Angebot machen zu dürfen.
- Wir hoffen, dass Ihnen unser Vorschlag zusagt und freuen uns, wenn wir Sie, sehr geehrte Frau/sehr geehrter Herr ..., zu einem späteren Zeitpunkt in unserem Haus begrüßen dürfen.
- Wir haben unser Partnerhotel, Hotel ..., kontaktiert. Herr Schnell, der Reservierungsleiter, bietet noch freie ... (Zimmerart) in dem von Ihnen gewünschten Zeitraum an. In der Anlage finden Sie einen Prospekt und eine Preisliste. Gerne steht Ihnen Herr Schnell für weitere Fragen unter der Telefonnummer ... zur Verfügung.

ADR *(Average Daily Rate)*

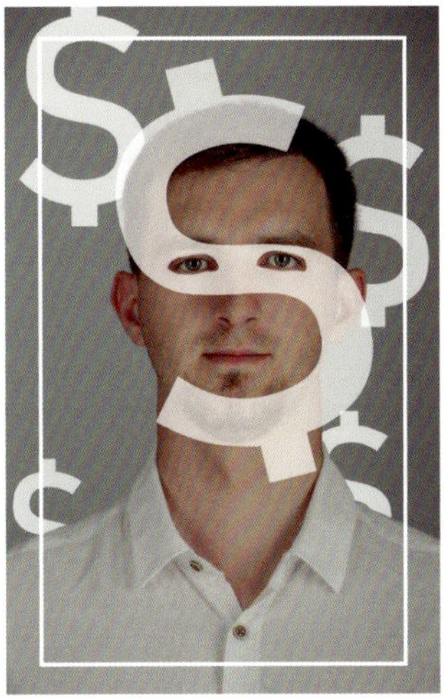

Auch: ARR (Average Room Rate) bzw. RevPOR (Revenue Per Occupied Room)

Diese Kennzahl sagt aus, welchen durchschnittlichen Zimmerpreis ein Hotel in einem bestimmten Zeitraum erzielt hat. Zur Berechnung werden alle Preise, Kategorien, Saisonen als gesamter Logisumsatz für einen Zeitraum erhoben und durch die Anzahl der im betreffenden Zeitraum verkauften Zimmernächte dividiert.

Bei der Definition der ADR (Average Daily Rate)/ARR (Average Room Rate)/des RevPOR (Revenue Per Occupied Room) gibt es viele Varianten. Hier wird die in der internationalen Kettenhotellerie übliche Definition verwendet.

Berechnung der Kennzahl

$$\frac{\text{Logisumsatz in bestimmtem Zeitraum (z. B. Logisumsatz für das Jahr 20..)}}{\text{Anzahl der im Jahr 20.. verkauften Zimmernächte}} = \text{ADR/ARR/RevPOR}$$

*Wichtig: Der Logisumsatz darf Umsatzkomponenten wie Steuer, Frühstück, Ortstaxe sowie Extras **nicht** enthalten.*

Beispiel

$$\frac{\text{91.680,00 (Logisumsatz für den Monat Oktober)}}{\text{827 (Anzahl der Zimmernächte im Oktober)}} = \text{110,86 EUR pro Zimmernacht}$$

ADVANCED PURCHASE RATE

Eine Advanced Purchase Rate ist eine Rate mit besonderen und günstigen Bedingungen für den Gast, z. B. bis zu 10 % Rabatt/Discount. Diese Rate kann an bestimmte Buchungsbedingungen geknüpft sein, z. B.:

- kein kostenloses Storno möglich (variabel)
- sofortige Bezahlung via Kreditkarte oder Vorauszahlung via Banküberweisung erforderlich
- Vorausbuchungsfristen von 14 bis 21 Tagen (variabel)

AGBH

Wenn ein Gast einen Aufenthalt in einem Hotel bucht, gehen Gast und Hotel einen Vertrag über die Rechte und Pflichten ein, die mit der Beherbergung für beide Seiten verbunden sind. Damit diese Bedingungen nicht bei jeder Reservierung aufs Neue ausgehandelt werden müssen, gibt es nationale und internationale Geschäftsbedingungen für die Hotellerie.

In Österreich sind das die **Allgemeinen Geschäftsbedingungen für die Hotellerie (AGBH 2006).** Diese halten unter anderem die Rechte und Pflichten der Beherbergerin/des Beherbergers und des Gastes fest. Sie wurden vom Fachverband Hotellerie erstellt und geben Rahmenbedingungen für Beherbergungsverträge vor. Diese Rahmenbedingungen sind rechtlich nicht bindend, sondern können vom Hotel in individuellen AGB angepasst werden. Die AGBH enthalten z. B. Stornoregelungen.

Sollen beim Abschluss eines Beherbergungsvertrags die AGBH gelten, ist in der Reservierungsbestätigung darauf hinzuweisen. Ein Link auf eine externe Website ist nicht ausreichend. Wird die Reservierungsbestätigung per E-Mail versandt, kann ein Link auf die AGBH auf der hoteleigenen Website integriert werden oder die AGBH können als PDF mitgeschickt werden.

WAS DER PROFI DAZU SAGT

...

Bei dieser Reservierung ist ein Storno bis 14 Tage vor Ankunft gratis. Bei Nicht-Anreise ohne rechtzeitige Stornierung (No-Show) oder einer zu späten Stornierung der Buchung verrechnen wir eine Gebühr in Höhe des gesamten Aufenthaltes.

Als Garantie für Ihre Buchung bitten wir um eine Anzahlung in Höhe von 20 % des Reisepreises bis ... Bei Abreise akzeptieren wir Barzahlung, Visa, Diners, Amex, Eurocard/Mastercard und Debitkarte.

Der Check-in ist ab 15:00 Uhr möglich. Am Abreisetag bitten wir Sie, das Zimmer bis 12:00 Uhr zu räumen.

Im Übrigen verweisen wir auf die AGBH, die Sie mit Ihrer Reservierung akzeptieren.

Ein Großteil der Unstimmigkeiten zwischen Gast und Beherbergungsbetrieb betrifft die Storno-, Zahlungs-, Garantie- und No-Show-Bedingungen sowie Check-in- und Check-out-Zeiten. Daher empfehlen wir, diese Punkte unbedingt in der Reservierungsbestätigung anzuführen.

Gelten für die weiteren Bedingungen die AGBH, kann mit einer entsprechenden Formulierung darauf verwiesen werden.

In Deutschland gibt es von IHA bzw. DEHOGA AGB, die im Rahmen einer kostenpflichtigen Mitgliedschaft erhältlich sind. Die Hotellerie Suisse hat ein sogenanntes Raster für AGB, das Mitgliedsbetrieben zur Verfügung steht und alle Punkte, die in AGB vorkommen müssen, sowie Formulierungsvorschläge enthält. Die Hotellerie Suisse betont, dass es wichtig ist, dass jeder Beherbergungsbetrieb die eigenen AGB auf Zielgruppe, Standort und Philosophie entsprechend abstimmt.

AIRLINE CREW

Besteht zwischen Fluggesellschaft und Beherbergungsbetrieb ein Vertrag über die Nächtigungen der Crew, ist auf die außergewöhnlichen An- und Abreisezeiten zu achten. **Business-Check-in** und **-Check-out** sind von Vorteil. Bringen Sie Mitglieder von Airline Crews bevorzugt in ruhig gelegenen Zimmern mit Verdunkelungsmöglichkeit unter. Der Aufenthalt muss verlängerbar sein. Für diese Gäste ist ein Weckrufservice sehr wichtig.

Airline-Crews erwarten äußerst professionelle und rasche Betreuung. Sie nächtigen regelmäßig in Hotels, reisen zu oft ungewöhnlichen Zeiten an und auch wieder ab. Sie haben oft lange Reisezeiten hinter sich, die Zimmer sollten daher ohne Wartezeit rasch beziehbar sein.

AKONTO

Ein Akonto ist eine **Anzahlung,** die der Sicherstellung der Reservierung dient. Nicht alle Betriebe fordern es ein. Als Garantie kann auch die Buchung über eine Firma fungieren oder ein Voucher. Die Anzahlung muss bis zum vereinbarten Termin überwiesen werden, erst dann ist die Reservierung fixiert. Die Höhe hängt vom Zimmerpreis, von der Personenanzahl und der Aufenthaltsdauer ab.

Die Höhe des Akontos kann entweder wie in den AGBH empfohlen oder individuell festgelegt werden, meist macht es etwa 30 % der Gesamtsumme aus.

Gut zu wissen

In Österreich gilt bei der Versteuerung von Anzahlungen auf Beherbergung:
Bei Anzahlung von bis zu 35 % des Gesamtpreises muss die Umsatzsteuer erst bei der Abrechnung des Gesamtbetrages abgeführt werden.

ALARMANLAGE

Siehe Sicherheit

ALL-INCLUSIVE

All-inclusive-Reisen sind eine Erweiterung des Pauschalreisegedankens. Im Preis sind Logis und Verpflegung sowie etwaige weitere vereinbarte Leistungen inbegriffen. Zusätzlich zum Standardangebot, das z. B. Flug, Hotel, Verpflegung enthält, kann der Gast vor Ort weitere Leistungen (z. B. sportliche Aktivitäten) zum vorab vereinbarten Fixpreis in Anspruch nehmen. Im Normalfall beinhalten All-inclusive-Reisen eine reiche und unbeschränkte Auswahl an Verpflegung.

ALLOTMENT

Siehe Kontingent

AMERIKANISCHES SYSTEM

Siehe Organisationssysteme in der Hotellerie

ANFRAGE

Beantworten Sie Anfragen immer korrekt und zeitnah! Anfragen sollten innerhalb von **zwei Stunden** beantwortet werden, das erhöht die Chancen, aus dem Angebot eine fixe Buchung zu machen. Erhält ein Gast auf seine Anfrage ein Angebot, das seinen Wünschen entspricht, ist bereits Wesentliches in Richtung Buchung getan.

Anfragen bzw. Buchungen erreichen einen Betrieb via Telefon, E-Mail, Web-Booking-Engine auf der hoteleigenen Website, Global Distribution Systems wie Sabre, Amadeus, Worldspan, Central Reservation Systems, Internet Distribution Systems, Post- bzw. Antwortkarte, Fax oder persönlich.

Telefonische Anfrage

Anfragen müssen immer mit größter Aufmerksamkeit bearbeitet werden.

Folgende Fragen müssen Sie jederzeit professionell beantworten können:

Was kostet bei Ihnen ein Einzel-/Doppelzimmer in der Zeit von ... bis ...?

Haben Sie in der Zeit von ... bis ... noch ein Zimmer der Kategorie ... frei?

- Wie viel kostet ein Zusatzbett?
- Wie viel kostet ein Gitterbett?
- Wie sind Ihre Zimmer ausgestattet?
- Wie viele Quadratmeter hat Ihr ...zimmer?
- Wie ist die Lage dieses Zimmers?
- Ist kostenloses WLAN auf den Zimmern/im ganzen Haus verfügbar?
- Welche Freizeitmöglichkeiten bietet Ihr Haus?
- Welche Wellness- und Beautyangebote gibt es bei Ihnen?
- Wie sind Ihre Seminarräume ausgestattet?
- Welche Verpflegung bieten Sie an?
- Wann servieren Sie die Mahlzeiten?
- Ist es möglich, Diätmahlzeiten/vegane/glutenfreie/laktosefreie Gerichte zu erhalten?

Notieren Sie sich den Namen der Anruferin/des Anrufers und sprechen Sie den Gast wiederholt mit Namen an.

- Welche Zahlungsmöglichkeiten gibt es?
- Ist es möglich, Haustiere mitzubringen? Wie hoch sind die Kosten für ein Haustier pro Tag?
- Wie erreiche ich Ihr Hotel mit dem Pkw/Bus/Zug am schnellsten?
- Welche Parkmöglichkeiten gibt es?
- Bieten Sie Transfers vom/zum Bahnhof/Flughafen an? Wie viel kosten diese?
- Welche Aktivitäten und Animationsprogramme gibt es im Haus und im Ort?
- Welche Ausflugsmöglichkeiten, Sehenswürdigkeiten gibt es im Ort und in der Region?
- Welche Sportmöglichkeiten gibt es in der Umgebung?
- Welche Infrastruktur bietet der Ort?

WAS DER PROFI DAZU SAGT

Versuchen Sie, nicht nur Fragen zu beantworten, sondern dem Gast auch aktiv möglichst viele Informationen zu geben. Informieren Sie Ihren (potenziellen) Gast, aber überfrachten Sie ihn nicht mit Infos! Bieten Sie Alternativen an, falls Sie eine Frage negativ beantworten müssen.

Bietet Ihr Restaurant vegane Gerichte an?

Wir haben eine kleine Auswahl veganer Gerichte auf der Karte. Falls Sie eine größere Vielfalt wünschen, gibt es nur wenige Gehminuten von unserem Haus entfernt ein ausgezeichnetes veganes Restaurant.

Telefonische Verkaufsgespräche sind oft effizienter als die Beantwortung schriftlicher Anfragen, weil Fragen direkt beantwortet werden können. Gäste bevorzugen aber tendenziell eine schriftliche Kommunikation, um die Details schwarz auf weiß zu haben.

Schriftliche Anfrage

- Eine rasche schriftliche Anfragebeantwortung ist ein wichtiger Bestandteil eines aktiven Hotelmarketings und der Gästeakquisition.
- Schriftliche Anfragen sollten, unabhängig davon, ob diese Sie per Post, E-Mail, via Online-Buchungssystem oder Fax erreichen, sofort bearbeitet werden.
- Erfassen Sie alle Daten vollständig und korrekt in der Gästekartei des Property Management Systems. So können diese jederzeit abgerufen und bearbeitet werden. Selbstverständlich müssen schriftliche Anfragen ordnungsgemäß im Ordnersystem abgelegt und gespeichert werden.

> *Achtung: Die Daten dürfen nur für den Verlauf des Geschäftsvorgangs gespeichert werden. Storniert der Gast oder antwortet er nicht auf das Angebot, müssen die Daten wieder gelöscht werden. Nur wenn der Gast ausdrücklich aktiv einwilligt, dürfen die Daten in der Gästekartei gespeichert werden.*

Gut zu wissen

Immer wieder landen E-Mails mit Angeboten im Spamordner. Potenzielle Gäste nehmen verärgert an, das Hotel hätte ihre Anfrage übersehen. Eine Möglichkeit ist, eine automatisierte Antwort auf Anfragen per E-Mail zu versenden: „Vielen Dank für Ihre Anfrage. Wir werden diese umgehend beantworten. Sollten Sie nicht innerhalb der nächsten Tage eine E-Mail von uns erhalten, überprüfen Sie bitte auch Ihren Spamordner."

Persönliche Anfrage

Gäste, die direkt an die Rezeption kommen, sind meist Walk-ins, die sofort ein Zimmer buchen möchten. Seltener ist, dass der Gast sich für einen anderen Zeitpunkt vor Ort informieren möchte. Achten Sie darauf, dass Sie alle relevanten Informationen vom Gast bekommen (wie auch bei der schriftlichen Anfrage) und gehen Sie auf die Wünsche des Gastes ein.

Die persönliche Anfrage bearbeitet die Rezeption oder bei Gruppenanfragen die Verkaufsabteilung (Sales-Abteilung). Wichtig im persönlichen Gespräch mit dem Gast sind gute Umgangsformen und Fachkompetenz.

ANGEBOT

Das Angebot präsentiert dem Gast den Betrieb. Darum sind die Formulierung und die Gestaltung von großer Bedeutung. Angebote werden meist in der Ferienhotellerie erstellt. Der Gast will wissen, was ihn im Urlaub erwartet. Geschäftsreisende, die die Stadthotellerie frequentieren, benötigen hingegen meist nur knappe Informationen zur Verfügbarkeit der Zimmer.

Das Angebot ist am Tag der Anfrage zu erstellen. Darum ist das Datum der Anfrage gleichzeitig das Datum des Angebotes. Anfragen per E-Mail bzw. über die Website/Onlinebuchungsplattformen sollten innerhalb von zwei Stunden beantwortet werden.

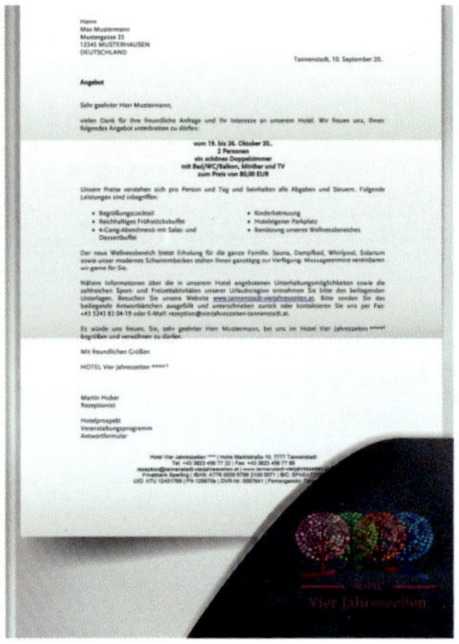
Herrn
Max Mustermann
Mustergasse 35
12345 MUSTERHAUSEN
DEUTSCHLAND

Tannenstadt, 10. September 20..

Angebot

Sehr geehrter Herr Mustermann,

vielen Dank für Ihre freundliche Anfrage und Ihr Interesse an unserem Hotel. Wir freuen uns, Ihnen folgendes Angebot unterbreiten zu dürfen:

vom 19. bis 26. Oktober 20..
2 Personen
ein schönes Doppelzimmer
mit Bad/WC/Balkon, Minibar und TV
zum Preis von 80,00 EUR

Unsere Preise verstehen sich pro Person und Tag und beinhalten alle Abgaben und Steuern. Folgende Leistungen sind inbegriffen:

- Begrüßungscocktail
- Reichhaltiges Frühstücksbuffet
- 4-Gang-Abendmenü mit Salat- und Dessertbuffet
- Kinderbetreuung
- Hoteleigener Parkplatz
- Benützung unseres Wellnessbereiches

Der neue Wellnessbereich bietet Erholung für die ganze Familie. Sauna, Dampfbad, Whirlpool, Solarium sowie unser modernes Schwimmbecken stehen Ihnen ganztägig zur Verfügung. Massagetermine vereinbaren wir gerne für Sie.

Nähere Informationen über die in unserem Hotel angebotenen Unterhaltungsmöglichkeiten sowie die zahlreichen Sport- und Freizeitaktivitäten unserer Urlaubsregion entnehmen Sie bitte den beiliegenden Unterlagen. Besuchen Sie unsere Website www.tannenstadt-vierjahreszeiten.at. Bitte senden Sie das beiliegende Antwortkärtchen ausgefüllt und unterschrieben zurück oder kontaktieren Sie uns per Fax: +43 5243 83 04-19 oder E-Mail: reception@vierjahreszeiten-tannenstadt.at.

Es würde uns freuen, Sie, sehr geehrter Herr Mustermann, bei uns im Hotel Vier Jahreszeiten ***** begrüßen und verwöhnen zu dürfen.

Mit freundlichen Grüßen

HOTEL Vier Jahreszeiten ****

Martin Huber
Rezeptionist

Hotelprospekt
Veranstaltungsprogramm
Antwortformular

Legen Sie einen Hotelprospekt und Informationen zum Ort/zur Region bei. Bereits ausgefüllte Antwortformulare, die nur noch zu ergänzen und zu unterzeichnen sind, sollen ebenfalls mitgeschickt werden. Das erleichtert dem Gast die Buchung.

Ein Angebot – egal, ob es sich an einen Individualgast oder an eine Gruppe richtet – muss immer ein **Ablaufdatum** enthalten. Andernfalls ist es rein rechtlich bis zum Ankunftstag gültig und kann vom Gast eingefordert werden. In der Praxis ist dann allerdings das angebotene Zimmer oder Arrangement meist nicht mehr verfügbar. Wenn das Angebot jedoch ein Ablaufdatum (eine Deadline) hat, verfällt es und ist ab diesem Zeitpunkt nicht mehr gültig bzw. ist ein Follow-up, eine Rückfrage, zu tätigen.

WELCHE ARTEN VON ANGEBOTEN GIBT ES?

Es gibt zwei Arten von Angeboten:

Freibleibendes Angebot: Für dieses Angebot steht z. B. nur ein bestimmtes Kontingent zur Verfügung, die Vergabe funktioniert nach dem Grundsatz First-Come-First-Serve. Der Gast hat also keinen verbindlichen Anspruch auf das Angebot, da es sein kann, dass es zum Zeitpunkt der Buchung nicht mehr verfügbar ist. Es gibt keine Optionsfrist oder Deadline.

Verbindliches Angebot: Hier gibt es ein Optionsdatum, danach verfällt das Angebot automatisch. Wenn der Gast bis zu diesem Datum bucht, steht ihm das Angebotene zur Verfügung.

Schriftliches Angebot

In der Regel sollten Angebote in schriftlicher Form (als Brief, Fax, E-Mail oder über das Kontaktformular auf der Website) erfolgen, um eventuelle Missverständnisse zwischen Gast und Hotelier auszuschließen.

Inhalt eines Angebotes

- Persönliche Daten des Gastes
- An- und Abreisetermin und Möglichkeit zur Verlängerung
- Personenanzahl
- Zimmerkategorie inklusive Art der Verpflegung, Anzahl der Betten, Ausstattung
- Preis: Grundpreis (Einzelpreis und manchmal auch Gesamtpreis), Pauschale bzw. Ermäßigungen, Orts-, Nächtigungs- und Kurtaxe, Steuern (laut Preisauszeichnungsverordnung mit dem Hinweis „Preise verstehen sich inklusive aller Abgaben")

Ist der Name des Gastes richtig geschrieben?

Streichen Sie die Vorteile des Betriebes heraus und weisen Sie auf Besonderheiten und Aktivitäten hin, z. B. kostenlose Nutzung der Therme, Bioprodukte, Radverleih.

TEXTBAUSTEINE

- **Einleitung**
  - Herzlichen Dank für Ihr Schreiben und Ihr Interesse an unserem Hotel.
  - Wir danken herzlich für Ihren Anruf und freuen uns, dass Sie Ihren Urlaub bei uns in ... verbringen möchten.
  - Herzlichen Dank für Ihren heutigen Anruf und Ihr Interesse an unserem Hotel. Wir freuen uns, Ihnen für den gewünschten Zeitraum folgendes Angebot unterbreiten zu können: ...
  - Wir danken für Ihr Interesse an unserem Haus und freuen uns, dass Sie Ihren Urlaub in unserem Hotel verbringen möchten.
- **Angebot**
  - Wunschgemäß bieten wir Ihnen an: ...
  - Gerne unterbreiten wir Ihnen für den gewünschten Zeitraum folgendes Angebot: ...
  - Für den gewünschten Zeitraum von ... (Anreise) bis ... (Abreise) können wir Ihnen gerne wie folgt anbieten: ...
- **Schluss**
  - Wir hoffen, dass unser Angebot Ihren Erwartungen entspricht.
  - Gerne würden wir Sie, sehr geehrte Frau/sehr geehrter Herr ..., in unserem Hotel begrüßen.

- Nähere Informationen über die Unterhaltungsmöglichkeiten in unserem Hotel sowie die zahlreichen Sport- und Freizeitaktivitäten unserer Urlaubsregion entnehmen Sie bitte den beiliegenden Unterlagen. Besuchen Sie auch unsere Website unter ...
- Sehr geehrte Frau/geehrter Herr ..., wir hoffen, dass Ihnen unser Angebot entgegenkommt und würden uns freuen, Sie in unserem Haus begrüßen zu dürfen.
- Wir freuen uns sehr, wenn Ihnen unser Angebot zusagt und wir Sie während der Weihnachtsfeiertage in unserem Hotel verwöhnen dürfen.
- Wir freuen uns, Sie bald als unsere Gäste willkommen zu heißen. Um Ihnen das Buchen zu erleichtern, haben wir ein Reservierungsformular beigelegt.
- Sollten wir Ihr Interesse geweckt haben, senden Sie uns bitte das beiliegende Antwortformular bis spätestens ... zurück, um so Ihre Reservierung zu fixieren.
- Bitte senden Sie uns das beiliegende Antwortformular bis spätestens ... ausgefüllt und unterschrieben zurück oder kontaktieren Sie uns per Fax oder E-Mail (Adresse).
- Wenn Sie noch Fragen oder Wünsche haben, kontaktieren Sie uns bitte unter (Tel.-Nr.) oder senden Sie uns eine E-Mail (Adresse).

- **Grußformel**
  - Wir freuen uns, bald von Ihnen zu hören.
  - Herzliche Grüße/Liebe Grüße/Freundliche Grüße/Sportliche Grüße ...

Ein Beispiel für ein Angebot finden Sie als Download.

FÜR DIE ANGEBOTSERSTELLUNG FEHLEN INFOS?

Wenn Sie nicht alle für die Angebotserstellung nötigen Informationen haben, gibt es zwei Möglichkeiten:

- Sie sammeln die fehlenden Informationen und halten Rücksprache mit dem prospektiven Gast. Dies können Sie – wenn Sie die Anfrage per E-Mail erhalten haben – per E-Mail machen oder Sie melden sich telefonisch beim Gast. Betonen Sie, dass Sie sich freuen, dass sich der Gast an Sie gewendet hat, und erklären Sie, dass Sie zur Erstellung eines maßgeschneiderten Angebotes noch ein paar Auskünfte benötigen.
- Die zweite (und elegantere) Möglichkeit ist, das Angebot mit vorhandenen Angaben zu erstellen und für die offenen Punkte verschiedene Möglichkeiten anzubieten.

Vielen Dank für Ihre Anfrage und Ihr Interesse an unserem Haus! Um Ihnen ein maßgeschneidertes Angebot erstellen zu können, benötigen wir noch folgende Informationen: ...

Mündliches Angebot

Angebote können nicht nur schriftlich, sondern auch mündlich – im Rahmen eines Telefonats oder eines persönlichen Gesprächs – gemacht werden. Das mündliche Angebot ist ein Verkaufsgespräch, daher sind einige Punkte zu beachten.

SO GELINGT'S

- Lächeln Sie und begrüßen Sie den Gast freundlich und herzlich. Zeigen Sie ihm, dass er willkommen ist und Sie sich über seine Anwesenheit freuen.
- Nennt der Gast seinen Namen, begrüßen Sie ihn nochmals und sprechen Sie ihn dabei mit seinem Namen an.
- Fragen Sie ihn zuvorkommend und interessiert nach seinen Wünschen.
- Bevor Sie einen Aufenthalt zusagen können, klären Sie folgende Dinge ab: Aufenthaltsdauer (genaues An- und Abreisedatum inklusive Jahr), Personen- bzw. Zimmeranzahl und Zimmerart
- Informieren Sie den Gast klar und eindeutig über Zimmer und Preise.

Ich kann Ihnen ein Doppelzimmer STANDARD mit Doppelbett, Bad mit Dusche und WC um 132,00 EUR pro Person und Nacht oder ein Doppelzimmer SUPERIOR mit Bad mit Dusche und Badewanne, separatem WC, Balkon und Couch zum Preis von 158,00 EUR pro Person und Nacht anbieten.

Warten Sie die Reaktion ab und geben Sie zu diesem Zeitpunkt keine weiteren Informationen. Halten Sie Blickkontakt und lächeln Sie. Ist nichts Passendes dabei, bieten Sie dem Gast eine dritte Alternative an.

Wir haben auch eine Juniorsuite frei – diese hat 65 m^2, einen großen Balkon mit Bergblick, ein Badezimmer mit Dusche und Badewanne, ein separates WC und eine gemütliche Sitzecke. Sie kostet nur 50,00 EUR mehr als das Doppelzimmer SUPERIOR.

Zögert der Gast noch immer, helfen Sie ein bisschen nach – lächeln Sie, manche Gäste brauchen eine Entscheidungshilfe.

Wäre die Juniorsuite etwas für Sie?

- Füllen Sie nun bei Bedarf ein Reservierungsformular aus. Achten Sie dabei auf Folgendes:
  - leserliche Schrift, korrekte Schreibweise von Namen, Straßen, Orten etc.
  - knappe und logische Formulierungen
- Sprechen Sie den Gast während des Gespräches mehrmals mit seinem Namen an und verwenden Sie Bestätigungswörter. Nicken Sie als Zeichen, dass Sie alles registriert haben.
- Verkaufen Sie sich und Ihr Hotel gut, führen Sie das Gespräch von sich aus und beantworten Sie die Fragen des Gastes ehrlich und kompetent.
- Fassen Sie die wichtigsten Daten am Ende des Gespräches zusammen und sichern Sie dem Gast eine rasche Erledigung zu.

Herr Rieder, vielen Dank für ihr Interesse an unserem Haus, ich darf kurz zusammenfassen: ...

- Teilen Sie dem Gast mit, wann Sie die Reservierung erledigen/bestätigen werden und danken Sie ihm für seine Reservierung.
- Verabschieden Sie sich freundlich, indem Sie den Gast nochmals mit Namen ansprechen und Ihre Freude über seinen Besuch ausdrücken.

Danke, dass Sie sich für uns entschieden haben, Herr Rieder. Wir freuen uns auf Sie.

Abhängig davon, ob der Gast sich nur informiert hat oder gleich buchen möchte, gibt es nach dem Gespräch zwei Möglichkeiten:

- Der Gast hat sich nur informiert und möchte die Informationen schriftlich bekommen: Der Beherbergungsbetrieb sendet dem Gast ein schriftliches Angebot. So können Missverständnisse vermieden werden.
- Der Gast hat sich informiert und möchte gleich buchen: Der Beherbergungsbetrieb schickt eine Reservierungsbestätigung inklusive aller vereinbarten Konditionen (Datum, Zimmerkategorie, Zimmerausstattung, Preis, Ermäßigungen, inkludierte Leistungen, Stornobedingungen [AGBH], evtl. Anzahlung). Die Reservierung wird durch Einlangen einer Anzahlung oder die Vorauszahlung mittels Kreditkarte fixiert.

ANIMATION

FILM AB!

Animationsangebot Radausflug

Manche Betriebe nehmen ihren Gästen die gesamte **Organisation des Urlaubsaufenthalts** ab und erstellen den Gästen ein an ihre Interessen angepasstes Programm. Durch Gästebefragung lässt sich eruieren, welche Angebote sich die Gäste wünschen.

Manche Häuser bieten hausinterne Programme an. Einige Betriebe stellen Animateurinnen/Animateure ein. Das Angebot hängt von den personellen aber auch räumlichen Kapazitäten des Hotels ab.

„Ein abwechslungsreiches Freizeitprogramm verhindert, dass Gäste bei Schlechtwetter vorzeitig abreisen.

Um ein gelungenes **Rahmenprogramm** zu garantieren, gibt es die Möglichkeit, in sogenannte **Dienstleistungsketten** mit anderen Anbietern einzusteigen. Dabei bucht ein Gast z. B. einen Radausflug über den Tourismusverband. Die Beherbergung übernimmt der Betrieb, evtl. auch den Fahrradverleih. Alles andere – von den Ausflugszielen über die Beschilderung der Wege bis hin zu Restaurantführern – übernehmen andere Partner.

Interne Animation

Das sind jene Animationsangebote, die vom Betrieb angeboten werden, etwa:

- Bewegung (z. B. Yoga im Hotelgarten, Aquagymnastik im Pool, Kräuterwanderung)
- Geselligkeit (z. B. Musik- oder Tanzabende)
- Kreatives Arbeiten (z. B. Malen, Töpfern, Kochkurse, Barmixkurse)
- Bildung (z. B. Entdecken und Erleben von Geschichte, Geografie, Geologie, Brauchtum)
- Abenteuer (z. B. Outdoor-Trips, Kochen am Lagerfeuer)
- Ruhe (z. B. Orte der Stille, Meditationsgarten, Übungen zur Körperwahrnehmung und Entspannung)
- Kinder- und Jugendbetreuung (z. B. Geländespiele, Abenteuerpark, geführte Themenwanderungen, Brot backen)

Externe Animation

Das sind jene Angebote, die von der Tourismusdestination – dem Ort, der Gemeinde, der Region – veranstaltet werden. Der Gast erfährt von den Angeboten z. B. über die Morgenpost, Gästeinformationen auf dem Zimmer oder Ankündigungstafeln an der Rezeption.

ANREISE

FILM AB!

Anreise – so nicht!

STELLEN SIE SICH VOR

Es ist 21:00 Uhr. Sie haben einen langen Arbeitstag mit zahlreichen Kundenterminen hinter sich. Nach einer anstrengenden Autofahrt kommen Sie endlich in dem Viersternehotel an, in dem Sie heute übernachten werden.

Eine junge Dame und ein junger Herr lehnen am Frontdesk – offensichtlich in ein Gespräch vertieft, denn die beiden bemerken Sie nicht. Sie schleppen Ihren Koffer zur Rezeption und sagen: „Entschuldigung, mein Name ist Möller, ich habe reserviert." Die Rezeptionistin blickt zu Boden und verschwindet wortlos Richtung Büro, der Rezeptionist begrüßt Sie mürrisch: „Guten Abend. Wie war Ihre Anreise?" Ohne eine Antwort abzuwarten, beginnt er, auf der Computertastatur zu tippen. Mit den Worten „Füllen Sie bitte das Formular aus", händigt er Ihnen, ohne Sie eines Blickes zu würdigen, das Gästeverzeichnisblatt aus. Ebenso wortlos nimmt er das ausgefüllte Formular wenige Minuten später wieder entgegen. Mit folgenden Worten drückt er Ihnen eine Keycard in die Hand: „Zimmer 302 im dritten Stock – der Lift ist um die Ecke."

Sie sehen: Nicht nur die Hard facts wie Ausstattung und Lage eines Hotels zählen, im Gegenteil, oft macht eine persönliche und herzliche Serviceleistung den Unterschied.

An der Rezeption stehen eine junge Dame und ein junger Herr in ein Gespräch vertieft. Als Sie eintreten, unterbrechen die beiden ihr Gespräch, der Rezeptionist kommt auf Sie zu, nimmt Ihnen den Koffer ab und begrüßt Sie: „Guten Abend, Herr Möller!" Die Rezeptionistin sagt: „Guten Abend, Herr Möller! Mein Name ist Sabine. Wie war Ihre Anreise?" Nach einem „Es geht so" Ihrerseits erwidert sie lächelnd: „Wir freuen uns, dass Sie gut bei uns angekommen sind. Dürfen wir Ihnen zur Erfrischung ein Getränk anbieten?" Sie bestellen ein Getränk Ihrer Wahl und setzen sich in der Hotelhalle an einen Tisch. Sabine bringt Ihnen das Getränk und das Gästeverzeichnisblatt und bittet Sie, die fehlenden Daten zu ergänzen. Die dem Hotel bekannten Daten sind bereits eingetragen. Sie füllen das Formular aus, trinken Ihr Getränk und begeben sich zur Rezeption. Die Rezeptionistin lächelt Sie an, teilt Ihnen Ihre Zimmernummer mit, händigt Ihnen Ihre Keycard aus und begleitet Sie auf Ihr Zimmer. Unterwegs erklärt sie Ihnen den Weg zum Wellnessbereich, informiert Sie über die Frühstückszeiten und fragt, ob Sie einen Tisch im Restaurant reservieren soll.

Abhängig von der Art des Hotels stellt der Gast seinen Wagen entweder auf dem Hotelparkplatz oder in der Tiefgarage ab oder es übernimmt der Hausdiener (in Mittelbetrieben der gehobenen Kategorie) oder die Wagenmeisterin/der Wagenmeister diese Aufgabe (in Großbetrieben).

Die Porter bzw. Lohndiener/innen helfen dem Gast bei der Ankunft mit seinem Gepäck.

Manche Hotels bieten den Gästen einen Transfer vom Flughafen ins Hotel an. Optimal ist, bereits bei der Reservierung die Flugnummer zu erfragen. Bei seiner Ankunft wird der Gast in der Ankunftshalle erwartet. Die zuständige Mitarbeiterin/Der zuständige Mitarbeiter heißt den Gast im Hotel willkommen und führt den Check-in durch.

ANREISELISTE

Der **Anreiseliste** sind die Anreisen für den jeweiligen Tag zu entnehmen. Dank dieser Liste wissen Frontoffice-Mitarbeiter/innen, welche Gäste am jeweiligen Tag ankommen und können sich entsprechend vorbereiten. Sie können die Gäste mit Namen begrüßen und besondere Wünsche von Stammgästen in der Gästekartei nachlesen. Weitere Informationen über die ankommenden Gäste finden die Rezeptionsmitarbeiter/innen im Übergabebuch/Blog.

Die Anreiseliste wird am Vorabend bzw. nach dem Tagesabschluss erstellt. Die Liste dient als Information für alle Abteilungen im Haus und ist die Grundlage für die Erstellung von Dienstplänen, den Einkauf etc. Sie wird an die entsprechenden Abteilungen im Haus weitergegeben (z. B. Etage, Küche, Service, Direktion). Ebenso lässt sich anhand dieser Liste kontrollieren, ob alle An- und Abreisen plangemäß verlaufen.

Inhalt der Anreiseliste

- Datum
- Zimmernummer
- Name der ankommenden Gäste
- Personenzahl im Zimmer
- Sonderwünsche, z. B. bevorzugtes Zimmer
- Arrangement für die ankommenden Gäste
- Begleitpersonen, Kinder
- Gruppenname bzw. Reisebüro
- Stammgastvermerk

„Wird ein Zusatzbett benötigt?

Gut zu wissen

In den meisten Hotelbetrieben werden die An- und auch die Abreiseliste sowie die Stay-Over-Liste im Property Management System erstellt. Voraussetzung ist, dass alle Daten korrekt eingegeben und ständig aktualisiert wurden. Um Fehler zu vermeiden, arbeiten einige Betriebe zusätzlich mit einer manuellen Variante.

ANTWORTFORMULAR

Das Antwortformular ermöglicht es dem Gast, so einfach wie möglich an gewünschte Informationen – und damit auch zu einer Buchung – zu kommen. Nachdem eine Anfrage erfolgt ist, sendet der Betrieb dem Gast das vorab ausgefüllte Antwortformular. Dieser wählt die gewünschten Informationen aus und sendet das Formular zurück. Das Formular sollte so gestaltet sein, dass der Gast auch Zusatzleistungen (z. B. Massagen, Beautybehandlungen) direkt buchen kann. Das Antwortformular ist meist auch Teil oder Beilage eines Prospekts – an E-Mails können Antwortformulare angefügt werden. Auch auf der Website sollen Kontaktformulare verfügbar sein, über die der Gast Informationen anfordern kann.

ANZAHLUNG

Siehe Akonto

APPARTEMENT

Vollständig eingerichtete Ferienunterkunft mit Küche, Schlaf- und Wohnbereich

ARR *(Average Room Rate)*

Siehe ADR, Kennzahl

AUSHANGPFLICHTIGE GESETZE

Der österreichische Unternehmer ist verpflichtet, den Mitarbeitern arbeitnehmerschutzrechtliche Vorschriften zugänglich zu machen. Diese Gesetze dienen dem Schutz der Mitarbeiter/innen, z. B. Gesundheit und Sicherheit am Arbeitsplatz, Beschäftigungsbeschränkungen und -verbote für schwangere Mitarbeiterinnen, Arbeitsstättenverordnung, Jugendarbeitsschutzgesetz, Arbeitszeitgesetz, Mutterschutzgesetz, Allgemeines Gleichbehandlungsgesetz. Es besteht die Möglichkeit, die in Österreich aushangpflichtigen Gesetze elektronisch zur Verfügung zu stellen. Dies darf jedoch nur angeboten werden, wenn die Mitarbeiter/innen gleichzeitig Zugang zu einem Computer mit Internetanschluss haben.

Auch in **Deutschland** sind Betriebe verpflichtet, ihre Mitarbeiter/innen über arbeitnehmerschutzrechtliche Vorgaben zu informieren und sollten daher die entsprechenden Gesetze für ihre Mitarbeiter/innen zugänglich machen.

In **Südtirol** muss an einem für alle Mitarbeiter/innen zugänglichen Ort eine Kopie der im Kollektivvertrag enthaltenen Bestimmungen ausgehängt werden. Enthalten sein müssen die Disziplinarvorschriften, die Disziplinarmaßnahmen bei Verfehlungen, das Beanstandungsverfahren sowie der Verweis auf Art. 7 des Gesetzes Nr. 300 vom 20. Mai 1970. Außerdem kann auch eine Hausordnung mit individuellen Regeln für die Mitarbeiter/innen (z. B. Pausen, Urlaubsregelung) ausgehängt werden. Die Gewerkschaftsorganisationen können an einem für die Mitarbeiter/innen zugänglichen Ort Veröffentlichungen/Mitteilungen von gewerkschaftlichem Interesse aushängen.

Die **Schweiz** kennt keine aushangpflichtigen Gesetze.

AUSLASTUNG

Engl. Occupancy

Die Auslastung der Zimmer (nicht der Betten!) ist eine Kennzahl, die vor allem bei Hotels errechnet wird, die keine oder nur sehr kurze Betriebsferien haben und diese Kennzahl mit anderen Betrieben (z. B. einer Kette) vergleichen.

Bei Saisonbetrieben wird diese Kennzahl nicht (bzw. nur pro Monat, nicht pro Jahr) verwendet, weil das Ergebnis bei z. B. neun Offenhaltungsmonaten (statt zwölf) verfälscht und das Ergebnis damit nicht vergleichbar wäre.

Berechnung der Kennzahl

$$\frac{\text{Zimmernächte pro Zeitraum (z. B. Monat Mai)} \times 100}{\text{Anzahl der Zimmer} \times \text{Tage pro Zeitraum (z. B. Monat Mai) bzw. Offenhaltungstage}} = \text{Zimmerauslastung in \%}$$

Beispiel

$$\frac{1312 \text{ (Zimmernächte im Mai)} \times 100}{54 \text{ (Anzahl der Zimmer)} \times 31 \text{ (Tage im Mai)}} = 78{,}38\ \%\ \text{Zimmerauslastung}$$

AVERAGE DAILY RATE

Siehe ADR, Kennzahl

B

#rezeption

B2B
BIS
BUSINESS TRAVELLER

Engl. Business-to-Business

B2B

Mit dem Begriff B2B oder Business-to-Business sind Geschäftsbeziehungen zwischen zwei oder mehreren Unternehmen gemeint. Im Hotelbereich betrifft dies etwa den Verkauf von Zimmern an Firmen.

Engl. Business-to-Customer

B2C

Mit dem Begriff B2C oder Business-to-Customer wird der Verkauf an den Gast direkt bezeichnet.

Engl. Business-to-Trade

B2T

Der Begriff B2T oder Business-to-Trade bezeichnet den Verkauf über Reisevermittler.

BACKOFFICE

Das Backoffice umfasst die Empfangs- und Betriebsbüros sowie die dazugehörigen Arbeitsräume. Dieser Bereich ist – im Gegensatz zum Frontoffice – für den Gast nicht sichtbar und auch nicht zugänglich. Hier werden administrative Tätigkeiten erledigt, etwa der Hotelschriftverkehr, die Annahme von (telefonischen) Reservierungen, die Wartung und Aktualisierung von Buchungsplattformen etc. Auch alle relevanten Dokumente, Korrespondenzen, Rechnungen etc. werden im Backoffice abgelegt.

Das Backoffice oder der Bürobereich sollte sich unmittelbar neben, noch besser hinter der Rezeption befinden, um die Mitarbeiterkommunikation zu beschleunigen.

In der Ferienhotellerie sind Backoffice und Frontoffice manchmal kombiniert. Es kann vorkommen, dass eine Rezeptionistin/ein Rezeptionist gerade am Schreibtisch sitzt, wenn Gäste anreisen. Dann heißt es, aufstehen und die Gäste herzlich begrüßen.

Im Backoffice können z. B. die Reservierungsabteilung (in kleineren Betrieben – Großbetriebe haben eine eigene Reservierungsabteilung), die Gruppenreservierungsabteilung (Group Coordination, Tour Coordination), das Manager Office bzw. die Direktion, die Sales-&-Marketing-Abteilung (Verkauf und Marketing) sowie Public-Relations-Abteilung (Öffentlichkeitsarbeit), der Hotelsafe/Saferaum, das Personalbüro (Human Recources) und die Buchhaltung (und Personalverrechnung) untergebracht sein.

BACK OF THE HOUSE

Das Back of the House ist der für Gäste unsichtbare Bereich eines Hotels. Also jene Räumlichkeiten hinter den Kulissen, wo die Mitarbeiter/innen alle Tätigkeiten ausführen, die für einen reibungslosen Ablauf des Gästeservices notwendig sind, wie z. B. Technik, Küche, Buchhaltung, Personalbüro etc. Gäste haben hier keinen Zutritt. Hier wird die Büroarbeit erledigt, es werden Waren angeliefert, gelagert und verarbeitet, Möbel und andere Gegenstände gelagert und Müll entsorgt. Die Verkehrswege zu diesen Räumen sollen sich nicht mit jenen der Gäste kreuzen.

Zum Back of the House zählen folgende Räume:

- **Büros:** In Großbetrieben gibt es Büros für die Generaldirektion, für die Food-and-Beverage-Managerin/den Food-and-Beverage-Manager, die Salesmanagerin/den Salesmanager, die Public-Relations-Managerin/den Public-Relations-Manager, für die Buchhaltung sowie für die Mitarbeiter/innen dieser Abteilungen.
- **Küche:** Die Küche ist das Herz des Betriebes. Von ihr hängt meist der Ruf des gesamten Hauses ab. Der Großteil der Speisen wird in der Hauptküche zubereitet. Aus organisatorischen Gründen werden die Speisen manchmal in Neben- oder Satellitenküchen fertig gemacht, diese befinden sich meist neben Bankett- und Frühstücksräumen. Vorbereitungsküchen gibt es fast nur in Großbetrieben. Abhängig von Betriebsgröße und Anzahl der Restaurants kann es auch mehrere Restaurantküchen geben.

- **Lagerräume:** Da die Lagerhaltung aufwendig und teuer ist, haben viele Betriebe nur ein kleines Lager und lassen die Waren frisch anliefern. Je nach Betriebsgröße gibt es ein Hauptlager, verschiedene Magazine, Lagerräume, Kühlräume, Weinkeller und Getränkelager. Auch für Möbel, Seminarraumeinrichtungen, Dekorationen etc. sind weitere Depots erforderlich.
- **Mitarbeiterräume:** Saisonbetriebe haben meist Mitarbeiterunterkünfte. Eigene Speiseräume für Mitarbeiter/innen gibt es hauptsächlich in Großbetrieben. Garderoben, Umkleideräume, Waschräume und Toiletten, die nur der Mannschaft zur Verfügung stehen, sind in den meisten Betrieben selbstverständlich. Mitarbeiterräume sollen von den Bereichen, zu denen die Gäste Zutritt haben, getrennt sein.
- Laundry (Wäscherei)
- Haustechnik
- Müllräume

BAGAGISTE

Siehe Lohndiener/in

BANKETT

Ein Bankett ist die aufwendigste, aber auch eleganteste Veranstaltungsform. Perfekte Rahmenbedingungen, sehr gut geschulte Mitarbeiter/innen und eine genaue Planung sind Voraussetzungen für ein gutes Gelingen. Für das Bankett werden Tische oft zu einer Tafel gestellt. Es gibt ein Protokoll (= Ablaufplan der Zeremonie), die Menü- und Getränkeauswahl ist erlesen. Bankette eignen sich besonders für Hochzeiten, Staatsempfänge und Jubiläen.

Für Verkaufsgespräche und die Planung von Banketten haben viele Betriebe eine eigene **Bankettmappe** mit allgemeinen Informationen über den

Betrieb, Beispielbildern von bereits organisierten Banketten, Raumplänen mit Tafel- bzw. Tischstellungen, standardisierten und frei wählbaren Menüvorschlägen, Buffetvorschlägen (inklusive korrespondierender Getränke, Cocktailpartys mit Fingerfood, Pausenarrangements, Seminargetränke), Getränke- und Weinkarte, AGB, Zusatzangeboten wie Organisation einer Fotografin/eines Fotografen, Bereitstellen der Blumen, Bereitstellen der technischen Geräte, Tanzparkett, Bühne etc.

BANKETTABTEILUNG

Die Bankettabteilung organisiert und betreut Veranstaltungen, Feiern (z. B. Weihnachtsfeiern, Hochzeiten), Seminare, Konferenzen etc. und ist auch für das Catering zuständig, sofern es keine eigene Cateringabteilung gibt. Zwischen Bankettabteilung und Frontoffice findet ein steter Informationsaustausch statt.

Anfragen zu Veranstaltungen erreichen oft das Frontoffice. Daher ist es wichtig, dass die Frontoffice-Mitarbeiter/innen über die Gegebenheiten des Hauses informiert sind und Auskunft geben können. Es gibt dafür in jedem Betrieb Organisationsmittel, wie Bankettmappen, Cateringmappen, Anfrage- und Aufnahmebögen, spezielle Telefonnotizbögen und Functionsheets.

Veranstaltungsanfragen, die das Frontoffice erreichen, müssen sorgfältig notiert und umgehend an die Bankettabteilung weitergeleitet werden.

Sollte ein Veranstalter Änderungswünsche beim Frontoffice bekanntgeben, sind diese umgehend an die Bankettabteilung weiterzuleiten. Vor der Zusage von Änderungen an den Veranstalter müssen diese erst mit den entsprechenden Abteilungen geklärt werden. Entstehen dadurch Kosten, sind diese schriftlich festzuhalten und dem Veranstalter mitzuteilen.

Während der Veranstaltung unterstützt das Frontoffice die Gäste, wenn diese z. B. Kopien, Hilfe bei technischen Geräten oder zusätzliches Arbeitsmaterial wie Flipchart-Stifte, Beamer etc. benötigen.

Oft werden im Zuge von Veranstaltungen auch Zimmer für Übernachtungen benötigt. Dafür stehen der Bankettabteilung eigene frei verfügbare Zimmerkontingente zur Verfügung. Werden mehr Zimmer benötigt, wird das mit der Frontoffice Managerin/dem Frontoffice Manager abgesprochen.

BAR *(Best Available Rate)*

Auch: Best Flexible Rate

BAR steht für Best Available Rate und es handelt sich dabei um den besten öffentlich verfügbaren Tagespreis. Die BAR enthält keine oder nur geringe Restriktionen (Stornofrist, Mindestaufenthalt etc.) für den buchenden Gast. Die BAR wird auch **Best Flexible Rate** genannt.

Achtung: Diese Rate ist nicht die günstigste für den Gast!

BARAUSLAGE

Es ist üblich, dass kleinere Auslagen für den Gast von der Rezeption beglichen werden. Zu den Klassikern zählen z. B. Rechnungen für Blumen, Taxifahrten, Apotheke oder Wäscherei. Sinnvoll ist, den Gast bereits im Vorhinein über die Höhe der möglichen Gästeauslagen zu informieren, also ein entsprechendes Limit festzulegen.

Beispiel

Das Ehepaar Schumann ist zu Gast in Ihrem Hotel. Weil das Paar heute seinen Hochzeitstag hat, bestellt Herr Schumann einen Blumenstrauß. Der Lieferant liefert den Blumenstrauß an die Rezeption.

Wird für einen Gast eine Barauslage übernommen, so ist dafür ein Formular als Bestätigung auszufüllen. Diese Aufgabe übernimmt die Kassierin/der Kassier oder die Rezeptionistin/der Rezeptionist. Bei Lieferung der Bestellung unterschreibt die Lieferantin/der Lieferant ein **Paid-out-Formular** (Auslagenformular). Damit bestätigt sie/er den Erhalt des offenen Betrags. Das Formular wird an die Rechnung des Gastes geheftet. Bei der Gastrechnung muss die Gästeauslage als **Durchläufer** gebucht werden, dann ist sie steuerfrei. Im Property Management System werden Barauslagen unter Paymaster/City Ledger verbucht.

Am einfachsten ist es, den Rechnungsbetrag vom Gast bar zu kassieren. Bei Zahlung mit Kreditkarte ist dem Gast das **Disagio** (die Abrechnungsgebühr mit dem Kreditkartenunternehmen) in Rechnung zu stellen.

Der Gast erhält eine Kopie der Rechnung, das Original wird als Zahlungsbeleg in die Handkasse (in die Tageskasse oder **Petty Cash**) gelegt, aus der der Barbetrag an die Lieferanten gezahlt wurde.

BARZAHLUNG

Die Barzahlung erfolgt in Euro oder in Fremdwährungen zum Tageskurs, der entweder von der Hausbank zur Verfügung gestellt oder Tageszeitungen bzw. dem Internet entnommen wird. Banknoten werden auf ihre Sicherheitsmerkmale hin überprüft. Für Euro-Scheine gibt es eigene **Prüfgeräte,** die bei Banken angefordert werden können.

Gut zu wissen

Sicherheitsmerkmale der Euro-Banknoten

Fremdwährungen

Gäste aus Ländern der Europäischen Union, in denen der Euro nicht eingeführt ist, sowie Gäste aus anderen Staaten benützen bei Barzahlung evtl. ihre eigene Landeswährung.

Dabei sind u. a. folgende Punkte zu beachten:

- Die Devisen- und Valutenkurse müssen **täglich** abgerufen werden und **aktuell** sein.
- Im Zweifelsfall muss mit der betriebseigenen Bank Rücksprache gehalten werden.
- Achten Sie bei der Annahme der Banknoten immer auf die Sicherheitsmerkmale.

Abkürzungen internationaler Währungen (Währungscodes)

AUD	Australische Dollar	HKD	Hongkong-Dollar	PLN	Polnische Zloty
CAD	Kanadische Dollar	HRK	Kroatische Kuna	SEK	Schwedische Kronen
CHF	Schweizer Franken	HUF	Ungarische Forint	SGD	Singapur-Dollar
CZK	Tschechische Kronen	JPY	Japanische Yen	USD	US-Dollar
DKK	Dänische Kronen	NOK	Norwegische Kronen	ZAR	Südafrikanische Rand
GBP	Britische Pfund	NZD	Neuseeland-Dollar		

BEGRÜSSUNG

Die wichtigste Regel lautet: Sprechen Sie den Gast von der Anreise bis zur Abreise immer mit seinem Namen an. Für einen guten persönlichen Kontakt stellen Sie sich selbst mit Vor- und Nachnamen vor.

- Begrüßen Sie Ihre Gäste höflich. Achten Sie auf die richtige Reihenfolge: Jung grüßt Alt, Herr grüßt Dame, Mitarbeiter/in grüßt Vorgesetzte/n.
- Gäste spricht man in der Regel per Sie an und grüßt sie mit „Grüß Gott", „Guten Morgen", „Guten Abend". „Hallo" ist ein absolutes No-Go!
- Stammgäste werden mit Namen begrüßt.
- Ebenso ein No-Go ist es, Gäste über den Frontdesk hinweg mit Handschlag zu begrüßen. Grundsätzlich entscheidet die/der Ranghöhere – in unserem Fall der Gast – ob er Ihnen die Hand geben will oder nicht. Ausnahmen gibt es in der Ferienhotellerie, hier ist es durchaus möglich, Stammgäste, die gut bekannt sind, per Handschlag zu begrüßen.

KANN ICH BEIM HÄNDEDRUCK ETWAS FALSCH MACHEN?

Ja, selbst bei einer so banalen Sache wie dem Händedruck kann viel falsch laufen. Ein schlaffer, feuchter Händedruck signalisiert Nervosität und Unsicherheit. Ein zu fester Händedruck kann unangenehm und sogar schmerzhaft sein. Es gibt keine Faustregel, die festlegt, welchen Händedruck Menschen als angenehm empfinden. Lassen Sie daher den Gast die Festigkeit des Händedruckes bestimmen.

Informieren Sie sich, ob es im Herkunftsland Ihres Gastes üblich ist, jemandem die Hand zu reichen. Amerikaner/innen und Engländer/innen beispielsweise reichen einander nur beim ersten Kennenlernen die Hand. Bei Gästen aus dem arabischen Raum ist darauf zu achten, dass Männer und Frauen einander nicht die Hand schütteln.

BELLBOY

Siehe Page

BELLCAPTAIN

Siehe Cheflohndiener/in

BENCHMARK

Siehe Kennzahl

BERUFSBEKLEIDUNG

Siehe Kleidung

BESCHWERDEMANAGEMENT

Beim Wort Beschwerde schrillen bei vielen Menschen sofort die Alarmglocken. Das Wort ist negativ besetzt, es klingt nach Ärger und Problemen. Doch vielmehr sollten Beschwerden als Geschenk gesehen werden. Machen Sie sich bewusst: Wenn ein Gast sich beschwert und Sie richtig reagieren, haben Sie im besten Fall einen Stammgast gewonnen.

Fakt ist: Ist die Reklamationsquote klein, muss das nicht unbedingt ein gutes Zeichen sein. Nur die wenigsten Gäste beschweren sich. Unzufriedene Gäste wandern oft zu Mitbewerbern ab, ohne vorher zu reklamieren – und das Hotel hat keine Ahnung vom Unmut des Gastes. Der reklamierende Gast ist dem Betrieb meist wohlgesonnen und nur selten ein Nörgler.

„Jeder unzufriedene Gast informiert durchschnittlich zehn Personen aus seinem Bekanntenkreis über seine schlechten Erfahrungen. Positive Erlebnisse werden jedoch nur gegenüber drei Personen hervorgehoben.

FILM AB!
Beschwerde Lärmbelästigung

FILM AB!
Beschwerde Wellness

FILM AB!
Beschwerde mangelhafter Picknickkorb

FILM AB!
Beschwerde Restaurant

STELLEN SIE SICH VOR

Sie verbringen Ihren Winterurlaub in einem Viersterne-Superieur-Hotel. Nach langer Anreise kommen Sie um 13:00 Uhr im Hotel an und freuen sich auf ein bisschen Ruhe im Zimmer. Aber: Beim Check-in teilt Ihnen die Rezeptionsmitarbeiterin mit, dass das Zimmer noch nicht fertig ist und bittet Sie, in der Lobby zu warten. Während Sie warten, wird Ihre Laune von Minute zu Minute schlechter. Sie bereuen, dass Sie dieses Hotel gebucht haben. Nachdem Sie über eine Stunde gewartet haben, fragen Sie bei der Rezeptionistin nach, ob das Zimmer schon bezugsfertig ist. Diese aber antwortet, dass das Zimmer laut AGBH 2006 erst ab 16:00 Uhr bezugsbereit sein müsse und Sie warten müssten. Spätestens jetzt platzt Ihnen der Kragen und Sie würden am liebsten abreisen.

Beim Check-in erfahren Sie, dass das Zimmer noch nicht fertig ist. Die Rezeptionsmitarbeiterin fragt beim Housekeeping nach und teilt Ihnen mit, dass das Zimmer in ca. einer Stunde bereit sei: „Möchten Sie inzwischen in unserer Hotelbar warten? Gerne laden wir Sie auf einen Kaffee und ein Stück Kuchen ein." Auch in dieser Situation werden Sie nicht erfreut sein. Die Rezeptionistin sieht Ihnen das an und ergänzt: „Ihr Gepäck können wir in der Zwischenzeit gerne für Sie verwahren. Der Wellnessbereich hat auch schon geöffnet, wenn Sie möchten, können Sie diesen gleich nutzen und wir bringen Ihr Gepäck aufs Zimmer. Sobald es fertig ist, geben wir Ihnen verlässlich Bescheid."

Prinzipiell stimmt natürlich, was die Rezeptionistin im ersten Beispiel sagt. Das Zimmer muss erst zum vereinbarten Zeitpunkt zur Verfügung stehen. Aber mit ihrer Reaktion hat sie Sie von Anfang an verärgert. Sie werden nun jede Kleinigkeit kritisch hinterfragen und garantiert weitere Punkte finden, die es zu beanstanden gibt – Gäste, die Fehler finden wollen, finden diese auch.

Man unterscheidet **aktives** und **passives Beschwerdemanagement.** Beim aktiven Beschwerdemanagement fordert das Hotel den Gast auf, sich über den Betrieb und die Dienstleistungsqualität zu äußern. Möglichkeiten dafür sind die mündliche oder schriftliche Gästebefragung. Der Vorteil von aktivem Beschwerdemanagement ist, dass man vorbereitet ist, wenn Reklamationen passieren. Außerdem ist bei einer schriftlichen Reklamation kein spontanes Reagieren notwendig, Maßnahmen können in Ruhe überlegt werden.

Gäste, die ihre Adresse auf dem Fragebogen anführen, erhalten eine schriftliche Entschuldigung oder Stellungnahme des Hotels. Dadurch bekommt der Gast das Gefühl, ernst genommen zu werden, und seine Unzufriedenheit kann gelindert werden. Auch ist es ein Zeichen von Wertschätzung, neben einem angemessenen Lösungsvorschlag ein kleines Geschenk mitzusenden, z. B. einen Gutschein für ein Abendessen für zwei Personen.

Gut zu wissen

Verbinden Sie den Gästefragebogen mit einem Gewinnspiel. So motivieren Sie Gäste, den Fragebogen auszufüllen. Achtung: Das Gewinnspiel ist immer als separate Einlage in den Fragebogen einzubinden. Der Gast soll nicht gezwungen werden, im Fragebogen die Adresse anzugeben – er muss anonym bleiben können.

Von **passivem Beschwerdemanagement** spricht man, wenn der Gast mit einer Reklamation auf eine Mitarbeiterin/einen Mitarbeiter des Betriebes zukommt und darauf in entsprechender Weise reagiert wird. Nicht die Fehler an sich sind das Problem, sondern die Art, wie damit umgegangen wird, und die Art, wie Reklamationen häufig bearbeitet werden.

Reagiert ein Hotel professionell auf Gästebeschwerden, kann das Ruder im wahrsten Sinne des Wortes noch herumgerissen werden. Eine schnelle, freundliche und vorausschauende Reaktion auf Gästebeschwerden sorgt für mehr Breitenwirkung als so mancher nach allen Regeln der Kunst geschriebene Werbebrief. Sie haben es in der Hand, aus einem „frustrierten" Gast einen begeisterten Stammgast zu machen. Verlorene Gäste muss man mit hohem Marketingaufwand wieder ausgleichen.

Fühlt sich der Gast ungerecht behandelt, reagiert er vielleicht aggressiv und vergreift sich im Ton. Dem ist mit Verständnis entgegenzutreten, damit eine negative Erfahrung in eine positive umgekehrt werden kann.

Das Wichtigste ist, den Reklamationsgrund aus der Welt zu schaffen und eine Wiedergutmachung anzubieten – etwa eine kleine Aufmerksamkeit, ein kleines Präsent, einen Preisnachlass –, damit der Gast positiv überrascht ist. Der Gast wählt ein Haus aus einer Vielzahl an Hotels mit gleichwertigem Standard und geht davon aus, dass seine Erwartungen übertroffen werden. Positive Überraschungen und Mitarbeiter/innen, die bereit sind, alles dafür zu geben, dass Gäste mit Vorfreude auf den nächsten Aufenthalt abreisen – dadurch unterscheidet sich vielleicht genau Ihr Hotel vom Nachbarhotel.

Gut zu wissen

Ein Gast sollte sich nur einmal über dieselbe Sache beschweren müssen. Wenn ein Gast zweimal auf dasselbe Problem trifft, wird er verständlicherweise an der Effizienz des Beschwerdemanagements im Hotel zweifeln.

Beschwerden müssen mit Fingerspitzengefühl, Freundlichkeit und Hilfsbereitschaft bearbeitet werden. Sie sind zu prüfen, unter Umständen sind Vorgesetzte hinzuzuziehen und Entscheidungen müssen dem Gast diplomatisch übermittelt werden. Die meisten Hotels haben genaue Richtlinien, welche Kompensationen in welcher Höhe für welche Reklamationen angeboten werden dürfen. Abhängig von der Schwere des Problems können das z. B. Serviceleistungen, ein Upgrade oder sogar eine zusätzliche Gratis-Übernachtung sein. Ebenso ist in diesen Richtlinien festgelegt, welche Kompensationen z. B. das Frontoffice anbieten darf und ab welcher Höhe die Frontoffice Managerin/der Frontoffice Manager/die General Managerin/der General Manager/der Manager on Duty zuständig ist.

SO GELINGT'S

Richtig reagieren bei Gästebeschwerden
Meist ist es weder für den Gast noch für die Mitarbeiterin/den Mitarbeiter angenehm, wenn ein Gast reklamiert. Um Gästebeschwerden professionell und zufriedenstellend zu meistern, gilt es diese Schritt für Schritt in Angriff zu nehmen.

1 ZUHÖREN

Meist ist der Gast aufgeregt oder aufgebracht, wenn er an die Rezeption kommt, um sich zu beschweren. Daher gilt:

- Halten Sie Augenkontakt.
- Unterbrechen Sie den Gast nicht, sondern hören Sie ihm aufmerksam zu.
- Bauen Sie Vertrauen auf, indem Sie seine Anliegen ernst nehmen.
- Notieren Sie die wichtigsten Eckpunkte.
- Unterbrechen Sie alle anderen Tätigkeiten.
- Im Idealfall bitten Sie den Gast, an einem ungestörten Ort Platz zu nehmen.

2 REAGIEREN

- Reagieren Sie empathisch auf die Beschwerde des Gastes.
- Nehmen Sie die Anregungen nicht persönlich und lassen Sie sich nicht provozieren.
- Bleiben Sie ruhig und sachlich.
- Versetzen Sie sich in die Lage des Gastes und geben Sie dem Gast zu verstehen, dass Sie ihn und seine Anliegen ernst nehmen.

3 BESCHWERDE KATEGORISIEREN

- Fassen Sie das Problem in eigenen Worten zusammen, um sicherzustellen, dass Sie alles richtig verstanden haben.
- Beschwerden sollten nach internen Vorgaben bestimmten Kategorien zugeordnet werden. Überlegen Sie: In wessen Zuständigkeitsbereich fällt die Beschwerde? Wie schwerwiegend ist die Beschwerde? Wer ist zuständig? Kann die Mitarbeiterin/der Mitarbeiter am Frontdesk die Beschwerde bearbeiten oder sollte besser eine Mangerin/ein Manager hinzugezogen werden?
- Geben Sie dem Gast zu verstehen, dass Sie sich um eine Lösung bemühen.
- Bieten Sie dem Gast gegebenenfalls etwas zu trinken an, um ihm die Situation zu erleichtern.

4 NACH LÖSUNGEN SUCHEN

- Finden Sie heraus, wer Ihnen helfen kann, das Problem zu beheben. Welche Abteilung ist zuständig?
- Kontaktieren Sie die zuständige Person und erklären Sie den Grund für die Unzufriedenheit des Gastes.
- Fragen Sie, ob und wie das Problem gelöst werden kann. Wie lange wird es dauern, bis die Schwierigkeit bewältigt ist?

5 DEM GAST BESCHEID GEBEN

- Erklären Sie dem Gast, was das Hotel unternimmt, um sein Problem zu lösen.
- Machen Sie eine ungefähre Zeitangabe, bis wann er mit der Lösung rechnen kann.

6 KOMPENSATION

- Bieten Sie dem Gast eine Kompensation an, die der Reklamation entspricht. Das muss nicht immer ein Upgrade, ein Restaurantgutschein oder eine Gratis-Übernachtung sein. Bei „kleinen" Beschwerden ist z. B. ein Gutschein für Kaffee und Kuchen, ein Obstteller oder eine Flasche Haussekt ausreichend.
- Fragen Sie den Gast, ob er mit dem Angebot einverstanden ist.
- Notieren Sie, was Sie dem Gast anbieten. So können Sie kontrollieren, ob das Versprochene umgesetzt wurde und auch Ihre Kolleginnen und Kollegen wissen im Fall einer etwaigen Nachfrage des Gastes sofort Bescheid.
- Bieten Sie nur Kompensationen an, zu denen Sie auch berechtigt sind – es gibt nichts Schlimmeres, als zurückrudern zu müssen.

TEXTBAUSTEINE

- **Einleitung**
  - Wir beziehen uns auf Ihr Schreiben/Ihre E-Mail vom ... Nach Überprüfung unserer Unterlagen haben wir festgestellt, dass ... Wir bedauern, dass Sie einige unserer Serviceleistungen/die Sauberkeit in unseren Zimmern/die Öffnungszeiten unseres Wellnessbereiches/die Speisen in unserem Restaurant etc. nicht zufrieden gestellt hat/haben.
  - Vielen Dank für Ihr Feedback. Die von Ihnen erwähnten Punkte/bemerkten Mängel etc. entsprechen keineswegs unseren Standards und dafür möchten wir uns bei Ihnen entschuldigen.
  - Konstruktives Feedback unserer Gäste ist die entscheidende Anregung, um unsere Serviceleistungen stets verbessern und weiterentwickeln zu können. Dafür möchten wir Ihnen herzlich danken. Wir entschuldigen uns höflich für den unterlaufenen Fehler und legen Ihnen als kleine Wiedergutmachung einen Gutschein im Wert von ... EUR bei, den Sie jederzeit in unserem Hotel/Restaurant/Wellnessbereich/an unserer Hotelbar etc. einlösen können.
- **Zimmer (Defekt/Ausstattung/Sauberkeit/Einrichtung)**
  - Ein klärendes Gespräch mit der Hausdame/dem verantwortlichen Zimmermädchen wurde bereits geführt und entsprechende Schulungsmaßnahmen umgesetzt.
- **Küche/Service**
  - Es ist uns ein Anliegen, dem hohen Anspruch unserer Gäste zu entsprechen – umso mehr bedauern wir, dass unser Küchenteam/Serviceteam diesem nicht gerecht wurde. Ein klärendes Gespräch mit der Küchenchefin/Restaurantleiterin/dem Küchenchef/Restaurantleiter wurde bereits geführt und entsprechende Schulungsmaßnahmen umgesetzt. Ihr konstruktives Feedback hat uns in unserer Philosophie bestätigt, ständige Fortbildungsmaßnahmen für unsere Mitarbeiter/innen durchzuführen.
- **Falscher Preis**
  - Wir bedauern, dass auf Ihrer Rechnung vom ... ein falscher Zimmerpreis aufgebucht wurde. Selbstverständlich erstatten wir Ihnen den Differenzbetrag zurück und werden diesen umgehend auf Ihr Konto bei der ... Bank überweisen.
- **Verrechnete Stornogebühren**
  - Laut den Allgemeinen Geschäftsbedingungen für die Hotellerie fällt bei einer Stornierung von Hotelzimmern innerhalb ... vor Anreise eine Stornogebühr von ... % an – aufgrund unserer langjährigen Zusammenarbeit/Ihres individuellen Sachverhaltes/Ihrer Argumentation/Ihrer persönlichen Situation werden wir in Ihrem Fall davon Abstand nehmen und Ihnen für die nicht in Anspruch genommenen Zimmer eine Gutschrift zusenden.
- **Mitarbeiter/innen/Management/Wellnessleistung**
  - Freundlichkeit, Aufmerksamkeit und Kompetenz unserer Mitarbeiter/innen sind uns ein wichtiges Anliegen. Umso mehr bedauern wir, dass die Mitarbeiter/innen unserer/unseres ... Ihrem Anspruch nicht gerecht werden konnten.
  - Ein klärendes Gespräch mit der verantwortlichen Abteilungsleiterin/dem verantwortlichen Abteilungsleiter wurde bereits geführt und entsprechende Schulungen umgesetzt. Ihr konstruktives Feedback hat uns in unserer Philosophie bestätigt, ständige Fortbildungsmaßnahmen für unsere Mitarbeiter/innen durchzuführen.

- **Ausstattung Wellness/Spa/Zimmer/Restaurant veraltet/nicht angemessen**
  - Die von Ihnen erwähnten/bemerkten Mängel entsprechen keineswegs unseren Standards und dafür möchten wir uns bei Ihnen entschuldigen. Wir informieren Sie, dass ab September 20.. die Renovierung unseres Wellnessbereiches/der dritten Etage/der Zimmer zur Südseite/des Restaurants etc. geplant ist. Bei Ihrem nächsten Aufenthalt ab November 20.. reservieren wir gerne ein neu gestaltetes Zimmer für Sie/können Sie sich in unserem neu gestalteten Wellnessbereich entspannen/können Sie sich in unserem neu gestalteten Restaurant kulinarisch verwöhnen lassen etc. Als kleine Wiedergutmachung legen wir einen Gutschein im Wert von ... EUR bei, den Sie in unserem Hotel/Restaurant/Wellnessbereich/an unserer Hotelbar etc. einlösen können.
- **Vergessener Weckruf**
  - Aufmerksamkeit und Kompetenz unserer Mitarbeiter/innen sind uns ein wichtiges Anliegen. Umso mehr bedauern wir, dass die Mitarbeiter/innen unserer Rezeption Ihren Weckruf übersehen haben. Ein klärendes Gespräch mit der verantwortlichen Abteilungsleiterin/dem verantwortlichen Abteilungsleiter wurde bereits geführt und entsprechende Maßnahmen umgesetzt. Ihr konstruktives Feedback hat uns in unserer Philosophie bestätigt, ständige Fortbildungen für unsere Mitarbeiter/innen durchzuführen.
  - Es ist uns bewusst, dass wir den entstandenen Schaden nicht wiedergutmachen können, dennoch ist es uns ein Anliegen, Sie als unseren Gast/Stammgast zufriedenzustellen, daher erlauben wir uns, Ihnen einen Gutschein im Wert von ... EUR beizulegen, den Sie jederzeit in unserem Hotel einlösen können.
- **Schlusssatz:**
  - Wir hoffen, Ihnen hiermit entgegenkommen zu können und Sie bald wieder bei uns im Hotel ... begrüßen und verwöhnen zu dürfen.
  - Im Namen des gesamten Teams bedanken wir uns für Ihr Feedback/Ihre Rückmeldung/Ihre offenen Worte/Ihre Offenheit, welche/s für uns sehr wichtig ist/sind, um unsere Serviceleistungen stetig zu verbessern und weiterzuentwickeln. Wir würden uns freuen, wenn Sie uns nochmals eine Chance geben würden.

Weitere Tipps zum Umgang mit Reklamationen

- Machen Sie sich bewusst: Die Beschwerde richtet sich meist nicht gegen Sie persönlich, sondern gegen eine andere Person oder gegen mangelhaft erbrachte Leistungen. Nehmen Sie die Beschwerde daher ernst, aber nicht persönlich.
- Fragen Sie nach, wenn etwas nicht klar ist, aber agieren Sie nicht belehrend.
- Bitten Sie den Gast für heikle Gespräche in einen Raum, wo Sie das Gespräch in Ruhe führen können.

- Schieben Sie keine Kolleginnen und Kollegen vor und gebrauchen Sie keine Ausreden.
- Strahlen Sie Kompetenz aus, bleiben Sie selbstbewusst, vermitteln Sie ein Gefühl der Sicherheit und zeigen Sie Verständnis für die Wünsche des Gastes.
- Eine aufrechte Körperhaltung, freundliche und offene Gesten sowie ein höflicher, aber im Fall einer ungerechtfertigten Beanstandung bestimmter Tonfall wirken professionell. Lassen Sie sich nicht einschüchtern und weisen Sie beleidigende oder unqualifizierte Äußerungen des Gastes zurück.
- Nehmen Sie Anteil an den Bedürfnissen des Gastes.

Es tut mir sehr leid, dass Ihnen diese Unannehmlichkeit entstanden ist.

Damit drücken Sie Ihr Bedauern aus, aber nehmen die Schuld nicht auf sich.

- Wenn wirklich ein Fehler gemacht wurde, können Sie sich entschuldigen. Oft kommt es aber vor, dass die Kundin/der Kunde z. B. falsche Erwartungen hatte oder seine Äußerungen nicht angemessen sind.
- Kümmern Sie sich sichtbar und merkbar um den Grund für die Unzufriedenheit des Gastes, machen Sie sich z. B. Notizen oder bieten Sie an, sofort die betreffende Abteilung zu informieren.
- Suchen Sie Alternativen und zufriedenstellende Lösungen und führen Sie keine Diskussion. Rechtfertigen Sie sich nicht, sondern bieten Sie Lösungen an.

Ich verstehe, dass Sie darüber sehr verärgert sind, daher schlage ich Ihnen folgende Vorgehensweise vor: ...

- Bedanken Sie sich für die Hinweise. Sie dienen dazu, Abläufe zu verbessern.
- Überzeugen Sie sich im Anschluss persönlich, ob die Fehler auch tatsächlich behoben wurden bzw. eine angemessene Wiedergutmachung erfolgte. Erkundigen Sie sich beim Gast, ob die Lösung des Problems zu seiner Zufriedenheit ausgefallen ist.

- Beschwert sich ein Gast bei oder nach seiner Abreise schriftlich oder auf einer Buchungsplattform, teilen Sie ihm schriftlich mit, wie das Problem gelöst wurde – evtl. auch mit einem Foto. Vergessen Sie auch hier nie, sich für die Information zu bedanken.
- Alle Beschwerden inklusive Lösungsweg sind zu protokollieren. Denken Sie auch daran, Ihre Kolleginnen und Kollegen über den Vorgang zu informieren, um nochmaligen Schwierigkeiten vorzubeugen.
- Fordern Sie Gäste aktiv auf, es zu sagen, wenn sie etwas stört. Fügen Sie einen entsprechenden Satz etwa in der Gästeinformationsmappe ein.
- Nutzen Sie sich bietende Gelegenheiten, um mit Ihren Gästen ins Gespräch zu kommen, ohne aufdringlich zu sein. Im lockeren Small Talk lässt sich sehr leicht herausfinden, wie es den Gästen im Hotel gefällt, ob sie Verbesserungsvorschläge/Anregungen haben und welche Zusatzbedürfnisse aufgetaucht sind. Bleiben Sie während des Aufenthaltes in Kontakt. Ist der Gast abgereist, ist es meistens zu spät.

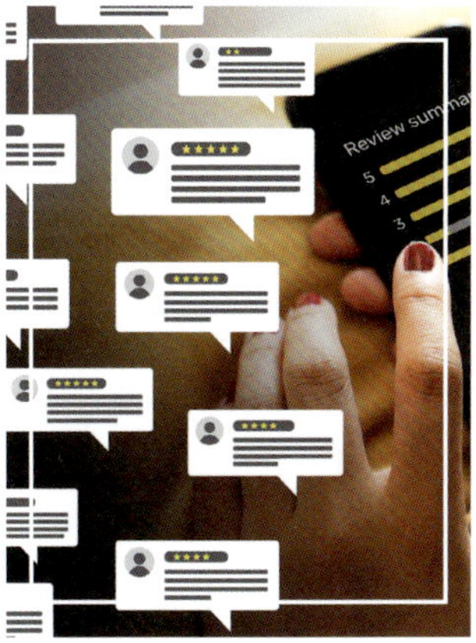

BEST AVAILABLE RATE

Siehe BAR

BEST FLEXIBLE RATE

Siehe BAR

BEST-PRICE-ZIMMER

Zimmer, die kurzfristig günstiger verkauft werden (ähnlich Last-Minute-Angeboten).

BILLBOARD-EFFEKT

Oft beginnen Gäste die Suche nach einem Hotel auf virtuellen Marktplätzen im Internet. Wenn sie auf ein Hotel stoßen, das ihnen gefällt, besuchen sie häufig auch die hoteleigene Website, um weitere Informationen zu finden. Oft buchen sie infolge auch direkt beim Hotel.

Das ist der sogenannte Billboard-Effekt, der besagt, dass die Listung eines Hotels auf verschiedenen Online Travel Agencys (OTAs) zu einer Steigerung von Direktbuchungen über die eigene Website führen kann.

Die Erkenntnisse des Billboard-Effekts beeinflussen die tägliche Arbeit an der Rezeption nur indirekt. Dennoch haben sie großen Einfluss auf die strategischen Überlegungen zu Verkauf und Webmarketing im Allgemeinen. Der Verkauf über mehrere OTAs sowie über die hoteleigene Website ist genauso unerlässlich wie das Anlegen und Verwalten eines Hotelprofils auf Online-Bewertungsplattformen (z. B. holidaycheck.at, tripadvisor.com). Je breiter ein Hotelunternehmen im Internet aufgestellt ist (sowohl auf Verkaufs- als auch auf Social-Media-Plattformen), desto größer ist das Vertrauen der Konsumentinnen/Konsumenten in das Hotelprodukt – und das wiederum erhöht die Möglichkeit der Direktbuchung auf der Hotel-Website.

Um den potenziellen Gast zu begeistern, muss die Hotel-Website seine Erwartungen erfüllen und ihn ansprechen. Daher sollte die Website professionell gestaltet und gut gewartet sein. Außerdem ist die Implementierung einer Web-Booking-Engine, über die der Gast direkt buchen kann, empfehlenswert.

BRANDSCHUTZ

Brandschutz ist laut Gesetz eine der wichtigsten Komponenten der Sicherheit im Hotel. Der Gast verlässt sich darauf, dass alles getan wird, um Brände zu verhindern.

Ursachen für Brände

- Defekte, falsch bediente elektrische Geräte und Anlagen
- Leicht brennbare Materialien bei der Einrichtung, bei Textilien etc.
- Rauchen
- Reparaturen wie Schweißarbeiten etc.

- Geräte im Küchenbereich, z. B. durch Überhitzung von Geräten oder Speisen (Öl)
- Blitzschlag
- Fahrlässigkeit
- Brandstiftung

Brandschutzmaßnahmen

Die Brandschutzmaßnahmen müssen den gesetzlichen Anforderungen entsprechen. Die **Brandschutzanlagen** müssen behördlich regelmäßig überprüft werden. Brandschutzanlagen sind etwa Feuerlöscher, Rauch- bzw. Brandmelder, automatische Rauchabzüge, Sprinkleranlagen und Blitzschutzanlagen. Bei Brandschutz und Sicherheit ist unbedingt auf die Landesgesetze zu achten!

Zu überprüfen sind auch die **Fluchtwege.** Die Fluchtwege über Stiegenhäuser müssen gut gekennzeichnet sowie schnell und leicht erreichbar und mit einem automatischen Rauchabzug ausgestattet sein. Die Kennzeichnung der Fluchtwege muss mit **netzunabhängiger Notbeleuchtung** erfolgen. **Druckknopfmeldeanlagen** müssen gut sichtbar in den Gängen montiert sein. **Automatische Brandmeldeanlagen** setzen sich selbstständig in Betrieb. Alarmpläne sind auszuarbeiten und die **Mitarbeiter/innen regelmäßig zu schulen,** was im Falle eines Brandes zu tun ist.

Für all diese Maßnahmen ist die/der **Brandschutzbeauftragte** des Betriebes zuständig. Sie/Er überprüft anhand **behördlich freigegebener Checklisten** die Gegebenheiten im Betrieb u. a. in Bezug auf Bausubstanz (Brandabschnitte, Schließvorrichtungen an Brandschutz- und Rauchabschlusstüren), Ausstattung (Notbeleuchtung, Brandmelder, Löscheinrichtungen, Lüftungsanlagen, Wärmegeräte, elektrische Anlagen etc.), Organisation und Instruktionen im Brandfall. Sie/Er ist auch für die regelmäßige Durchführung und Dokumentation von Brandschutzübungen für alle Mitarbeiter/innen, interne Unterweisungen und Einschulungen (Brandmeldeanlage) zuständig.

Orientierungsplan

Ein Orientierungsplan dient den Gästen zur Information, wie sie sich im Brandfall zu verhalten haben. Der Orientierungsplan ist in allen Gästezimmern anzubringen. Meist hängt er an der **Türinnenseite.**

Er ist leicht verständlich, geografisch eindeutig (mit Standortangabe) und mehrsprachig zu gestalten. Der Plan soll gleichzeitig den **hohen Sicherheitsstandard des Hauses** demonstrieren.

Das muss der Orientierungsplan enthalten:

- Sicherheitsstandards des Hauses (Brandschutzmaßnahmen bzw. -einrichtungen, z. B. Feuermelder, Brandschutztüren)
- Standort
- Fluchtwege und Notausgänge, vom jeweiligen Standort ausgehend
- Platzierung der nächstgelegenen Feuermelder und Feuerlöscher
- Telefonnummern (Zentrale und Feuerwehr)
- Maßnahmen zur Brandverhütung
- Verhalten im Brandfall
- Eine kurze Formulierung zur Vermittlung der Verantwortung, die der Gast für die Sicherheit aller Anwesenden im Haus trägt; vorzugsweise eine höfliche, persönliche Formulierung und ein Dankeschön im Namen aller Gäste und Mitarbeiter/innen sowie eine Unterschrift.

Ein Beispiel für einen Orientierungsplan finden Sie als Download.

Maßnahmen zur Brandverhütung für den Gast

- Nicht rauchen.
- Keine offene Flamme im Gästezimmer entzünden.
- Keine Rauchreste, Streichhölzer, Zigarettenreste o. Ä. in den Papierkorb werfen.
- Keine Heiz- und Wärmegeräte (z. B. Heizdecken, Tauchsieder) verwenden, die nicht auf dem Zimmer zur Verfügung stehen.

Verhalten der Gäste im Brandfall

- Sie werden im Brandfall informiert – Ruhe bewahren.
- Brandausbruch sofort melden.
- Türen schließen.
- Den Anweisungen des Personals folgen.
- Aufzug im Brandfall nicht benützen.
- Bei starker Rauchentwicklung in den Gängen im Zimmer bleiben – es bietet Schutz.
- Sich am geschlossenen Fenster bemerkbar machen.
- Das Eintreffen der Feuerwehr abwarten.

Verhalten der Mitarbeiter/innen im Brandfall

Informieren Sie sich vorab eingehend über freie (!) Fluchtwege, Feuerlöscher, Notfallnummern, Erreichbarkeit eines Telefons und über das richtige Verhalten im Brandfall: **Alarmieren – Retten – Löschen.** Die Betriebsleitung muss Sie vor Arbeitsbeginn einweisen.

- Im Brandfall ruhig handeln – Hektik führt meist zu Fehlverhalten.
- Sofort die Feuerwehr verständigen, falls keine Feuermelder vorhanden sind.
- Verletzte in Sicherheit bringen, gefährdete Personen warnen.
- Mitarbeiter/innen, andere Abteilungen und Gäste informieren.
- Brandherd ausfindig machen; absichern und, falls möglich, Feuer mit vorhandenen Löschgeräten von unten bekämpfen. Mehrere Feuerlöscher gleichzeitig, nicht nacheinander einsetzen!

BRUTTORATE

Wenn bei der Zusammenarbeit mit Reisebüros, -veranstaltern oder -vermittlern von Bruttoraten die Rede ist, sind damit Preise inklusive Provision gemeint. Das ist jener Preis, den der Gast an den jeweiligen Vertriebspartner bezahlt. Das Hotel erhält den Differenzbetrag aus Bruttorate und Provision/Mark-up, die Nettorate.

Als Bruttopreis wird im allgemeinen Sprachgebrauch der Preis inklusive aller Steuern und Abgaben (in Österreich laut Preisauszeichnungsgesetz) verstanden.

BUCHUNG

Siehe Reservierung

BUFFET

Beim Buffet werden die Speisen und Getränke nicht an den Tisch serviert. Es stehen verschiedene (kalte und warme) Speisen und Getränke frei zur Wahl und der Gast holt sich nach Belieben selbst.

Der Vorteil von Buffets für den Betrieb ist der geringe Mitarbeitereinsatz im Service. Zu beachten ist jedoch auch der Mitarbeiterbedarf zum Sauberhalten der Buffettische sowie zum Abräumen der Gästetische.

Man unterscheidet in der Gastronomie je nach Art der Veranstaltung zwischen **offenen** und **geschlossenen** Buffets. Ein **offenes** Buffet ist für alle Gäste zu bestimmten Tageszeiten und Anlässen zugänglich, dafür wird z. B. eine Pauschale pro Gast verrechnet (Brunch, Heringsschmaus etc.).

Ein **geschlossenes** Buffet hingegen wird nach den Wünschen einer Bestellerin/eines Bestellers und der Anzahl der Gäste organisiert (meist in einem getrennten Raum) und der Bestellerin/dem Besteller in Rechnung gestellt.

BUSINESS SERVICE CENTER

Viele Gäste möchten während ihres Aufenthalts Dokumente ausdrucken, Informationen recherchieren oder benötigen aus beruflichen Gründen einen Computerzugang. Dafür gibt es in vielen Hotels sogenannte Business Service Center, die Bandbreite der angebotenen Dienstleistungen ist groß und reicht vom Sekretärservice (Secretarial Service) über Internetzugang mit Videokonferenz bis hin zum Verleih von Notebooks oder Tablets.

BUSINESS TRAVELLER

„Wenn Unternehmen regelmäßig ihre Mitarbeiter/innen in einem Hotel unterbringen, bekommen diese manchmal besondere Konditionen, z. B. kürzere Stornofristen.

Geschäftsreisende wünschen sich einen raschen Check-in und Check-out. Beliebt sind – wenn möglich – ein Online-Check-in vor der Anreise und ein Quick-Check-out am Zimmer. Zimmer mit Arbeitsplatz samt Anschlüssen für Laptop und Co. sowie ein stabiles WLAN sind diesen Gästen wichtig. Oft müssen Business Traveller frühmorgens abreisen, daher schätzen sie einen Weckservice und die Möglichkeit für ein Business-Frühstück oder einen Coffee-to-go bzw. bei Anreise spätabends eine gut gefüllte Minibar am Zimmer und lange Öffnungszeiten des Wellness- und Fitnessbereiches. Wenig interessiert sind Geschäftsreisende meist an Sightseeing-Tipps.

Große Konzerne haben oft ein eigenes Reisebüro – ein sogenanntes Reisebüro-Implant, das das gesamte Travel-Management des Konzerns abwickelt. Die einzelnen Abteilungen buchen die Hotels und Flüge nicht selbst, sondern über das Implant, das mit Reisebüromitarbeiterinnen/-mitarbeitern besetzt ist. Große Anbieter/innen auf diesem Gebiet sind: Hapag-Lloyd, BTI – Business Travel International und American Express Reisebüros.

C

#rezeption

CATERING
BIS
CUSTOMER RELATIONSHIP
MANAGEMENT

CATERING

Grundsätzlich bezeichnet Catering die Bereitstellung von Speisen und Getränken. Unterschieden wird zwischen Inside- und Outside-Catering. **Inside-Catering** meint die Verpflegung bei Veranstaltungen, die im eigenen Haus stattfinden. **Outside-Catering** bezeichnet die Verpflegung bei Veranstaltungen, die nicht im eigenen Betrieb stattfinden.

Eine außer Haus durchgeführte Veranstaltung bringt wertvollen Umsatz, ohne die eigenen Räumlichkeiten zu belasten. Beim Outside-Catering gibt es verschiedene Modelle – von der Einzelleistung bis zum Komplettservice ist alles möglich. Die Lieferung von Speisen und Getränken mit oder ohne Serviceleistung nennt man **Food-and-Beverage-Catering.** Wird die gesamte Durchführung der Veranstaltung außer Haus übernommen **(Full-Service-Catering),** muss auch das gesamte Inventar bereitgestellt werden.

Wer im Bereich Outside-Catering erfolgreich sein möchte, muss einen Komplettservice aus einer Hand anbieten. Stärker noch als im Bankettgeschäft hängt der erfolgreiche Ablauf der Veranstaltung von der sorgfältigen Planung ab. Wichtige Planungsinstrumente sind: Bankettmappe, Functionsheet, Checklisten, Memos, Inventarlisten, Terminpläne, Organisationspläne.

CENTRAL RESERVATION SYSTEM

Ein Central Reservation System (CRS) ist ein zentrales Reservierungssystem, mit dem Kontingente, Preise und allgemeine Hotelinformationen durch Hotels und deren Vertriebspartner verwaltet werden. CRSs werden von Reisebüros, Airlines und Sales-&-Marketing-Kooperationen (z. B. Best Western, Hilton Hotels) verwendet. Letztere verwenden CRSs mittlerweile auch als Internetverkaufsplattformen für ihre Mitgliederhotels.

CHANNEL MANAGEMENT

Die Preise und Verfügbarkeiten auf den unterschiedlichen elektronischen Vertriebskanälen zu koordinieren, ist eine komplexe Angelegenheit. Die differenzierte Preis-Leistungs-Darstellung auf allen Online Travel Agencys (OTAs) benötigt viel Zeit und Sorgfalt. Eine Möglichkeit ist, die Preise bei jeder Reiseplattform entsprechend den gegebenen Revenue- und Yield-Management-Möglichkeiten einzeln manuell zu steuern. Die zweite Variante ist eine **Channel-Management-Software (CMS).** Diese verwaltet die verfügbaren Zimmer auf verschiedenen Plattformen und gleicht die Verfügbarkeiten untereinander ab. Die CMS wartet automatisch alle Systeme mit den vom Hotelier festgelegten Preisen.

Ein Vorteil der CMS ist, dass durch den automatisierten Verfügbarkeitsabgleich bis zum letzten Moment verkauft werden kann. Wenn für einen bestimmten Zeitraum keine Zimmer mehr verfügbar sind, schließt die CMS den Verkauf automatisch. Das verhindert Überbuchungen und garantiert eine möglichst hohe Auslastung.

Beim Einrichten der CMS ist es wichtig, den unterschiedlichen Aufbau von Buchungsplattformen zu beachten. Manche Plattformen arbeiten mit Zimmerpreisen, andere berechnen die Preise pro Person. Außerdem müssen Plattformen, über die nicht direkt gebucht werden kann, weiterhin mit aktuellen Preisen, Verfügbarkeiten und Bildern versorgt werden.

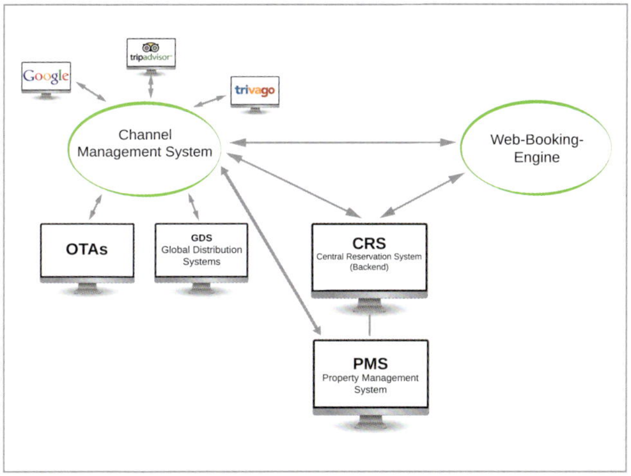

Es gibt One-Way- (nur Export) oder Two-Way-Schnittstellen (Ex- und Import von Daten bzw. Reservierungen) zwischen Hotel-Software, Channel Manager und OTAs.

CHECK-IN

FILM AB!

Ablauf Check-in

Der Check-in wird bei der Ankunft des Gastes durchgeführt. Dabei werden alle Anmeldeformalitäten an der Rezeption erledigt. Die Formalitäten variieren ein wenig, je nachdem, ob es sich um **Einzel-** oder **Gruppengäste** bzw. um **Walk-in-Gäste** handelt.

SO GELINGT'S

Check-in eines Gastes mit Reservierung

- Bereits bei der Vorfahrt des Gastes beim Hotel sollten Sie Aufmerksamkeit signalisieren. Verständigen Sie eine Lohndienerin/einen Lohndiener bzw. Porter, damit der Gast gleich über Parkmöglichkeiten informiert wird.
- Begrüßen Sie den eintretenden Gast freundlich und herzlich.
- Halten Sie die Anreiseliste und den Schriftverkehr mit dem Gast bereit.
- Bieten Sie dem Gast einen Willkommensdrink an und erkundigen Sie sich nach der Anreise.

In manchen Hotels findet der Check-in ungezwungen in der Lobby statt. Der Gast erhält ein Begrüßungsgetränk und die Rezeptionistin/der Rezeptionist führt die Anmeldeformalitäten auf einem Tablet durch.

- Bitten Sie den Gast – außer es handelt sich um einen Stammgast – um einen Ausweis und füllen Sie das Gästeverzeichnisblatt aus. Wenn der Gast schon einmal im Hotel übernachtet hat, sollte die Mitarbeiterin/der Mitarbeiter des Nacht- oder Frühdienstes die Daten bereits vorab ausgefüllt haben. Bei Online-Gästeanmeldung werden die Daten in der Gästekartei eingetragen und dann ausgedruckt. Der Gast braucht beim Check-in die Daten nur noch zu überprüfen und zu unterschreiben.

Laut Datenschutz-Grundverordnung muss der Gast der Verwendung und Speicherung seiner Daten zustimmen. Das erfolgt häufig im Rahmen des Check-ins. Entweder findet sich die entsprechende Formulierung auf dem Gästeverzeichnisblatt oder das Hotel legt dem Gast dafür ein eigenes Formular vor.

- Weisen Sie die Kofferträgerin/den Kofferträger an, den Gepäcktransport zu erledigen.
- Bei Reisebürogästen ist der Voucher (das Original!) zu verlangen und in der Kasse bei den Gästeunterlagen aufzubewahren. Er dient zur späteren Verrechnung mit dem Reisebüro. Bei der Anreise eines Reisebürogastes sind die bestellten Leistungen mit dem Voucher zu vergleichen.
- Geben Sie dem Gast den Zimmerschlüssel bzw. programmieren Sie die Keycard. Bewohnen mehrere Gäste dasselbe Zimmer, sollte jeder Gast einen eigenen Schlüssel bzw. eine separate Keycard erhalten. Dies ist vor allem von Bedeutung, wenn über die Keycard auch weitere Leistungen bzw. Konsumationen verbucht und abgerechnet werden.

WAS DER PROFI DAZU SAGT

Sprechen Sie aus Datenschutzgründen die Zimmernummer nicht laut aus. Deuten Sie auf die Zimmernummer auf dem Schlüssel oder dem Zimmerausweis mit den Worten:

Das ist Ihre Zimmernummer.

Auch den Namen des Gastes sollten Sie nicht laut durch die Lobby schreien. Dennoch sollen Gäste – vor allem Stammgäste – an der Rezeption mit Namen angesprochen werden.

- Falls möglich, wird der Gast zu seinem Zimmer begleitet. Informieren Sie den Gast in jedem Fall zumindest, in welchem Stockwerk sich sein Zimmer befindet und zeigen Sie ihm den Weg zum Aufzug.
- Informieren Sie den Gast zudem über Depotmöglichkeiten, Frühstücks- und Abendessenszeiten und die wichtigsten Wege, z. B. in das Restaurant, den Frühstücksraum, den Wellnessbereich, die Seminarräume. Das sind meist genug Informationen für den Anfang. Der Gast soll nicht mit Auskünften überhäuft werden.
- Geben Sie dem Gast im Zimmer Hinweise zur Stromversorgung, zu Lichtschaltern, TV- und Telefon, Fluchtwegen etc.
- Abschließend wünschen Sie dem Gast einen angenehmen Aufenthalt.

Was tun, wenn der Gast zu früh anreist und das Zimmer noch nicht fertig ist? Informieren Sie in diesem Fall den Gast höflich über die Wartezeit und bieten Sie ihm an, in der Zwischenzeit Platz zu nehmen und ein Getränk zu konsumieren. Wichtig ist, den Gast über die ungefähre Wartezeit zu informieren.

Check-in eines Walk-in-Gastes

Walk-ins sind Passantinnen/Passanten, die ohne Reservierung ins Hotel kommen, direkt buchen und gleich einchecken. Man spricht in diesem Fall von Direct Booking. Beim Check-in ist hier Folgendes zu erledigen:

- Kontrollieren Sie, ob Zimmer der gewünschten Kategorie frei sind.
- Informieren Sie den Gast über Verfügbarkeit und Preis des Zimmers, Ausstattung (Prospekt) und Angebote sowie Hotelleistungen (Arrangement, Umfang der Mahlzeiten, Freizeit- und Sporteinrichtungen, Parkmöglichkeiten, WLAN).
- Geben Sie dem Gast Informationen über Angebote in der Umgebung (Busverbindungen, Skigebiet, Kulturelles etc.).
- Informieren Sie den Gast über Depotmöglichkeiten.
- Fragen Sie den Gast nach einem Ausweis und füllen Sie das Gästeverzeichnisblatt aus. Wenn der Gast schon einmal im Hotel übernachtet hat, sollten seine Daten im Property Management System vorhanden sein und können von dort übernommen werden. Der Gast braucht den Eintrag nur noch zu prüfen und zu unterschreiben.
- Anschließend führen Sie im Property Management System den Check-in durch und legen eventuell eine neue Gästekartei an.
- Handelt es sich bei den Walk-in-Gästen um Stammgäste, ist die Bezahlung der Rechnung beim Check-in kein Thema. Wenn es sich aber um eine dem Hotel unbekannte Person handelt, sollte der gesamte Aufenthalt im Voraus beglichen werden bzw. die Keycard lediglich für den bereits beglichenen Zeitraum freigeschaltet werden.
- Wünschen Sie dem Gast anschließend einen angenehmen Aufenthalt.

„Laut Datenschutz-Grundverordnung muss der Gast der Verwendung und Speicherung seiner Daten zustimmen, das erfolgt häufig im Rahmen des Check-ins. Entweder findet sich die entsprechende Formulierung auf dem Gästeverzeichnisblatt oder das Hotel legt dem Gast dafür ein eigenes Formular vor.

Check-in von Gruppen

Der Check-in von Gruppen sollte, wenn möglich, etwas abseits der Rezeption stattfinden, um den laufenden Betrieb nicht zu stören.

- Halten Sie die Gruppenliste bereit und öffnen Sie für den Fall von Umbuchungen den Zimmerplan im Property Management System.
- Schlüsselausgabe: Codieren Sie bereits vor der Ankunft der Gruppe die benötigten Keycards!
- Bitten Sie die Reiseleiterin/den Reiseleiter oder die Chauffeurin/den Chauffeur, das Gästeverzeichnisblatt auszufüllen.
- Beschreiben Sie die wichtigsten Wege und geben Sie der Reiseleiterin/dem Reiseleiter die wichtigsten Informationen, z. B. Essenszeiten.
- Bei vereinbarter Porterage (Entgelt für Gepäckträger/in) muss der Gepäcktransport organisiert werden.

Quick-Check-in und Business-Check-in

Der **Quick-Check-in** wird in der Regel bei Gruppen angewendet. Dafür hat das Hotel bereits eine Namensliste erhalten und die Zimmer laut Liste zugeteilt. Auch die Schlüssel/Keycards sind bereits vorbereitet. Die Reiseleitung braucht nur noch das Gästeverzeichnisblatt auszufüllen.

Beim **Business-Check-in,** der meist von Firmengästen in Anspruch genommen wird, ist der Gast dem Haus bekannt. Da Geschäftsreisende oft nicht viel Zeit haben, sollte der Check-in möglichst schnell gehen. Dafür ist alles vorzubereiten (Gästeverzeichnisblatt ausfüllen und ausdrucken, Keycard programmieren oder Schlüssel vorbereiten). Der Gast braucht nur noch das Gästeverzeichnisblatt unterschreiben. Alle Gästedaten müssen vorab vorhanden sein.

Self-Check-in

Die Digitalisierung macht auch vor dem Check-in nicht halt – Stichwort Self-Check-in. Bisher bieten vor allem Häuser im Bereich der Stadt- und Businesshotellerie diese Möglichkeit an. Dabei gibt der Gast bereits bei der Reservierung alle Daten bekannt und kann sich bei der Ankunft im Hotel selbst bei einem Check-in-Terminal/Touchscreen in der Lobby einchecken und erhält seine Keycard bzw. einen Zugangscode für sein Zimmer.

FILM AB!

Ablauf Check-out 1

FILM AB!

Ablauf Check-out 2

CHECK-OUT

Check-out nennt man die Abreiseformalitäten. Der Check-out erfolgt am Vormittag des Abreisetages. Bis wann das Zimmer geräumt sein muss, legt das Hotel in seinen AGB fest (meist zwischen 10:00 und 12:00 Uhr). Damit der Gast ein Haus in positiver Erinnerung behält, ist die Betreuung bei der Abreise und beim Check-out wichtig.

STELLEN SIE SICH VOR

Sie haben mit Ihrer Partnerin/Ihrem Partner ein paar gemütliche Tage in einem Wellnesshotel verbracht. Alles war zu Ihrer vollsten Zufriedenheit. Am Abreisetage wenden Sie sich nach dem Frühstück an die Rezeptionistin und fragen, ob Sie den Wellnessbereich noch nutzen dürfen und daher das Zimmer noch länger behalten können.

Check-out ist bis spätestens 12:00 Uhr – wenn Sie das Zimmer noch länger behalten möchten, müssen Sie eine Tagesgebühr von 50 % bezahlen.

Wir freuen uns, dass es Ihnen bei uns gefällt. Check-out ist bis spätestens 12:00 Uhr und da wir morgen wieder ausgebucht sind, benötigen wir das Zimmer. Gerne können Sie aber den Wellnessbereich heute noch nutzen. Im Wellnessbereich stehen Ihnen absperrbare Garderobenschränkchen und Handtücher zur Verfügung. Ihr Gepäck können wir gern im Gepäckraum unterbringen. Bitte geben Sie uns Bescheid, wenn wir das Gepäck für Sie bereitstellen dürfen. Wenn Sie möchten, kann ich Ihnen gerne auch noch eine Massage buchen.

Welches Hotel bleibt in besserer Erinnerung?

Auch wenn Ihr Betrieb keinen Koffertransport anbietet, bieten Sie älteren oder gebrechlichen Gästen Unterstützung beim Gepäcktransport an.

Gepäck

Für den **Gepäcktransport** klopft der Porter oder die Lohndienerin/der Lohndiener an der Gästezimmertür und bittet höflich um die Koffer. Das Gepäck wird in die Lobby, in das Kofferdepot oder nach dem Check-out zum Pkw bzw. Taxi gebracht.

SO GELINGT'S

C

Check-out an der Rezeption

- Begrüßen Sie den Gast und fragen Sie: „Was darf ich für Sie tun?“
- Fragen Sie nach der Zimmernummer und gleichen Sie diese im Property Management System mit dem Namen des Gastes ab. Fassen Sie die Eckdaten (Zimmerkategorie, Aufenthaltsdauer, Verpflegung/Frühstück) zusammen.
- Fragen Sie, ob alles zur Zufriedenheit des Gastes war. Sollte der Gast Reklamationen haben, können Sie diese in der Rechnung berücksichtigen. Nehmen Sie etwaige Beschwerden des Gastes ernst und notieren Sie diese.
- Fragen Sie nach, ob noch Konsumationen vom Vorabend bzw. aus der Minibar offen sind und buchen Sie diese gegebenenfalls auf die Gastrechnung auf.
- Prüfen Sie offene Posten für Leihräder etc.
- Fragen Sie den Gast nach der gewünschten Zahlungsart. Fragen Sie außerdem, ob er Wünsche bei der Rechnungslegung hat (z. B. soll die Rechnung gesplittet werden?).
- Erstellen Sie eine Pro-Forma-Rechnung. Legen Sie dem Gast die ordentlich gesammelten Belege und die Pro-Forma-Rechnung zur Durchsicht bzw. Kontrolle vor. Die Pro-Forma-Rechnung kann ausgedruckt werden oder dem Gast am Bildschirm gezeigt werden.

> *Lassen Sie dem Gast Zeit und gehen Sie auf etwaige Fragen ein, erklären Sie ihm bei Bedarf die Rechnung.*

- Wenn die Rechnung in Ordnung ist, wählen Sie die entsprechende Zahlungsart und fragen Sie den Gast, ob er die Rechnung ausgedruckt (mit oder ohne Kuvert) oder per E-Mail erhalten möchte.

> *Wenn Sie die Rechnung per E-Mail versenden, vergessen Sie nicht, sich die E-Mail-Adresse bestätigen zu lassen.*

- Führen Sie das Inkasso durch: entweder bar, mit Debit- oder Kreditkarte. Unter Umständen zahlen Geschäftsgäste nicht beim Check-out. Es wird eine Debitorenrechnung erstellt und an die Firma geschickt. Die Rechnung bleibt auf einem Paymaster/City Ledger und wird erst nach Überweisung ausgebucht.
- Bedanken Sie sich nach dem Inkasso beim Gast.
- Händigen Sie das Depot aus und ziehen Sie den Schließfachschlüssel ein.
- Bitten Sie um Rückgabe sämtlicher ausgegebener Schlüssel oder Keycards.
- Überreichen Sie dem Gast evtl. ein kleines Give-away (Wellnesspackung, hausgemachtes Konfekt o. Ä.).

- Bedanken Sie sich beim Gast und wünschen Sie eine gute Heimreise. Fragen Sie, ob der Gast plant, wieder zu kommen und Sie bereits ein Zimmer für ihn reservieren dürfen. Informieren Sie ihn über passende Events, geplante Packages etc.

> Das nächste Golfturnier findet im Mai statt. Werden Sie daran wieder teilnehmen? Dann kann ich Ihnen gern bereits jetzt ein Zimmer reservieren.

- Tragen Sie das Abreisedatum des Gastes im Gästeverzeichnisblatt ein bzw. leiten Sie es elektronisch weiter.
- Aktualisieren Sie in der Gästekartei Änderungen, Wünsche und Motive des Gastes, wenn der Gast zugestimmt hat, dass seine Daten in die Gästekartei aufgenommen werden dürfen.
- Die Ablage der Rechnungen wird unterschiedlich gehandhabt. Im Sinne des papierlosen Büros dürfen Ausgangsrechnungen auch digital gespeichert werden.

Beachten Sie die gesetzliche Aufbewahrungsfrist!

Quick-Check-out oder Business-Check-out

Vor allem Business Traveller schätzen einen Quick-Check-out (QCO).

In diesem Fall benötigt das Hotel eine Kostenübernahmebestätigung durch den Gast oder der Gast bezahlt den Aufenthalt im Voraus bzw. am Vorabend der Abreise. Am Vorabend der Abreise prüft das Frontoffice, ob bei der Reservierung eine Anzahlung gemacht wurde bzw. ob der Aufenthalt bei Anreise mittels Kreditkarte beglichen wurde.

Handelt es sich um eine Debitorenrechnung**,** also eine Rechnung an eine Firma oder ein Reisebüro, ist eine klare schriftliche Anweisung der/des Reservierenden nötig, um eine korrekte Abrechnung ohne Gast durchführen zu können. Die Rechnung inkl. etwaiger Belege wird dem Gast bzw. der Firma oder dem Reisebüro per Post oder E-Mail zugeschickt.

In manchen Hotels kann der Gast über das TV-Gerät, einen Infoscreen bzw. ein Tablet oder auch mittels App bezahlen und auschecken. Der Gast erhält die Rechnung an seine E-Mail-Adresse.

Late-Check-out

Oft möchten Gäste später auschecken, etwa weil sie Flug- oder Zugverbindung zu einem späteren Zeitpunkt haben. Ob dies möglich ist, hängt einerseits von den internen Regelungen des Hotels ab, andererseits auch davon, ab wann das Zimmer wieder benötigt wird.

FILM AB!

Late-Check-out

CHEFLOHNDIENER/IN

Die Cheflohndienerin/Der Cheflohndiener ist verantwortlich für die Organisation des Gepäcktransports. Sie/Ihn unterstützen Lohndiener/innen und Bellboys. Sie/Er wird auch als Bellcaptain bezeichnet.

CITY LEDGER

Siehe Paymaster

CLEFS D'OR

„Clefs d'Or" bedeutet übersetzt „goldene Schlüssel". Es handelt sich dabei um die Insignien des Concierge, der diese am Jackett befestigt trägt. Viele versierte Concierges sind Mitglieder der Vereinigung „Clefs d'Or" (www.clefsdor.at) und stehen damit im Austausch mit Kolleginnen/Kollegen aus aller Welt.

COCKTAILPARTY

Eine Cocktailparty ist eine Veranstaltungsform, die ursprünglich aus den USA kommt und zeitlich begrenzt – meist auf etwa zwei Stunden – ist. Cocktailpartys werden z. B. als Abschluss von Presseempfängen oder Produktpräsentationen durchgeführt. Weder beim Kommen noch beim Gehen sind die Gäste an eine bestimmte Zeit gebunden. Es gibt keine Sitzplätze, höchstens einige wenige am Rand des Raumes. Kleine Tische oder Stehtische zum Abstellen von Gläsern oder Tellern sind im Raum verteilt. Diese müssen während der Veranstaltung regelmäßig abgeräumt werden.

Es gibt eine kleine Speisenauswahl. Die Speisen sind als Fingerfood vorbereitet. Es kann ein kleines Buffet für kalte und warme Speisen und eine kleine Bar für die Getränke aufgebaut werden. Oft werden die Speisen und Getränke auch von den Servicemitarbeiterinnen/-mitarbeitern serviert. Beliebt bei den Gästen ist ein Flying Buffet.

CONCIERGE

Auch: Portier

Die/Der Concierge ist die Chefin/der Chef der Halle und wird auch Portier genannt. Sie/Er ist für die unmittelbare Gästebetreuung zuständig und eine Informationsstelle für die Gäste. Erkennbar ist sie/er an den Clefs d'Or – vergoldete Schlüssel, die am Jackett befestigt sind.

Eine/n Concierge gibt es in Großbetrieben der gehobenen Kategorie, vor allem in der Stadthotellerie. In Ferienbetrieben übernehmen oft andere Rezeptionsmitarbeiter/innen die Aufgaben des Concierge. Je nach Betriebsart sind die Aufgaben sehr unterschiedlich, dazu zählen:

- Anmeldung der Gäste zu Sightseeing-Touren, Ausflügen etc.
- Organisation von Taxis und Transfers (z. B. zum Flughafen) für Gäste
- Reservierung von Tischen in Restaurants, Greenfee-Reservierungen (Golfplatz-Reservierungen)
- Vereinbarung von Beauty-, Wellness- und Friseurterminen
- Organisation von Eintrittskarten, Theaterkarten, Skipässen etc.
- Zug- und Flugauskünfte
- Besorgung von Blumen, Medikamenten etc. für die Gäste
- Beobachtung der ein- und ausgehenden Personen
- Ausgabe der Zimmerschlüssel (nach Identifikation des Gastes)
- Erledigung des Postverkehrs (ein- und ausgehende Post)
- Organisation des Gepäcktransportes

Ein/e Concierge benötigt ein gutes Personengedächtnis und muss sprachgewandt sein. Viele Informationen, wie Zug- oder Flugzeiten, lassen sich rasch im Internet recherchieren. Somit ist ein gut organisatierter Internetbrowser (Lesezeichen, Favoritenordner) am Arbeitsplatz unerlässlich, weitere Arbeitsmittel sind Fahrpläne, Veranstaltungskalender, wichtige Telefonnummern (Ärzte, Taxi, Apotheke, Kinderbetreuung), Autovermietung, An- und Abreiseliste (Gäste im Haus), Hotelführer, Restaurantführer etc.

WAS DER PROFI DAZU SAGT

Immer wieder ist die/der Concierge auch mit außergewöhnlichen oder speziellen Gästewünschen konfrontiert – sei es ein Leihwagen der Luxusklasse oder Karten für ein seit Monaten ausverkauftes Konzert. Um solche Wünsche erfüllen zu können, ist es wichtig, in der eigenen Stadt, aber auch darüber hinaus (z. B. Clefs d'Or) gut vernetzt zu sein. Außergewöhnliche Wünsche zu erfüllen, bedeutet oft viel Arbeit. Doch Gäste wissen das durchaus zu schätzen und bedanken sich evtl. mit einem üppigen Trinkgeld.

In der Nacht (ab ca. 22:00 Uhr) übernimmt der Night Auditor/Nachtportier die Aufgaben der/des Concierge. Der **Hilfsportier** unterstützt in Großbetrieben die/den Concierge bei allen Aufgaben. Gibt es nur eine/n Concierge, erübrigt sich die Bezeichnung Chief Concierge.

In gehobenen größeren Hotels gibt es am Frontdesk einen Bereich ausschließlich für Gästeinformation und Serviceleistungen aller Art, an dem die/der Concierge arbeitet – den Concierge Counter/die Portierloge.

CONCIERGE COUNTER

Auch: Concierge Desk, Information Desk oder Portierloge

Der Concierge Counter – der Arbeitsplatz des Concierge – ist ein Bereich am Frontdesk, meist in gehobenen größeren Hotels, der ausschließlich für Gästeinformation und Serviceleistungen aller Art reserviert ist.

CONFIDENTIAL RATE

Dabei handelt es sich um vertrauliche Raten zwischen Hotel und Vermittler. Diese kommen meist für Individualreisende via Incoming-Büros, die oft für Veranstalter im Ausland arbeiten, zur Anwendung und sind bis zu 40 % günstiger als der offizielle Zimmerpreis. Es werden meist Nettoraten vereinbart. Diese Raten werden vergeben, weil die Reisebüros große Abnahmemengen in Aussicht stellen bzw. garantieren. Dem Gast wird der interne Verrechnungspreis zwischen Hotel und dem Reisebüro, über das er das Angebot bucht, nicht mitgeteilt.

CONNECTING ROOMS

Zimmer, die mit Verbindungstüre verbunden sind, z. B. für Familien, die nicht über den Hotelgang ins benachbarte Zimmer gehen möchten.

CONVENTION

Siehe Kongress

CONVENTION BUREAU

Convention Bureaus sind die Ansprechpartner einer Destination für Firmen oder Institutionen bei der Organisation von Kongressen, Veranstaltungen, Konferenzen und Meetings.

CORPORATE IDENTITY

Corporate Identity ist ein Begriff aus dem Marketing und bezeichnet das Selbstverständnis eines Unternehmens, die Unternehmensidentität. Die Corporate Identity spiegelt das Selbstverständnis eines Unternehmens nach außen und zeigt, wie es von seinen Mitarbeiterinnen/Mitarbeitern, seinen Gästen und in der Öffentlichkeit insgesamt wahrgenommen werden will. Die Corporate Identity verleiht dem Hotelbetrieb eine persönliche, unverwechselbare Note und tritt z. B. in wiederkehrenden Farben, Schriftzügen, Grafiken, Logos im Haus oder auf Prospekten sowie in einheitlichen Uniformen der Mitarbeiter/innen in Erscheinung.

Die Corporate Identity besteht u. a. aus festgeschriebenen, bindenden Prinzipien für folgende Bereiche:

- **Corporate Personality:** Unternehmenspersönlichkeit
- **Corporate Message:** Unternehmensbotschaft, z. B. die unvergleichlichen Dienstleistungen des Hotelbetriebes
- **Corporate Design (= CD):** exakt definiertes Auftreten des Unternehmens nach außen vom Logo über das Briefpapier, die optische Gestaltung des Hauses, die Beschilderung bis zu Website und allen Werbemitteln
- **Corporate Communications (= CC):** der in sich abgestimmte Einsatz aller Kommunikationsmittel sowie eine zentrale Kommunikationsstrategie
- **Corporate Behavior (= CB):** in sich schlüssiges Unternehmensverhalten; z. B. das gute Betriebsklima, das Verhalten der Hotelmitarbeiter/innen gegenüber den Gästen (z. B. aufstehen, wenn ein Gast an die Rezeption kommt)

Welche Informationen dürfen wie das Hotel verlassen? Wie wird über alle Interessenspartner/innen im Hotel und außerhalb des Hotels gesprochen?

C

CORPORATE RATE

Corporate Rates sind Firmenpreise, also Spezialpreise für Firmen, Konzerne, Organisationen, Vereine etc. Diese sind meist um etwa 10–25 % niedriger als der Listenpreis bzw. die BAR. Die tatsächliche Höhe der Ermäßigung hängt u. a. auch von der Anzahl der Nächtigungen einer Firma in einem Hotel ab.

Achtung: Wichtig ist die Bestpreisgarantie für Business-Direktbucher im Hotel, damit Bucher nicht auf OTAs günstigere Preise finden.

WAS DER PROFI DAZU SAGT

Manche Hotels vergeben Firmenpreise für Geschäftsreisende, die sie dann zu unterschiedlichen Gelegenheiten (Low Season) auf den Online-Buchungsplattformen unterbieten. Als Gast freue ich mich über Hotels, die Stammfirmen eine Bestpreisgarantie zusichern. Sobald ein günstigerer Preis als der vereinbarte Firmenpreis veröffentlicht ist, wird dieser automatisch für die Firmenbuchung angewandt.

CRM

Siehe Customer Relationship Management

CRS

Siehe Central Reservation System

CUSTOMER RELATIONSHIP MANAGEMENT

Customer Relationship Management (CRM) widmet sich dem Auf- und Ausbau langfristiger, möglichst profitabler Kundenbeziehungen. Das macht auch Sinn, denn einerseits kommt die Neuakquisition eines Kunden wesentlich teurer als die Pflege von Bestandskundinnen/-kunden. Andererseits haben Untersuchungen ergeben, dass eine Senkung der Kundenabwanderungsrate um 5 % eine Gewinnsteigerung von 85 % bedeuten kann – vorausgesetzt, man hat die profitabelsten Kundinnen/Kunden langfristig gebunden. Geld und Zeit sollen in Kundenbeziehungen also sehr gezielt eingesetzt werden.

Einteilung von CRM

KOLLABORATIVES CRM

Management der Kundeninteraktion über Vertriebs- und Kommunikationswege
Möglichst alle Kommunikationskanäle sind im CRM abgebildet, jede Kommunikation mit der Kundin/dem Kunden ist festgehalten und allen relevanten Mitarbeiterinnen/Mitarbeitern, insbesondere der Rezeption, zugänglich.

OPERATIVES CRM

Management der Kundenbeziehung über den gesamten Lebenszyklus
Der Weg und die Handlungen der Kundin/des Kunden sind von der ersten Anfrage bis zum Ende der Geschäftsbeziehung detailliert nachvollziehbar. Anfragen, Buchungen, Reklamationen, jede Interaktion mit dem Betrieb, deren Gründe und die beteiligten Mitarbeiter/innen sind dokumentiert.

ANALYTISCHES CRM

Management der kundenbezogenen Daten
Das gespeicherte Datenmaterial über Kundinnen/Kunden, ihre Eigenheiten und Präferenzen wird für zukünftige Marketingaktionen systematisch bearbeitet und ausgewertet.

CRM-Prozesse in der Hotellerie

Laut dem Marketingspezialisten Harald Hafner sind folgende CRM-Prozesse für ein Hotel von Bedeutung:

Marketingabteilung

- Strategische Marketingplanung
- Operative Programmplanung
- Kampagnenplanung, -durchführung, -analyse (Terminmanagement, Aktivitätssteuerung)
- Kundenbindungsmanagement, Beschwerdemanagement

Verkaufsabteilung

- Kontaktverwaltung, Key-Account-Management (Großkundenbetreuung)
- Eingangsbearbeitung
- Informationsbereitstellung (Anfragen)
- Angebotsmanagement
- Auftragsmanagement (Vorbereitung, Entwicklung, Zahlung)

Frontoffice

- Check-in
- Beratung (Informationsbereitstellung, Verkauf, Empfehlung)
- Betreuung (Aufbewahrung, Zustellung, Modifikation, Beschwerdebearbeitung)
- Check-out

Property-Management-Systeme zur Unterstützung von CRM

Elektronisch unterstützt wird das CRM durch entsprechende Applikationen im Property Management System (PMS), die Gästedaten verwalten, auswerten und für Mailings etc. nutzbar machen. Eine CRM-Applikation im Property Management System hilft, die Datenbasis für gezielte Kundenakquisition und Beziehungspflege aufzubauen und nicht zuletzt die wertvollsten Kundinnen/Kunden zu identifizieren. Ohne eine systematische Erfassung vieler „Kleinigkeiten" im CRM ist ein **personalisierter, individualisierter Service** kaum denkbar. Daher ist eine gewissenhafte Datenpflege unerlässlich. Welche Zusatzinformationen für den Betrieb besonders relevant sind, sollte von der Betriebsleitung bzw. der Leitung der Sales-&-Marketing-Abteilung nach Rücksprache mit den Mitarbeiterinnen und Mitarbeitern festgelegt werden.

„Die gängige Hotel-Software hat CRM meist in Form einer Gästekartei automatisch integriert.

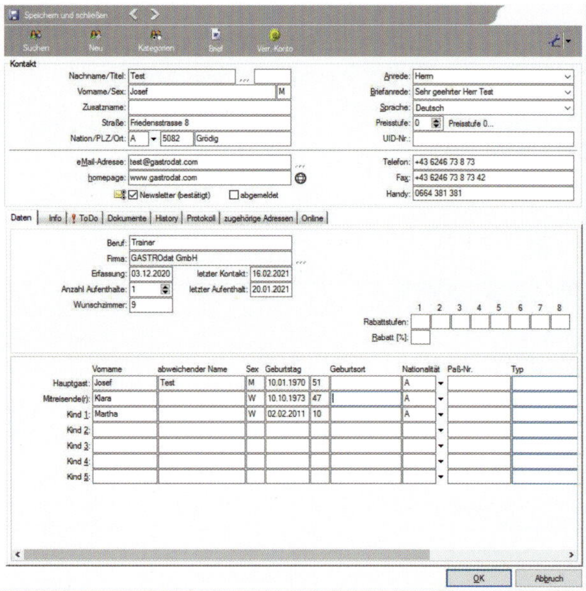

Im Property Management System können verschiedene Informationen hinterlegt werden, z. B. Videos oder Fotos. Diese können der Beantwortung von Gästeanfragen oder Reservierungsbestätigungen beigefügt werden. Oft lassen sich die Masken auf die hotelspezifischen Anforderungen anpassen. Möchte der Hotelier die Software im Hinblick auf Database Marketing nutzen, so ist darauf zu achten, dass die Masken entsprechend gestaltet sind bzw. gestaltet werden können. Außerdem müssen aus den gesammelten Daten die Gäste nach Kriterien selektiert werden können, die für das Unternehmen relevant sind.

Für die Hotelmarketingarbeit empfiehlt sich laut Harald Hafner die Aufteilung der Umsätze, Zimmer-/Personennächte beim Anlegen einer Reservierung im Property Management System nach folgenden Codes:

- **Market-Code:** Dieser gibt Informationen über das Reisemotiv, z. B. Erholungsurlaub, Kulturreise (Foreign Individual Tourist = FIT).
- **Source-Code:** Dieser gibt an, wie der Gast gebucht hat, z. B. im Internet, direkt, via Telefon, Walk-in.
- **Channel-Code:** Dieser gibt den Kommunikationskanal an, z. B. Telefon, Mail, Internet, Hotel-Website (Anfrageformular).

Es ist vorteilhaft, bei Ihrer Marketingarbeit auf diese Codes zurückzugreifen. Natürlich muss sich dann diese Code-Landschaft auch in Ihrem Property Management System wiederfinden. Die meisten PMS-Anbieter stellen in ihrer Reservierungsmaske die Namen der Codes in Form von Auswahlboxen zur Verfügung. Jede Reservierung, die vorgenommen wird, sollte diesen Codes zugeordnet werden. Das gewährleistet die Verfügbarkeit von Daten für aussagekräftige Reports.

Zur Segmentierung der Gäste werden meist interne Abkürzungen bzw. Selektionscodes verwendet, wie z. B. ILT für Individual Leisure Traveller (Individualreisende/r), IBT für Individual Business Traveller (Geschäftsreisende/r, Seminargast, Kongressgast), GLT für Group Leisure Traveller (Gruppenreisende/r), GBT für Group Business Traveller (Kongress- oder Incentive-Gruppenreisende/r).

WAS DER PROFI DAZU SAGT

Wichtig ist, dass alle Abteilungen, die mit der Gästebetreuung zu tun haben, Zugang zu den Daten haben bzw. diese auch einpflegen können (z. B. kann das Housekeeping wichtige Informationen über das Verhalten der Gäste liefern und auf diesem Weg den Frontoffice-Mitarbeiterinnen/-Mitarbeitern zugänglich machen). Für ein gelungenes CRM reicht es nicht, das EDV-System mit Daten zu füttern, es geht vor allem darum, diese Informationen tatsächlich zu nutzen.

Beispiel

Einem sorgfältig gepflegten CRM-Programm können Sie entnehmen, dass Herr und Frau Sturm vor einem Jahr zur selben Zeit – in der Karwoche – bei Ihnen zu Gast waren und dass sie bei diesem Aufenthalt einige Ausflüge in die Umgebung unternommen haben. Sie hatten auf Wunsch einen Fensterplatz im Restaurant, außerdem trinken sie gerne eine Flasche steirischen Welschriesling. Frau Sturm hat zusätzlich ein zweites Kissen bestellt. Diese Informationen, die Sie dem Programm vor der Anreise – am besten schon vor der Angebotserstellung – entnommen haben, können Sie in die Begrüßung einfließen lassen.

Grüß Gott, Frau Sturm. Grüß Gott, Herr Sturm. Herzlich willkommen! Sie haben sich wieder die wunderschöne vorösterliche Zeit ausgesucht, um uns zu besuchen. Ich habe ein paar Ausflugstipps für Sie vorbereitet. Für Sie, Frau Sturm, haben wir ein zweites Kissen aufs Zimmer bringen lassen. Bei weiteren Wünschen wenden Sie sich gern an mich.

Abends im Restaurant begrüßt der Kellner die beiden folgendermaßen:

Guten Abend, Frau Sturm, guten Abend, Herr Sturm. Ich war so frei, Ihnen im Restaurant den gleichen Tisch wie im Vorjahr zu reservieren, damit Sie wieder die herrliche Aussicht genießen können. Darf ich Ihnen wieder eine Flasche steirischen Welschriesling vom Weingut ... bringen?

Die Gäste fühlen sich wertgeschätzt und willkommen.

D

#rezeption

DATABASE MARKETING
BIS
DUMMY-ZIMMER

DATABASE MARKETING

Beim Database Marketing dienen die in einer Datenbank gespeicherten Informationen über Gäste als Grundlage für Marketingmaßnahmen. Eine entsprechende Zuordnung der Gäste zu verschiedenen Ziel- und Interessensgruppen ermöglicht es, Marketingmaßnahmen möglichst exakt auf ihre Bedürfnisse auszurichten. Soll das Property Management System zur Unterstützung des Database Marketings (auf Daten basierenden Marketingaktivitäten) dienen, ist darauf zu achten, dass die Masken entsprechend gestaltet sind bzw. gestaltet werden können. Außerdem müssen aus den gesammelten Daten die Gäste nach Kriterien selektiert werden können, die für das Unternehmen relevant sind.

DATENSCHUTZ-GRUNDVERORDNUNG

Die Datenschutz-Grundverordnung (DSGVO) gibt Regeln für einen verantwortungsvollen Umgang mit Gästedaten vor. Es ist geregelt, wie und welche Daten Ihrer Gäste Hoteliers verarbeiten dürfen und wie sie diese speichern müssen. Hoteliers müssen genau darlegen, wie die Daten verarbeitet, gespeichert und evtl. weitergegeben werden. Dies betrifft auch die Verwendung von personenbezogenen Daten für Werbeaussendungen, Newsletter oder Marketing-Mailings.

Gäste müssen explizit einwilligen, wenn ihre Daten für Werbeaussendungen verwendet werden. Konkret heißt das, dass etwa ein Newsletter nur mehr versendet werden darf, wenn der Gast die Erlaubnis dazu erteilt hat. Ausnahmen gibt es für den Versand an frühere und bestehende Geschäftsbeziehungen. So kann ein Hotelier – sofern der Gast dem Empfang nicht widersprochen hat – einen Newsletter versenden, wenn er im Zusammenhang mit dem Verkauf einer Dienstleistung vom Gast dessen E-Mail-Adresse erhalten hat. Auf jeden Fall muss der Gast aber auf die Widerspruchsmöglichkeit bereits bei der Erhebung der E-Mail-Adresse und bei jeder Zusendung hingewiesen werden. Dafür kann etwa am Gästeverzeichnisblatt eine zusätzliche Zeile eingefügt werden. Mit der Unterschrift stimmt der Gast der Verwendung seiner Daten für Marketingzwecke zu. Das Gästeverzeichnisblatt und die Zustimmung zur Verwendung der personenbezogenen Daten müssen getrennt unterschrieben werden.

„Gäste geben dem Hotel manchmal personenbezogene Daten (Allergien, Ernährungsgewohnheiten etc.) etwa in Form von Sonderwünschen bekannt. Zur Sicherheit ist es zu empfehlen, bereits bei Bekanntgabe dieser Wünsche die ausdrückliche Einwilligung des betroffenen Gastes zur weiteren Verarbeitung dieser Daten einzuholen.

Mehr Infos finden Sie im Internet unter: www.wko.at/branchen/tourismus-freizeitwirtschaft/datenschutz.html

Hoteliers müssen genau dokumentieren, dass sie alle Maßnahmen ergreifen, um die Daten rechtskonform zu bearbeiten. Außerdem müssen sie einen Notfallplan für den Fall des Datenmissbrauchs ausarbeiten. Es gilt eine Meldepflicht binnen 72 Stunden bei der zuständigen Behörde.

DEBITKARTE

Seit 2019 gibt es die sogenannten Debitkarten. Diese sind eine Mischung aus Bankomat- und Kreditkarte. Damit kann – wie mit einer Bankomatkarte – Geld am Automaten behoben werden bzw. kontaktlos bezahlt werden, zusätzlich können diese Karten wie eine Kreditkarte beim Onlineshopping verwendet werden.

Die Abrechnung der Zahlung mittels Debitkarte erfolgt über einen Terminalvermittler, der die täglich über die POS-Terminals abgerechneten Summen zum vereinbarten Zeitpunkt an das Hotel überweist. Diese Überweisungen werden üblicherweise von der Buchhaltungsabteilung überwacht.

Wie bei der Kreditkarte muss der Betrieb bei der Bezahlung eine Gebühr an das Bankinstitut bezahlen. Allerdings ist dieses sogenannte Disagio niedriger als bei der Bezahlung mit Kreditkarte.

Mit einer sogenannten Bargeldbezugskarte (z. B. Bankomatkarten, die nur das Cirrus-Zeichen enthalten) kann nur Geld am Bankomat behoben werden, diese können nicht zur Zahlung am POS-Terminal verwendet werden.

DEBITOR

Eine Zahlung nach der Abreise eines Gastes bezeichnet man als **Debitor,** das bedeutet in der Buchhaltung **offene Rechnung.** Beim Check-out wird im Property Management System Debitor als Zahlungsart gewählt und die Rechnung mit offenem Saldo ausgebucht. Die Buchhaltung überprüft die offenen Debitorenrechnungen sowie die eingehenden Zahlungen und verbucht den Zahlungseingang bzw. erstellt Mahnungen bei Ausbleiben der Zahlung.

Als rechtliche Absicherung bedarf es bei dieser Art der Bezahlung einer **schriftlichen Vereinbarung** zwischen Bucher/in und Hotel.

Wenn eine Debitorenrechnung trotz Mahnung nicht bezahlt wird, kann man sich an **Kreditschutzeinrichtungen** bzw. ihre internationalen Netzwerkpartner wenden. Diese sind u. a. der Kreditschutzverband KSV 1870 (www.ksv.at) für Österreich oder der IHD Kreditschutzverband e. V. (www.ihd.de) für Deutschland. Ein Beispiel eines internationalen Kreditschutzdachverbands ist die Creditreform International. Der Dachverband umfasst eigenständige Kreditreformlandesgesellschaften aus verschiedenen europäischen Ländern (www.creditreform.at, www.creditreform.de und www.creditreform.ch). Es besteht die Möglichkeit, dem Gast bereits in der schriftlichen Vereinbarung (AGB, AGBH) die Inanspruchnahme einer Kreditschutzeinrichtung für den Fall einer Nichtzahlung anzukündigen.

DEHOGA *(Deutscher Hotel- und Gaststättenverband)*

Der Deutsche Hotel- und Gaststättenverband (DEHOGA) ist der Branchenverband für das Gaststätten- und Hotelgewerbe. Unter den 65 000 Mitgliedsbetrieben finden sich neben klassischen Restaurants auch Betriebe der Gemeinschaftsverpflegung sowie der System- und Sternegastronomie, Frühstückspensionen, Ferien-, Tagungs- und Luxushotels.

Insgesamt ist der DEHOGA in 17 Landesverbände und zwei Fachverbände – IHA (Hotelverband Deutschland) und UNIPAS (Union der Pächter von Autobahn-Service-Betrieben) – gegliedert. Außerdem gibt es fünf Fachabteilungen – Systemgastronomie, Gemeinschaftsgastronomie, Diskotheken, Bahnhofsgastronomie und Catering –, die sich um die Belange ihrer Mitgliedsbetriebe kümmern. Die Aufgaben des DEHOGAs sind vielfältig. Der Branchenverband ist sowohl auf nationaler als auch auf europäischer Ebene anerkannter Gesprächspartner für Politik, Presse, Verwaltung, die Interessenverbände der gewerblichen Wirtschaft sowie für die interessierte Öffentlichkeit.

DEPOT

Der Gast hat das Recht, Wertgegenstände und Geld an der Rezeption zur Verwahrung am Hoteltresor/Safe abzugeben. Die Höhe der Haftung für vom Gast abgegebene Gegenstände hängt von den gesetzlichen Gegebenheiten des betreffenden Landes ab. Laut AGBH 2006 kann der Hotelier dies ablehnen, wenn es sich um wesentlich wertvollere Gegenstände handelt als Gäste des betreffenden Beherbergungsbetriebes gewöhnlich in Verwahrung geben.

Der Gast ist zu informieren, ob es z. B. einen Safe im Gästezimmer gibt, Wertsachen im Hotelsafe an der Rezeption hinterlegt oder in einem Schließfach deponiert werden können. Es sollten alle Gäste informiert werden, denn der Hotelier sichert sich damit gegen Schadenersatzforderungen ab. Hängen Sie Informationen über die Höhe des Versicherungsschutzes beim Zimmersafe aus oder geben Sie diese am Schließfachblatt/Depotschein an. Da der Gast dies unterschreibt, ist er nachweislich über die Höhe der Versicherungssumme informiert.

Der Gast kann über die Depotmöglichkeiten informiert werden durch

- einen Aushang im Zimmer,
- die Gästeinformationsmappe im Zimmer,
- eine Mitarbeiterin/einen Mitarbeiter der Rezeption,
- einen Vermerk auf dem Zimmerausweis.

DESTINATION

Destination ist ein Fachausdruck für das gewählte Urlaubsziel, wobei damit je nach Kontext konkrete Orte, Länder, aber auch Flugziele gemeint sein können.

DEUTSCHER HOTEL- UND GASTSTÄTTEN-VERBAND

Siehe DEHOGA

DIENSTPLAN

Der Dienstplan dient zur Mitarbeitereinsatzplanung. Im Dienstplan sind die Dienstzeiten aller Mitarbeiter/innen übersichtlich erfasst. Folgende Punkte sind bei der Dienstplanerstellung zu berücksichtigen:

- Fixe Betriebsabläufe im Frontoffice
- Zimmerbelegung, Anreisen, Abreisen
- Veranstaltungen
- Einhaltung gesetzlicher Vorschriften (Ruhezeiten, zwei freie Tage hintereinander)
- Beachten der Stundenauslastung, um unnötige Überstunden zu vermeiden
- Gesamtübersicht für eine zeitlich lückenlose Besetzung des Frontoffices
- Wünsche der Mitarbeiter/innen

Werden zusätzliche Mitarbeiter/innen benötigt?

DIREKTBUCHUNG

Direktbuchung bedeutet, dass der Gast direkt beim Hotel bucht – sei es telefonisch, persönlich oder über die hoteleigene Website. Ziel der meisten Hotels ist es, den Anteil an Direktbuchungen zu steigern, da dadurch keine Provisionszahlungen an Buchungsplattformen oder Reisebüros anfallen.

Um Gäste zur Direktbuchung zu animieren, muss diese möglichst problemlos möglich sein. Daher bietet es sich an, gut sichtbar auf der Website ein Online-Buchungstool (Web-Booking-Engine) zu implementieren, das auch auf mobilen Geräten funktioniert. Alternativ können auch eine E-Mail-Adresse oder eine Telefonnummer für Buchungen angegeben werden. Mit Preisnachlässen und Zusatzangeboten, Late-Check-out oder einem kostenlosen Begrüßungsgetränk lassen sich Direktbuchungen lukrieren.

WAS DER PROFI DAZU SAGT

Weisen Sie direkt beim Buchungstool auf die Vorteile einer Direktbuchung hin, z. B.:

- Günstigster Preis hier verfügbar
- Kostenloses Begrüßungsgetränk bei Online-Buchung hier
- 5-%-Direktbucherrabatt bei Buchung hier

DIREKTMARKETING

Direktmarketing umfasst alle Werbemaßnahmen, die darauf ausgerichtet sind, mit (potenziellen) Kundinnen/Kunden persönlich in Kontakt zu treten bzw. zu bleiben und von ihnen **Response** (Rückmeldung, Antwort) zu bekommen. Direktmarketing ist die direkteste Form der Werbung. Die individuelle Kontaktaufnahme geschieht z. B. per E-Mail oder Brief. Typische Erscheinungsformen des Direktmarketings sind:

- Mailings (Werbebriefe, Newsletter)
- Hotelprospekte
- Telefonate (Telefonmarketing)
- Interaktive Medien mit Response-Möglichkeit, über die direkt gebucht werden kann

Im Direktmarketing werden keine Standardbriefe verfasst, sondern Briefe mit persönlicher Anschrift und Ansprache, maßgeschneidert für den Hotelgast, der einer bestimmten Zielgruppe/Persona zugeordnet worden ist. Der Inhalt muss das Interesse des Gastes bzw. seine Wünsche direkt ansprechen und seine (unbewussten) Bedürfnisse befriedigen. Das Mailing macht die Empfängerin/den Empfänger auf Bedürfnisse aufmerksam, die ihr/ihm vielleicht bis zu diesem Zeitpunkt selbst noch nicht klar waren, und bietet im selben Atemzug die passende Lösung an.

SO GELINGT'S

Die Basis für ein gelungenes Direktmarketing ist eine gut gepflegte Gästekartei. Wird jeder Gast nach seinen Interessen den passenden Selektionscodes zugeordnet, ergibt sich ein umfassendes **Benutzerprofil** jedes Gastes. Anhand dieser Profile können Adressen für Mailings zielgruppenspezifisch ausgewählt werden. Die **Selektionskriterien** sind in Form von **Mailing-Codes** im System gespeichert. Üblicherweise kommen Three-Letter-Codes zur Anwendung, z. B. WEL = Wellnessurlauber/in, SNO = Winterurlauber/in, Skifahrer/in, GOU = Gourmet, GOG = Golf + Gourmet, WIE = Weinreisende/r, GUW = Gourmet + Weinreisende/r.

DISAGIO

Bei der Zahlung mit Kreditkarte bzw. Debitkarte muss das Hotel eine Servicegebühr an den Zahlungsdienstleiter zahlen, diese wird als Disagio bezeichnet.

DISCOUNTED RATE

Rabattierter Preis

DOORMAN

Siehe Türsteher/in

DOPPELZIMMER

Engl. Doublerooom

Das sind Zimmer für zwei Personen mit einem oder zwei Betten, die nebeneinander stehen und das klassische Doppelbett bilden.

Die Mindestgröße der Betten hängt von der Kategorie des Betriebes ab.

DOUBLE-OPT-IN

Wird die Anmeldung für einen Newsletter elektronisch durchgeführt, kommt in der Regel das **Double-Opt-in**-Verfahren zum Einsatz. Dabei muss der Eintrag in die Abonnentenliste in einem zweiten Schritt bestätigt werden.

Meist wird eine E-Mail mit Bitte um Bestätigung an die eingetragene Kontaktadresse gesendet.

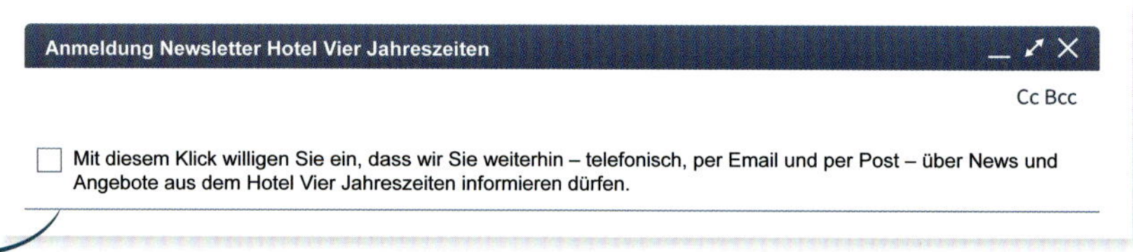

Handelt es sich um ein echtes, das heißt erwünschtes, Opt-in, bekommt die Abonnentin/der Abonnent eine Bestätigung ihrer/seiner angegebenen Kontaktdaten. Handelt es sich dagegen um einen missbräuchlich erfolgten Eintrag, kann sich die unfreiwillige Abonnentin/der unfreiwillige Abonnent vor einem Eintrag in die Abonnentenliste schützen, indem sie/er auf die Bestätigungsanfrage nicht reagiert. Eine Registrierung beim Double-Opt-in wird erst dann wirksam, wenn sie bestätigt wird. Gästeadressen, die mittels dieser Methode generiert wurden, dürfen für Mailings verwendet werden.

Klingt das kompliziert? Mit einer Newsletter-Software laufen die Schritte des Double-Opt-in automatisch im Hintergrund ab. Diese übernimmt auch Abmeldungen automatisch – so müssen diese nicht manuell eingetragen werden.

DREIBETTZIMMER

Engl. Triple Room

Das ist ein Zimmer für drei Personen. Häufig dient ein Hideaway, also ein Schlafsofa, das aufgeklappt dieselben Maße wie ein reguläres Bett hat, als drittes Bett.

Die Mindestgröße der Betten hängt von der Kategorie des Betriebes ab.

DUMMY-ZIMMER

Siehe Paymaster

E

#rezeption

EARLY BIRD RATE
BIS
EXPEDIENT/IN

EARLY BIRD RATE

Gäste, die früh im Voraus buchen, erhalten besondere und günstige Konditionen. Meist sind die Storno- oder Umbuchungsbedingungen strenger.

Engl. Singleroom

EINZELZIMMER

Das ist ein Zimmer für eine Person mit einem oder mehreren Betten. Die Mindestgröße der Betten hängt von der Kategorie des Betriebes ab.

E-MAIL

Beim Erstellen von E-Mails, die der Kundenbindung dienen (z. B. Angebot, Follow-up, Glückwünsche, Zielgruppen-Mailing), ist die **Netiquette** (= Internet-Etikette) einzuhalten. Darunter versteht man Umgangsformen in der elektronischen Kommunikation. Es sind keine verbindlichen Regeln oder einklagbaren Rechte, sondern einfach Formen der Höflichkeit und des guten Geschmackes. Es obliegt der Vernunft jeder/jedes Einzelnen, daraus Maßstäbe für das eigene Kommunikationsverhalten zu machen.

Aufgrund der Datenschutz-Grundverordnung dürfen E-Mails nicht unaufgefordert an fremde Personen geschickt werden, d. h., dass nur Direct Mailings, aber keine Massensendungen ohne Einwilligung der Empfänger/innen versendet werden dürfen.

SO GELINGT'S

Datenmenge
Achten Sie auf einen sparsamen Umgang mit Speicherplatz (Fotos, Grafiken) und die Übertragungszeiten, da sonst bei Ihren Kommunikationspartnerinnen/-partnern unnötige Kosten und Ärger entstehen. Sollten Sie Bilder in Ihrer E-Mail verwenden, speichern Sie diese im Webformat ab, damit das Gesamtdatenvolumen der E-Mail unter 1 MB bleibt. Wenn Sie der E-Mail Texte, z. B. ein Angebotsschreiben, als Attachment im PDF-Format hinzufügen, können Sie Bilder und Grafikelemente einbauen, ohne dass die Datenmenge den E-Mail-Transfer belastet.

Sicherheit – Vertraulichkeit
Nachrichten im E-Mail-Ordner können von Personen eingesehen werden, für die der Inhalt eigentlich nicht bestimmt ist. Entsprechend sollte man keinerlei Dinge äußern, die nicht für Dritte bestimmt sind.

Lesbarkeit
Lesen Sie E-Mails noch einmal, bevor Sie sie versenden. Tippfehler wirken unprofessionell. Auch bei E-Mails ist auf einen korrekten Satzbau, Groß- und Kleinschreibung und richtiges Zitieren zu achten. Formulieren Sie kurz und prägnant – vermeiden Sie überflüssige Informationen. Der Text wird als Fließtext geschrieben, da der Zeilenumbruch durch die Fenster- bzw. Bildschirmgröße der Empfängerin/des Empfängers vorgegeben wird.

Signaturen, Visitenkarten
Signaturen sollten nicht länger sein als der Text der E-Mail. Wichtig ist, dass in der Signatur die E-Mail-Adresse und die Telefonnummer aufscheinen, um rasche Kontaktaufnahme zu ermöglichen. Welche Angaben verpflichtend sind, hängt von den gesetzlichen Vorgaben des betreffenden Landes ab.

Gut zu wissen

Newsletter, die per E-Mail versandt werden, müssen ein Impressum beinhalten.

EUROPÄISCHES SYSTEM

Siehe Organisationssysteme in der Hotellerie

EXECUTIVE ASSISTANT MANAGER/IN

Manchmal auch als **Resident Manager/in** bezeichnet, vertritt die Executive Assistant Managerin/der Executive Assistant Manager die General Managerin/den General Manager. Zusätzlich kann mit dem Posten die Zuständigkeit für einen bestimmten Bereich des Hauses (z. B. F&B, Logis) verbunden sein.

EXECUTIVE HOUSEKEEPER

Auch: Hausdame
Die Hausdame/Der Executive Housekeeper ist die Abteilungsleitung des Housekeeping-Departments. Ihre Vorgesetzte/Ihr Vorgesetzter ist entweder die Rooms Division Managerin/der Rooms Division Manager oder die General Managerin/der General Manager. Die Hausdame überprüft die Einhaltung der Standards hinsichtlich Reinigung und Sauberkeit in den Gästezimmern, im Frontoffice, Backoffice und allen öffentlichen Bereichen etc. Sie/Er koordiniert die Warenbeschaffung der Housekeeping-Abteilung, ist für die Dienstplanerstellung und Zusammenarbeit mit anderen Abteilungen im Haus sowie externen Unternehmen (z. B. Floristinnen/Floristen etc.) zuständig.

EXPEDIENT/IN

Expedientinnen/Expedienten im Reisebüro sind sozusagen die Schnittstelle zur Kundin/zum Kunden. Sie beraten und schlagen Kundinnen/Kunden passende Angebote vor. Sie reisen und testen Hotels, dafür bekommen sie Sonderpreise. Diese sogenannten Expedientenpreise nehmen neben Reisebüro- oder Airlinemitarbeiterinnen/-mitarbeitern auch Journalistinnen/Journalisten in Anspruch, die Rate liegt 20–50 % unter dem Individualpreis. Oft gibt es interne Regelungen, ob und wie viele Verfügbarkeiten es für diese Rate gibt.

F

#rezeption

F&B
BIS
FUNDBUCH

F&B

Siehe Food-and-Beverage-Abteilung

FIT RATE

Das ist eine Rate für Individualreisende (Foreign Individual Tourist), die via Reisebüro buchen. Diese Rate wird von Reisebüros angefragt. Der Abzug auf die offizielle Zimmerrate (oder auch die BAR) beträgt je nach Saison 10–30 %.

FIXKOSTEN

Das sind jene Kosten, die unabhängig von der Belegung/Auslastung/Beschäftigungslage anfallen. Beispiele für fixe Kosten sind etwa Pacht, Versicherungen, Zinszahlungen, Löhne der Festangestellten. Die Höhe der Fixkosten hat Einfluss auf die Preisgestaltung.

FLYING BUFFET

Kleine Speisen und Häppchen, die auf Löffeln angerichtet auf Platten serviert werden, z. B. bei Cocktailpartys.

FOLLOW-UP

Als Follow-up werden in der Hotellerie verschiedene Arten der Nachfrage bezeichnet. Der Begriff wird einerseits verwendet, wenn vonseiten des Hotels aufgrund eines vorher erfolgten Angebotes nachgefragt wird, ob dieses von Interesse war. Andererseits steht er aber auch für die Nachbetreuung, wenn der Gast bereits abgereist ist bzw. nach einer Veranstaltung, die vom Hotelbetrieb organisiert wurde. In beiden Fällen wird nachbearbeitet bzw. weiterverfolgt, darum wird derselbe Begriff verwendet.

Follow-up nach einem Angebot

Reagiert ein Gast nicht auf ein Angebot, liegt es im Ermessen des Hotels, ein Follow-up zu machen. Das Follow-up kann eine Nachfrage sein, ob das

Angebot angekommen ist, ob der Optionstermin eingehalten werden kann oder ob es noch Fragen gibt. Diese aktive Angebotsbetreuung ruft dem Gast das Angebot in Erinnerung und führt oft zur Fixbuchung. Das Follow-up kann telefonisch oder schriftlich erfolgen. Das Ziel ist, dass der Gast fix bucht.

WAS DER PROFI DAZU SAGT

Sagt der Gast ab, ist es wichtig, die Gründe zu erfahren. Neben persönlichen oder privaten Ursachen sind häufig zu hohe Preise oder nicht den Erwartungen entsprechende Hotelleistungen Ursache für eine Absage. Diese Begründungen sollten in der Gästekartei notiert werden, da sie auch für die Entwicklung von Marketingstrategien herangezogen werden können.

Beispiel

Sie haben für eine bestimmte Saison häufig die Rückmeldung bekommen, dass der Preis zu hoch sei und diese Saison war im Nachhinein sehr auslastungsschwach? Hier kann die Strategie für das nächste Jahr lauten: Für diese klar definierte Saison wird der Preis entsprechend der Auslastung angepasst.

Follow-up nach dem Aufenthalt

Das Follow-up, das nach der Gästeabreise durchgeführt wird, ist ein nochmaliges Nachfragen des Betriebes beim Gast. Das Follow-up dient in erster Linie dazu, dem Gast den Betrieb nach einigen Wochen wieder in Erinnerung zu rufen, sich noch einmal für den Aufenthalt zu bedanken, damit der Gast den Betrieb in positiver Erinnerung behält.

Dabei kann auf Folgebuchungen Appetit gemacht werden. Außerdem wird dem Gast vermittelt, dass er auch nach seiner Abreise noch Gast des Hauses ist. Das Follow-up geschieht im Rahmen des Customer Relationship Managements.

"Betrachten Sie Gäste auch nach dem Check-out als solche!

FOOD-AND-BEVERAGE-ABTEILUNG

Die Food-and-Beverage-Abteilung – oft mit F&B abgekürzt – ist die Verpflegungsabteilung eines Hauses.

Frontoffice und F&B arbeiten in verschiedenen Bereichen zusammen:

Verpflegung der Gäste: Die Food-and-Beverage-Abteilung benötigt die Anzahl der Frühstücksgäste sowie jene der Gäste mit Halb- bzw. Vollpension. Deponieren Gäste Menüänderungswünsche im Frontoffice, leitet dieses die Wünsche weiter.

Veranstaltungen: Änderungswünsche der Veranstalter/innen z. B. betreffend die Speisenfolge und Personenanzahl müssen rechtzeitig weitergeleitet werden (in Rücksprache mit der Bankettabteilung). Für erfolgreiche Veranstaltungen ist ein reibungsloser Informationsfluss wichtig.

In manchen Betrieben werden die Speisen- und Menükarten von der Frontoffice-Abteilung hergestellt. Dazu sind von der Food-and-Beverage-Abteilung die Informationen einzuholen und die Karten termingerecht zu übermitteln.

Geleitet wird die Abteilung von der Food-and-Beverage-Managerin/vom Food-and-Beverage-Manager.

FOOD-AND-BEVERAGE-MANAGER/IN

(F&B-Manager/in)

Alle organisatorischen Aufgaben rund um Speisen und Getränke unterliegen der Verantwortung der Food-and-Beverage-Managerin/des Food-and-Beverage-Managers. In Zusammenarbeit mit Küchenchef/in, Restaurantleitung und Barchef/in koordiniert und kalkuliert sie/er den Wareneinkauf, die Lagerung etc.

FORECAST

Der Forecast ist eine **fiktive Reservierungsvorschau auf das kommende Monat oder Jahr,** basierend auf den Daten und Erfahrungswerten der vergangenen Jahre sowie den bereits eingegangenen Buchungen.

Wichtig ist auch ein Blick in den Veranstaltungskalender. Veranstaltungen im Hotel, im Ort oder in der Region sollten beim Erstellen des Forecasts mitbedacht werden. Der Forecast soll so exakt wie möglich erstellt und ständig aktuell gehalten werden. Alle Abteilungen des Hotels sind bei großen Änderungen sofort zu informieren.

Wobei der Forecast hilft

PREISGESTALTUNG

Der Forecast hilft, das kommende Geschäftsmonat/-jahr zu planen, z. B. auslastungsstarke und -schwache Monate zu erkennen, um die Auslastung und Ratenplanung einschätzen zu können. Von großer Bedeutung ist der Forecast bei der Preisgestaltung für das **Yield Management.** Die Daten zur voraussichtlichen Auslastung dienen der Festlegung der Saisonen und Preise.

DIENSTPLAN

Mittels Forecast lässt sich der Mitarbeiterbedarf abschätzen. Daher ist er ein wichtiges Werkzeug bei der Dienstplanerstellung. Er wird in der Reservierungsabteilung oder im Frontoffice erstellt und an alle Abteilungen des Hotels weitergeleitet.

SONSTIGES

Auch bei der Zusammenarbeit mit der Sales-&-Marketing-Abteilung sowie mit Reisebüros und Firmen ist der Forecast nützlich. Er zeigt auf, wo bei der Auslastung Luft nach oben ist. Hier sind Werbemaßnahmen gefragt. So können etwa Incentives für Firmen eingeplant und gezielt beworben werden. Dadurch lassen sich Auslastungssteigerungen planen und leichter erreichen.

Beispiele

- Wenn aus dem Forecast ersichtlich ist, dass der Mai im Vorjahr ein buchungsstarker Monat mit einer Belegung von 90 % war, könnten 92 % das Ziel sein und die freien Zeiten gezielt für Kontingente, Incentives oder Packages genutzt werden.
- Stellt man z. B. einen Buchungsrückgang von Dienstag bis Donnerstag fest, kann man für diese Zeiträume Angebotspakete schnüren. Dies ist gemeinsam mit der Sales-&-Marketing-Abteilung zu planen und gezielt zu forcieren.

Ebenso empfiehlt es sich, bei der Planung des Einkaufs für Küche und Keller, der Planung von größeren Reparaturen, Umbauten, Reinigungen etc. einen Blick in den Forecast zu werfen, um den günstigsten Zeitpunkt zu identifizieren.

F

FRAGEBOGEN

Siehe Gästebefragung

FRONTDESK

Das Rezeptionspult – auch Frontdesk genannt – ist die wichtigste Anlaufstelle für die Gäste.

GESTALTUNG DES FRONTDESK

Der Frontdesk sollte überschaubar und einladend wirken. Nicht versteckt oder verwinkelt, sondern großzügig und geräumig, hell und freundlich sollte eine professionelle Rezeption sein.

Wenn Gäste müde im Hotel ankommen, lehnen Sie sich gern an den Frontdesk. Dementsprechend sollte sich das Material des Tresens angenehm anfühlen und keine zu raue Oberfläche haben.

Unterlagen, die für die Gästebetreuung benötigt werden, sind meist in Fächern unter dem Rezeptionspult untergebracht.

ARBEITEN AM FRONTDESK

Aus funktionellen Gründen ist das Rezeptionspult als Barriere zwischen Gast und Mitarbeiter/in konstruiert. Rezeptionsmitarbeiter/innen sollten sämtliche Tätigkeiten, bei denen sie direkten Kontakt mit dem Gast haben, im Stehen ausführen. Es ist ein No-Go, wenn Mitarbeiter/innen hinter der Rezeption sitzen. Das wirkt, als würden sie sich vor dem Gast verstecken.

Manche Hotels verzichten auf den klassischen Frontdesk und setzen stattdessen auf Tische und Stühle, so kann z. B. der Check-in im Sitzen erledigt werden.

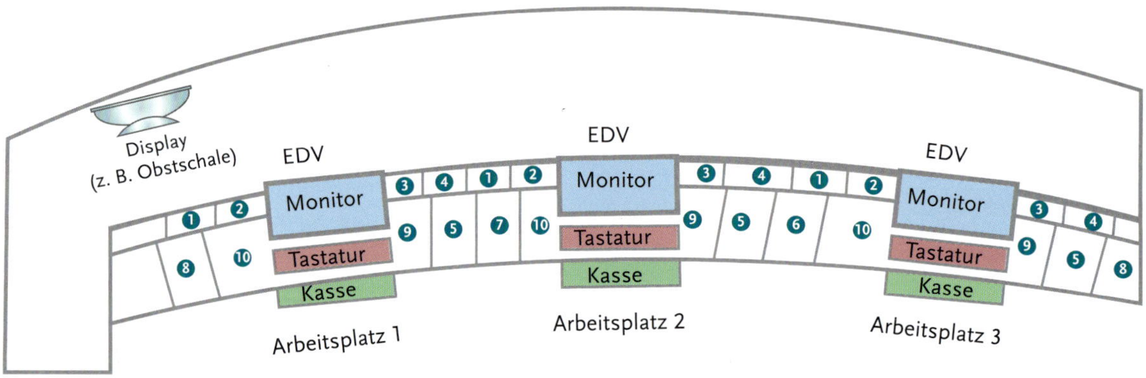

1 Reservierungsformulare 2 Gästeinformationen 3 Kuverts 4 Meldeblätter 5 Telefon 6 Digibox (Kreditkartenlesegerät) 7 Banknotentestgerät 8 Taschenrechner 9 Notizblätter 10 Keycard-Codierungsgerät

FRONTOFFICE

Das Frontoffice ist der Empfangsbereich des Beherbergungsbetriebes. Es ist dem Gast zugänglich und dient dem direkten Gästekontakt.

Zum Frontoffice gehören

- die Rezeption (Frontdesk),
- die Portierloge (Concierge Counter),
- die Kasse (Cashiers Desk),
- der Guest-Relations-Desk,
- das Lohndiener-Office (Gepäcksaufbewahrung).

Im Frontoffice finden Gästeempfang, Check-in, Check-out, Geldwechsel, Gästebetreuung etc. statt.

In der Hotelorganisation ist das Frontoffice ein eigener Bereich der Beherbergungsabteilung, der perfekt funktionieren muss. Daher sind eine klare Struktur und eine perfekte Organisation wichtig.

Im Frontoffice arbeiten u. a. folgende Mitarbeiter/innen:

- Frontoffice Manager/in (Chef de Réception)
- Rezeptionist/in (Réceptionniste, Room Clerk)
- (Chief) Concierge (Portier)
- Cheflohndiener/in (Bellcaptain)
- Lohndiener/in (Bagagiste, Porter)
- Page (Bellboy/Groom)
- Türsteher/in (Doorman)
- Fahrer/in (Chauffeur, Driver)
- Nachtportier (Concierge de Nuit, Night Auditor)
- (Guest Relations Manager/in)

„In Großbetrieben ist eine Trennung in Frontoffice und Halle üblich.

F

In Großbetrieben werden die Aufgabenbereiche im Frontoffice unterteilt in Arbeiten, die direkt an der Rezeption erledigt werden (Frontoffice-Bereich) und in Arbeiten, die nicht in direktem Gästekontakt geschehen (Backoffice-Bereich). Die Telefonzentrale wird auch dem Frontoffice-Bereich zugeordnet.

Franz. Chef de Réception

FRONTOFFICE MANAGER/IN

Auch: Empfangschef/in/Rezeptionschef/in/ FO-Manager/in/FOM
Die Frontoffice Managerin/der Frontoffice Manager ist verantwortlich für die Bereiche Rezeption, Reservierung, Kasse, Halle und Telefonzentrale. Teilweise fällt auch die Reservierungsabteilung in das Aufgabengebiet.

Die Position entspricht einer Abteilungsleiterposition. Die Empfangschefin/Der Empfangschef vertritt die Direktion und ist verantwortlich für die optimale Hotelbelegung.

Die Aufgaben sind in erster Linie dispositiver Art, d. h. Planung, Anordnung, Durchführung und Kontrolle der Abläufe und Aufgaben im gesamten Beherbergungsbereich. Ein reibungsloser Arbeitsablauf im Empfangsbereich gewährleistet eine optimale Gästebetreuung.

Die Empfangschefin/Der Empfangschef ist zuständig und verantwortlich für

- den reibungslosen Ablauf in den Bereichen Rezeption, Reservierung, Kasse, Halle und Telefonzentrale sowie die bestmögliche Zusammenarbeit mit allen anderen Abteilungen,
- die Durchführung der wöchentlichen Abteilungsmeetings,

- Mitarbeitereinstellung, -führung, -beurteilung und -schulung, z. B. Dienstplanerstellung, Erstellen von Anforderungsprofilen für die Einstellung neuer Mitarbeiter/innen sowie die Erstellung der wöchentlichen Dienstpläne unter Berücksichtigung der zu erwartenden Gäste unter Einhaltung der gesetzlichen Vorschriften und der Urlaubsplanung,
- die Erreichung bzw. das Halten des innerbetrieblich festgelegten Standards,
- die Zimmer- und Pauschalpreisgestaltung,
- das Controlling,
- die Zimmerbelegkontrolle,

- die Erstellung des Forecasts (der Buchungsvorschau) für die nächsten Monate,
- die optimale Auslastung und Erreichung des maximalen Umsatzes bei den Zimmererlösen,
- den Tages-, Monats- und Jahresabschluss,
- die Abrechnung der Restaurantkassen,
- Kassabuch, Handkasse und Bankeinzahlungen,
- die Kontrolle und regelmäßige Anpassung der Wechselkurse,
- die Kontrolle der Monats- und Jahresberichte,
- die Einhaltung der gesetzlich vorgeschriebenen Meldeformalitäten,
- den Empfang und die Verabschiedung von VIPs,
- die Kontrolle der Liste aller In-House-VIP-Gäste,
- Beschwerdemanagement,
- die vollständige Guest-History (Gästekartei) mit Vermerken von speziellen Wünschen.

WAS DER PROFI DAZU SAGT

Wesentlich für die optimale Arbeit einer Abteilung ist die Mitarbeiterführung. Die Frontoffice Managerin/Der Frontoffice Manager muss die Aufgaben jeder einzelnen Rezeptionsmitarbeiterin/jedes einzelnen Rezeptionsmitarbeiters klar festlegen. Die Verantwortlichkeiten und die Vertretung sollten bereits in der Stellenbeschreibung definiert werden. Auch das beste Team profitiert von qualitativ hochwertigen Schulungen – auf die Bedürfnisse der Mitarbeiter/innen und die Ansprüche des Betriebes zugeschnittene Weiterbildungen verbessern den Teamgeist und die Gästebetreuung.

Eine enge Zusammenarbeit mit anderen Abteilungen, wie Housekeeping-Department, Food-and-Beverage-Abteilung, Sales-&-Marketing-Abteilung, Bankettabteilung, ist unbedingt erforderlich.

FRONTOFFICE SOFTWARE

Siehe Property Management System

FRONT OF THE HOUSE

Die Gäste sollen sich wohlfühlen, daher sind Sauberkeit und ein angenehmes Ambiente sehr wichtig!

Über den Eingangsbereich gelangt der Gast in den Front-of-the-House-Bereich. Damit sind jene Bereiche gemeint, in denen sich der Gast während seines Aufenthaltes bewegt. Die Front-of-the-House-Bereiche stehen allen Gästen und den für den Gästeservice zuständigen Mitarbeiterinnen/Mitarbeitern zur Verfügung.

Zum Front-of-the-House-Bereich gehören folgende Räumlichkeiten:

- Hotelhalle/Lobby
- Empfangsbereich (Frontoffice, Rezeption)
- Aufenthalts- und gastronomischer Bereich
- Gästezimmer
- Garderoben für Gäste: Diese sind in der Nähe des Cafés oder der Bar untergebracht. Für Veranstaltungen im Haus ist eine zentrale Garderobe in der Nähe der Veranstaltungsräume wichtig.
- Gästetoiletten: Die Toiletten im Gästebereich müssen behindertengerecht ausgestattet und übersichtlich ausgeschildert sein. Die regelmäßige Reinigung entsprechend des betriebseigenen HACCP-Konzeptes und die Kontrolle der Reinigungsstandards haben oberste Priorität.
- Boutique, Kiosk, Zeitungsstand, Friseur, Tabakladen etc.: Hier können Gäste alltägliche Dinge besorgen, ohne das Hotel verlassen zu müssen. Ebenfalls beliebt sind Geschenke und Souvenirs. In manchen Hotels gibt es große Shopping-Arkaden.
- Seminar- und Veranstaltungsräume
- Wellnesseinrichtungen
- Treppenhäuser, Gänge und Lifte: Treppenhäuser und Gänge müssen freigehalten werden, da sie auch als Fluchtwege dienen. Die Treppen sollen mindestens 120 cm breit sein. Die Gästelifte sollen von der Hotelhalle gut erreichbar und leicht zugänglich sein.

In Vier- und Fünfsternebetrieben müssen Gäste die Möglichkeit haben, diverse Artikel zu erwerben.

Sie sollen geräumig sein und müssen den Sicherheitsvorschriften entsprechen. Im Brandfall dürfen Lifte nicht benutzt werden. Hotelmitarbeiter/innen sollen Gästelifte nach Möglichkeit nicht benutzen. In den Liften können Informationen für Gäste angebracht werden. In Großbetrieben gibt es meist eigene Gepäck- bzw. Transportlifte und Lifte für die Mitarbeiter/innen.

- Weitere Aufenthaltsräume wie Bibliothek, Schreibecke oder Spielzimmer: Aufenthaltsräume, in denen Gäste Zeit verbringen können, sind wichtig für einen angenehmen Aufenthalt. Denn dadurch sind Gäste nicht nur auf ihr Gästezimmer beschränkt.

FRÜHBUCHERRATE

Siehe Early Bird Rate

FRÜHSTÜCKSPENSION

Eine Frühstückspension ist ein Beherbergungsbetrieb, der Übernachtungen mit Frühstück anbietet. Meist sind Frühstückspensionen kleinere (ca. 20 Betten), privat geführte Betriebe.

FUNCTIONSHEET

Damit Veranstaltungen und Seminare professionell über die Bühne gehen, bedarf es der Zusammenarbeit mehrerer Abteilungen (siehe Veranstaltungsmanagement). Die zu erledigenden Aufgaben müssen klar definiert und verteilt werden.

Ein Beispiel für ein Functionsheet finden Sie auf S. 92 sowie als Download.

Beispiel

Die Küche muss über die Anzahl der Speisen und Gänge Bescheid wissen, das Frontoffice über die Anzahl der Übernachtungen und die benötigten Zimmer, das Service über die gewünschte Tischform, die Haustechnik über die benötigte technische Ausstattung etc.

Damit jede Abteilung weiß, was zu tun ist, werden die Details für Veranstaltungen auf einem **Functionsheet** notiert.

Beispiel Functionsheet

Functionsheet

HOTEL
Vier Jahreszeiten

Kontakt Auftraggeber/in			
Name			
Straße			
Ort			
Telefon		Fax	
E-Mail			

Veranstaltung		
Datum	von	bis
Anlass		PAX:
Raum		Raummiete: €
Bestuhlung		
Raum-Setup		
Dekoration		
Ablauf		

Technisches Equipment				
☐ Flipchart (+ 3 Stifte)	☐ Monitor	☐ Notebook	☐ Laserdrucker	☐ Interactive Board
☐ Beamer	☐ Leinwand	☐ Laserpointer	☐ DVD-Player	☐ Rednerpult
☐ CD-Player	☐ Funkmikrofon	☐ Videokamera	☐ Pinnwand	☐ Sonstiges

Verpflegung		
Seminargetränke		
Pausen		Zeit:
Aperitif		Zeit:
Menü (1. Tag)		Zeit:
Menüpreis	€	Sammelrechnung: ☐ Ja ☐ Nein
Getränke		

Frontoffice	DZ	ZBZ	DBZ	EZ	APP
Anzahl					
Preis/pPN					

Housekeeping			
Porterage	Ja ☐	€ pP:	€ Pauschale:

Sonstiges			
Angenommen	am:	von:	
Art der Bezahlung		Rechnung an:	
Verteiler	☐ Direktion	☐ F&B	☐ Frontoffice
	☐ Housekeeping	☐ Reservierung	☐ Technik

Detailinformationen für die einzelnen Abteilungen werden in Form von Memos weitergegeben.

FUNDBUCH

> Aus Diskretionsgründen wird dem Gast niemals ein Gegenstand unaufgefordert nachgesandt.

Immer wieder kommt es vor, dass Gäste Gegenstände vergessen oder liegen lassen. Diese Gegenstände werden im sogenannten Fundbuch, in einem Lost-and-Found-Formular mit Durchschlag oder im Property Management System vermerkt.

Verwaltet wird das Fundbuch von der Rezeption/Housekeeping-Abteilung – es liegt an der Rezeption oder im Office der Housekeeping-Abteilung auf.

Damit alle betroffenen Mitarbeiter/innen Einblick in das Fundbuch nehmen können, ist es praktisch, wenn Fundgegenstände im Property Management System eingetragen sind. Frontoffice-Mitarbeiter/innen können darauf rasch zugreifen und bei Nachfrage des Gastes schnell und effizient Auskunft geben. Etwaiger Schriftverkehr mit dem Gast wird im Ordner für Fundsachen sowie im Property Management System abgelegt.

Gut zu wissen

In **Österreich** sind gefundene Gegenstände der zuständigen Fundbehörde anzuzeigen.

In **Deutschland** wird zwischen liegengelassenen Sachen (die Eigentümerin/der Eigentümer ist bekannt) und Fundsachen (die Eigentümerin/der Eigentümer ist nicht bekannt) differenziert. Bei liegengelassenen Sachen sollte die Eigentümerin/der Eigentümer kontaktiert werden. Aus Diskretions- und Datenschutzgründen darf nur mit dem Gast direkt Kontakt aufgenommen werden. Informationen an Dritte sind nicht zulässig. Fundsachen müssen – sofern ihr Wert höher als zehn Euro ist – der zuständigen Behörde angezeigt werden. Der Hotelier muss sowohl Fundsachen als auch liegengelassene Sachen sorgfältig aufbewahren.

In **Südtirol** gibt es keine gesetzlichen Vorgaben, wie in der Hotellerie mit vergessenen bzw. Fundsachen umzugehen ist.

G

#rezeption

GARAGE

BIS

GUEST RELATIONS MANAGER/IN

GARAGE

Siehe Parkplatz

GARNIBETRIEB

Siehe Hotel garni

GÄSTEBEFRAGUNG

Gästezufriedenheit ist das oberste Ziel jedes Hoteliers, denn nur zufriedene Gäste kommen wieder oder empfehlen ein Haus weiter. Eine Möglichkeit, um herauszufinden, ob das Angebot eines Betriebes den Gästen gefällt und ihren Erwartungen entspricht bzw. wo Verbesserungen möglich oder nötig sind, ist die Gästebefragung.

Auch die Erhebung durch anonyme Testpersonen, Mystery Guest Analysis genannt, ist möglich.

Wie Gästebefragungen durchgeführt werden können:

- mündlich
- schriftlich
- vom Betrieb selbst
- von einer unabhängigen externen Institution

Die Gästebefragung soll nicht von einer einzigen Person in einem Betrieb durchgeführt werden. Jede Mitarbeiterin/jeder Mitarbeiter, die/der mit dem Gast zu tun hat, wird ihn auf die eine oder andere Weise befragen, ob alles zur Zufriedenheit erfüllt wurde. Sinnvoll sind Befragungen nur, wenn auf die Anregungen, Wünsche oder auch Beschwerden entsprechend reagiert wird.

Fragebogen

Wird die Gästebefragung von den Mitarbeiterinnen/Mitarbeitern im Betrieb selbst durchgeführt, bildet ein Fragebogen die Grundlage dafür.

Entweder füllen die Gäste den im Gästezimmer aufliegenden Fragebogen selbst aus oder eine Mitarbeiterin/ein Mitarbeiter geht den Fragebogen mit dem Gast durch. Beide Varianten haben Vor- und Nachteile.

Bei der mündlichen Gästebefragung durch eine Mitarbeiterin/einen Mitarbeiter ist es möglich, direkt auf Beschwerden und Wünsche des Gastes zu reagieren. Wenn der Gast den Fragebogen selbst ausfüllt und anonym bzw. erst bei der Abreise abgibt, ist es schwierig, etwaige Kritikpunkte aus der Welt zu schaffen. Umgekehrt ist es manchen Gästen lieber, anonym ihre Meinung kundzutun, denn nicht jeder Gast sagt direkt, was ihm missfallen hat. Um Ärger zu vermeiden, verhalten sich manche Gäste eher distanziert freundlich. Auch gibt es bei manchen Gästegruppen kaum Gelegenheit für eine persönliche Befragung, z. B. Business Traveller.

Befragt werden können Gäste zu folgenden Themen:

- *Ambiente, Atmosphäre*
- *Auswahl der Angebote*
- *Mitarbeiter/innen*
- *Ausstattung*
- *Preis-Leistungs-Verhältnis*
- *Qualität*
- *Sauberkeit*
- *Schnelligkeit*
- *Sicherheit*

Die Ergebnisse werden mit den Erwartungen/Sollwerten des Betriebes verglichen. Nur so kommt bei der Befragung ein an den Sollwerten messbares Ergebnis heraus und die darauf folgenden Handlungen können auf das Ergebnis abgestimmt werden.

Die gewünschten Sollwerte beschreiben den optimalen Standard für alle Bereiche. Diese sind vorab betriebsspezifisch festzulegen.

Werfen Sie bei Gelegenheit einen Blick in den Fragebogen Ihres Hauses: Stellen Sie Mängel fest? Passt das Benotungssystem für alle Fragen? Steht ein hoher Wert immer für gut und ein niedriger für schlecht? Stimmen die Fragemodalitäten (z. B. können Entscheidungsfragen nicht von eins bis sechs bewertet werden)?

WAS TUN, WENN GÄSTE MITARBEITER/INNEN KRITISIEREN?

Meist beurteilen Gäste namentlich genannte Mitarbeiter/innen sehr vorsichtig. Kritik am Verhalten einer Mitarbeiterin/eines Mitarbeiters ist immer objektiv zu beurteilen. Faktoren wie Sympathie zwischen Gast und Mitarbeiter/in oder Laune des Gastes am Tag der Befragung spielen eine Rolle. Taucht ein und dieselbe Kritik in mehreren Fragebögen auf, ist Handlungsbedarf gegeben.

Positive Rückmeldungen von Gästen sind eine gute Motivation. Teilen Sie diese den Mitarbeiterinnen/Mitarbeitern mit! **Äußern sich Gäste negativ über eine bestimmte Mitarbeiterin/einen bestimmten Mitarbeiter,** ist dies mit der/dem von der Kritik betroffenen Mitarbeiter/in **unter vier Augen** zu besprechen – niemals vor dem gesamten Team!

Bei der inhaltlichen Gestaltung eines Fragebogens ist zu beachten:

- Der **Zeitaufwand** für das Ausfüllen des Fragebogens darf für den Gast nicht zu groß sein. Der Fragebogen soll nicht mehr als eine A4-Seite bzw. zwei A5-Seiten umfassen.
- Die Gestaltung muss klar und übersichtlich sein.
- Nicht zu vergessen sind freie Zeilen für **individuelle Gästekommentare** bzw. Gästewünsche.
- Die Teilnehmer/innen an der Befragung sollen die **gesamte Gästestruktur** aus allen Zielgruppen widerspiegeln.
- Die Fragen sollten nach **Abteilungen/Bereichen im Haus** geordnet sein und nicht einzelne Kriterien durcheinander abgefragt werden.
- Die Gäste sollen den Fragebogen **anonym** abgeben können. Ergebnisse aus nicht anonymen Befragungen können – unter Berücksichtigung der datenschutzrechtlichen Vorgaben – in die Gästekartei aufgenommen werden und der Betrieb kann auf die speziellen Wünsche des Gastes bei seinem nächsten Aufenthalt reagieren. Ebenso können Sie sich bei der Nachbetreuung beim Gast für das Ausfüllen des Fragebogens bedanken. Am besten lässt man den Gast entscheiden, ob er anonym bleiben möchte.
- Der Fragebogen soll nur Fragen enthalten, die wirklich **verwertbar** sind.
- Wählen Sie eine gerade Anzahl (vier oder sechs) an **Bewertungslevels.** Der Gast muss sich dann klar für eine Note entscheiden. Denn bei z. B. fünf Beurteilungsmöglichkeiten besteht die Gefahr, dass bei heiklen Fragen der Mittelwert (drei) angekreuzt wird.
- Der Fragebogen kann dem Gast auch nach Abreise per E-Mail im Rahmen eines Follow-up zugesendet werden.
- Legen Sie als Anreiz, den Fragebogen auszufüllen, ein **Gewinnspiel** (z. B. für ein VIP-Package beim nächsten Aufenthalt) bei. Der Gast hat die Möglichkeit, anonym zu bewerten und beim Gewinnspiel trotzdem seine Daten anzugeben.

„Der Gast schenkt Ihnen durch die Beantwortung Ihrer Fragen Zeit und gibt Anregungen, dafür soll er mit einer kleinen Aufmerksamkeit belohnt werden.

„Während etwa die Hygiene des Gästezimmers sehr gut sein kann, kann jene am Buffet zu wünschen übrig lassen. Wie soll der Gast hier antworten?

Beispiele

So können Sie die Antworten konstruktiv nutzen:

Stellen Sie sich vor, Sie wären unser Gewissen. Was würden Sie uns sagen?

So ermutigen Sie Gäste, konstruktive Vorschläge zur Qualitätsverbesserung einzubringen.

Was ist der Hauptgrund, weshalb Sie gerne immer wieder in unser Haus kommen?

Die dadurch gewonnenen Erkenntnisse können zur weiteren Angebotserstellung nützlich sein.

Werden Sie unser Hotel weiterempfehlen?

Diese Frage eignet sich als Abschluss des Fragebogens. Bei einem Ja bleiben der Abschluss und damit der letzte Eindruck beim Gast positiv.

SO GELINGT'S

- Am besten ist es, den Gästefragebogen etwa nach der Hälfte des Aufenthaltes an die Gäste zu übergeben. Beim Check-out nimmt sich der Gast kaum mehr die Zeit und den Mitarbeiterinnen/Mitarbeitern ist die Möglichkeit einer Reaktion genommen.
- Legen Sie den Fragebogen nicht zu den Prospekten in der Hotelhalle, besser ist, ihn persönlich zu übergeben oder gut sichtbar im Zimmer des Gastes auszulegen. Im Zimmer hat der Gast mehr Ruhe und wird sich eher die Zeit zum Ausfüllen nehmen.
- Achten Sie darauf, dass auch ein Stift zur Verfügung steht. Praktisch ist auch die Kombination aus analog und digital, indem z. B. der Fragebogen im Hotelzimmer ausgelegt wird, aber auch mittels QR-Code digital ausgefüllt werden kann.
- Legen Sie ein Kuvert bei. So kann der Gast sicher sein, dass seine Nachricht vertraulich behandelt wird. Zur Abgabe empfiehlt sich ein Briefkasten in der Nähe des Ausganges. Manche Gäste scheuen den fragenden Blick einer Hotelmitarbeiterin/eines Hotelmitarbeiters, wenn sie den Fragebogen abgeben.

Die Auswertung schriftlicher Fragebögen erfolgt quantitativ, d. h., viele vergleichbare Fragebögen werden ausgewertet: Die Ergebnisse werden verglichen und gemessen. Werden bestimmte Bereiche immer negativ bewertet, sollten hier Verbesserungsmaßnahmen gesetzt werden.

Bei der Auswertung ist auch die Gästestruktur zu berücksichtigen. Nicht jede von manchen Gästen gewünschte Veränderung ist für alle Gäste wünschenswert.

Vom Betrieb unabhängige, externe Befragung bzw. Bewertung

Für diese Art der Befragung wird eine Firma beauftragt, die den Betrieb anhand **vorgeschriebener Kriterien** überprüft.

Vorteil	Nachteile
Die Analysen dieser Gästebefragungen werden ohne persönliche, emotionale Interpretationen getroffen. Sachlichkeit steht eindeutig im Vordergrund.	■ Der Fragensteller identifiziert sich meist nicht mit dem Betrieb oder den Gästen. ■ Bei einer Gästebefragung durch Dritte kann auch der Verdacht auftauchen, dass in diesem Betrieb etwas nicht in Ordnung ist. Eine positiv gemeinte Gästebefragung kann sich zum Bumerang entwickeln und der bisher zufriedene Gast sucht plötzlich nach Missständen.

Bei der externen Befragung ist im Leistungsumfang eine Ergebnisanalyse mit Maßnahmenkatalog inkludiert. Die Maßnahmen sind allen Mitarbeiterinnen/Mitarbeitern mitzuteilen oder vor Umsetzung gemeinsam zu diskutieren. Die Umsetzung der Maßnahmen wird nach einigen Wochen überprüft. Ist das Ergebnis nicht zufriedenstellend, wird nachgebessert.

MYGA – Mystery Guest Analysis

Testkundinnen/-kunden beurteilen bei dieser Analyse anonym. Sie werden von der Unternehmensleitung eingeladen, den Betrieb aus der Sicht eines Gastes zu beurteilen.

Die Testpersonen sollen in keiner Verbindung zum Betrieb stehen, um absolut objektiv zu sein. Mehrere Testpersonen sollten den Betrieb testen. Sie beurteilen sowohl die Ausstattung als auch die Qualität der Angebote. Auch die Qualität der von den Mitarbeiterinnen/Mitarbeitern gebotenen Dienstleistungen von der Anfrage bis zur Abreise werden genau unter die Lupe genommen.

Große Hotelberatungsgesellschaften bieten sogenannte **Mystery Quality Checks** durch qualifizierte und akkreditierte Mystery Checker. Diese überprüfen die Häuser individuell nach festgelegten Kriterien, auch die daraus resultierende schriftliche Berichterstattung mit Fotodokumentation, Aufzeigen von Stärken und Verbesserungspotenzialen gehören zu ihren Dienstleistungen.

Vorteil	Nachteile
Diese Methode ist sehr objektiv und eignet sich zur Ermittlung statistischer Werte bei wiederholten Beurteilungen.	▪ Sofern die Beurteilung absolut anonym verläuft, gibt es keine Nachteile. ▪ Die Vorgangsweise bei der Auswertung läuft bei der MYGA wie bei der externen Befragung ab (siehe S. 99).

GÄSTEBETREUUNG

Der Gast ist der Mittelpunkt Ihres Berufes – den Gast zufriedenzustellen, ist das Ziel aller Ihrer Tätigkeiten. Darum gilt: Der Gast ist König – ob in einer Frühstückspension, in einem typisch regionalen Gasthof, in einer Hotelclubanlage, im Ferien- oder im Stadthotel oder in einer erstklassigen Luxusresidenz. Und ob arm oder reich, alt oder jung, gesund oder gebrechlich, der Gast soll stets das Gefühl haben, es dreht sich alles um ihn und er bekommt mehr als er erwartet.

FILM AB!
Ausflugstipps 1

FILM AB!
Ausflugstipps 2

Der Kontakt zwischen Gast und Betrieb

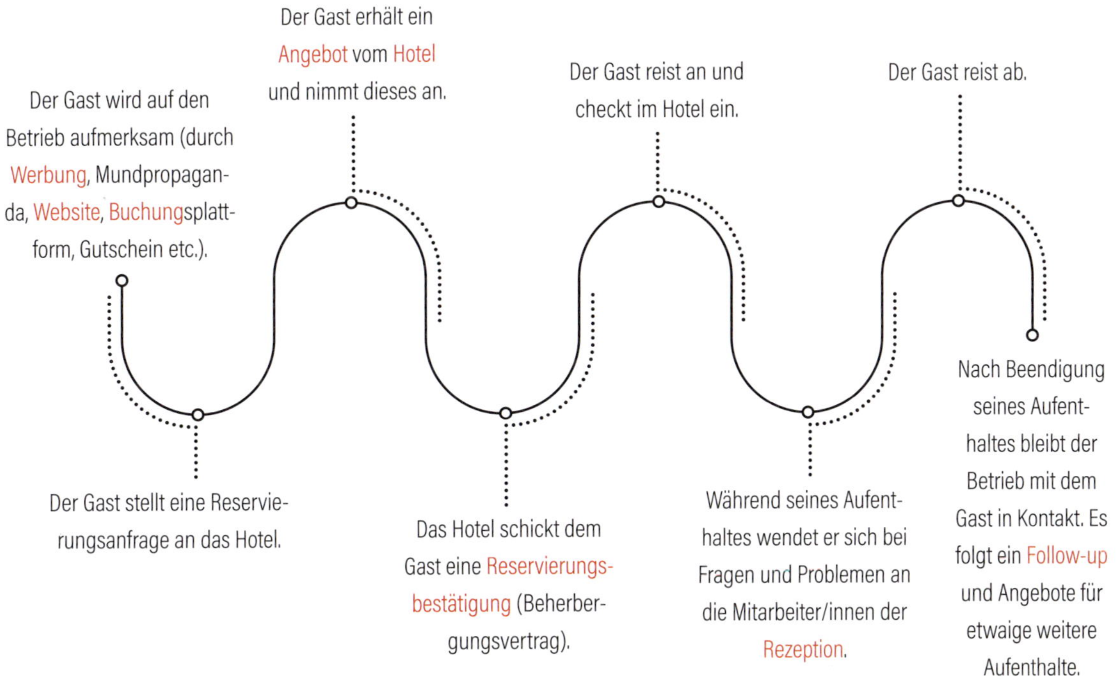

Die meisten Gäste genießen es, sich im Urlaub einmal um nichts kümmern zu müssen. Daher ist die Gästebetreuung ein wichtiger Schwerpunkt, den die Mitarbeiter/innen an der Rezeption übernehmen.

FILM AB!
Betrunkener Gast

> *In einer Umfrage äußerten mehr als ein Drittel der Befragten den Wunsch nach einer persönlichen Ansprechpartnerin/einem persönlichen Ansprechpartner im Hotel.*

„Fragen Sie Gäste regelmäßig, ob sie zufrieden sind. Oft äußern Gäste in solchen Gesprächen Wünsche oder Anregungen, von denen man sonst nie erfahren hätte. Auch ein Fragebogen kann bei dieser Gelegenheit übergeben werden.

Zur Gästebetreuung zählen:

- Gästeinformation: Einerseits müssen Fragen von Gästen kompetent beantwortet werden, andererseits sollen die Gäste aktiv informiert werden, z. B. über Ausflugsangebote oder Animationsprogramme. Informationen finden Gäste etwa auf Aushängen, Infoscreens im Gästezimmer oder in der Lobby oder in Informationsmaterialien wie der Morgenpost oder der Gästeinformationsmappe.
- Dienstleistungen, die den Aufenthalt des Gastes betreffen, wie z. B. Weckruf oder Zimmerwechsel
- Behandlung von Reklamationen (Beschwerdemanagement)

STELLEN SIE SICH VOR

Sie haben eine Woche im Hotel Vier Jahreszeiten verbracht. Nun möchten Sie auschecken. Sie begeben sich zur Rezeption, um Ihre Rechnung zu begleichen. Die Rezeptionistin legt Ihnen die Rechnung auf das Pult, fragt, wie Sie die Rechnung begleichen möchten, nimmt Ihre Kreditkarte, wickelt den Zahlungsverkehr ab, bittet um Ihren Zimmerschlüssel, verabschiedet sich und wünscht Ihnen eine gute Heimreise – der gesamte positive Eindruck des Hotels ist weg und Sie sind zutiefst enttäuscht, dass sie nach einem schönen Urlaub so schnell abgefertigt werden. Offensichtlich möchte man sie so schnell wie möglich loswerden.

Die Rezeptionistin begrüßt Sie mit Namen und fragt, ob Sie noch etwas aus der Minibar konsumiert haben. Sie druckt eine Pro-Forma-Rechnung aus, die Sie mit den Konsumationsbelegen abgleichen können. Nachdem Sie bestätigt haben, dass alles korrekt ist, fragt sie, wie Sie die Rechnung begleichen möchten, und wickelt den Zahlungsverkehr ab. Zum Abschied überreicht Sie Ihnen ein Glas Honig aus der Region und erzählt: „Im Mai findet bei uns ein Golfturnier statt – dürfen wir Ihnen Informationen zukommen lassen?" Sie freuen sich, dass Ihre Interessen wahrgenommen wurden und stimmen zu. Die Rezeptionistin bietet noch Hilfe beim Gepäcktransport an, bedankt sich, dass Sie Ihren Urlaub im Hotel Vier Jahreszeiten verbracht haben und wünscht Ihnen eine gute Heimreise.

„In welcher Situation fühlen Sie sich wohler?

Gäste begeistern

Der erste Eindruck zählt

Der erste Eindruck, den ein Gast bekommt, wenn er die Lobby betritt, ist besonders wichtig. Begrüßen Sie anreisende Gäste freundlich! Wichtig, um einen guten ersten Eindruck hervorzurufen, sind ein gepflegtes Erscheinungsbild, gewandtes Auftreten, Freundlichkeit, Aufmerksamkeit, Flexibilität, Menschenkenntnis und Kompetenz. Zudem sind Höflichkeit und Diskretion sowohl im Umgang mit dem Gast als auch abteilungsintern essenziell.

Nur das Beste ist gut genug

Mit Commodity Service (Standardleistungen oder routinierte Dienstleistungen) sind Gäste heute nicht mehr zu begeistern, Mittelmäßigkeit und Standarddienstleistungen bieten viele Häuser. Die Chance, sich von Mitbewerbern abzuheben, liegt einzig und alleine in einer individualisierten Gästebetreuung. Perfekter Service bedeutet anders sein als andere, mitdenken, aufmerksam und achtsam sein, zuhören und jedes noch so kleine Detail in der Gästekartei vermerken.

Der Gast weiss, was er will

Der Gast von heute ist fachlich kompetent, erfahren und hat individuelle Ansprüche. Standardgemäße Unterkunft, angemessene Verpflegung, schöne Landschaft, gute Lage und neueste Ausstattung empfindet er als selbstverständlich. In den letzten Jahren ist der internationale Standard in der Hotellerie sehr hoch geworden. Viele Gäste reisen mehr denn je, auch Luxusdestinationen sind durch Spezialangebote leistbar geworden.

Der Gast ist die Nummer 1

Gäste sind keine Nummern, die bei ihrer Ankunft registriert werden, bei jeder Leistungserbringung nach der Zimmernummer gefragt werden und selbst bei der Bezahlung nur als Gast von Nummer 209 erkannt werden. Gefragt ist Individualität und jede Mitarbeiterin/jeder Mitarbeiter ist auf ihre/seine persönliche Art und Weise für die Erfüllung der Gästewünsche da! Ziel ist es, dass der Gast das Haus glücklicher verlässt als er es betreten hat. Eine gute Rezeptionistin/Ein guter Rezeptionist schafft es, zum Gast eine Beziehung aufzubauen, ihm die Wünsche von den Augen abzulesen und diese zu erfüllen.

Wissen, was der Gast wünscht

Vom „Neugast" bis zum „Stammgast" verändern sich die Gästebedürfnisse und damit -beziehungen (Customer Relations) zwangsläufig. Begeisterte Gäste erfahren die richtige Behandlung zum richtigen Zeitpunkt, Eigenheiten des Gastes werden gezielt bedient, Wünsche praktisch von den Augen abgelesen.

Gästezufriedenheit ist keine Hexerei. Wer einige einfache Grundregeln einhält, macht seine Gäste zufriedener:

- Der Gast steht im Mittelpunkt aller Tätigkeiten. Alle Mitarbeiter/innen sind Gastgeber/innen. Freundlichkeit und Herzlichkeit sind das oberste Gebot.
- Der Erfolg eines Unternehmens resultiert aus den Erfolgen der Mitarbeiter/innen. Alle können den Erfolg durch ihre Identifikation mit dem Unternehmen klar steuern.
- Alle Mitarbeiter/innen setzen ihr Wissen und Können dafür ein, neue und bessere Lösungsmöglichkeiten zu finden. Alle Mitarbeiter/innen werden entsprechend ihrer Neigungen und Fähigkeiten eingesetzt.
- Animieren Sie sich und Ihre Kolleginnen und Kollegen, dazu beizutragen, die Gäste zu begeistern und so an Ihr Haus zu binden.
- „Wie man in den Wald hineinruft, so schallt es zurück." Diese einfache Weisheit können Sie Tag für Tag in der Gästebetreuung überprüfen. Wer herzlich und freundlich auf Gäste zugeht, wird positives Feedback bekommen.
- Gäste schätzen es, wenn man sich an sie erinnert und sich für sie interessiert.
- Offenes Zugehen auf die Gäste erleichtert den Gesprächsbeginn.
- Ihr Ziel sollte sein, dass sich jeder Gast bei Ihnen wohlfühlt.
- Den berechtigten Ansprüchen der Gäste soll ohne Einschränkung entsprochen werden.
- Die Leistungen des Betriebes sollen von keinem Mitbewerber überboten werden können. Das Leistungs- und Serviceangebot soll sich klar von dem anderer Betriebe abheben.
- Tätigkeiten, die den Gast direkt betreffen, sind immer sofort zu erledigen. Ablagearbeiten o. Ä. sind zu unterbrechen, wenn der Gast etwas von Ihnen erwartet: sei es ein Angebot oder ein Zimmerschlüssel.
- Bleiben Sie stets freundlich und verbindlich, aber orientieren Sie sich an der aktuellen Situation. Ihr netter Plauderton vom letzten Mal kann heute fehl am Platz sein. Ihre präzisen und knappen Formulierungen vom letzten Mal könnten heute wie ein Peitschenknall wirken. Stellen Sie sich darauf ein, ob für die Gesprächspartnerin/den Gesprächspartner momentan emotionale oder rationale Aspekte im Vordergrund stehen.

„Es ist wichtig, nicht nur neue Gäste zu gewinnen, sondern die Kundenbindung zu den bestehenden Gästen zu festigen. Versuchen Sie, Gäste zu Stammgästen zu machen. Machen Sie es ihnen durch Angebote, Prospekte etc. möglichst einfach, wieder zu buchen.

JA, SO SOLL ES SEIN!

- Freundliches Lächeln
- Offene Gestik
- Höflichkeit und gute Umgangsformen sind eine Selbstverständlichkeit in unserem Haus.
- Aktive Gesprächsführung: Wir treten an den Gast heran.
- Die Arbeit macht Spaß und es freut uns, unsere Gäste zu betreuen.
- Gästemeinungen werden von uns als Unterstützung unserer Arbeit im Unternehmen angesehen und geschätzt.
- Der Gast ist Gast unseres Hauses, auch wenn er bereits abgereist ist.

SO BITTE NICHT!

- Aufgesetztes Lächeln
- Strenge, ablehnende Mimik und Gestik
- Zum Gast muss man freundlich sein, aber das restliche Verhalten geht ihn nichts an.
- Auf jede Frage erhält der Gast eine Antwort.
- Wenn der Gast etwas will, wird er sich schon melden.
- Der Gast bezahlt uns, deshalb muss man ihn auch bedienen.
- Wie kann man sich nur erlauben, uns so zu kritisieren?
- Wenn die Rechnung beglichen ist, geht uns der Gast nichts mehr an. Wir haben die Leistung bereits erbracht.

Verschiedene Gäste – verschiedene Erwartungen

Im persönlichen Gespräch erfahren Sie am meisten über die Wünsche Ihrer Gäste und können ihnen darauf aufbauend ein individuelles Programm zusammenstellen. Es genügt nicht, dem Gast einen Prospekt zu übergeben. Nur mit einer wirklich individuellen Beratung wird der Gast seinen Aufenthalt als etwas Besonderes empfinden.

Überlegen Sie vorab, mit welchen Gästen Sie hauptsächlich zu tun haben (oder zu tun haben möchten, z. B. vor einer beruflichen Neuorientierung) und achten Sie darauf, wie Sie die angeführten Ideen am besten umsetzen können.

Stellen Sie sich folgende Fragen: Was bedeutet es konkret für mich, ...

... wenn Kulturreisende eine umfangreiche Information über die regionalen Angebote schätzen?

Ich stelle ein attraktives Programm für diese Gäste zusammen und weiß, was ich auf Nachfrage anbieten kann.

... wenn für Geschäftsreisende eine professionelle Leistungserbringung selbstverständlich ist?

Ich bereite den Check-in gewissenhaft vor und achte darauf, dass ich dem Gast bei seiner Ankunft sofort für den Quick-Check-in zur Verfügung stehe.

... wenn der australische Gast sehr kontaktfreudig ist?

Ich überlege mir vorab ein paar Fragen, z. B. über die Art der Anreise, den Grund der Reise in unsere Gegend, und kann bei Bedarf eine Konversation beginnen.

... wenn der britische Gast gern Tee trinkt?

Ich bitte das Housekeeping-Department Tea and Coffee Making Facilities (Wasserkocher, Teebeutel, Kaffeekapselmaschine, Zuckersorten, Kaffeeobers, Tassen, Löffel) im Gästezimmer bereitzustellen.

... wenn ...?

Wie kann ich mich schon vor der Ankunft der Gäste auf weitere spezielle Wünsche und Vorlieben vorbereiten?

Informierte Mitarbeiter/innen beraten besser

Die Rezeptionsmitarbeiter/innen und/oder der Concierge sind die erste Anlaufstelle für Fragen von Gästen. Diese Fragen betreffen das Hotel aber auch interne oder externe Veranstaltungen, die Region oder Verkehrsmittel.

Je besser die Mitarbeiter/innen geschult sind und über das Hotel und die Umgebung Bescheid wissen, desto besser können sie Gäste betreuen. Informationen finden Mitarbeiter/innen im Internet oder auf **Flyern** für Veranstaltungen im Ort, Theater, Musicals, Konzerte etc.

FILM AB!

Besorgung Theaterkarte

Auch **Tourismusdestinationen** (touristische Organisationen auf Orts- und Regionsebene) und **Tourismusverbände** (bezüglich Öffnungszeiten von Museen, freier Zimmer etc.) stellen Informationsmaterialien zur Verfügung.

„Jede Hotelmitarbeiterin/jeder Hotelmitarbeiter sollte ein touristisches und kulturelles Grundwissen haben, denn sie/er repräsentiert nicht nur ihr/sein Hotel, sondern die gesamte Tourismusregion.

Für die optimale Gästebetreuung muss hinter den Kulissen alles reibungslos ablaufen. Werden die Mitarbeiter/innen in Entscheidungsprozesse einbezogen, identifizieren sie sich in weitaus höherem Maße mit dem Betrieb – sie sind loyal. Fühlen sich die Mitarbeiter/innen wohl, vermitteln sie dies auch den Gästen.

SO GELINGT'S

Lassen Sie den Gast teilhaben an Ihrer Begeisterung für die Region. Gäste spüren, ob Sie ihnen voller Überzeugung etwas empfehlen oder nur Ihr auswendig gelerntes Programm abspulen. Empfehlen Sie dem Gast ruhig etwas, das Ihnen besonders gut gefällt. Entscheidend ist, zu erfahren, was der Gast wünscht. Stellen Sie gezielte (offene) Fragen, um die Interessen Ihrer Gäste kennenzulernen und so ein für den Gast stimmiges Programm erstellen zu können.

Welche Aktivität macht Ihren Kindern Spaß? Wie anspruchsvoll darf die Wanderung sein? Eher gemütlich oder sportlich? Wie lange möchten Sie unterwegs sein? Was wissen Sie schon über unsere Region?

Vermerken Sie alle Interessen Ihrer Gäste in der Gästekartei. Beim nächsten Aufenthalt können Sie bereits im Vorfeld mögliche Vorschläge für Sehenswürdigkeiten oder Unternehmungen vorbereiten. Weisen Sie auf Neuerungen hin, damit den Gästen auch bei mehrmaligem Aufenthalt nicht langweilig wird. Für Gäste muss es sich lohnen, wiederzukommen.

Als Genusswanderer empfehle ich Ihnen den neuen Rundwanderweg am ... Von dort aus haben Sie einen grandiosen Ausblick auf die Umgebung. Auf der Sonnenalm gibt es den besten Kaiserschmarrn weit und breit.

In Unterberg gibt es einen neuen 18-Loch-Golfplatz, den ich Ihnen sehr empfehlen kann. Dürfen wir eine Abschlagszeit für Sie reservieren?

Morgen gibt es in ... ein Konzert der örtlichen Blasmusik. In der ersten Hälfte werden traditionelle Stücke und nach der Pause werden Swing und Boogie gespielt – wäre das etwas für Sie?

Waren Sie schon beim neuen Badeteich im Ort? Unsere Gäste kommen immer begeistert zurück und schwärmen von der Qualität des Wassers und der großzügigen Erholungsanlage.

Stellen Sie für den Gast ein **Informationsblatt** mit allen wichtigen Details zusammen. Vergessen Sie nicht, in der Fußzeile Ihre Initialen, das Datum, die Uhrzeit und den Vermerk „Preisänderungen vorbehalten" anzugeben. Dies ist besonders bei variablen Preisen (Hotelzimmer, Zugtickets, Flugtickets etc.) zu beachten.

In einem Ferienhotel mit viel persönlichem Kontakt ist es empfehlenswert, ab und zu ins Restaurant oder in den Frühstücksraum zu gehen und freundlich über den Aufenthalt, das Wetter etc. zu plaudern. Wenn Sie die Gäste dabei persönlich mit Namen ansprechen und konkrete Erlebnisse einbringen können, haben Sie mehr zur Kundenbindung beigetragen als mit perfekten schriftlichen Unterlagen.

Verkäufe an der Rezeption

An der Rezeption werden nicht nur hotelinterne Leistungen angeboten, sondern dem Gast auch Zusatzleistungen verkauft. Dazu zählen z. B. Briefmarken, Ansichtskarten, Zeitungen, Theater- und Konzertkarten, Souvenirs, Kosmetikartikel, Bademäntel, Marmeladen, Stadtpläne, Sightseeing-Touren. Die Verkäufe dieser Produkte sind korrekt abzurechnen. Die Einnahmen können entweder gleich bar vom Gast via Petty Cash (einer kleinen Handkasse) kassiert und in das Kassabuch eingetragen werden – der Eintrag im Kassabuch ist notwendig, um die Erlöse mit der Hauptkasse gegenrechnen zu können – oder der Gast unterschreibt den Beleg und der Betrag wird direkt auf die Zimmerrechnung gebucht.

Für den Verkauf von Waren aus angemieteten Vitrinen, von Theater- oder Konzertkarten, die der Betrieb in Kommission erhält, sowie Rundfahrten oder Taxifahrten bekommt der Hotelbetrieb eine **Provision** (eine prozentuelle Beteiligung an den getätigten Verkäufen).

GÄSTEINFORMATION

Damit Gäste sich im Haus zurechtfinden und über aktuelle Veranstaltungen informiert sind, geben Hinweisschilder und Informationstafeln Auskunft.

Gästeinformationstafeln

Auf Tafeln, Infoscreens oder bei der Rezeption finden Gäste Informationen zu aktuellen Veranstaltungen und Ausflügen, Menüs im Restaurant, aktuelle Wetterprognosen etc. Monitore mit Informationen und Wegweisern zu Seminarräumen sind z. B. in Seminarhotels beliebt. Es gibt auch Monitore, auf denen ein Programm – ähnlich einem kurzen Werbefilm – über einen hauseigenen Kanal abläuft. Der Bildschirm kann auch als Wegweiser eingesetzt werden.

HABEN SIE VIELE FREMDSPRACHIGE GÄSTE?

Dann könnten Sie erwägen, Orientierungstafeln und Infomaterialien auch auf Englisch oder gegebenenfalls in einer anderen Fremdsprache zu beschriften. Ebenso können fremdsprachige Infobroschüren etc. sinnvoll sein. Achten Sie darauf, dass die Beschilderung korrekt übersetzt ist. Schlampig und falsch übersetzte Hinweistafeln wirken unprofessionell und sorgen im schlimmsten Fall für mehr Verwirrung.

Gästeinformationen an der Rezeption/am Concierge Counter

An der Rezeption oder am Concierge Counter können zusätzlich zur bzw. anstelle der Morgenpost Tagesinformationen auf einem Aushang, einer Tafel oder Touchscreens bekannt gemacht werden. Zur Gästeinformation an der Rezeption bzw. am Concierge Counter gehören darüber hinaus Spielpläne von Theatern und Konzerthäusern.

„Oberstes Gebot bei der Gestaltung sind die Vollständigkeit des Inhaltes (wer, was, wann, wo) und die Lesbarkeit.

Informationen auf dem Gästezimmer

Die Gästeinformationen auf dem Zimmer befinden sich in der **Gästeinformationsmappe.**

INFORMATIONEN, DIE EIN GAST BENÖTIGT SIND U. A.:

- Öffnungszeiten von Frühstücksraum, Restaurant und Bar
- Speisen- und Getränkeangebot
- Öffnungszeiten von Funktions- und Freizeiträumen bzw. -einrichtungen
- Wegbeschreibungen und Lage des Hotels
- Hotelinterne Telefonnummern (z. B. Weckservice, Roomservice, Erreichbarkeit der Rezeption) inklusive Beschreibung des Angebotes und der Abwicklung
- TV- und Radioprogramme, Betriebsanleitungen technischer Geräte (z. B. Internetzugang)
- Preis und Lage von Garage oder Parkplatz
- Informationen zu Transport und Aufbewahrung des Gepäcks
- Informationen zu Depotmöglichkeiten
- Dienstleistungsangebote, z. B. Wäscherei
- Links zu Sehenswürdigkeiten, Attraktionen, Sportstätten, Skiliften, Golfplätzen, Restaurants
- Infrastruktur der Umgebung: Bank, Friseur, Taxi, öffentlicher Verkehr
- Werbemittel (z. B. Hausprospekte, Ortsprospekte, Vorteilskarten der Region)
- Veranstaltungskalender, Kulturführer, Wanderführer, Ausflugstipps

„Über aktuelle Ereignisse kann der Gast mit schriftlich erstellten Kärtchen informiert werden.“

In vielen Hotels hält das Frontoffice die Gästeinformationsmappe aktuell. Die Gästeinformationen sollten aktuell und in einwandfreiem Zustand sein, Eselsohren und abgegriffene Mappen wirken unprofessionell.

Eine weitere Variante sind sogenannte digitale Gästeinformationen via Tablet (z. B. SuitePad, Touchway) oder der Hotelkanal am Fernseher. Über in der Lobby oder im Gästezimmer zur Verfügung gestellte Tablets oder Infoscreens bzw. über das TV-Gerät im Zimmer können Hotelinformationen abgerufen werden, aber auch Bestellungen beim Roomservice, Buchungen von Spa-Treatments oder der Check-out durchgeführt werden.

WAS DER PROFI DAZU SAGT

Kleine Aufmerksamkeiten auf dem Zimmer, z. B. ein Kärtchen mit Urlaubswünschen, ein persönlicher Willkommensbrief oder eine Einladung zu einem Getränk an der Bar, wirken persönlich und herzlich. Die Organisation dieser Materialien liegt in den Händen des Housekeeping-Departments.

GÄSTEKARTEI

FILM AB!

Anreise Stammgäste

STELLEN SIE SICH VOR

Sie waren im letzten Jahr einige Tage in einem Hotel zu Gast und haben um ein Seitenschläferkissen gebeten. Als Sie nun wieder im selben Hotel einchecken, teilt Ihnen die Rezeptionistin mit:

Zusätzlich zum normalen Kopfkissen haben wir – wie Sie das bei Ihrem letzten Aufenthalt wünschten – ein Seitenschläferkissen für Sie im Zimmer vorbereitet. Sollten Sie noch weitere Wünsche haben, melden Sie sich gern!

Das oben stehende Beispiel zeigt, wie sehr eine gut geführte Gästekartei die Rezeptionistin/den Rezeptionisten bei ihrer/seiner Arbeit unterstützt.

In der Gästekartei werden alle **Informationen über den Gast** gesammelt. So kann sich jede Mitarbeiterin/jeder Mitarbeiter jederzeit ein detailliertes Bild über einen Gast machen und dieses bei der Buchung, aber auch im Rahmen von **Kundenbindungsaktivitäten** berücksichtigen.

Um die Informationen in der Gästekartei speichern und nutzen zu können, ist aufgrund der Datenschutz-Grundverordnung die Zustimmung des Gastes nötig.

Die Gästekartei enthält neben genauen Angaben zur Person (Name, Adresse, Geburtstag etc.) Informationen über Aufenthaltsdauer, Zimmernummer, Tischnummer, Hobbys, Vorlieben, Gewohnheiten und Extrawünsche, Preise (z. B. Discount für Stammgäste oder Company Rates), aber auch Handicaps (z. B. Allergie) etc. Die meisten Betriebe führen die Gästekartei elektronisch im Property Management System.

In der Gästekartei ist auch die gesamte Korrespondenz mit dem Gast festgehalten, so lässt sich jederzeit nachvollziehen, welche Angebote etc. der Gast erhalten hat. Ebenso werden in der Gästekartei alle Mailing-Aktionen vermerkt. Dafür werden interne Abkürzungen – sogenannte Selektionscodes – vergeben, mittels derer ein Gast zu verschiedenen Segmenten zugeordnet wird, z. B. Golfer (GO). Mailing-Aktionen können über die elektronische Kartei abgewickelt werden, indem man diese nach bestimmten Suchkriterien filtert. Die Adresskartei lässt sich für Serienbriefe und das Newsletter-Service (z. B. Einladung zum Golfturnier) verwenden. Der Zugriff auf das elektronische Gästeverzeichnisblatt ist ebenfalls möglich.

Die Informationen in der Gästekartei können auch helfen, das Angebot zu verbessern. Wenn etwa viele Gäste beim Frühstück nach laktosefreier Milch fragen, könnten Sie überlegen, diese grundsätzlich am Frühstücksbuffet bereitzustellen.

Die Informationen in der Gästekartei werden für die Korrespondenz (Angebot, Reservierungsbestätigung, Follow-up, Glückwunschschreiben, Mailings), zur Erledigung der Anmeldeformalitäten beim Check-in, als Grundlage für sämtliche Listen (An- und Abreiseliste, Gästeliste etc.) sowie als Basis für Statistiken (Umsatzstatistik, Nationalitätenstatistik, Belegungsstatistik) genutzt.

Je detaillierter die Notizen in der Gästekartei sind, umso besser kann ein Gast betreut werden. Wichtig ist, dass die Kartei einheitlich strukturiert ist und die Daten leicht auffindbar sind. Legen Sie klare Richtlinien fest, wo und wie die Informationen gespeichert werden. Denn wenn die zuständigen Mitarbeiter/innen die Informationen nicht finden, verstauben die gewissenhaft geführten Aufzeichnungen in den Tiefen des Property Management Systems. Die Daten sollten sofort bei der Buchung aufscheinen, so können sich alle Mitarbeiter/innen auf den Gast und seine Wünsche einstellen.

Gästekarteien werden auch für Firmen und Reisebüros angelegt. Sie enthalten sämtliche Verträge, Vereinbarungen, Modalitäten der Geschäftsabwicklung, Ansprechpartner/innen, Kontingente etc.

Warum eine gut geführte Gästekartei wichtig ist

Herr Möller geht jeden Morgen laufen und möchte vorher eine Tasse Kaffee auf dem Zimmer trinken.

Gästekartei: Kaffeekapselmaschine im Zimmer bereitstellen

Eintrag in der Gästekartei: Eine Roomservice-Mitarbeiterin/ein Roomservice-Mitarbeiter stellt vor Herrn Möllers Anreise eine Kaffeekapselmaschine aufs Zimmer.

Kein Eintrag in der Gästekartei: Herr Möller muss jeden Tag seinen Kaffee beim Zimmerservice bestellen.

Frau Steiner fragt beim Abendessen im Restaurant nach einem veganen Gericht.

Gästekartei: Veganerin

Eintrag in der Gästekartei: Die Küchenchefin/Der Küchenchef weiß, dass Frau Steiner Veganerin ist und bereitet eine Auswahl an veganen Gerichten vor. Frau Steiner bekommt schon vor der Bestellung die für sie vorbereitete Menükarte.

Kein Eintrag in der Gästekartei: Frau Steiner muss wieder nach veganen Gerichten fragen und bekommt nur ein Standardgericht.

Herr Bachler bucht während seines Aufenthaltes jeden zweiten Tag am späten Nachmittag eine Ganzkörpermassage.

Gästekartei: Ganzkörpermassage jeden zweiten Tag am späten Nachmittag

Eintrag in der Gästekartei: Herr Bachler wird bereits bei seiner Reservierung gefragt, ob wieder jeden zweiten Tag eine Massage reserviert werden darf.

Kein Eintrag in der Gästekartei: Herr Bachler reist an und möchte Massagen reservieren – im schlimmsten Fall sind keine Termine mehr frei.

Zoe, die Tochter von Familie Wolf, feiert während des Aufenthaltes Ihren Geburtstag. Im nächsten Jahr bucht die Familie den Urlaub eine Woche später.

Gästekartei: Geburtstag der Tochter wird in der Gästekartei eingetragen

Eintrag in der Gästekartei: Zoe bekommt eine Geburtstagskarte per Post mit einem Gutschein für ein Stück Torte, den sie während ihres Aufenthaltes einlösen kann.

Kein Eintrag in der Gästekartei: Wahrscheinlich kommt es in diesem Fall zu keinem Problem, aber Sie stechen auch nicht aus der Masse hervor.

Zusätzlich zu den Erfassungsfunktionen können auch Statistiken abgefragt werden. Die meisten Property Management Systems stellen entsprechende Anwendungen zur Verfügung.

GÄSTEVERZEICHNISBLATT

In Österreich müssen Beherbergungsbetriebe ihre Gäste laut Meldegesetz melden. Zur Erfüllung der Meldepflicht wird eine von der Meldebehörde signierte Gästeverzeichnisblattsammlung aufgelegt. Die Gästeverzeichnisblattsammlung kann elektronisch geführt werden. Dafür werden die Meldedaten elektronisch erfasst und automatisiert in regelmäßigen Abständen an die Gemeinde übermittelt.

Die Gästeverzeichnisblätter sind durchnummeriert und entsprechen einem Muster, das im Bedarfsfall auch fremdsprachig vorgedruckt sein kann. Die Reihenfolge muss eingehalten werden und die Eintragungen sind für jeden Gast gesondert vorzunehmen.

Ab zwei Reisenden, die gemeinsam Unterkunft nehmen, genügt es, wenn eine/r die Angaben für alle gemeinsam Reisenden durch Unterschrift bestätigt. Bei Reisegruppen reicht es, wenn die Reiseleiterin/der Reiseleiter ihre/seine Daten angibt, für die restlichen Reisenden reicht eine Liste, die Vor- und Familiennamen sowie die Staatsangehörigkeit der Reisenden enthält. Bei ausländischen Gästen ist auch die Art, Nummer und Ausstellungsbehörde des Reisedokumentes festzuhalten.

Mit der Unterschrift bestätigt die/der Meldepflichtige die Richtigkeit der Angaben – die Reiseleiterin/der Reiseleiter auch die Angaben über die Anzahl der Mitglieder der Reisegruppe und über ihr Herkunftsland.

Gästeverzeichnisblätter müssen in **Österreich** sieben Jahre ab dem Zeitpunkt der letzten Eintragung aufbewahrt – bzw. elektronische Daten gespeichert und Ausdrucke aufbewahrt – und auf Verlangen der Meldebehörde und Organen des staatlichen Sicherheitsdienstes vorgelegt werden.

In **Deutschland** sind Meldescheine ab dem Abreisetag aufzubewahren, danach müssen diese innerhalb von drei Monaten vernichtet werden. In **Südtirol** dürfen die Meldeinformation nicht im Betrieb aufbewahrt werden, weil die Datenschutzbestimmungen dies untersagen. Nur bei Zustimmung des Gastes dürfen die Meldedaten aufbewahrt werden. In der **Schweiz** variiert die Aufbewahrungsfrist von Kanton zu Kanton.

GÄSTEZEITUNG

Eine Gästezeitung informiert Gäste über Angebote im Betrieb, aber auch Aktuelles aus der Umgebung, Ausflugsangebote etc. Die Gästezeitung ist eine Möglichkeit, die Beziehung zwischen den Gästen und dem Betrieb zu vertiefen, das verschafft Wettbewerbsvorteile.

WAS DER PROFI DAZU SAGT

Gut gemacht sind Gästezeitungen ein tolles Marketingtool. Überlegen Sie, wie Ihnen die Gästezeitung zu mehr Umsatz verhelfen kann. Möglichkeiten sind etwa Vergünstigungen für Gäste im hauseigenen Spa, beigelegte Gutscheine oder Inserate von Unternehmen aus der Umgebung. Auch der redaktionelle Inhalt sollte gut überlegt sein, der tägliche Wetterbericht allein begeistert heute keinen Gast mehr.

GASTHOF

Als Gasthof werden Gasthäuser mit Zimmerangebot bezeichnet. Diese Beherbergungsbetriebe in meist ruhiger und ländlicher Lage sind oft durchaus gehobener Kategorie und bieten ein umfassendes Leistungsangebot (z. B. Wellness, Sport, Seminar).

GASTRECHNUNG

Während des Aufenthaltes des Gastes im Betrieb wird jede Leistung, die er in Anspruch nimmt, im Property Management System auf seine Zimmernummer gebucht.

Gut zu wissen

Man unterscheidet **fixe und zusätzliche Leistungen.**

Fixe Leistungen = Logis, Frühstück, Halb- oder Vollpension, Garagenplatz etc.

Zusätzliche Leistungen = z. B. Minibar, Telefon, Restaurant, Wellnessanwendungen etc.

FILM AB!

Gastrechnung

Jeder Gast hat das Recht, eine Rechnung über die von ihm bezahlten Leistungen zu erhalten.

Die Rechnung wird vom Property Management System automatisch erstellt. Sie kann auch gesplittet (aufgeteilt) werden. Die Rechnungsempfängerin/Der Rechnungsempfänger muss nicht der Gast sein – die Adresse kann im Property Management System geändert werden.

Abrechnung mit dem Restaurant und anderen Abteilungen

Im Restaurant bzw. in der Bar wird von der Servicemitarbeiterin/vom Servicemitarbeiter zu Dienstende ein **Kassenabschluss** ihrer/seiner Station ausgedruckt, der die Grundlage der Abrechnung bildet. Die von den Gästen unterschriebenen Rechnungen mit Zimmernummern legt sie/er der Rezeption vor. Sie sind für sie/ihn Debitorenrechnungen für den Tagesabschluss. Eine andere Möglichkeit ist, dass die Servicemitarbeiterin/der Servicemitarbeiter direkten Zugriff auf das Property Management System hat und die Rechnung **direkt auf die Zimmernummer des Gastes** bucht. Der Gast bekommt einen Beleg ausgehändigt, den er als Konsumationsbestätigung unterschreibt.

Die vom Gast konsumierten Leistungen anderer Hotelbereiche, wie des **Wellness-, Sport- und Beautybereiches,** werden von diesen Abteilungen ebenfalls an die Rezeption gemeldet und dort auf die Gastrechnung gebucht oder direkt im Property Management System dem Gästekonto zugeordnet.

Abrechnung von sonstigen Leistungen

Sind noch Barauslagen für den Gast abzurechnen, ist es am einfachsten, wenn diese bar kassiert werden. Bei Zahlung mit Kreditkarte fällt ein **Disagio** für den Betrieb an. Bei der Gastrechnung muss darauf geachtet werden, die Gästeauslagen als **Durchläufer** zu buchen, also erst vor dem endgültigen Rechnungsbetrag dazuzuzählen, dann sind sie steuerfrei.

Bestandteile der Rechnung

Es gibt gesetzlich vorgeschriebene Bestandteile der Gastrechnung und freiwillige Ergänzungen.

Gesetzlich vorgeschriebene Bestandteile

- Name und Anschrift der Empfängerin/des Empfängers
- Name und Anschrift der Ausstellerin/des Ausstellers
- Datum der Ausstellung
- Fortlaufende Rechnungsnummer
- Datum, Menge und Art der Leistung
- Umsatzsteuerbetrag
- Anzuwendender Steuersatz
- Nettorechnungsbetrag
- UID-Nummer zur Umsatzsteueridentifikation (AT, DE, IT), IBAN, BIC/Swift (Diese gilt für Überweisungen im grenzüberschreitenden EU-Zahlungsraum. Die Schweiz ist kein Mitglied des EU-Zahlungsraumes, daher gibt es keine UID-Nummer.)

Freiwillige Ergänzungen auf der Gastrechnung: geschäftsmäßige Unterschrift, Saldierungsvermerk, Zahlungsart, Bankverbindung

Ein Beispiel für eine Rechnung finden Sie als Download.

Aufgrund der Registrierkassenpflicht müssen bei Kassenbelegen folgende zusätzliche Bestandteile aufscheinen: Kassenidentifikationsnummer, Datum und Uhrzeit der Belegausstellung, Betrag der Barzahlung nach Steuersätzen getrennt, QR-Code.

SO GELINGT'S

- Achten Sie auf die Vollständigkeit der gesetzlich vorgeschriebenen Bestandteile der Rechnung.
- Machen Sie eine Angabe über den Zeitraum des Aufenthaltes, z. B. „Ihr Aufenthalt von ... bis ...".
- Führen Sie die erbrachten Leistungen an, z. B. „2 Doppelzimmer mit Bad/Dusche und WC/Balkon/Halbpension à 87,20 EUR pPN".
- Achten Sie auf die Zuordnung der Leistungen zum richtigen Umsatzsteuersatz.

Gut zu wissen

In Österreich wird im Beherbergungsbereich das ortsübliche Frühstück inklusive Frühstücksgetränk mit 10 % USt versteuert, wenn es als Pauschalpreis in Zusammenhang mit der Beherbergung verrechnet wird. Beim À-la-carte-Frühstück jedoch werden Speisen wie üblich mit 10 % und Getränke mit 20 % besteuert.

G

TEXTBAUSTEINE

Nachsendung von Rechnungen

- Wir hoffen, Sie sind gut zu Hause angekommen und haben die Urlaubszeit bei uns genossen.
- Nach Ihrer Abreise (Datum) haben wir festgestellt, dass wir Ihnen durch ein Versehen die angefallenen ...gebühren/Kosten in der Höhe von ... EUR nicht berechnet haben.
- Anbei finden Sie die Abrechnung für Ihren Aufenthalt.
- Wir erlauben uns, Ihnen folgende Leistungen in Rechnung zu stellen: ...
- Wir bitten um Überweisung des offenen Betrages innerhalb von ... Tagen auf unser Konto (Kto.-Nr., IBAN etc.) bei der ... Bank.
- Wir möchten uns für dieses Versehen entschuldigen und danken Ihnen im Voraus für Ihre Bemühungen.
- Als Ausgleich für die Unannehmlichkeiten haben wir Ihnen im Anhang einen Gutschein über ... EUR beigelegt, den Sie gerne bei Ihrem nächsten Aufenthalt in unserem Haus einlösen können.
- Wir hoffen, Sie auch im nächsten Winter wieder zu unseren Gästen zählen zu dürfen.
- Wir hoffen, Sie auch im nächsten Jahr bei uns begrüßen zu dürfen.

WAS DER PROFI DAZU SAGT

Bitten Sie im Begleitschreiben zu einer Rechnung um die Bewertung Ihres Hauses auf Online-Plattformen und Social-Media-Kanälen. Fügen Sie Deep-Links zu den Präsentationen Ihres Betriebes auf den betreffenden Plattformen ein.

GDS

Siehe Global Distribution System

GENERAL MANAGER/IN

Auch: CEO/Chief Executive Officer

Die General Managerin/Der General Manager ist das Bindeglied zwischen der Führung des Unternehmens und den Abteilungen (bzw. deren Leitung) im eigenen Haus. Sie/Er repräsentiert ein Hotel gegenüber Gästen, Kooperationspartnerinnen/-partnern, Zulieferern etc.

Zu den Aufgaben der General Managerin/des General Managers gehören die Finanzplanung sowie das Controlling. Sie/Er ist für Ausgaben und Investitionen verantwortlich. Auch die Optimierung der Abläufe in sowie zwischen den Abteilungen gehört in Zusammenarbeit mit den Abteilungsleiterinnen/-leitern zu ihren/seinen Aufgaben. Weitere Zuständigkeitsbereiche sind Marketing und Qualitätsmanagement. In privat geführten Hotels gibt es meist eine Hotel Managerin/einen Hotel Manager, bei Häusern, die zu Hotelketten gehören, sind die Hoteldirektorinnen/-direktoren General Manager/innen.

GESCHÄFTSREISENDE/R

Siehe Business Traveller

GESCHENKGUTSCHEIN

Geschenkgutscheine sind eine wunderbare Möglichkeit, neue Gäste zu gewinnen. Beim Verkauf von Gutscheinen sind eine Reihe von Fragen zu klären. Dazu zählen etwa die Zahlungsmodalitäten und der Hinweis, dass der Gutschein erst nach Bezahlung/Überweisung gültig ist.

Erkundigen Sie sich, wem der Gutschein übermittelt wird – ob ihn die Bestellerin/der Besteller oder die/der Beschenkte erhalten soll. Geben Sie der Bestellerin/dem Besteller Hilfestellung, indem Sie sich nach den Anforderungen für den Gutschein erkundigen. Nichts ist für einen Gast unangenehmer, als wenn er der Mitarbeiterin/dem Mitarbeiter des Betriebes alles aus der Nase ziehen muss – und darüber hinaus meist ein paar wesentliche Details vergisst. Bedanken Sie sich zu Beginn und am Ende des Gespräches, dass ein Gutschein Ihres Hauses geschenkt wird.

„Erkundigen Sie sich nach dem Anlass, handelt es sich etwa um ein Geschenk zum Hochzeitstag oder Geburtstag, kann im Gutschein – wenn gewünscht – darauf Bezug genommen werden.

Der Gutschein wird meist in Briefform übermittelt und sollte persönlich gestaltet sein. Neben der Leistungsbeschreibung, die der eines Angebotes ähnelt, ist auch ein persönlicher Bezug möglich. Manche Hotels verkaufen Gutscheine auch über einen Online-Shop auf der hoteleigenen Website.

„Im Kleingedruckten kann gegebenenfalls festgehalten werden, dass der Gutschein nicht veräußert werden oder im Internet zum Wiederverkauf bzw. zur Versteigerung angeboten werden darf.

Legen Sie aktuelle Folder (Flyer) des Hauses und Ortsinformationen bei. Parallel dazu wird die Rechnung inklusive Zahlungsbedingungen – ergänzt mit einem Dankesschreiben – an die Bestellerin/den Besteller geschickt.

Eine andere Möglichkeit, wie Gäste über Gutscheine auf einen Betrieb aufmerksam werden, sind Gutscheinblöcke bzw. Erlebnisgeschenkboxen (z. B. Jochen Schweizer, MyDays, Urlaubsbox). In diesen Boxen werden verschiedene Hotels etc. zu einem bestimmten Motto vorgestellt, z. B. „Wellness und Lifestyle". Der Gast kann sich schließlich für jenes entscheiden, dass ihm am besten gefällt.

GLOBAL DISTRIBUTION SYSTEM

Ursprünglich wurden Global Distribution Systems (GDSs) von Airlines gegründet, lange bevor Online-Buchungen in ihrer heutigen Form eine Rolle spielten. Ursprünglich wurden die Systeme zur Buchung von Flügen und Mietautos genutzt, später auch zur Vermittlung von Hotelzimmern. Im Laufe der Zeit haben sich GDSs zu weltweiten internetbasierten Verkaufssystemen für Reisebüros (z. B. Amadeus, Apollo, Galileo, Sabre, Worldspan) gemausert.

Das heutige Angebot wird vor allem von Reisebüros, aber auch direkt von der Endverbraucherin/vom Endverbraucher (Buchung) genutzt, da die Betreiber/innen einiger GDSs die Inhalte ihrer Systeme auch der Endverbraucherin/dem Endverbraucher zur Verfügung stellen. Über Internetplattformen (wie z. B. travelocity.com, hotels.com, lastminute.com, expedia.com) kooperieren GDSs direkt mit den Hotels. Sie verhalten sich also wie „virtuelle Reiseveranstalter", die auf die vom Hotel gewährte Nettorate einen sogenannten **Mark-up** von 12–32,5 % aufrechnen und zu dieser Bruttorate dann an die Endverbraucherin/den Endverbraucher verkaufen. Man nennt dieses Preissystem Merchant-Modell.

WAS DER PROFI DAZU SAGT

Internationale Hotelketten verschließen sich zunehmend der Vermarktung ihrer Kapazitäten über die GDS-Reiseplattformen und setzen vermehrt auf die Vermarktung über die eigene Website, u. a. um dem durch die parallele Nutzung mehrerer **Merchant-Modelle** verursachten Preischaos aus dem Weg zu gehen. Preisliche Differenzen entstehen dadurch, dass Mark-ups nicht ausschließlich vom Hotel festgesetzt werden können und Wiederverkäufer der GDS-Angebote ihrerseits Mark-ups individuell definieren dürfen. Die von der Kundin/vom Kunden bzw. Gast gewünschte Preistransparenz und weitgehende Preishomogenität ist dadurch nicht mehr gewährleistet. Die Hotelketten verlieren dadurch die Preishoheit über ihre Angebote und verärgern ihre Buchungspartner durch fehlende Markttransparenz. Diese Entwicklung begünstigt **Individualhotels:** Die großen Online-Reiseplattformen bemühen sich um neue Hotelpartner; die durch die Abwanderung der Hotelketten entstandenen Lücken sollen geschlossen werden.

GRAND LIT

Ein Grand Lit ist ein Doppelbett mit einer durchgehenden Matratze, meist mit einer Breite zwischen 140 und 180 cm. Manchmal wird der Begriff auch für Kingsize-Betten (200 x 200 cm) verwendet.

GROOMING STANDARDS

Die Rezeptionsmitarbeiter/innen sind oft die ersten Mitarbeiter/innen eines Hauses, mit denen Gäste persönlichen Kontakt haben. Um einen guten ersten Eindruck zu hinterlassen, ist ein gepflegtes Äußeres äußerst wichtig. Dazu zählen Körpersprache, Gestik, Mimik, Kleidung und Auftreten.

Ein wichtiger Punkt ist die persönliche Hygiene. Hierzu gehören:

- Gepflegte Frisur:
  - Guter Haarschnitt mit freiem Blick auf die Augen
  - Lange Haare werden zusammengebunden
  - Dezente Haarfarbe
  - Unauffälliges Styling
- Ausreichende Körperhygiene, dezenter Duft
- Leichtes Make-up, dezente Schminke

- Gepflegte Hände:
  - Farbloser Nagellack für Damen – nicht abgeblättert
- Gepflegte Zähne
- Glatte Rasur oder gepflegter Bart

Viele Betriebe, besonders Hotelketten, haben für ihre Mitarbeiter/innen sogenannte Grooming Standards festgelegt. Gemeint sind Richtlinien, die ein Betrieb für seine Mitarbeiter/innen hinsichtlich Reinlichkeit und Auftreten beschließt. Zu Beginn seiner Tätigkeit erhält jede neue Mitarbeiterin/jeder neue Mitarbeiter eine Liste der hoteleigenen Standards, an denen sie/er sich orientieren kann.

Beispiel

Ausschnitt aus hoteleigenen Grooming Standards

HOTEL
Vier Jahreszeiten

Jede/r, die/der mit unseren Gästen Kontakt hat oder sich im Gästebereich aufhält, ist Repräsentant unseres Betriebes. Wir erwarten daher ein dem Standard des Hotels entsprechendes Auftreten – „gepflegt vom Scheitel bis zur Sohle". Bedenken Sie bitte, dass ein gepflegtes Aussehen der Mitarbeiter/innen von unseren Gästen als wesentlicher Beitrag zu ihrem Wohlbefinden in unserem Haus empfunden wird. Guter Service und Topqualität beginnen damit, wie wir uns unseren Gästen präsentieren. Daher ersuchen wir Sie, nachstehende Hinweise zu berücksichtigen:

- Frisur: Sauber, gepflegt, ordentlicher Haarschnitt; langes Haar muss zusammengebunden sein und darf nicht ins Gesicht fallen. Haarspangen, -maschen o. Ä. müssen dezent und schlicht sein und zur Kleidung passen; kein Gel; für Herren gilt Kurzhaarschnitt.
- Hände/Nägel: Saubere, ordentlich geschnittene bzw. gefeilte Nägel in passender Länge; nur dezenter Nagellack, nicht abgesplittert.
- Hosenträger: Nur unter dem Jackett – sie dürfen nie sichtbar sein.
- Krawatte: Zur Kleidung passend, gut gebundener Knoten, keine Lederkrawatten!
- Kugelschreiber: Diese sind innen an der Uniform zu tragen, maximal zwei Stück. Verwenden Sie ausschließlich Kugelschreiber mit unserem Hotellogo.
- Make-up: Dezentes Make-up, das farblich zur Kleidung passt und nicht aufdringlich wirkt, ist erwünscht.
- Namensschild: Im Gästebereich ist immer das Namensschild zu tragen. Stecken Sie das Namensschild am obersten Bekleidungsstück an der linken Seite gerade an. Keine anderen Anstecker (Badges oder Pins) außer den hauseigenen Pins oder vom Hotel angeordneten Badges tragen! Sprachenflaggen sind unter den Namensschildern zu tragen.
- Parfum/Deodorants: Dezenter, nicht aufdringlicher Duft; Schweiß und Geruch stoppende Deodorants sind vorzuziehen.
- Bitte pflegen Sie Ihre Kleidung und achten Sie auf einen tadellosen Zustand. Bei kleineren Reparaturen, die während der Arbeitszeit notwendig werden (abgerissene Knöpfe, aufgerissene Nähte), helfen Ihnen die Mitarbeiter/innen im Uniformraum gern weiter.

WAS DER PROFI DAZU SAGT

> Die angeführten Richtlinien zu erfüllen, kann nur in Ihrem eigenen Interesse sein. Entspricht dieses Auftreten nicht Ihrem Naturell, so ist es besser, den Job an den Nagel zu hängen.

GROUP RATE

Auch: Gruppenrate
Das ist ein Preis für Reisegruppen. Abzug je nach Saison 20–40 %.

GUEST AMENITYS

Als Guest Amenitys oder Guest Supplys werden Annehmlichkeiten für Gäste bezeichnet, die im Gästezimmer zur Verfügung gestellt werden. Klassiker sind Shampoo, Seife und Duschgel, außerdem zählen dazu auch kleine Aufmerksamkeiten, mit denen der Gast willkommen geheißen wird, z. B. ein Kärtchen mit Urlaubswünschen oder ein Stück Konfekt. Grundsätzlich ist die Bandbreite an Möglichkeiten sehr groß, so finden sich in vielen Hotels auch Näh- und Zahnputzsets, Wattepads, Gästepantoffeln, Bademäntel etc. Sehr beliebt ist auch ein kleines Lavendelspray für das Kopfkissen. Das Housekeeping-Department ist für die Bestellung und Bereitstellung der Guest Amenitys in den Zimmern zuständig.

Hoteliers setzen gern auf die kleinen Aufmerksamkeiten – sind sie doch in personalisierter Form mit Hotellogo auch eine Werbung für das Haus. Auch Gäste wissen die kleinen Aufmerksamkeiten zu schätzen, nehmen vieles allerdings als selbstverständlich wahr. Versuchen Sie mit dem gewissen Etwas aus der Masse herauszustechen, das kann ein Päckchen Taschentücher in der Grippezeit oder ein Malset für Gäste mit Kindern sein.

Die kleinen Fläschchen für Duschgel und Shampoo verursachen eine enorme Menge an Abfall, daher setzen immer mehr Hotels auf nachfüllbare Spender für diese Produkte. Positiver Nebeneffekt: Diese können auch nicht so einfach von den Gästen eingepackt und mit nach Hause genommen werden wie die kleinen Fläschchen, die täglich neu ergänzt werden müssen.

GUEST ENTERTAINMENT CENTER

Viele Hotels ermöglichen ihren Gästen den Zugriff auf eine große Bandbreite an Unterhaltungsmedien. Hotelgäste können sich die gewünschte Unterhaltung je nach Geschmack und Stimmung oder auch benötigte Informationen bequem digital aussuchen.

Folgende Angebote stehen zur Verfügung:

- Über das TV-Gerät im Zimmer: Musik- und Pay-TV, Hotelinfos, Messages, Roomservice, Spa-Treatments, persönliche Rechnungsvorschau, Check-out via TV-Gerät, Raumsteuerung (Heizung, Klimaanlage etc.), Weckruf.
- Digitale Infoscreens in anderen Hotelbereichen (z. B. Lobby oder Spa): Verfügbare Informationen und Features sind z. B. Hotel A–Z, Informationen über Ort und Region.

GUEST RELATIONS MANAGER/IN

Die Guest Relations Managerin/Der Guest Relations Manager ist Ansprechpartner/in für Gäste bei Wünschen und Beschwerden. Sie/Er betreut VIP-Gäste und sorgt dafür, dass alle Sonderwünsche erledigt werden. Außerdem koordiniert sie/er auch die An- und Abreisen sowie die Zimmerverteilung und arbeitet dafür eng mit dem Frontoffice zusammen.

Nach amerikanischem Vorbild hat die Guest Relations Managerin/der Guest Relations Manager einen Schreibtisch in der Lobby an diskreter Stelle. Das signalisiert den Gästen, dass das Management jederzeit erreichbar ist. Hier werden z. B. heikle Gespräche mit Gästen geführt, für die Ruhe benötigt wird. Darüber hinaus kann die Guest Relations Managerin/der Guest Relations Manager das gesamte Geschehen in der Hotelhalle mitverfolgen. In manchen großen Hotelbetrieben steht der Guest Relations Desk dem Manager on Duty zur Verfügung.

H

#rezeption

HACCP

BIS

HOUSEKEEPING

HACCP

HACCP steht für: Hazard Analysis Critical Control Points. Das HACCP-Konzept ist ein Hygienekontrollsystem, das Betriebe verpflichtend einzuführen haben und das die Sicherheit von Gästen und Mitarbeiterinnen/Mitarbeitern gewährleistet.

HAUSDAME

Siehe Executive Housekeeper

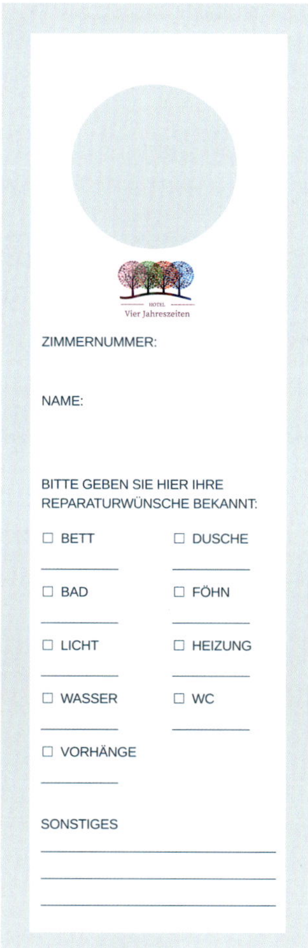
HOTEL
Vier Jahreszeiten

ZIMMERNUMMER:

NAME:

BITTE GEBEN SIE HIER IHRE REPARATURWÜNSCHE BEKANNT:

☐ BETT ☐ DUSCHE
☐ BAD ☐ FÖHN
☐ LICHT ☐ HEIZUNG
☐ WASSER ☐ WC
☐ VORHÄNGE

SONSTIGES

HAUSTECHNIK

Die Mitarbeiter/innen der Haustechnik führen kleinere Reparaturen im Hotel durch bzw. geben diese in Auftrag, dazu zählen Installationsarbeiten wie Instandhaltung von Lüftung, Heizung und Klimaanlage, Durchführung und Kontrolle von Brandschutzmaßnahmen, Wartung der Transport- und Gästelifte, Entsorgung von Gefahrengütern, sofortiger Austausch bzw. Reparatur defekter Geräte in den Gästezimmern, z. B. Fernseher, Föhn, Wartung der hausinternen Medienausstattung, Schlüsseldienst bzw. Keycardservice, Austausch und Reparatur von defektem Mobiliar.

Das Frontoffice und die Haustechnik müssen gut vernetzt sein. Die Rezeption muss technische Defekte rasch an die Haustechnik weiterleiten, diese wiederum muss sich um eine rasche Behebung des Defekts bemühen. Wenn größere Defekte auftreten, ist es wichtig, sich bei den betroffenen Gästen zu entschuldigen und gegebenenfalls eine Kompensation anzubieten.

HAUSTIERE

Gestattet ein Hotelier seinen Gästen, bestimmte Tiere mitzubringen, muss der Gast dies bei der Buchung bekanntgeben und angeben, um welches Tier es sich handelt. Fragen Sie den Gast bereits bei Reservierung nach den Wünschen für das Haustier, z. B. ob ein Fressnapf, ein Wassergefäß etc. benötigt wird. Diese Wünsche sind in der Gästekartei zu notieren.

FILM AB!
Ausflug mit Hund

Da es den anderen Gästen nicht zuzumuten ist, ein Zimmer zu beziehen, in dem vorher ein Haustier untergebracht war, sollen einige wenige Zimmer für Gäste mit Haustieren vorgesehen sein. Allergiker/innen könnten ansonsten trotz sorgfältiger Reinigung Probleme bekommen. Praktisch ist es, wenn Gäste mit Tieren in Zimmern untergebracht sind, von denen aus sie rasch das Gebäude verlassen können, im besten Fall ohne dafür einen Aufzug verwenden zu müssen.

WAS DER PROFI DAZU SAGT

Notieren Sie sich den Namen des Haustieres in der Gästekartei. Beim nächsten Aufenthalt des Gastes können Sie auch das Haustier mit Namen ansprechen. Auch ein paar Leckerlis geben der Besitzerin/dem Besitzer das Gefühl, dass sie/er willkommen ist. Achtung: Füttern Sie Tiere nie, ohne vorher nachzufragen, ob das in Ordnung ist.

HOSTEL

Hostels sind günstige Unterkünfte. Die Zielgruppe sind hauptsächlich (jüngere) Individualreisende und Rucksacktouristinnen/-touristen. Meist bieten Hostels ähnlich wie Jugendherbergen Unterkünfte in Mehrbettzimmern, oft mit Gemeinschaftsbad und Küche. Viele Hostels haben sich in den vergangenen Jahren zu einfachen, oft modern gestalteten Hotels entwickelt.

HOTEL

Ein Hotel ist ein Gastgewerbebetrieb, der Beherbergung und Verpflegung für Gäste anbietet. Der Begriff stammt aus dem Französischen und bezeichnete ursprünglich ein Stadtpalais von Landadeligen. Ein findiger Bediensteter baute schließlich selbst ein kleines Schloss, das er ebenso bezeichnete, und ermöglichte dort gehobenen Schichten gegen Bezahlung aristokratische Lebensart nachzuahmen. So entstand die bis heute verwendete Bezeichnung Hotel.

Was die Organisation von Hotels betrifft, so können grundsätzlich zwei Organisationssysteme unterschieden werden – das amerikanische und das europäische System. Die beiden Systeme sind in der Aufteilung der Aufgabenbereiche verschieden. In Klein- und Mittelbetrieben werden die Aufgaben – die grundsätzlich in jedem Betrieb die gleichen sind – auf wenige Mitarbeiter/innen verteilt.

In jedem Fall müssen die Arbeitsbereiche für jede Mitarbeiterin/ jeden Mitarbeiter klar definiert und nachvollziehbar sein.

Unterschieden wird auch zwischen Privat- und Konzernhotellerie. Während es sich bei ersterer um privat geführte Beherbergungsbetriebe handelt, ist letztere Teil eines Konzerns oder einer Hotelkette. Die Häuser von Hotelketten sind meist nach dem amerikanischen System organisiert.

Unterschieden werden können Hotels auch nach ihrer Lage (z. B. Land-, Stadt-, Airporthotel).

Hotels gibt es in unterschiedlichen Preisklassen und Kategorien, von preisgünstigen Budgethotels mit eher spartanischer, zweckmässiger Ausstattung bis zu exklusiv ausgestatteten Luxushotels. Dank Hotelklassifizierungen, etwa mit Sternen, können die potenziellen Gäste die Ausstattung eines Beherbergungsbetriebes einschätzen.

Die Ausstattung eines Hotels ist auch abhängig von der Zielgruppe. So sind z. B. für Gäste von Businesshotels in der Stadt ein schnelles WLAN, eine gute Anbindung an das (öffentliche) Verkehrssystem und die Möglichkeit für einen Quick-Check-out wichtig, während Wellnesshotels mit einem breiten Angebot von Wellnessanwendungen und entspannter Atmosphäre punkten können.

HOTELBEWERTUNG

Siehe Review

HOTEL GARNI

Ein Hotel garni bietet dem Gast Beherbergung, Frühstück, Getränke und höchstens kleine Speisen an. Es verfügt über keinen klassischen Restaurantbetrieb. Meist handelt es sich um privat geführte Beherbergungsbetriebe mit einer geringen Zimmeranzahl, wie z. B. Frühstückspensionen.

HOTELHALLE

Siehe Lobby

HOTELKLASSIFIZIERUNG

Wer eine Reise tut, fährt meist nicht ins Blaue, sondern hat gewisse Erwartungen an Urlaubsort und Unterkunft. Angesichts der Vielfalt an Hotels und Angeboten kann es durchaus schwierig sein, den Durchblick zu bewahren. Hotelklassifizierungen bringen Licht ins Dunkel, indem sie Unterkünfte anhand verschiedener Kriterien einteilen.

Bekannt ist die Hotelklassifizierung mit Sternen. In Europa spielt hier die Hotelstars Union eine Vorreiterrolle. Das unter der Schirmherrschaft der HOTREC stehende Hotelklassifizierungssystem basiert auf einem gemeinsamen Kriterienkatalog. Ziel ist, die Transparenz und Sicherheit für den Gast zu gewährleisten. Der Gast kann aufgrund der Klassifizierung einschätzen, was ihn erwartet.

Auch Hotelzusammenschlüsse bzw. Hotels, die sich zu Marken zusammenschließen, legen manchmal Qualitätskriterien für ihre Mitgliedsbetriebe fest und weisen diese anhand eines Klassifikationssystems aus, z. B. Blumen bei Urlaub am Bauernhof oder Smileys bei den Kinderhotels.

„Manche Hotels verzichten bewusst auf die Klassifizierung, etwa Hotelketten, deren Häuser ohnehin den Standards der Hotelkette entsprechen.

HOTELLERIE SUISSE

Die Hotellerie Suisse ist die Interessensvertretung der Hotelbetriebe in der Schweiz. Der Verband kann auf eine mehr als 100-jährige Geschichte zurückblicken und vertritt primär die Interessen der national und international ausgerichteten Hotelbetriebe in der Schweiz.

Zu den Aufgaben der Hotellerie Suisse zählen etwa die Hotelklassifizierung, die Vertretung der Brancheninteressen gegenüber Politik, Wirtschaft und Öffentlichkeit, Aus- und Weiterbildungsagenden sowie Rechtsberatung. Die Hotellerie Suisse engagiert sich auch international – als Gründungsmitglied des europäischen Dachverbandes der Hotels, Restaurants und Cafés, der HOTREC.

HOTEL-SOFTWARE

Siehe Property Management System

HOTELSTARS UNION

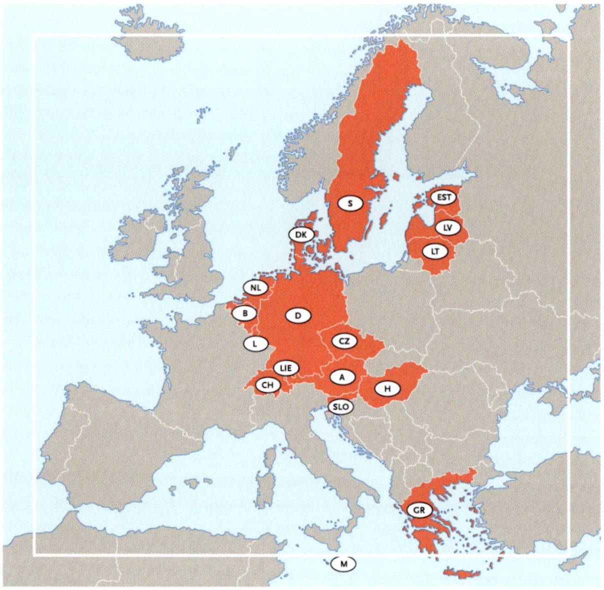

Um die in Hotels angebotenen Leistungen von der Zimmerausstattung über Verpflegung bis hin zu den Zusatzleistungen im Wellnessbereich etc. vergleichbar zu machen, haben viele Länder nationale Hotelklassifizierungen eingeführt. Meist basierend auf einem Kriterienkatalog sollen die Beherbergungsbetriebe für Gäste vergleichbar gemacht werden.

Die Hotelstars Union unter der Schirmherrschaft der HOTREC geht über die nationale Ebene hinaus und ist ein europäisches Hotelklassifizierungssystem, das heute 17 Mitgliedsländer, darunter Österreich, Deutschland und die Schweiz, umfasst. Die Klassifizierung der Mitgliederhotels basiert auf einem gemeinsamen Kriterienkatalog.

SO GELINGT'S

- Beherbergungsbetriebe werden in Kategorien von einem bis fünf Sterne (bei Betrieben mit eingeschränktem gastronomischem Angebot, z. B. Frühstückpensionen, ein bis vier Sterne) eingeteilt. Um die jeweilige Kategorie zu erreichen, ist die Erfüllung von vorgegebenen Mindeststandards in verschiedenen Bereichen notwendig. Beurteilungskriterien sind etwa der Gesamteindruck, der Erhaltungszustand, die Qualität der Dienstleistung (z. B. das Auftreten, die Kleidung sowie die Freundlichkeit und Kompetenz der Mitarbeiter/innen), hoteleigene Freizeit- und Zusatzeinrichtungen (z. B. Hallenbad, Tagungsräume) sowie die Gästezufriedenheit.
- Da die Bewertungen auf Online-Plattformen für viele Gäste eine Rolle bei der Suche nach einem geeigneten Hotel spielen, werden auch Reviews auf Bewertungsplattformen bei der Beurteilung des Betriebes herangezogen. Die Bewertungsplattformen weisen die Hotelklassifizierung/Kategorie des Betriebes aus.
- Die Zahl der vergebenen Sterne ergibt sich aus den erfüllten Mindestkriterien, der Mindestpunktezahl und den erreichten Zusatzpunkten. In jeder Sternekategorie gibt es auch die Kategorie „Superior" (z. B. Viersterne-Superior). Diese kann erreicht werden, wenn ein Haus zusätzliche Dienstleistungen anbietet.
- Vergeben werden die Sterne auf Antrag des Betriebes nach Überprüfung durch eine unabhängige Kommission. Durch regelmäßige Überprüfung und Selbstkontrolle wird die Qualität langfristig garantiert. Zertifizierte Betriebe sind an einer Plakette erkennbar, die die Anzahl der erreichten Sterne zeigt.

H

HOTREC *(Hospitality Europe)*

Die HOTREC (Hospitality Europe) ist der Dachverband der Beherbergungs- und Gaststättenbetriebe in Europa. Die HOTREC hat auch die Schirmherrschaft über das Hotelklassifizierungssystem Hotelstars Union.

HOUSEKEEPING

Das Housekeeping-Department ist zuständig für die Reinigung im Hotel. Neben der Reinigung von Gästezimmern, öffentlichen Bereichen und Wellnessbereich fallen häufig auch Hotelwäsche und das Versorgen von Pflanzen in den Zuständigkeitsbereich des Housekeeping-Departments.

Frontoffice und Housekeeping-Abteilung müssen eng zusammenarbeiten:

Das Frontoffice meldet die aktuellen Reservierungs- oder Zimmerbelegungspläne sowie die Sonderwünsche der Gäste an das Housekeeping-Department und gibt beispielsweise bekannt, ob es sich um einen Gast mit speziellen Bedürfnissen handelt oder um Gäste mit Kleinkindern oder Haustieren.

Das Housekeeping-Department meldet die freien und gereinigten Zimmer, jene, die momentan grundgereinigt werden sowie den Verbrauch in der Minibar etc. an das Frontoffice.

Ist ein Gast hilfsbedürftig oder krank, gibt das Housekeeping dem Frontoffice Bescheid. Auch wenn ein Gast auf der Etage einen Schaden verursacht hat, der entweder von seiner Versicherung übernommen oder vom Gast selbst bezahlt werden muss, ist dies unbedingt dem Frontoffice zu melden.

Weiters werden Informationen über Verlust oder Fund von Wertsachen und Gegenständen der Gäste zwischen diesen Abteilungen ausgetauscht.

Die Abteilungen sind über das Property Management System miteinander vernetzt. Für den Informationsaustausch gibt es Formulare wie Reservierungsvorschau, Zimmerbelegungsplan, Mitteilung für die besondere Ausstattung eines Gästezimmers, Sanierungsplan, Out-of-Order-Liste, Lost-and-Found-Formular, Konsumations- oder Verbrauchsliste der Minibar etc.

I

#rezeption

IATA

BIS

INTERNET DISTRIBUTION SYSTEM

❞ Reisebüros, die Flugtickets verkaufen dürfen, verfügen über eine IATA-Lizenz.

IATA

Die **International Air Transport Association (IATA),** engl. für Internationale Luftverkehrs-Vereinigung, mit Sitz in Montreal (Kanada) ist der Dachverband der Fluggesellschaften und wurde im Jahr 1945 gegründet.

IDS

Siehe Internet Distribution System

IHA *(Hotelverband Deutschland)*

In Deutschland ist der Hotelverband Deutschland (IHA) der Branchenverband der Hotellerie. Er zählt etwa 1300 Hotels aus Privat-, Kooperations- und Kettenhotellerie. Der Hotelverband ist ein Interessensvertreter der Branche gegenüber der Politik. Außerdem informiert der Hotelverband seine Mitglieder über die Branche betreffende Vorgaben und Entwicklungen.

INCENTIVE

Incentives sind Motivationsveranstaltungen. Durch diese bewusst eingesetzten Anreize (engl. Incentive) für Mitarbeiter/innen oder Privatkundinnen/-kunden sollen bestimmte Unternehmensziele besser erreicht werden. Incentives finden häufig in Verbindung mit einer Tagung statt und haben Freizeit- und Erlebnischarakter (z. B. Wochenende in einem Fitnesshotel, Ballonfahrt).

INCOMING-AGENTUR

Kommen Reisende aus anderen Ländern bzw. dem entfernten Inland in eine Region, wird dies als Incoming-Tourismus bezeichnet. Da Reiseveranstalter unmöglich über umfangreiches Wissen zu allen von ihnen angebotenen Zieldestinationen verfügen können, setzen sie auf Reisebüropartner vor Ort. Diese sogenannten Incoming-Agenturen kennen das lokale touristische Angebot sehr gut, wählen infrage kommende Beherbergungsbetriebe, Veranstaltungsräume, Transferleistungen etc. aus und garantieren für die Qualität des Angebotes.

Incoming-Agenturen wickeln für die beauftragenden Veranstalter u. a. folgende Leistungen ab:

- Auswahl sowie Preis- und Kontingentverträge mit Beherbergungsbetrieben
- Auswahl von Zusatzleistungen
- Begleitung bei Site Inspections durch den Veranstalter: Der Veranstalter besucht die Destination, um sich die Leistungsangebote anzusehen, die Incoming-Agentur betreut und begleitet den Veranstalter.
- Gästebetreuung und Abwicklung vor Ort: Dazu gehört als wichtige Einzeldienstleistung insbesondere das Beschwerdemanagement.
- Hilfe für vermittelte Gäste vor Ort, z. B. im Falle einer Überbuchung des Hotels

Viele Reisebüros haben sowohl Incoming- als auch Outgoing-Abteilungen.

INFORMATIONSKAMM

Der Informationskamm ist die auf dem Briefpapier vorgedruckte Fußzeile. Sie enthält den genauen Firmenwortlaut, die Adresse, Telefonnummer, Faxnummer, Website und E-Mail-Adresse. Abhängig von der Geschäftsform des Unternehmens gibt es verschiedene Pflichtangaben für die Geschäftskorrespondenz – dazu zählen z. B. Firmenname, Rechtsform und Firmenbuchnummer.

Da meist nur ein Briefpapier verwendet wird und für Rechnungen noch weitere Angaben benötigt werden, sind im Informationskamm noch die Rechtsform, die Firmenbuchnummer und der Gerichtsstand, die Bankverbindung, IBAN, BIC und UID-Nummer, in manchen Staaten (Schweiz, Italien) die Mehrwertsteuernummer anzuführen.

INTERNATIONALE GÄSTE

Siehe Quellmarkt

INTERNET DISTRIBUTION SYSTEM

Internet Distribution System (IDS) ist einerseits ein Überbegriff für alle internetbasierten Verkaufs- und Buchungssysteme, andererseits ist es die Bezeichnung für eine Internetvertriebsplattform, die über Pegasus Verfügbarkeiten und Preise bezieht und diese direkt dem Endverbraucher zur Verfügung stellt. Auch Web-Booking-Engines sind IDSs.

J

#rezeption

JUGENDHERBERGE
BIS
JUNIORSUITE

JUGENDHERBERGE

Als Jugendherberge werden Beherbergungsbetriebe mit einfacher Ausstattung (Mehrbettzimmer, Gemeinschaftsbad) bezeichnet. Die Zielgruppe sind hauptsächlich Jugendgruppen oder Schulklassen. In einem engeren Sinn sind damit in Österreich Unterkünfte des Österreichischen Jugendherbergsverbandes oder -werkes, in Deutschland des Deutschen Jugendherbergswerkes, und in der Schweiz der Schweizer Jugendherbergen gemeint.

JUNIORSUITE

Auch: Minisuite

Eine Juniorsuite ist ein großes Zimmer mit Bett und Sitzecke bzw. Wohnbereich, der vom Schlafbereich optisch abgetrennt sein muss, und Bad/WC. Im Gegensatz zur Suite müssen Wohn- und Schlafbereich keine getrennten Räume sein.

K

#rezeption

KASSABUCH
BIS
KURTAXE

KASSABUCH

Im Kassabuch werden sämtliche Barein- und -auszahlungen eines Betriebes notiert, dieses wird elektronisch geführt und ist im Hotelprogramm implementiert.

Franz. Caissier
Engl. (Chief) Cashier

KASSIER/IN

AUFGABEN

- Aufbuchung der in Anspruch genommenen Leistungen auf die Zimmerrechnung
- Tätigung von Barauslagen für Gäste (Blumen, Taxi, Sightseeing-Touren)
- Führung des Kassabuches
- Abwicklung der Kreditkartenabrechnung
- Inkasso der Zimmerrechnungen
- Geldwechsel
- Depot, z. B. Wertsachenverwaltung

KENNZAHL

Kennzahlen geben der Unternehmerin/dem Unternehmer Auskunft über die aktuelle Situation des Betriebes. Durch Kennzahlen werden Ziele **mess- und vergleichbar** gemacht. Wenn dieselben Parameter zur Berechnung herangezogen werden, können Betriebe untereinander verglichen werden.

Es gibt eine Vielzahl von Kennzahlen für die Messung von Erfolg (oder Misserfolg) in der Hotellerie. Sie variieren nach Standort des Hotels (Stadt- oder Ferienhotel) und nach Land. Jedes gute Property Management System wertet jede Nacht mit den Tagesabschlusslisten eine Vielzahl von Kennzahlen aus. Dieser sogenannte Manager Report sollte zur täglichen Lektüre einer jeden Rezeptionistin/eines jeden Rezeptionisten gehören.

Verglichen werden die Kennzahlen immer mit den Ergebnissen der dazugehörigen Vorperiode, die natürlich mit genau derselben Methode und denselben Parametern erhoben wurden. Nur so sind Vergleiche zulässig.

Für das Frontoffice sind folgende Kennzahlen relevant:

Zimmernacht (Room Night)

Diese Zahl weist alle Zimmer aus, die in einem bestimmten Zeitraum (z. B. einem Monat) belegt sind bzw. verkauft wurden.

Beispiel

Belegte Zimmer im Mai: 1312

Personennacht (Person Night)

Das sind die verkauften „Bettennächte". Diese Zahl sagt aus, wie viele Betten in einem bestimmten Zeitraum (z. B. einem Monat) durch Gäste belegt sind bzw. wie viele Personen in einem bestimmten Zeitraum im Hotel übernachtet haben.

Beispiel

Belegte Betten (Personennächte) im Mai: 1724

Auslastung (Occupancy)

Die Auslastung der Zimmer (nicht der Betten!) ist eine Kennzahl, die vor allem bei Hotels errechnet wird, die keine oder nur sehr kurze Betriebsferien haben und diese Kennzahl mit anderen Betrieben (z. B. einer Kette) vergleichen. Bei Saisonbetrieben wird diese Kennzahl nicht (bzw. nur pro Monat, nicht pro Jahr) verwendet, weil das Ergebnis bei z. B. neun Offenhaltungsmonaten (statt zwölf) verfälscht und damit nicht vergleichbar wäre.

Berechnung der Kennzahl

$$\frac{\text{Zimmernächte pro Zeitraum (z. B. Monat Mai) x 100}}{\text{Anzahl der Zimmer x Tage pro Zeitraum (z. B. Monat Mai) bzw. Offenhaltungstage}} = \text{Zimmerauslastung in \%}$$

K

Beispiel

$$\frac{1312\ \text{(Zimmernächte im Mai)} \times 100}{54\ \text{(Anzahl der Zimmer)} \times 31\ \text{(Tage im Mai)}} = 78{,}38\ \%\ \text{Zimmerauslastung}$$

Vollbelegstage

Die Vollbelegstage sagen aus, an wie vielen Tagen des Berechnungsjahres das Hotel zu 100 % ausgelastet war, also alle Hotelzimmer verkauft wurden. Diese Berechnungsvariante wird vor allem in **Saisonbetrieben** verwendet.

Berechnung der Kennzahl

$$\frac{\text{Anzahl der erzielten Zimmernächte pro Zeitraum (z. B. Mai–Oktober)}}{\text{Anzahl der Zimmer}} = \text{Vollbelegstage}$$

Beispiel

$$\frac{7\,668\ \text{(Zimmernächte Mai–Oktober)}}{54\ \text{(Anzahl der Zimmer)}} = 142\ \text{Vollbelegstage}$$

ADR (Average Daily Rate)/ARR (Average Room Rate)/RevPOR (Revenue Per Occupied Room)

Diese Kennzahl sagt aus, welchen durchschnittlichen Zimmerpreis ein Hotel für einen bestimmten Zeitraum erzielt hat. Alle Preise, Kategorien, Saisonen werden als gesamter Logisumsatz für einen Zeitraum erhoben und durch die Anzahl der im betreffenden Zeitraum verkauften Zimmernächte dividiert.

Wichtig: Der Logisumsatz darf Umsatzkomponenten wie Steuer, Frühstück, Ortstaxe sowie Extras nicht enthalten.

Bei der Definition der **ADR** (Average Daily Rate)/**ARR** (Average Room Rate)/des **RevPORs** (Revenue Per Occupied Room) gibt es viele Varianten. Hier wird die in der internationalen Kettenhotellerie verwendete Definition verwendet.

Berechnung der Kennzahl

$$\frac{\text{Logisumsatz in bestimmtem Zeitraum (z. B. Logisumsatz für das Jahr 20..)}}{\text{Anzahl der im Jahr 20.. verkauften Zimmernächte}} = \text{ADR/ARR/RevPOR}$$

Beispiel

$$\frac{\text{91.680,00 (Logisumsatz für den Monat Oktober)}}{\text{827 (Anzahl der Zimmernächte im Oktober)}} = \text{110,86 EUR pro Zimmernacht}$$

RevPAR (Revenue Per Available Room)

Der **RevPAR** (Revenue Per Available Room) gibt Auskunft über die Produktivität der Zimmer in einer bestimmten Zeitperiode. Dieser Betrag wird natürlich niedriger sein als der RevPOR, da die Anzahl der Zimmer, die zur Berechnung herangezogen werden, höher ist (belegte Zimmer + nicht belegte Zimmer exklusive Out-of-Order-Zimmer).

Diese Kennzahl macht klar, dass nichts so teuer ist wie ein leeres Hotelzimmer und leerbleibende Zimmer im Endeffekt Geld kosten, da der Durchschnittspreis sinkt. Außerdem zeigt der RevPAR, wie niedrig der Zimmerpreis für die leer gebliebenen Zimmer hätte sein können.

Berechnung der Kennzahl

$$\frac{\text{Logisumsatz}}{\text{Gesamtzahl der zur Verfügung stehenden Zimmer}} = \text{RevPAR}$$

Beispiel

$$\frac{\text{91.680,00 (Logisumsatz für den Monat Oktober)}}{\text{870 (Anzahl der maximal möglichen Zimmernächte im Oktober)}} = \text{105,38 EUR pro Zimmernacht}$$

K

> **Gut zu wissen**
>
> Die Kennzahlen werden in Reports mit den Hinweisen **YTD** oder **MTD** versehen. Dies zeigt den Bezug der Kennzahl zum Zeitraum. YTD bedeutet **Year to Date** und beschreibt den Zeitraum vom Jahresersten bis zum aktuellen Tag. MTD bedeutet **Month to Date** und beschreibt den Zeitraum vom Monatsersten bis zum aktuellen Tag.

Selbstverständlich gibt es noch weitere Kennzahlen. Jeder Betrieb muss die für ihn aussagekräftigen Kennzahlen ermitteln und vergleichen.

KEY-ACCOUNT-MANAGER/IN

Die Aufgaben einer Key-Account-Managerin/eines Key-Account-Managers sind ähnlich wie jene der Salesmanagerin/des Salesmanagers. Eine Key-Account-Managerin/ein Key-Account-Manager betreut die Großkunden eines Betriebes.

Beispiel

Ein wichtiger Incomer hat einen Beschwerdefall. Der Key-Account-Manager kümmert sich persönlich um den betreffenden Gast und um den Mitarbeiter der Incoming-Agentur, um die Zufriedenheit auf beiden Seiten wieder herzustellen.

KEYCARD

Keycards öffnen im wahrsten Sinne des Wortes viele Türen. Viele Hotels verwenden diese **Magnetkarten,** auf denen Informationen verschlüsselt gespeichert sind, als Schlüssel. Die Codierung besteht aus Zimmernummer und letztgültigem Datum (Abreisetag). Gäste kommen damit in ihr Hotelzimmer, zusätzlich können auch noch weitere Zugangsberechtigungen darauf gespeichert werden (z. B. Öffnen der Eingangstür und des Zimmersafes, Zugang zum Wellnessbereich, zur Garage, zum Skistall).

Weitere Einsatzbereiche der Keycard

- Der Gast kann einen Geldbetrag auf die Karte buchen, der ihm für Zahlungen mit der Keycard im Betrieb zur Verfügung steht.
- Alle Käufe und in Anspruch genommenen Leistungen im Haus – angefangen beim Zimmerpreis – werden auf die Karte gebucht und beim Check-out abgerechnet. Dafür sind in den entsprechenden Abteilungen **Lesegeräte** installiert, die die Daten erfassen. Diese werden auf dem Konto des Gastes verbucht. Meist sind die Geräte online über die Telefonleitung verbunden.
- Zutrittsüberwachung: Mithilfe eines Kartenlesegerätes am Hoteleingang kommen nur Besitzer/innen registrierter Karten ins Hotel. Dieses System ist besonders für Klein- und Mittelbetriebe, die keinen Nachtportier haben, sinnvoll und auch finanzierbar.
- Mit der Keycard kann die Stromversorgung des Gästezimmers geregelt werden. Beim Betreten des Zimmers steckt der Gast die Karte in den Energiesparschalter und der Raum ist mit Strom versorgt. Beim Verlassen zieht der Gast die Karte wieder ab.

Die Karte wird beim Check-in für den Gast entsprechend seiner Ansprüche codiert. Nach Rückgabe wird die Keycard für den nächsten Gast neu codiert und **wiederverwendet.** Weitere Arten von Zutrittssystemen finden Sie unter dem Stichwort Schlüssel.

KEY FIGURE

Siehe Kennzahl

KEY PERFORMANCE INDICATOR

Key Performance Indicators (KPIs) sind Kennzahlen, die anzeigen, wie sich ein Unternehmensbereich/eine Abteilung entwickelt bzw. ob bestimmte Zielsetzungen erreicht werden. Wichtige KPIs im Hotelbereich sind z. B. der durchschnittliche Zimmerpreis (ARR), die Einnahmen pro verfügbarem Zimmer (RevPAR) und die Kosten pro belegtem Raum.

K

FILM AB!
Ausflugstipps für Familien

KINDER

Familien mit Kindern sind beim Reisen an die **Ferienzeiten** gebunden. Sie wünschen sich eine **familienfreundliche Infrastruktur** mit Kinderbetreuung und -animation, Spielecken, eigenen Kinderräumen zum Spielen, Basteln etc. Wenn Familien mit Kindern anreisen, ist im Vorfeld zu klären, welche Ausstattung im Zimmer benötigt wird. Das ist im Property Management System zu vermerken, damit das Zimmer zeitgerecht entsprechend vorbereitet werden kann.

„Für Begeisterung sorgen spezielle Goodies für Familien mit Kindern, z. B. ein Set mit Malbüchern und Buntstiften. Viele Hotels stellen auch Gesellschaftsspiele zur Verfügung.

In Häusern, die auf die Unterbringung von Familien mit (Klein-)Kindern spezialisiert sind, sollten z. B. Kinderbett, Wickelkommode, Babyfon, Fläschchenwärmer und Sicherheitssteckdosen Standard sein.

Klar kalkulierte **Familienarrangements** und **All-inclusive-Angebote** werden bevorzugt. Ebenso gewinnen Angebote für Singles mit Kind(ern) immer mehr an Bedeutung. Bisher ist diese Nische noch kaum abgedeckt.

KINGSIZE

Kingsize ist die Bezeichnung für ein Bett mit einer durchgehenden Matratze in der Größe 200 x 200 cm.

KLEIDUNG

„Kleider machen Leute" – das gilt auch für die Mitarbeiter/innen an der Rezeption. Die Berufsbekleidung muss zum Stil des Hauses passen und wird der Art des Betriebes entsprechend gewählt. Betriebe in Urlaubsregionen auf dem Land, die den Gästen ihre Tradition durch Einrichtung und Ambiente vermitteln möchten, kleiden ihre Mitarbeiter/innen in Tracht, Betriebe der Stadthotellerie bevorzugen oft klassische Uniformen.

SO GELINGT'S

- Saubere, faltenfrei gebügelte, gut sitzende und dem Stil des Hauses entsprechende Privatkleidung oder Uniform
- Herren: Anzug mit Krawatte oder Fliege, Trachtenjoppe
- Damen: Kostüm, Hosenanzug, Kleid, Dirndl, angemessene Rocklänge

Der Rock sollte höchstens 10 cm über dem Knie enden.

- Keine zu tiefen Ausschnitte
- Keine schulterfreien Oberteile
- Strümpfe oder Socken sind obligatorisch
- Keine zu grellen Farben, eher gedeckte Farben
- Dezenter Schmuck, der zum Gesamteindruck passt
- Keine sichtbaren Piercings und Tattoos und maximal ein Ohrstecker oder dezenter Ohrring
- Gut lesbares Namensschild mit dem Logo des Betriebes
- Bequeme, saubere, ordentliche Schuhe

Die Mitarbeiter/innen müssen sich in ihren Uniformen wohlfühlen und genug Bewegungsfreiheit haben. Wenn Mitarbeiter/innen dauernd an ihrer Kleidung zupfen, wirkt das unprofessionell. Daher ist auf eine angenehme Passform zu achten.

Mitarbeiter/innen, die in direktem Kontakt mit Gästen stehen und demnach Ansprechpartner/innen für Gäste sind, sollten ein Namensschild tragen. Das **Namensschild** wird meist auf Höhe des Dekolletés bzw. auf Brusthöhe getragen.

Befestigen Sie das Namensschild nie an Schals oder Krawatten, sondern fixieren Sie es so, dass es Ihr Gegenüber schnell und einfach erfassen kann.

Da das Auftreten der Frontofficemitarbeiter/innen wesentlich zum Eindruck beiträgt, den ein Gast von einem Hotel hat, legen viele Betriebe sogenannte Grooming Standards – Richtlinien betreffend Auftreten und Reinlichkeit der Mitarbeiter/innen – fest.

KOMMISSION

Eine Kommission ist die Vermittlungsgebühr, die an Reiseveranstalter zu entrichten ist. Im Gegensatz dazu wird die Vermittlungsgebühr an Reisevermittler als Provision bezeichnet. In der Praxis werden die beiden Begriff aber oft vermischt. Die Kommission ist ein Anteil der Bruttorate, die zwischen Hotel und Reiseveranstalter vereinbart wurde.

Gut zu wissen

Ist im Zusammenhang mit Kommissionen in Hotelverträgen von Brutto- und Nettoraten die Rede, so ist mit Nettorate der Zimmerpreis ohne Kommission gemeint, Bruttorate meint den Zimmerpreis inklusive Kommission.

KONFERENZ

Konferenzen sind Besprechungen zu einem bestimmten Thema. Diese werden von Firmen, aber auch von Vereinen oder Institutionen organisiert. Interessant für die Hotellerie sind diese Veranstaltungen unter anderem deswegen, weil sie vorwiegend im Herbst und Frühjahr stattfinden und damit auslastungsschwächere Zeiten füllen können (siehe Seminar). Wichtig für diese Art von Veranstaltungen sind die entsprechenden Räumlichkeiten und die (seminar-)technische Ausstattung.

Während der Veranstaltung darf nicht unterbrochen werden, daher werden meist Kaffeepausen eingeplant. Für diese werden nach Absprache Getränke und kleine Speisen bei den Tagungsräumen bereitgestellt. Oft gibt es auch ein gemeinsames Mittagessen.

Hotels bieten häufig Conference Packages an – meist gibt es mehrere Arrangements. Inkludiert sind Zimmer, Verpflegung (z. B. Frühstück, Jause, Mittag- und Abendessen, Getränke im Seminarraum) und evtl. technische Ausstattung. Die Packages sind im Property Management System in den Stammdaten hinterlegt. So können sie als Arrangement gebucht werden. Package-Anteile und Steuersätze sind so korrekt kalkuliert und hinterlegt.

KONGRESS

Kongresse (engl. Conference oder Convention) sind (meist mehrtägige) Veranstaltungen, bei denen sich Vertreter/innen bestimmter Branchen zum fachlichen oder wissenschaftlichen Austausch treffen.

„Die Organisation von Tagungen und Kongressen wird unter dem Stichwort Tagungs-/ Kongresstourismus sowie MICE zusammengefasst.

Wenn Konzerne, Firmen sowie Organisationen Tagungen und Kongresse veranstalten, benötigen sie hierfür eine passende Location. Häufig wird mit Unterstützung der lokalen Tourismusorganisationen/Convention Bureaus eine größere Anzahl von Leistungen (Beherbergung, Transfer, Unterhaltungsprogramm, Empfang etc.) vorreserviert.

„Für Hotels, aber auch Destinationen sind Kongresse interessant, weil sie häufig in auslastungsschwächeren Zeiten stattfinden.

Kongressbesucher/innen reisen häufig von weit her an, der Kongressort sollte daher gut erreichbar sein. Veranstalter bringen die Teilnehmer/innen gern in Hotels unter, die verkehrsgünstig gelegen sind.

Kongresstouristen sind oft anspruchsvolle Gäste, die Hotels der gehobenen Kategorie (Vier- oder Fünfsternebetriebe) bevorzugen. Sie wünschen sich ein interessantes Rahmenprogramm – mit Optionen von Kultur bis Shopping.

„Studien haben gezeigt, dass Kongresstouristen überdurchschnittlich viel Geld am Reiseort ausgeben.

KONTINGENT

Wenn Reisebüros oder anderen Vertriebspartnern eine Anzahl touristischer Leistungen (z. B. Zimmer im Hotel, Sitzplätze im Flugzeug) zur Verfügung steht, um diese an den Gast zu bringen, so spricht man von einem **Kontingent** oder **Allotment.** In der Hotellerie spielt der Begriff bei der Zusammenarbeit zwischen Hotels und deren Vertriebspartnern wie Reiseveranstaltern eine wichtige Rolle.

Die Vertriebspartner (Reiseveranstalter, Incomer, Reisebüros, Kongressveranstalter, Firmen und Online-Buchungsplattformen) haben eine bestimmte Anzahl an Zimmern (Kontingentzimmer) zur Verfügung. Der Ablauf sieht folgendermaßen aus: Die Vertriebspartner können diese Zimmer bis zu einem klar definierten Datum oder bis eine bestimmte Zeit vor dem Ankunftstag verkaufen. Dieses Datum bzw. dieser Zeitraum vor Ablauf des Kontingents wird als **Release Date** oder **Verfallsfrist** bezeichnet.

Gut zu wissen

Offenes Kontingent: Jene Zimmer, die zum Release Date nicht verkauft wurden, gehen zurück an den Leistungsträger (z. B. Hotel) – das Kontingent verfällt. Diese frei gewordenen Verfügbarkeiten stehen dem Hotel wieder für den Direktverkauf zur Verfügung.
Garantiekontingent: Bei starker Nachfrage nach dem Hotel oder der Destination und einer dadurch guten Verhandlungsposition kann ein Garantievertrag ausverhandelt werden, bei dem der Reiseveranstalter eine bestimmte durchschnittliche Auslastung des Kontingentes garantiert. Kurz gesagt bedeutet das, dass der Reiseveranstalter das gesamte Kontingent bezahlt, egal, ob er es ausnützt oder nicht. Unter diesen Umständen wird der vereinbarte Preis sehr niedrig sein.
Abrufkontingent: Veranstaltern von Kongressen oder auch größeren Feierlichkeiten stellt das Hotel manchmal ein sogenanntes Abrufkontingent zur Verfügung. Das bedeutet, eine bestimmte Anzahl von Zimmern ist bis zu einem bestimmten Datum für Teilnehmer/innen der Veranstaltung geblockt. Die Teilnehmer/innen können diese Zimmer bis zum Release Date direkt beim Hotel buchen.

KONTINGENTVERTRAG

Die Zusammenarbeit zwischen Hotel und Vertriebspartnern ist oft in sogenannten **Kontingentverträgen** (auch **Allotmentverträge)** geregelt. Darin ist u. a. eine Anzahl an Hotelzimmern festgelegt, für die der jeweilige Vertragspartner bis zu einem im Vorhinein bestimmten Datum (Release Date) ohne weitere Rückfrage beim jeweiligen Leistungsträger Reservierungen entgegennehmen und bestätigen kann.

Im Allotmentvertrag sind folgende Vereinbarungen geregelt:

- **Kontingente:** Anzahl von verfügbaren Betten/Zimmern und deren Sperrzeiten (Zeiten, in denen dieses Zimmerkontingent nicht oder eingeschränkt zur Verfügung steht)
- **Verfallsfrist, Release Date, Period:** Das ist ein Datum oder die Anzahl von Tagen vor der Anreise, bis zu dem die Kontingente zur jederzeitigen Buchung bereitstehen. Bis zu diesem Datum trägt der Hotelier die volle Verantwortung für die Bereitstellung der Zimmer und das Reisebüro zahlt keine Leerbettengebühr.
- **Saison- bzw. Sperrzeiten des Hotelbetriebes:** Im Vertrag sind die Saison- und Sperrzeiten geregelt.

- **Preise:** z. B. Pro-Person-Preise, Zimmerpreise, Einzelzimmerzuschläge/Single Supplements, Zimmerpreise zur Einzelbenützung, Preise für Zusatzbetten und Kinderbetten/Gitterbetten, Gruppenpreise für Reisegruppen mit Freiplatzregelung, Kosten für Haustiere
- **Zusatzleistungen:** z. B. Qualität der Halb-/Vollpension, des Frühstücks, Definition der All-inclusive-Angebote, Gepäckservice
- **Beteiligung** an den Produktionskosten des Reiseveranstalterkataloges
- **Exklusivverträge** für bestimmte Märkte, die bestätigen, dass dieser Beherbergungsbetrieb für einen bestimmten Markt nur einen Reiseveranstalter als Vertriebspartner gewählt hat
- **Packages und Arrangements,** die der Reiseveranstalter für das Hotel anbietet
- **Ermäßigungen** für bestimmte Zeitperioden bzw. Termine u. Ä.: Bleib drei, zahl zwei Nächte, garantierter Late-Check-out am Sonntag ohne Verrechnung einer weiteren Nacht, Kinderermäßigungen, Zusatzbettenermäßigungen
- **Steuern, Ortstaxe, Servicegebühren**
- **Verschwiegenheit Nettorate:** Die Nettorate darf dem Gast, der in seinem Reisebüro einen anderen (höheren) Preis für die Hotelleistung bezahlt hat, vom Hotel niemals mitgeteilt werden. Auch dann nicht, wenn der Gast eine Verlängerungsnacht bucht und den Preis dafür wissen muss. Hier kann entweder auf die Nettorate die Kommission/Provision aufgeschlagen werden oder man verweist auf die offiziell im Internet buchbare Rate für die angefragte Verlängerungsnacht.
- **Einschränkungen für bestimmte Märkte:** Manchmal ist vertraglich fixiert, dass Hotels in bestimmten Märkten nicht vermarktet werden dürfen. Das kann der Fall sein, wenn für einen Markt mit einem anderen Vermittler schon eine Exklusivvereinbarung geschlossen worden ist.
- **Rack Rates (Listenpreise):** Die Endverbraucherin/Der Endverbraucher darf bei ihrem/seinem Reisebüro nie einen höheren Preis bezahlen als den vom Hotel publizierten Listenpreis. Daher wird dieser klar im Nettopreisvertrag dargestellt, damit auch alle Wiederverkäufer diese Rack Rate nicht durch zu hohe Aufschläge überschreiten.
- **Üblicher An- und Abreisetag**
- **Mindestaufenthaltsdauer** zu bestimmten Terminen (z. B. Feiertage, bestimmte Events)
- **Zusatzinformationen:** Menüwahl (z. B. Halbpension mittags oder abends, Diäten), Parkplätze (z. B. Garage, Gebühr), Haustiere (erlaubt, nicht erlaubt, Gebühr), Zahlungsform, Zahlungsziel

„Sind diese Leistungen im Zimmerpreis enthalten?"

K

KOOPERATIONSABKOMMEN

Kooperationsabkommen regeln die Zusammenarbeit von Hotels mit Partnerreisebüros und Firmen wie Autobusunternehmen u. Ä. Meist werden diese Verträge für ein Jahr erstellt und danach den Erfordernissen entsprechend adaptiert. Sie beinhalten Details zur Zusammenarbeit zwischen den Vertragspartnern inklusive Regelungen über Kontingente und Provisionen. Die Basis dieser Verträge sind die Allgemeinen Geschäftsbedingungen für die Hotellerie (AGBH) sowie die geltenden Kooperationsabkommen (international IHA und UFTAA) für Reisebüros.

Das aktuelle Kooperationsabkommen finden Sie im Internet auf der Website der Wirtschaftskammer (www.wko.at/branchen/k/tourismus-freizeitwirtschaft/hotellerie/kooperationsabkommen.pdf).

In Österreich regelt das „Kooperationsabkommen über die Vermittlung von Unterkunft und Verpflegung des Fachverbandes Hotellerie mit dem Fachverband der Reisebüros" die Usancen zwischen dem Beherbergungsbetrieb und dem Reisebüro im nationalen Geschäftsverkehr.

Das Kooperationsabkommen ist eine Empfehlung mit Vorschlägen, wie häufig auftretende Sachverhalte gehandhabt werden können. Sondervereinbarungen und Einzelverträge können zusätzlich abgeschlossen werden.

WAS BEINHALTET DAS KOOPERATIONSABKOMMEN?

Das Kooperationsabkommen beschäftigt sich u. a. mit:

- Reservierungsarten
- Vouchern (Hotelgutscheinen)
- Preisen
- Zahlungsfristen
- Kommissionen (mindestens 8 %)
- Stornobedingungen und -gebühren
- No-Show-Bedingungen und -Gebühren
- Gruppenreisevereinbarungen (Freiplätzen)
- Gewährleistungspflichten (Schadenersatzleistungen, Ersatzunterkünfte, Informationspflicht bei Beeinträchtigung, subjektive und objektive Beurteilung von Mängeln etc.)

Für **Deutschland** liegen keine speziellen Verträge zwischen Hotels und Reisebüros vor. Der Hotelverband Deutschland (IHA) als Branchenverband der deutschen Hotellerie erstellt Allgemeine Geschäftsbedingungen, unter anderem auch für die Verträge zwischen den Hotels und Reisebüros. Weiterhin gibt es **Rahmenabkommen** zwischen den europäischen (HOTREC/ECTAA) und den internationalen (IH&RA/UFTAA) Verbänden der Hotellerie bzw. der Reiseveranstalter zu derartigen Verträgen, die jedoch weder in deutsches Recht, noch in österreichisches Recht umgesetzt wurden.

KÖRPERSPRACHE

Verschränkte Arme, ein versteinerter Blick – wer von einer Rezeptionistin/einem Rezeptionisten in dieser Haltung empfangen wird, fühlt sich eher nicht willkommen. Eine offene und ansprechende Körperhaltung hingegen vermittelt dem Gast das Gefühl, willkommen zu sein.

Kennen Sie die Redewendung „jemanden mit offenen Armen empfangen“?

Sprache, Sätze und Texte liefern sachliche Informationen – aber wie diese bei unserem Gegenüber ankommen, hängt auch von nonverbalen Faktoren ab. Kleine Bewegungen oder bestimmte Körperhaltungen können viel über Eigenschaften und Gefühle des Gegenübers verraten.

K

Beispiele

NEGATIV

- **Verschränkte Arme:** Bei Frauen: unsicher und ängstlich; bei Männern: ablehnend und verschlossen
- **Fingertrommeln am Rezeptionspult:** Ungeduldig, nervös, provokativ
- **Hochgezogene Augenbrauen und Blick von oben nach unten:** Musternd, abschätzig, missbilligend
- **Kaum Blickkontakt:** Desinteressiert, Gespräch wird als Störung empfunden
- **Hände aneinander reiben:** Selbstzufrieden, unsympathisch, überlegen
- **Kratzen am Kopf:** Unsicher, ratlos
- **Anstarren:** Arrogant, überheblich
- **Versteinerte Gesichtszüge:** Desinteressiert, ablehnend, sozial distanziert
- **Zusammengekniffene Lippen:** Angespannt, gestresst
- **Kopf nach hinten, Nase nach oben:** Arrogant, abgehoben

POSITIV

- **Blickkontakt halten:** Interessiert, aufmerksam, sympathisch
- **Große Augen:** Interessiert, aufmerksam, freundlich, aufgeschlossen
- **Geschlossener lächelnder Mund:** Sympathisch, interessiert, freundlich
- **Aufrechte und offene Körperhaltung:** Aufrichtig, offen
- **Leicht nach vorne geneigter Körper und leicht schräg gehaltener Kopf:** Interessiert, aktiv zuhörend, kompromissbereit
- **Lächeln:** Positive Stimmung, freundlich, freudig
- **Fester Händedruck bei der Begrüßung:** Erfreut, offen

Vorsicht: Zu wildes Gestikulieren kann unnatürlich wirken und dem Gegenüber auf die Nerven gehen. Richtig dosiert vermitteln Sie Offenheit und geben dem Gast das Gefühl, willkommen zu sein.

Nützen sie Ihre **Gestik,** um den Gästen Wege zu beschreiben, Größen darzustellen o. Ä.

Mit Ihrem Gesichtsausdruck – Ihrer **Mimik –** unterstützen Sie das Gesagte. Die Mimik ist ein Teil der nonverbalen Kommunikation. Freude, Wut, Angst, Ekel, Trauer, Überraschung und Verachtung sind Emotionen, die sich in unserem Gesicht widerspiegeln können. Ein offener Blick und ein charmantes Lächeln vermitteln Optimismus, Ehrlichkeit und Vertrauen.

So verrückt es klingen mag, lächeln Sie auch, bevor sie ans Telefon gehen. Der Gast sieht es zwar nicht, aber er spürt Ihre Stimmung.

Finden Sie die richtige **Distanz.** Kennen Sie das Gefühl, wenn Ihnen jemand körperlich zu nahe kommt? Sie fühlen sich eingeengt, bedrängt oder unter Umständen sogar bedroht. Umgekehrt fühlen Ihre Gäste ganz genauso. Respektieren Sie ihre **Distanzzonen** und nähern Sie sich einem unbekannten Gast nicht näher als auf einen Meter. Beim Arbeiten hinter dem Rezeptionspult wird dieser Abstand beinahe automatisch eingehalten. In anderen Situationen, wie etwa im Gästelift oder auf engen Treppen, sollten Sie ebenso darauf achten, diesen Abstand einzuhalten. Lassen Sie dem Gast stets den Vortritt, damit er den Abstand selbst bestimmen kann.

WIE WAHRE ICH DIE RICHTIGE DISTANZ?

- Ist der Gästelift so voll, dass es nicht möglich ist, den gebührenden Abstand zu halten, sollten Hausangestellte auf den nächsten Lift warten.
- Fragen Sie immer, bevor Sie ein Baby/Kleinkind oder einen Hund berühren und achten Sie auch hier darauf, die Distanzzonen nicht zu verletzen.
- Auch beim Thema Distanzzonen gibt es kulturelle Unterschiede. Achten Sie etwa bei Gästen aus Japan oder China besonders darauf, die körperliche Distanz zu halten und Berührungen zu vermeiden.

SO GELINGT'S

Überzeugen Sie mit Ihrer Stimme

- Auch unsere Stimme beeinflusst, wie wir auf unser Gegenüber wirken. Versuchen Sie, um möglichst authentisch zu wirken, jene Stimmlage zu finden, in der Sie ohne Anstrengung und mit wenig Luftdruck sprechen können.
- Eine deutliche Aussprache, angepasste Sprechgeschwindigkeit und passende Lautstärke vermitteln Kompetenz, Ruhe und Geborgenheit.
- Gehobene Umgangssprache (nicht zu starker Dialekt, aber dennoch der typische Charakter der Region) wirkt charmant – gekünstelte Schriftsprache wirkt unecht und nicht authentisch.
- Die Betonung im Satz, die Stimmmelodie verändert unter Umständen das Gesprochene. Langweiliges und monotones Sprechen wirkt einschläfernd. Melodisches und betontes Sprechen weckt die Aufmerksamkeit. Übertreiben Sie nicht! Stimme, Sprache, Betonung, Lautstärke und Sprechgeschwindigkeit müssen zu Ihnen passen.
- Damit Ihnen Ihre Gesprächspartnerin/Ihr Gesprächspartner folgen kann, ist es sinnvoll, Pausen einzulegen. Diese dienen auch dazu, sich zu sammeln und wichtige Gesprächsinhalte zu betonen.

KREDITKARTE

Bei der elektronischen Bezahlung mittels Kreditkarte wird automatisch die Gültigkeit und Kreditwürdigkeit (der Kreditrahmen) überprüft. Wird durch die Höhe der Hotelrechnung das Limit überschritten, ist beim Kreditkarteninstitut telefonisch ein Genehmigungscode einzuholen. Bei der Bezahlung mit Kreditkarte muss der Hotelbetrieb eine sogenannte Disagio-Gebühr an das Kreditkarteninstitut zahlen.

Die Abrechnung der Kreditkarten- und Bankomatzahlungen erfolgt über einen **Terminalvermittler,** der die täglich über die Kreditkartenterminals abgerechneten Summen zum vereinbarten Zeitpunkt an das Hotel überweist. Diese Überweisungen werden üblicherweise von der Buchhaltung überwacht.

Für Zahlungen mittels Kreditkarten ist die sogenannte Zwei-Faktor-Authentifizierung nötig. Dafür muss sich der Gast mit mindestens zwei von drei der folgenden Faktoren authentifizieren: Wissen (z. B. Pin), Besitz (z. B. Kreditkarte) und Inhärenz (z. B. Fingerabdruck).

KURTAXE

Die Kurtaxe ist eine Kommunalabgabe in Kurorten. Sie wird von der Kurkommission beschlossen und an die Kurverwaltung entrichtet.

L

#rezeption

LAST MINUTE RATE
BIS
LOW COST CARRIER

LAST MINUTE RATE

Hierbei handelt es sich um eine günstige Rate, die nur sehr kurzfristig gebucht werden kann (z. B. frühestens drei Tage vor der Anreise).

LAUNDRY

Haben Betriebe eine eigene Wäscherei, kann neben der gesamten **Hotelwäsche** auch die **Gästewäsche** übernommen werden. Evtl. ist auch eine Näherei angegliedert.

Der Gast kann seine Wäsche waschen und/oder bügeln lassen. Die Preise für diesen Wäscheservice müssen laut Preisauszeichnungsgesetz im Zimmer ausliegen (meist auf der **Wäscheliste** im Kleiderschrank und in der Gästeinformationsmappe).

„Je nach Quellmarkt ist dieser Service bei Gästen sehr gefragt. Gäste aus dem arabischen Raum etwa erwarten einen Wäscheservice.

Meist liegt im Gästezimmer ein **Wäschesack** mit einer Wäscheliste (mit Durchschlag) auf. Will ein Gast den Wäscheservice in Anspruch nehmen, trägt er die erforderlichen Daten (z. B. Name, Zimmernummer, Anzahl und Art der Wäschestücke, Datum) ein und gibt an der Rezeption Bescheid. Die Rezeptionsmitarbeiter/innen informieren das Housekeeping, das den Wäschesack abholt. Optional kann der Gast den Wäschesack im Zimmer bereitstellen und das Housekeeping nimmt diesen bei der Zimmerreinigung mit.

„Manche Hotels haben zusätzlich eigene Listen für Bügelservice und chemische Reinigung.

Auf der Wäscheliste werden die Kleidungsstücke mit Stückanzahl und Rückgabedatum notiert, um Verwechslungen auszuschließen. Die (meist mehrsprachig geführte) Liste enthält einen Überblick über die Kosten für die Reinigung und die Haftung bei Schäden.

LEISURE TRAVELLER

Freizeitreisende/r

LISTENPREIS

Siehe Rack Rate

LOBBY

Betritt ein Gast ein Hotel, findet er sich als erstes in der Lobby (auch Hotelhalle oder Foyer) wieder. Die Gestaltung der Lobby trägt wesentlich zum ersten Eindruck bei, den ein Gast von einem Haus hat, und muss daher ansprechend und zum Stil des Hauses passend designt sein. Zudem ist die Hotelhalle das soziale Zentrum des Hotels. Hier treffen sich Gäste mit Geschäftspartnerinnen/-partnern, warten auf Taxis oder wenden sich mit ihren Fragen an die/den Concierge oder die Frontoffice-Mitarbeiter/innen.

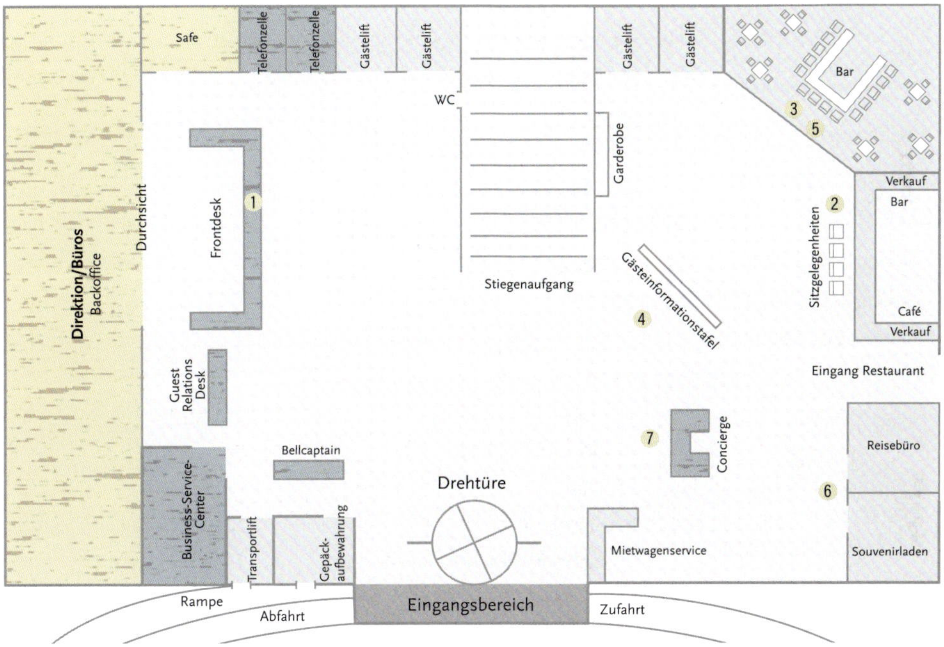

1 Zum Empfangsbereich gehört der Frontdesk, an dem Check-in und Check-out stattfinden. In manchen Hotels findet der Check-in ungezwungen im Lobbybereich statt. Der Gast nimmt gemütlich Platz, erhält einen Willkommensdrink und die Rezeptionistin/der Rezeptionist führt die Anmeldeformalitäten mittels Tablet durch.

2 Sitzgruppen laden zum Verweilen ein. Im Trend: Gemütliche Sofas, ein Snackautomat oder eine Bar mit einer kleinen Speisenauswahl machen die Lobby zum Wohnzimmer, wo Gäste es sich gern gemütlich machen.

3 An einer Lobbybar können Gäste einen Kaffee oder ein Glas Wein genießen.

4 An Touchscreens oder PCs mit Internetzugang können Gäste Informationen zu Sehenswürdigkeiten oder Fahrplänen etc. recherchieren.

5 Im Aufenthaltsbereich können ein Café, eine Brasserie und/oder eine Hotelbar untergebracht sein.

6 In großen Hotels gibt es auch Geschäfte wie Souvenirläden, Kioske sowie Touroffices und ein Business Service Center.

7 Von der Rezeption bzw. vom Concierge Counter sollten die Mitarbeiter/innen Lobby, Eingang, Aufzug und Treppen überblicken können.

Im ***europäisch*** *geführten Hotel ist die Hotelhalle* ***überschaubar,*** *der Portier hat einen guten Überblick über die ein- und ausgehenden Gäste. In* ***amerikanisch*** *geführten Großhotels hingegen sind viele* ***Nebenbetriebe*** *in die Halle integriert, was die Überschaubarkeit beeinträchtigt.*

L

WAS DER PROFI DAZU SAGT

Betrachten Sie die Lobby Ihres Hauses einmal bewusst mit den Augen eines Gastes. Treten Sie ein und überlegen Sie völlig objektiv, wie ein Gast die Räumlichkeiten wahrnimmt: Entwerfen Sie einen Fragebogen und versuchen Sie, herauszufinden, wo einfach und kostengünstig Verbesserungen möglich wären. Meist sind keine großen Aufwendungen erforderlich, um Gäste positiv zu beeindrucken.

Beispiel

Fragebogen	Ja	Nein
Ist unser Eingangsbereich attraktiv gestaltet?		
Ist die Eingangstür sauber und frei von Aufklebern?		
Wie sieht der Schaukasten aus, ist er aktuell und sauber?		
Ist der Zustand der Einrichtung in Ordnung?		
Werden ankommende Gäste mit positiven Blickfängen, z. B. Blumen überrascht?		
Gibt es etwas, von dem man sagen könnte, dass es schrecklich ausschaut?		
Sind die Pflanzen und Blumen im Eingangsbereich gepflegt?		
Gibt es einen Shop und ist dieser für die Gäste interessant?		
Gibt es beim Check-in einen Welcomedrink für den Gast?		
Sind die Gästetoiletten in einem tadellosen Zustand?		
Ist der Gepäckraum ordentlich?		
Ist die Beschilderung der einzelnen Hotelbereiche ausreichend, gut sichtbar und in einem einheitlichen Design?		
Würde ich unser Haus weiterempfehlen, wenn ich hier Gast wäre?		

Die Mitarbeiter/innen der Lobby/Halle sind u. a.:

- Cheflohndiener/in (Bellcaptain)
- Lohndiener/in (Bagagiste, Porter)
- Page (Bellboy/Groom)
- Türsteher/in (Doorman)
- Fahrer/in (Chauffeur, Driver)

Der Concierge ist der Chef der Halle.

LOGBUCH

Siehe Übergabebuch

LOHNDIENER/IN

Franz. Bagagiste
Engl. Porter

Lohndiener/innen transportieren das Gepäck für Gäste in die Zimmer. In Absprache mit der Haustechnik übernehmen sie auch körperlich anstrengende Arbeiten in der Etage. Sie erledigen auch Botengänge und fahren mit den betriebseigenen Taxis, wenn es keine eigene Fahrerin/keinen eigenen Fahrer gibt.

LOST AND FOUND

Immer wieder kommt es vor, dass Gäste persönliche Gegenstände im Hotelzimmer vergessen. Entdeckt werden diese meistens von Housekeeping-Mitarbeiterinnen/Mitarbeitern bei der Zimmerreinigung. Diese sollten gefundene Gegenstände unverzüglich bei der Rezeption melden oder abgeben.

Gut zu wissen

In Österreich sind Fundgegenstände, deren Wert zehn Euro übersteigt, bei der zuständigen Fundbehörde abzugeben. In Deutschland müssen Fundsachen, deren Wert höher als zehn Euro ist, der zuständigen Behörde angezeigt werden, der Hotelier muss die Fundsachen aufbewahren.

„Ein vergessener Gegenstand wird dem Gast nur nachgesendet, wenn dieser darum bittet. Schicken Sie niemals einem Gast unaufgefordert einen vergessenen Gegenstand nach!

LOW COST CARRIER

Low Cost Carrier sind Billigfluggesellschaften. Das sind Fluglinien, die Flüge zu geringeren Preisen anbieten als klassische Fluggesellschaften. Meist ist im Preis bloß die Transportleistung inkludiert. Verpflegung etc. ist im Flugpreis nicht enthalten und ist zusätzlich zu bezahlen.

L

M

#rezeption

MAILING-CODE
BIS
MYGA

MAILING-CODE

Durch die regelmäßige Pflege der Gästedaten im Property Management System ergibt sich ein umfassendes **Benutzerprofil** des Gastes. Anhand dieser Profile können Adressen für Mailings zielgruppenspezifisch selektiert werden. Die **Selektionskriterien** sind in Form von **Mailing-Codes** im System gespeichert. Üblicherweise kommen Three-Letter-Codes zur Anwendung.

Beispiele

WEL	=	Wellnessurlauber/in
SNO	=	Winterurlauber/in, Skifahrer/in
GOU	=	Gourmet
GOG	=	Golf + Gourmet
WEI	=	Weinreisende/r
GUW	=	Gourmet + Weinreisende/r

Die Codes können auch kombiniert gefiltert werden.

Beispiel

Für ein Golf-Wohlfühl-Package werden alle Adressen von Gästen selektiert, die aus Süddeutschland sind + Golf spielen + Wellness konsumieren + kurze Aufenthaltsdauer bevorzugen.

MANAGER ON DUTY

Dieser Begriff bezeichnet die diensthabende Managerin/den diensthabenden Manager. Dieser übernimmt die Agenden der General Managerin/des General Managers, wenn diese/r nicht im Haus ist. Diese Funktion wird im Wechsel von verschiedenen Abteilungsleiterinnen/-leitern übernommen.

In Hotels mit Guest Relations Manager/in übernimmt diese/r diese Funktion.

MANAGER REPORT

Siehe Tagesabschluss

MARKETING

Die Konkurrenz schläft nicht und auch Ihre Gäste sind hellwach, wenn es darum geht, das beste Angebot zum attraktivsten Preis zu finden. Hotels konkurrieren mit ständig neuen Angeboten um Gäste. Diese wiederum vergleichen Angebote genau und wollen ihre Wünsche bestmöglich erfüllt sehen.

Um zu wissen, in welche Richtung in der Hotelbranche das Trendpendel gerade ausschlägt, ist Marketing ein wichtiges Unterstützungstool. Eine umfassende **Marketingstrategie** berücksichtigt bracheninterne Entwicklungen, gesellschaftliche Veränderungen, aber auch die Wege der Konkurrenz. Ziel ist, die Bedürfnisse des Marktes zu erkennen, das eigene Unternehmen in den Mittelpunkt des Kundeninteresses zu stellen, um dadurch Unternehmensziele effizienter und effektiver zu erreichen sowie den Unternehmenserfolg dauerhaft sicherzustellen.

Das Ziel ist, besser auf Gästebedürfnisse einzugehen als die Konkurrenz.

Nach Lust und Laune Aktionen zu setzen, bringt wenig. Um nachhaltig von Marketingaktionen zu profitieren, ist ein **Marketingplan** wichtig. **Marktbeobachtung** heißt das Zauberwort, um bei aktuellen Entwicklungen immer up to date zu sein. Aber: Voll im Trend zu liegen ist zwar toll, aber dennoch sollten die Gästebedürfnisse beim Gestalten Ihres Angebotes im Zentrum stehen.

Marketing in der Hotellerie ist **Dienstleistungsmarketing.** Im Dienstleistungsmarketing liegt der Schwerpunkt auf der Vermarktung der Dienstleistung selbst. Das angebotene Produkt ist immateriell und kundenbezogen. Die angebotene Dienstleistung – der Aufenthalt in Ihrem Haus – ist individuell und bedarf eines intensiven Eingehens auf die besonderen Bedürfnisse des Gastes.

Das grundlegende Ziel von Unternehmen ist die dauerhafte Existenzsicherung. Um dieses Ziel zu erreichen, ist ein Unternehmenskonzept erforderlich, das Vision, Mission, Unternehmensleitbild, Unternehmenskultur, Ziele und Strategien umfasst. Die Unternehmenspolitik ist auf einen längeren Zeitraum angelegt (mehr als fünf Jahre).

Konkretisiert wird die Unternehmenspolitik durch die Formulierung von Zielen, Strategien und Maßnahmen, die das Unternehmen als Ganzes betreffen. Damit ist sie die Basis für das zukünftige Unternehmensgeschehen. Dieses Konzept ist eine Art Fahrplan der Entwicklungs- und Handlungsmöglichkeiten im Unternehmen und hat sowohl eine strategische als auch eine operative Dimension.

Vision

Die Vision ist eine **Vorstellung der angestrebten Zukunft.** Sie ist ein „Glaubensbekenntnis" und spricht die **emotionale Ebene** an. Jeder erfolgreiche Hotelier braucht Visionen, um sich und seine Mitarbeiter/innen zu **motivieren.** Die **eigene Überzeugung** und der Glaube an die eigenen Ideen sind die wichtigsten Triebkräfte erfolgreicher Unternehmer/innen.

Eine Vision ist zunächst frei von einer konkreten Umsetzung bzw. Realisierbarkeit. In dieser Phase sind **noch keine konkreten Pläne** erforderlich. Wer die **Mitarbeiter/innen an seinen Visionen teilhaben** lässt, ermuntert sie, selbst neue, kreative Ideen einzubringen. Es entsteht ein Gefühl der **Zusammengehörigkeit** und der **gemeinsamen Verantwortung** für den eigenen Betrieb. Für die Entwicklung von Visionen gibt es keine fertigen Rezepte. Neben dem spontanen Einfall und Geistesblitz, der allmählichen Ideenfindung in Gesprächen mit Gästen oder durch ein gezieltes Brainstorming unter den Mitarbeiterinnen/Mitarbeitern gibt es viele Möglichkeiten. Visionen entstehen, wenn Herkömmliches infrage gestellt wird, etwas Neues, Sinnvolles erdacht oder eine neue Kombination gefunden wird.

„Visionen sind keine nutzlosen Träumereien, sondern innere Bilder einer künftigen Wirklichkeit bzw. neuer Produkte.

Die Vision ist auf **ein bis maximal zwei Sätze** konzentriert. Sie muss in klarer, einfacher Form den Mitarbeiterinnen/Mitarbeitern, aber auch den Gästen bekannt sein. Die Vision muss über viele Jahre das verkörpern, was das Unternehmen sein oder werden will.

Beispiele

- Stell dir eine Welt vor, in der jeder einzelne Mensch freien Anteil an der Gesamtheit des Wissens hat. (Wikipedia)
- Your Smile is our Job. (Austria Trend Hotels)
- The world's largest hotel chain across the street from the ordinary. (Best Western)
- To be the first Choice of the World's Travellers. (Hilton Hotels Corporation)
- Wiens charmante Privathotels (Schick Hotels Wien)
- Salzburg ist eine Ganzjahresdestination. (SalzburgerLand Tourismus, Strategieplan Tourismus 2020)

Mission

Die Mission konkretisiert, **wozu** es ein Unternehmen gibt. Was ist seine **Aufgabe in der Gesellschaft** und welchen Zweck erfüllt es mit seinen Aktivitäten? Man kann auch von einer **Geschäftsdefinition** sprechen. Ihren Niederschlag findet die Mission in der Regel im Unternehmensleitbild.

Unternehmensleitbild

Im Unternehmensleitbild sind die Wert- und Zielvorstellungen sowie Grundsätze definiert, die ein Unternehmen auszeichnen sollen. Im Unternehmensleitbild wird etwa formuliert, wie man im Unternehmen miteinander und mit der Umwelt, z. B. mit Gästen, umgeht und kommuniziert.

Das Unternehmensleitbild liefert den Handlungsrahmen für die Entscheidungen auf allen Führungsebenen. Es prägt in besonderem Maße die Einstellung der Unternehmerinnen/Unternehmer, des Managements und der Mitarbeiter/innen gegenüber der Umwelt und damit ihre wirtschaftliche, soziale und ökologische Verantwortung.

Beispiel für das Unternehmensleitbild eines Stadthotels

HOTEL DOMBLICK

Das Hotel Domblick ist ein Viersternestadthotel, das für seine optimale Auslastung zwei Gästezielgruppen anspricht: Individualtouristen und Geschäftsleute. Wir begeistern unsere Gäste durch traditionelle Werte und zukunftsweisende Akzente.

Wir (das sind die Geschäftsleitung und die Mitarbeiter/innen) haben uns die Aufgabe gestellt, gästeorientiertes und qualitätsbewusstes Denken und Handeln zum Leitbild der täglichen Arbeit zu machen. Durch einen gast- und mitarbeiterorientierten Führungsstil soll die Profitabilität des Unternehmens gesichert werden.

Unsere Gäste sollen in unserem Haus einen freundlichen und aufmerksamen Service erfahren sowie tadellos saubere Räumlichkeiten vorfinden. Um den sich ändernden Gästewünschen gerecht zu werden, sind wir bereit, neue Wege zu beschreiten und alle Ideen, Vorschläge und Kritik unserer Gäste und Mitarbeiter/innen zu prüfen. Unser Ziel ist es, mindestens einen Schritt mehr für unsere Gäste zu gehen, um diese zu begeisterten Stammgästen zu machen.

Wir pflegen zu unseren Lieferanten, Agenturen und anderen Partnern eine zukunftsweisende, langfristige Beziehung zum beiderseitigen Nutzen.

In unserem Betrieb wissen alle Mitarbeiter/innen, dass es vor allem auf sie und ihr Verhalten ankommt. Um die Mitarbeiter/innen für ihre Aufgaben bestens vorzubereiten, wird laufend Weiterbildung ermöglicht. Durch regelmäßige Abteilungsmeetings sichern wir ein gutes Gesprächsklima und einen aktuellen Informationsstand für alle Mitarbeiter/innen.

Jedes Unternehmen ist einmalig. Die unverwechselbare, persönliche Note eines Unternehmens nennt man **Corporate Identity (CI).**

Überlegen Sie: Was macht Ihr Haus einzigartig?

Ziel ist die Bildung einer Marke. Diese steht symbolisch für die Leistung des Unternehmens und soll sein Image kommunizieren.

Gut zu wissen

Die **Marke** ist das „gesichtgebende" Zeichen für ein Unternehmen. Produkte oder Dienstleistungen werden mit dem Markennamen und/oder einem Logo gekennzeichnet. So heben sich die Produkte klar von der Konkurrenz ab. Kriterien einer Marke sind Eigenständigkeit, Langlebigkeit und Variationsfähigkeit (z. B. Eignung für verschiedene Zeichenträger, Verkleinerungsmöglichkeit). Sie verfügt über Informations-, Sympathie- und Erinnerungswert.

Der **Markenname** soll prägnant sein und durch Signalwirkung Aufmerksamkeit wecken. Marken können in Form von speziellen Symbolen, Worten wie Firmenschriftzügen oder Buchstaben gestaltet werden. Vorteil einer Bildmarke gegenüber einer Wortmarke ist die schnellere und einfachere Erfassbarkeit und Wiedererkennbarkeit.

Marketingkonzept

Der Schlüssel, um unternehmerische Ziele zu erreichen, ist ein gutes **Marketingkonzept.** Hier gilt es, einen Schritt nach dem anderen zu setzen. Zuerst müssen die **Bedürfnisse und Wünsche des Zielmarktes** ermittelt werden – um diese im nächsten Schritt so zufriedenstellend zu erfüllen, dass Sie die Konkurrenz in Puncto Gästezufriedenheit spielend überholen. Um markt- und kundengerecht zu agieren, muss das Marketingkonzept exakt geplant und auf das Marktumfeld abgestimmt sein.

Ist-Analyse

Wer Ziele erreichen will, muss seine Ausgangsbasis kennen. Daher muss vor der Bestimmung von Marketingzielen die aktuelle Situation des Betriebes analysiert werden (= Ist-Analyse). Ziel ist es, die Stärken und Schwächen des Unternehmens sowie die Chancen und Risiken des Unternehmensumfeldes aufzudecken.

M

- **Produkt- und Angebotsanalyse (interne Analyse):** Der Name verrät es schon – bei der Angebotsanalyse werden die Angebote des Betriebes genau unter die Lupe genommen. Zentrale Fragestellungen sind z. B.:
  - Was umfasst das derzeitige Betriebsangebot?
  - Welche Angebote werden von den Gästen am besten angenommen?
  - Wie ist die derzeitige Marktposition?
  - Wie sieht die angestrebte Marktposition aus?
  - Wo kann sich der Betrieb spezialisieren?
  - Wo liegen die Stärken und Schwächen des Betriebes bzw. des Angebotes?
  - Wer sind die Zielgruppen?
  - Welche Zielgruppen möchten wir noch erreichen?

  Um diese Fragen beantworten zu können, werden Gästebefragungen ausgewertet und Reviews (z. B. auf tripadvisor.com, holidaycheck.at und Online-Reiseplattformen) analysiert.
- **Marktanalyse:** Hierbei geht es in erster Linie um die Mitbewerberanalyse, d. h. den Vergleich mit gleichwertigen Mitbewerbern auf dem Markt. Aber auch die Marktdaten der eigenen Region/Stadt sollte man sich ansehen (z. B. Anzahl der Nächtigungen, Anzahl der Ankünfte, Verweildauer der Gäste, Nationalität der Gäste, Online-Bewertungen).
- **Trendanalyse:** Wohin geht die Entwicklung?

„Man muss nicht jeden Trend mitmachen. Aber vielleicht ist etwas dabei, das für Ihr Haus passt?

Marketingstrategie im Hotelbetrieb

Um Stammgäste zu halten und neue Gäste zu gewinnen, müssen Hotels immer wieder neue Angebote entwickeln, die die Zielgruppe ansprechen. Wichtig ist, sich über aktuelle Trends im Tourismus zu informieren.

TOURISMUSTRENDS UND MARKETING

- **Digital Detox:** Handy, Tablet und Laptop sind für viele Menschen ständige Begleiter im Alltag. Angebote, bei denen Entspannung und Entschleunigung und der bewusste Verzicht auf ständige Erreichbarkeit im Zentrum stehen, stoßen unter dem Stichwort „Digital Detox" auf großes Interesse.
- **Business:** Business Traveller haben spezielle Bedürfnisse. Diese sollen in den Angeboten für diese Zielgruppe berücksichtigt werden. Auf großes Interesse stoßen bei diesen Reisenden Angebote wie Online-Check-in.
- **Alleinreisende Frauen:** Immer mehr Frauen verreisen alleine. Diesem Trend wird etwa durch Singlehotels und spezielle Lady-Packages für allein reisende Frauen bzw. Angebote für allein reisende Erwachsene mit Kind(ern) Rechnung getragen.
- **Das Internet als Buchungstool:** Ein exzellenter Internetauftritt mit eigener Website ist heute nahezu obligatorisch, außerdem sollten Hotels alle Leistungen bzw. Packages im Internet verkaufen.
- **Usergenerierter Content:** Viele Gäste informieren sich im Internet über die gewünschte Unterkunft. Online-Communitys ersetzen in weiten Bereichen Imagefolder, Sternebewertungen und die Beratung im Reisebüro. Die Branche reagiert darauf mit professioneller und möglichst realistischer Darstellung ihrer Angebote und einem angemessenen Reputationsmanagement. Social-Media-Plattformen werden als Marketingkanäle genutzt (z. B. durch eigene Accounts oder die Zusammenarbeit mit Bloggerinnen/Bloggern).

Bei der Entwicklung von Marketingstrategien ist besonders wichtig, die **Alleinstellungsmerkmale** eines Hotels zu definieren. Dabei unterscheidet man:

- Die **strategische Erfolgsposition** (SEP) ist ein Alleinstellungsmerkmal, mittels dem sich ein Unternehmen von anderen abhebt. Eine SEP ist eine Eigenschaft, die wirklich einzigartig ist und damit auch von anderen nicht kopiert werden kann (etwa spezielle Lage oder einzigartiges Gericht, z. B. Hotel Sacher mit seiner berühmten Torte und seiner Lage bei der Staatsoper).
- Als **USP** (= Unique Selling Proposition = Alleinstellungsmerkmal), auch veritabler Kundenvorteil genannt, wird jenes Leistungsmerkmal bezeichnet, mit dem sich ein Angebot deutlich von der Konkurrenz abhebt.

Marketinginstrumente und Marketingmix

Das sind jene Werkzeuge, die Sie einsetzen, um Ihre Marketingziele zu erreichen.

Die **Instrumente des Marketings** – auch als die vier Ps bezeichnet – sind

- **P**roduct (Leistungs- und Produktpolitik),
- **P**rice (Preispolitik),
- **P**lace (Distributions- oder Vertriebspolitik),
- **P**romotion (Kommunikationspolitik).

Die aufeinander abgestimmte Kombination der vier Bereiche bezeichnet man als **Marketingmix.**

Leistungs- und Produktpolitik

Das richtige Angebot zur richtigen Zeit auf die richtige Weise an die gewünschte Zielgruppe vermitteln, das ist gute Produktpolitik in der Hotellerie.

Zielgruppen/Gästesegmente in der Hotellerie sind Gäste mit gemeinsamen Reisemotiven bzw. Eigenschaften und/oder Bedürfnissen. Für diese Zielgruppen werden neue Produkte kreiert. Zielgruppen sind z. B. Leisure Traveller, Business Traveller, Golfer, Singles, Familien.

Um zu wissen, welcher Gast zu welchen Zielgruppen gehört, wird er in der Gästekartei einer oder mehreren Zielgruppen zugeordnet. So können Sie Gäste mit maßgeschneiderten Angeboten gezielt ansprechen. Ziel ist es, durch die optimale Erfassung und Auswertung aller Kundendaten den direkten **Bezug zu den Kunden- bzw. Gästebedürfnissen** zu bekommen. Nur so kann das Unternehmen Angebote und Packages punktgenau für seine Zielgruppen entwickeln und dann direkt vermarkten.

Preispolitik

Oft ist der Preis ein kaufentscheidender Faktor, allgemein ist er ein starkes Marketinginstrument.

Beispiel

Obwohl das Luxussegment nach wie vor wächst, gibt es auch hier, wie in allen anderen Gästesegmenten, ein sehr ausgeprägtes **Bewusstsein für das Preis-Leistungs-Verhältnis.** Die Gäste stellen **Preisvergleiche** an – das Internet erleichtert diese Recherchen enorm. Gäste der geringeren Einkommensschicht werden durch attraktivere Preise über neue Vertriebswege (z. B. ITS Billa und Hofer Reisen, Preisvergleichsportale) erreicht.

Distributions- oder Vertriebspolitik

Hier geht es um die Frage nach Vertriebswegen und Verkauf. Wie können Gäste Ihre Angebote buchen? Größere Hotels verfügen über eine **Verkaufs-/Sales-Abteilung.** In kleinen und mittleren Hotels werden Verkaufsagenden zum Teil von den Mitarbeiterinnen/Mitarbeitern an der Rezeption übernommen. Zu den Aufgaben zählen z. B.

- die Erstellung von verkaufsnotwendigen und verkaufsfördernden Unterlagen,
- das Verhandeln von Verträgen mit Reisebüros, Incomern, Firmen und anderen Vertriebspartnern,
- die Durchführung von Sales Calls in Kombination mit Direct Mailings,
- der Verkauf am Telefon,
- die Aktualisierung der Gästekartei sowie Sales Calls zum Verkauf aktueller Angebote,
- die Organisation von Messeauftritten.

Kommunikationspolitik

Unter dem Begriff Kommunikationspolitik werden alle Maßnahmen zusammengefasst, um Informationen über den Betrieb und aktuelle Angebote etc. an Kundinnen/Kunden aber auch intern an Mitarbeiter/innen zu übermitteln. Vor allem zählen dazu Werbung, Public Relations/Öffentlichkeitsarbeit, Promotion und Sponsoring.

Weitere Begriffe

Customer Relationship Management (CRM)

Die teilweise sehr speziellen Wünsche und Erwartungen Ihrer Gäste können Sie durch gezieltes Customer Relationship Management (CRM) besser berücksichtigen. CRM integriert und gestaltet auf Grundlage einer strukturierten Datenbasis und klar strukturierter Verkaufs- und Serviceprozesse abteilungsübergreifend **alle kundenbezogenen Agenden.** Die Rezeptionistin/Der Rezeptionist ist meist die wichtigste Ansprechpartnerin/der wichtigste Ansprechpartner der Gäste bei Fragen und Wünschen. Daher spielen diese Mitarbeiter/innen eine zentrale Rolle bei der Kundenbindung. Ein wichtiger Punkt ist hier die gewissenhafte Pflege der Gästekartei. Eine CRM-Applikation im Property Management System hilft, die Datenbasis für gezielte Kundenakquisition und Beziehungspflege aufzubauen.

Direktmarketing

Zum Direktmarketing gehören jene Werbemaßnahmen, mit denen (potenzielle) Gäste **direkt angesprochen werden** und zu einer Antwort (Response) aufgefordert werden. Direktmarketing ist die **unmittelbarste Form der Werbung.** Im Direktmarketing werden keine Standardbriefe verfasst, sondern Briefe für den Hotelgast, der einer bestimmten Zielgruppe/Persona zugeordnet worden ist, mit persönlicher Ansprache maßgeschneidert. Beim Versenden von Werbemailings sind die Vorgaben der Datenschutz-Grundverordnung zu beachten.

Database Marketing

Database Marketing bezeichnet Marketing, das mithilfe von in einer Datenbank gespeicherten Kundeninformationen gemacht wird. So können verschiedene Kundengruppen selektiert und diesen maßgeschneiderte, ihren Interessen entsprechende Informationen und Werbemittel zugesandt werden.

Webmarketing

Circa 55 % aller Online-Käufer/innen buchen mittlerweile Reiseleistungen über digitale Kanäle. Webmarketing setzt auf die Möglichkeiten des Internets als Vertriebsweg für die Hotellerie. Diese Möglichkeiten sind vielfältig und reichen von der betriebseigenen Website über OTAs bis hin zu verschiedenen Preisvergleichs- und Buchungsplattformen.

MARK-UP

Der Begriff Mark-up bezeichnet den Aufschlag auf den Zimmerpreis (die Nettorate), z. B. bei OTAs in % oder als Betrag.

Beispiel

Eine OTA bezahlt beim Hotel 200 EUR für ein Zimmer und verkauft dieses um 250 EUR, der Mark-up ist 50 EUR oder 25 %.

MELDEGESETZ

Die Beherbergung von Gästen unterliegt verschiedenen rechtlichen Bestimmungen, die der Absicherung des Gastes und des Beherbergungsbetriebes dienen. Dies wird in verschiedenen Ländern, Regionen und Gemeinden etwas unterschiedlich gehandhabt, prinzipiell dienen die Bestimmungen jedoch demselben Zweck.

Meldung aus polizeilichen Gründen

In Österreich ist der Gast vom Beherberger unverzüglich bzw. spätestens innerhalb von 24 Stunden nach Eintreffen durch Eintragung in ein Gästeverzeichnisblatt anzumelden.

Gut zu wissen

Obwohl die Grundlagen der Meldegesetze gleich sind, gibt es doch Unterschiede in den Gesetzestexten der einzelnen Länder.

Das **österreichische Meldegesetz** ist unter www.ris.bka.gv.at/GeltendeFassung.wxe?Abfrage=Bundesnormen&Gesetzesnummer=10005799 zu finden.

In **Deutschland** gilt das Bundesmeldegesetz. Dieses ist im Internet unter www.gesetze-im-internet.de/bmg zu finden.

In **Südtirol** sind Gäste von Beherbergungsbetrieben innerhalb von 24 Stunden nach Anreise elektronisch zu melden. In der **Schweiz** unterscheiden sich die genauen Bestimmungen und operativen Modalitäten von Kanton zu Kanton (Schweiz).

Die **Südtiroler** bzw. **Schweizer Meldegesetze** recherchiert man am besten über das Internet bzw. man erkundigt sich bei der Gemeinde.

Die Meldung erfolgt mit einer Nationalitätenstatistik (mit Anzahl der Ankünfte und Übernachtungen), durch Übersendung der Gästeverzeichnisblätter oder elektronisch durch eine direkte Anbindung des Hotels über das Internet an die Meldebehörde der Gemeinde.

Meldung aus statistischen Gründen

Die Ergebnisse des Gästebuches bzw. der Nächtigungsstatistik werden von der Gemeinde an das Statistische Zentralamt geschickt und dienen der statistischen Erfassung von Nächtigungszahlen und Gästeströmen sowie der Erstellung von Herkunftsanalysen etc.

Reisegruppen

Teilnehmer/innen von Reisegruppen sind in Österreich von der Meldepflicht ausgenommen, wenn die Reiseleiterin/der Reiseleiter seine Daten bekannt gibt und eine Namensliste mit der Staatsangehörigkeit der Gruppenmitglieder aushändigt. Bei ausländischen Gästen muss diese Liste zusätzlich die Art, Nummer und Ausstellungsbehörde des Reisedokumentes enthalten. Diese Regelung gilt nur, wenn die Reisegruppe nicht länger als zwei Wochen gemeinsam im selben Beherbergungsbetrieb bleibt.

Gut zu wissen

Reisegruppen sind unterschiedlich definiert, z. B. in Österreich ab acht Personen, in Deutschland ab mehr als zehn Personen.

Längerer Aufenthalt

Ist ein Gast – bzw. eine Angestellte/ein Angestellter des Hauses – für längere Zeit im Betrieb untergebracht, so muss sie/er auch bei der Meldebehörde angemeldet werden. Dafür gelten wiederum unterschiedliche Bestimmungen, in Österreich z. B. ab einem Aufenthalt von zwei Monaten, wobei die Anmeldung mittels Meldeblatt spätestens am dritten Tag nach Ablauf der zwei Monate durchgeführt werden muss; in der Schweiz sind Angestellte sofort behördlich zu melden. In Österreich füllt man statt des Gästeverzeichnisblattes in diesem Fall einen Meldezettel/Meldeschein aus.

Welche Konsequenz hat ein Zuwiderhandeln gegen die Meldepflicht?

Wer als Inhaber/in eines Beherbergungsbetriebes oder als dessen Beauftragte/r gegen die Verpflichtungen zur Meldung verstößt, begeht eine Verwaltungsübertretung und erhält eine Geldstrafe.

MEMO

Ein Memo ist ein Vordruck für **Kurzinformationen.** Es wird abteilungsintern bei der Dienstübergabe weitergegeben und anderen Abteilungen zur Kenntnisnahme übermittelt.

Memos kommen auch bei der Organisation von Veranstaltungen zum Einsatz. Während im Functionsheet die Eckdaten zu einer Veranstaltung notiert werden, werden im Memo detaillierte Informationen für die jeweilige Abteilung festgehalten.

Beispiel

Während auf dem Functionsheet die Anzahl und Kategorie der benötigten Zimmer eingetragen wird, werden Sonderwünsche oder geänderte Check-in- und Check-out-Zeiten in Form eines Memos notiert.

MENÜKARTE

Menükarten werden bei Veranstaltungen wie Banketten, Gesellschaftsessen, Hochzeiten und Firmenfeiern aufgelegt.

ARTEN VON MENÜKARTEN

- **Tagesmenükarte**
  Diese enthält ein Menü, das den ganzen Tag angeboten wird. Sie kann auch aus einem Mittagsmenü und einem Abendmenü bestehen.
- **Mittagsmenükarte**
  Diese umfasst in der Regel drei bis vier Gänge. Dabei handelt es sich um fertige Speisen, die auch als À-la-carte-Speisen auf der Tageskarte zu finden sind.
- **Abendmenükarte**
  Ein Abendmenü umfasst meist mehr Gänge als das Mittagsmenü, da Gäste sich am Abend meist mehr Zeit zum Essen nehmen.
- **Soupermenükarte**
  Diese enthält leichte Speisen, da sie erst ab ca. 22:00 Uhr angeboten wird. Angesprochen werden sollen damit Gäste, die nach einer Abendveranstaltung, z. B. einem Theaterbesuch, noch eine Kleinigkeit essen möchten.
- **Wahlmenükarte**
  Die Gäste haben die Möglichkeit, sich aus mehreren Speisen die passende Kombination zusammenzustellen.

„Alternativ können Sie Gästen, die spätabends Hunger haben, auch die Bestellung via Roomservice empfehlen.“

Die **einfache Menükarte** besteht aus einem Blatt, auf dem die Speisen entsprechend der Reihenfolge des Menüs angeführt sind. Die zur Auswahl stehenden Getränke sind am Ende der Karte angeführt. Ort, Datum und Anlass vervollständigen die Karte.

Für besondere Anlässe verwendet man **gefaltete Menükarten mit Einlageblättern.** Sie bestehen aus einem Umschlag mit Firmen-, Menü- oder Anlassaufdruck und einem Einlageblatt. Auf der rechten Seite sind die Speisen aufgelistet, die Getränke, die zu den Gerichten gereicht werden, stehen links. Ort, Datum und evtl. nochmals der Anlass sind angeführt. Der Aufbau der Karte orientiert sich an der heute üblichen, zeitgemäßen Menüreihenfolge.

EINFACHES MENÜ	ERWEITERTES MENÜ	DEGUSTATIONSMENÜ
		Gaumenfreude (Amuse-Bouche, Amuse-Gueule, Appetizer)
Kalte Vorspeise oder Suppe	Kalte Vorspeise	Kalte Vorspeise
	Suppe oder warme Vorspeise	Suppe
		Warme Vorspeise
	Fisch	Fisch
		Eisgetränk (Sorbet)
Fisch, Fleisch oder vegetarisches Hauptgericht (evtl. Sauce)	Fleisch oder vegetarisches Hauptgericht (evtl. Sauce)	Fleisch oder vegetarisches Hauptgericht (evtl. Sauce)
Vitaminbeilage oder Salatbeilage	Vitaminbeilage oder Salatbeilage	Vitaminbeilage oder Salatbeilage
Kohlenhydratreiche Beilage	Kohlenhydratreiche Beilage	Kohlenhydratreiche Beilage
	Käse	Käse (vom Wagen)
Süßspeise (warm oder kalt)	Süßspeise (warm oder kalt)	Süßspeise (warm oder kalt)

Wird auch als Gourmetmenü bezeichnet.

Klassische Form

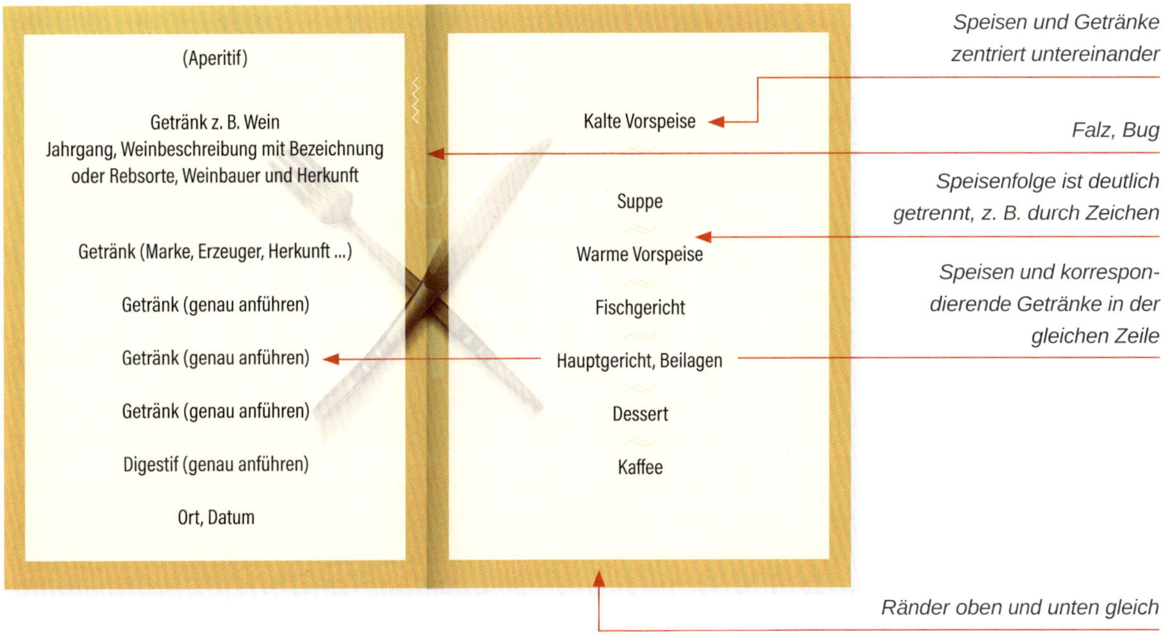

Moderne Form

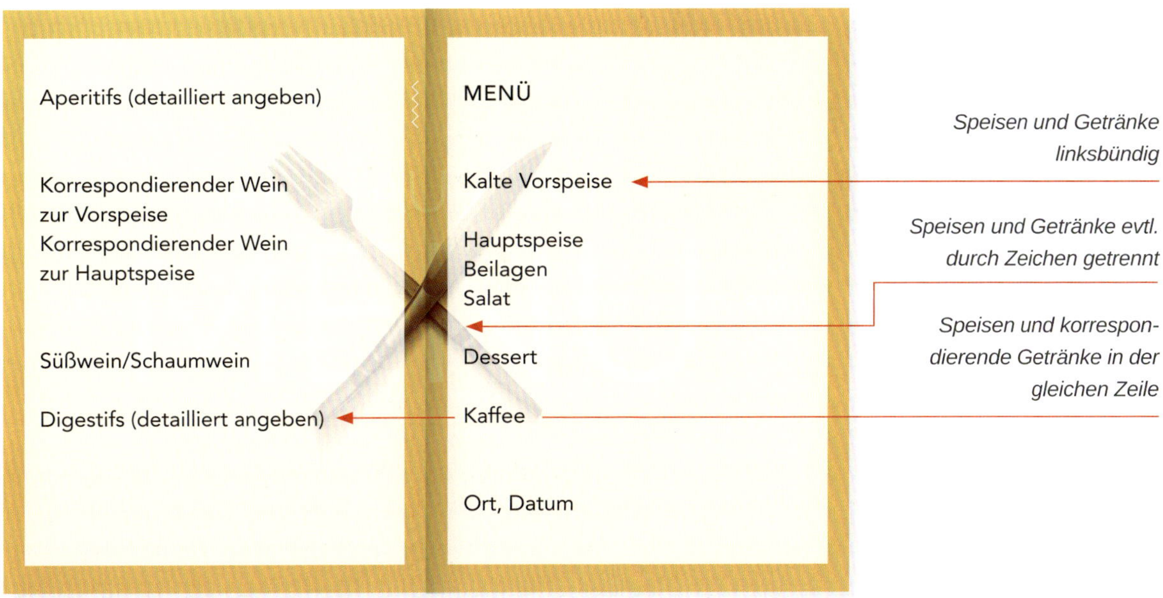

Hauptspeise, Sauce
Beilagen
Beilagensalat

Reihenfolge bei der Schreibung von Speisen mit Beilagen
Gebratener Fuschlsee-Saibling in Rieslingsauce
Sommerliches Gartengemüse
Gemischte Blattsalate

MERCHANT-MODELL

Einige Global Distribution Systems stellen ihre Inhalte auch den Endverbraucherinnen/Endverbrauchern zur Verfügung. Sie kooperieren über Internetplattformen **direkt mit den Hotels.** Sie verhalten sich wie „virtuelle Reiseveranstalter“, die auf die vom Hotel gewährte Nettorate einen **Mark-up** von 12–32,5 % aufrechnen und zu dieser Bruttorate dann an die Endverbraucherin/den Endverbraucher verkaufen. Dieses Preissystem nennt man **Merchant-Modell.**

MESSE

Einschlägige Fachmessen sind eine gute Gelegenheit, sich dem Zielpublikum bzw. der Branche zu präsentieren. Hier entstehen zahlreiche wertvolle Erstkontakte zu neuen Gästen und zu Reiseveranstaltern.

- **Tourismus- und Reisemessen,** z. B. die ITB (Internationale Tourismusmesse Berlin), die Ferienmesse Wien
- **Zielgruppenspezifische Messen,** z. B. Hochzeitsmessen, Sportmessen
- **Branchenmessen für das Fachpublikum,** z. B. Alles für den Gast in Salzburg, Igeho in Basel

MICE

MICE steht für Meetings, Incentives, Conventions und Events. Der Begriff umfasst geschäftliche Reisen mit dem Zweck, Kongresse, Messen oder Meetings zu besuchen sowie Belohnungs- oder Anreizreisen. MICE beinhaltet die Organisation und Durchführung von Tagungen oder Incentive-Reisen.

MINDESTAUFENTHALTSDAUER

Damit ist gemeint, dass ein Beherbergungsbetrieb festlegt, wie lang der Aufenthalt, den ein Gast bucht, mindestens sein muss. Die Mindestaufenthaltsdauer wird in der Anzahl der Nächte angegeben, die ein Gast im Hotel bleibt. Meist legen Hotels eine Mindestaufenthaltsdauer fest, um die Auslastung besser planen und gewährleisten zu können. Bei besonders günstigen Raten gehört oft eine Mindestaufenthaltsdauer (auch: Minimum Length of Stay [MLOS]) zu den Buchungskonditionen.

MINIBAR

Die klassische Minibar, ein kleiner Kühlschrank im Gästezimmer, ist bei Gästen sehr beliebt. Hat man so doch jederzeit Zugriff auf Snacks und Getränke. Für das Hotel ist die Minibar eine unaufdringliche Möglichkeit, Zusatzverkäufe zu tätigen.

Doch ihre Verwaltung ist eine Herausforderung: Meist steht ein enormer Aufwand hinter der Betreuung, Kontrolle und Abrechnung der konsumierten Getränke, sodass manche Großhotels Pauschalen und eine unbeschränkte Benutzung in den Zimmerpreis einkalkulieren, um eine Einzelabrechnung zu umgehen.

Abrechnung der Minibar

Die Minibarabrechnung ist ein heikles Thema und eine wirklich gute Lösung scheint bislang noch nicht gefunden. Es gibt mehrere Arten der Abrechnung von Minibarsystemen. Bei der klassischen Variante werden die konsumierten Getränke und Snacks mittels Vordruck erfasst und abgerechnet. Wenn der Gast etwas aus der Minibar konsumiert, trägt er das im Vordruck ein. Das Housekeeping gleicht die Angaben mit dem Bestand der Minibar ab und meldet die Konsumationen an das Frontoffice. Dieses wiederum verbucht die Konsumation auf der Rechnung des Gastes.

Der tatsächliche Verbrauch ist jedoch meist erst nach dem Check-out festzustellen. Dadurch kommt es immer wieder zu Ungenauigkeiten bei der Minibarabrechnung. Außerdem ist es nicht möglich, den Verbrauch des letzten Abends zu erfassen, weshalb dem Gast beim Check-out die leidige Frage gestellt werden muss, ob er noch etwas aus der Minibar konsumiert hat.

M

Vorteile	Nachteile
■ Geringe Anschaffungskosten ■ Kein EDV-Netzwerk erforderlich	■ Personalintensiv in der Betreuung ■ Ungenaue Verkaufszahlen

Neben der klassischen Variante gibt es auch Systeme, bei denen das Minibarterminal die Entnahme automatisch registriert und den Verbrauch auf die Gastrechnung bucht. Dieses System ist jedoch sehr teuer.

Vorteile	Nachteile
■ Durch die Registrierung kann man genau feststellen, welche Artikel in welchem Zimmer konsumiert wurden. ■ Die Minibar kann mit geringem Personalaufwand wieder aufgefüllt werden.	■ Hohe Anschaffungskosten – meist in Relation zum Ertrag zu hoch

Alternativen zur Minibar

Da der personelle und administrative Aufwand der Minibarbetreuung relativ hoch ist, setzen viele Häuser mittlerweile auf Alternativen. Der große Bruder der Minibar ist die **Maxibar.** Dabei handelt es sich um Automaten in den Etagen oder der Lobby. Diese sind meist mit Getränken und Snacks befüllt. Vielfach gehören auch Guest Amenitys wie Zahnbürsten oder Gästeschlappen zum Angebot der Automaten. Eine andere Alternative zur Minibar sind Roomservice-Angebote bzw. der Verkauf von Snacks, Getränken sowie Guest Amenitys an der Rezeption.

WAS DER PROFI DAZU SAGT

Eine charmante Möglichkeit, auf Getränke- und Snackautomaten in der Lobby hinzuweisen, ist z. B. Pralinen oder eine kostenlose Flasche Mineralwasser auf dem Zimmer mit einem entsprechenden Hinweis bereitzustellen.

MITTEILUNGSBLATT

Manchmal erhalten Gäste Anrufe, Besuch oder auch Post, sind aber gerade nicht im Haus. Damit die Gäste von den für sie hinterlassenen Nachrichten, Paketen etc. erfahren, gibt es Mitteilungsblätter. Das ausgefüllte Mitteilungsblatt wird in einem Kuvert auf einem Tablett im Gästezimmer deponiert.

Eine andere Möglichkeit ist, die Gäste über den Fernseher/Monitor auf dem Zimmer zu informieren. Auch den Quick-Check-out können Gäste über das Gerät abwickeln.

Da die Digitalisierung etwa in Form von Online-Check-in und -Check-out oder durch den Einsatz von Keycards auch im Hotel Einzug gehalten hat, hat sich der Kontakt zwischen Gast und Frontoffice verringert. Dafür haben Mitteilungsblätter (ob digital oder analog) nun wieder Hochkonjunktur, sind sie doch ein einfacher und dennoch effektiver Weg, den Gast zu erreichen.

MLOS *(Minimum Length of Stay)*

Siehe Mindestaufenthaltsdauer

MOBILE PAYMENT

Mobile Payment ist eine elektronische Bezahlungsart mit Hilfe von mobilen Endgeräten wie Mobiltelefonen oder Tablets.

MORGENPOST

Die Gäste- oder Morgenpost informiert die Gäste – meist in Form eines Blatt Papiers oder eines Folders – beim Frühstück über die Möglichkeiten der Tagesgestaltung.

SO GELINGT'S

Die Gestaltung und der Inhalt der Gästepost müssen zum Betrieb passen. Beispielsweise könnte ein Wellnesshotel spezielle Anwendungen beschreiben und ein Wanderhotel geführte Touren zu einem bestimmten Thema anbieten. Die Informationen sollten auf die Zielgruppe abgestimmt sein, z. B. zum Thema Kinderbetreuung oder zum Abendmenü im Restaurant.

Vorschlag für den Aufbau der Gästepost

- Logo des Hotels
- Ihr Urlaubswetter für den 30. Juni 20..
- What's on in Town?
- Ihr Animationsprogramm für heute: …
- Das machen Ihre Kleinen heute: …
- Unsere Küchenchefin/Unser Küchenchef kocht heute für Sie … dazu empfiehlt unsere Sommelière/unser Sommelier …
- Was gönnen Sie sich heute?

Am besten gestaltet man die Morgenpost anhand eines fixen Layouts, das die Flächen für Texte und Bilder zu den einzelnen Rubriken vorgibt. In diesem Rahmen aktualisiert man täglich die Morgenpost für den nächsten Tag. Ideal ist ein Format, das einfach zu vervielfältigen ist, z. B. A3 oder A4 doppelseitig bedruckt, A3 gefaltet auf A4 oder A4 gefaltet auf A5.

MOTEL

Das Wort Motel setzt sich aus Motor und Hotel zusammen. Es handelt sich dabei um eine in den USA erfundene Art von Beherbergungsbetrieb, die meist an Fernverkehrsstraßen zu finden sind. Die Unterkünfte sind größtenteils preisgünstig und einfach ausgestattet. Meist sind die einzelnen Zimmer von außen direkt begehbar und verfügen über Parkplätze direkt vor den Zimmern.

MYGA *(Mystery Guest Analysis)*

Die Mystery Guest Analysis ist eine Art der Gästebefragung. Dabei wird der Betrieb anonym von Testkundinnen/-kunden beurteilt. Die Testpersonen sollen in keiner Verbindung zum Betrieb stehen, um absolut objektiv zu sein. Es sollten mehrere Testpersonen den Betrieb testen und sowohl die Ausstattung als auch die Qualität der Angebote beurteilen.

Große Hotelberatungsgesellschaften bieten sogenannte Mystery Quality Checks durch qualifizierte und akkreditierte Mystery Checker. Zu den Dienstleistungen gehört die individuelle Überprüfung nach festgelegten Kriterien. Im Anschluss erhält der getestete Betrieb einen Bericht inklusive Fotodokumentation, Stärken-Schwächen-Analyse sowie Verbesserungsmöglichkeiten.

Diese Methode ist sehr objektiv und eignet sich zur Ermittlung statistischer Werte bei wiederholten Beurteilungen.

N

#rezeption

NACHTPORTIER
BIS
NOTFALL

NACHTPORTIER

Franz. Concierge de Nuit
Engl. Night Auditor

Der Nachtportier hat dieselben Aufgaben wie der Portier, allerdings erst ab ca. 22:00 Uhr. Er übernimmt auch Aufgaben der Rezeptionistin/des Rezeptionisten und des Kassiers. Er muss gute Rezeptionskenntnisse und Erfahrung mit den Hotelreservierungsprogrammen haben, da er die Statistiken erstellt, die Zimmerpreise überprüft, die Gästelisten an die anderen Abteilungen (z. B. die Gästeankünfte des nächsten Tages an das Housekeeping-Department) schickt und die Tagesabrechnung kontrolliert.

AUFGABEN

- Dienstübernahme vom Abenddienst
- Erfassung aller Daten (z. B. Belegung, durchschnittliche Zimmerpreise, RevPAR, RevPOR)
- Durchführung der Late-Check-ins und Early-Check-outs, Überprüfung noch ausständiger Ankünfte
- Erledigung schriftlicher Arbeiten: Gästelisten, An- und Abreiselisten, Menüpläne und -karten
- Aufbuchung der Leistungen auf die Zimmerrechnung mittels EDV
- Kassenkontrolle
- Nach Schließen der letzten Outlets Durchführung des Tagesabschlusses: Übernahme der Tageslosungen (der Umsätze) und Abrechnungen
- Datensicherung
- Eintragung evtl. notwendiger Reparaturen in die entsprechende Liste
- Eingabe der Weckrufe
- Absperren aller Außentüren zu den vereinbarten Zeiten
- Unterstützung bei Sales- und Marketingaktivitäten
- Evtl. Bezahlung von Aushilfskräften
- Morgens Verteilung der Zeitungen an die Besteller/innen
- Eintragung von Problemen (Tagesabschluss, Sicherung, Beschwerden) in das Übergabebuch bzw. Informationen an den Frühdienst
- Ausdruck der erforderlichen Reports (Berichte)
- Dienstübergabe an den Frühdienst
- Verantwortung für Ruhe im Betrieb
- Erstellung der Abreiseliste
- Kontrollgänge in der Nacht

NEGOTIATED RATE

Dabei handelt es sich um einen stark reduzierten Preis für Reisebüros, Konsortien und große Firmen (mind. 30 % Abzug von der BAR). GDS-Partner verlangen oft diese Raten.

NETIQUETTE

Netiquette setzt sich zusammen aus „net“ (engl. Netz; hier Internet) und „etiquette“ (franz. Verhaltensregeln).

Auch im Internet ist gutes Benehmen wichtig. Der Begriff Netiquette meint Vorgaben bzw. Empfehlungen für das richtige Verhalten im Bereich der elektronischen Kommunikation. Die Regeln können je nach Umfeld oder Anwendung (E-Mail, Chat, soziale Netzwerke, Blog etc.) unterschiedlich sein. Manche Unternehmen legen Richtlinien in einem Leitfaden fest. Wer die Netiquette missachtet, hat mit verschiedenen Konsequenzen zu rechnen. Diese reichen vom Löschen eines Beitrages in einem Forum über das Sperren des Accounts bis zu Kündigung und straf- und zivilrechtlichen Konsequenzen (z. B. bei Hetze, Verleumdung, Beleidigung).

WAS GEHÖRT ZUR „NETIQUETTE?“

- Sprachliche Gestaltung
  - Korrekte Rechtschreibung, Groß- und Kleinschreibung
  - Vollständige, grammatikalisch richtige Sätze
- Form
  - E-Mail-Signatur
  - Aussagekräftiger Betreff
  - Keine Emoticons
  - Nicht mehr als 100 Zeilen pro E-Mail
  - Dezente Hervorhebungen (fett, kursiv – keine Großbuchstaben oder Sperrschrift)
  - Keine großen Attachments ohne Vorankündigung (evtl. zippen)

Leiten Sie E-Mails nicht ohne Nachfrage bei der ursprünglichen Absenderin/beim ursprünglichen Absender an andere Empfänger/innen weiter.

- Sicherheit und Datenschutz
  - Keine „sichere" Übertragungsmöglichkeit: Wichtige, vertrauliche oder persönliche Dokumente oder E-Mails mit heiklen Inhalten (persönliche Daten, Geschäftsgeheimnisse etc.), die nicht von jedem gelesen werden sollen, müssen verschlüsselt übertragen werden.
  - Beachten Sie die Urheberrechte der ursprünglichen Absenderin/des ursprünglichen Absenders.
  - Ketten-E-Mails sind verboten.
  - Vorsicht bei Phishing-Mails: Geben Sie keine Daten per E-Mail an unbekannte Empfänger/innen weiter, klicken Sie keine Links in E-Mails von unbekannten Absenderinnen/Absendern an bzw. öffnen Sie keine Attachments von unbekannten Absenderinnen/Absendern.

- Organisation
  - Bei längerer Abwesenheit (z. B. Urlaub, Schulung) Abwesenheitsnotiz (= Auto Reply Message) erstellen.

NETTORATE

Wenn bei der Zusammenarbeit mit Reisebüros, -veranstaltern oder -vermittlern von Nettoraten die Rede ist, sind damit Preise ohne Provision gemeint. Der jeweilige Vertriebspartner bezahlt diesen Preis an das Hotel, der Gast bezahlt dem Reisevermittler die Bruttorate inklusive Provision oder Mark-up.

NEWSLETTER

Der Newsletter ist ein beliebtes Direktmarketinginstrument. Die meisten Property Management Systems verfügen über Mailing-Anwendungen, mit deren Hilfe Newsletter-Kampagnen personalisiert, zielgruppengerecht und individuell durchgeführt werden können. Selektionscodes ermöglichen zielgerichtete Mailing-Aktionen per Brief, Fax oder E-Mail. Gibt es eine Schnittstelle zur E-Mail-Software (z. B. Outlook) oder zu einer Newsletter-Software, ist ein problemloses Austauschen der Kontaktdaten und Aktivitäten zwischen den Programmen möglich.

Eine Newsletter-Software sollte folgende Features bieten:

- Ausführliche Empfängerverwaltung
- Automatische An- und Abmeldevorgänge
- Double-Opt-in-Verfahren
- Zeitgesteuerter Versand
- Versand an ausgewählte Zielgruppen/Teilmengen
- Messmöglichkeiten (Öffnungsrate, Klickrate, An- und Abmelderate)
- Zeitgemäße Sicherheitsstandards

SO GELINGT'S

- Newsletter sollten ihrem Namen gerecht werden und tatsächlich Neues beinhalten.
- Achten Sie auf die Betreffzeile. Diese liest die Empfängerin/der Empfänger als Erstes.

Orientieren Sie sich im Betreff am Inhalt des Newsletters und überlegen Sie, was Ihre Zielgruppe anspricht.

- Meist werden im Newsletter besondere Angebote beworben. Nennen Sie die Vorteile und Eckpunkte und integrieren Sie einen Link zu einer Landing Page, wo die Empfängerin/der Empfänger detaillierte Informationen zum Angebot findet und direkt bestellen kann.
- Zu große Fotos und Grafiken verlängern die Ladezeit von Newslettern und werden zudem in manchen E-Mail-Programmen nicht korrekt angezeigt. Wesentliche Informationen (z. B. Preis eines Angebotes) sollten daher auf jeden Fall als Text im Newsletter zu finden sein.
- Wöchentlich? Monatlich? Welche Frequenz die optimale ist, hängt von verschiedenen Faktoren ab. Häufig wird ein mindestens monatlicher Versand eines Newsletters empfohlen, um die Empfänger/innen einerseits nicht durch zu häufigen Versand zu nerven, aber andererseits zu garantieren, dass das Unternehmen der Empfängerin/dem Empfänger auch in Erinnerung bleibt. Ein Kampagnenplan, der Häufigkeit und Inhalt des Newsletters sowie die zuständigen Mitarbeiter/innen festlegt, garantiert den regelmäßigen Versand und verhindert, dass der Newsletter im täglichen Alltagsstress in Vergessenheit gerät.

Rechtzeitig vor auslastungsschwachen Zeiten versandt, kann ein Newsletter, der entsprechende Angebote enthält, helfen, die Auslastung zu steigern.

- Responsives Design passt sich automatisch der Bildschirmgröße des jeweiligen Geräts an, so ist garantiert, dass Newsletter auch auf mobilen Endgeräten optimal dargestellt werden.
- Jeder Newsletter muss die Information und Option auf Abmeldung beinhalten.
- Newsletter müssen einen Link zum Impressum der Website enthalten. Dort müssen die relevanten Infos (z. B. wer für den Inhalt verantwortlich ist, Kontaktdaten, Firmenbuchnummer, UID-Nummer, Gerichtsstandort, zuständige Behörde, evtl. Bankdaten) zu finden sein.
- Wird der Newsletter per Post verschickt, sollten Sie darauf achten, dass der Versand nicht zu teuer kommt. Versenden Sie Direct Mailings nur an die Zielgruppe, die sich wirklich dafür interessiert. Stechen Sie mit Klasse aus der Masse der Werbepost heraus, ein schönes (wenn möglich händisch adressiertes) Kuvert und evtl. eine Sonderbriefmarke geben Ihrem Brief einen persönlichen und hochwertigen Touch.

Gut zu wissen

Laut DSGVO dürfen Newsletter per E-Mail dürfen nur nach ausdrücklicher Zustimmung des Gastes versandt werden.
Eine Ausnahme besteht, wenn ein Gast bereits im Hotel genächtigt hat, denn an ehemalige und bestehende Gäste, sofern diese dem Empfang nicht widersprochen haben und in keiner Robinsonliste eingetragen sind, darf ein Newsletter versendet werden. Ansonsten ist es nötig, die ausdrückliche Zustimmung des Gastes einzuholen. Zudem muss sowohl beim Erheben der Kontaktdaten als auch in jeder Ausgabe des Newsletters auf die Möglichkeit der Abmeldung von diesem hingewiesen werden. Wird die Anmeldung für einen Newsletter elektronisch durchgeführt, kommt in der Regel das Double-Opt-in-Verfahren zum Einsatz.

NIGHT AUDIT

Siehe Tagesabschluss

NIGHT AUDITOR

Siehe Nachtportier

NON FLEXIBLE RATE/ NON REFUNDABLE RATE

Das ist eine Rate mit besonderen und günstigen Bedingungen für den Gast. Mögliche Bedingungen sind z. B.:

- Günstigere Rate mit bis zu 10 % Rabatt/Discount (variabel)
- Kein kostenloses Storno möglich (variabel)
- Sofortige Bezahlung via Kreditkarte erforderlich
- Vorausbuchungsfristen von 14 bis 21 Tagen (variabel)

NO-SHOW

Reist ein Gast ohne Angabe von Gründen trotz Fixbuchung nicht an, spricht man von No-Show.

Bei der Bearbeitung eines No-Shows sind zu beachten:

- Die AGBH empfehlen, das Zimmer bis 18:00 Uhr für den Gast zu reservieren, sofern keine Anzahlung geleistet bzw. kein späterer Anreisezeitpunkt vereinbart wurde. Erscheint der Gast ohne Ankündigung nicht bis 18:00 Uhr, besteht die Möglichkeit, das Zimmer weiterzuvermieten. Dennoch empfiehlt es sich, den Gast zu kontaktieren, bevor das Zimmer weitergegeben wird.

„Oft sind banale Dinge, wie z. B. ein Stau, der Grund für eine verspätete Ankunft.

- Erscheint der Gast bei einer garantierten Buchung nicht, hat der Hotelier die Möglichkeit, eine Stornogebühr – entsprechend den AGBH – zu verlangen:

40 %	70 %	90 %
Bis 1 Monat vor dem Ankunftstag 40 % vom gesamten Arrangementpreis.	Bis 1 Woche vor dem Ankunftstag 70 % vom gesamten Arrangementpreis.	In der letzten Woche vor dem Ankunftstag 90 % vom gesamten Arrangementpreis.

Wenn nicht die AGBH als Vertragsgrundlage verwendet wurden, gelten die individuell vom Hotel festgelegten Storno- bzw. No-Show-Gebühren. Eine etwaige Anzahlung wird einbehalten, eine vereinbarte Zahlung wird vollzogen.

WAS DER PROFI DAZU SAGT

Die Verrechnung von Storno- bzw. No-Show-Gebühren verlangt Fingerspitzengefühl. Es ist zu klären, ob es sich z. B. um einen Stammgast handelt oder ob eine Anzahlung eingegangen ist. Auch ist in manchen Fällen die Angabe von Gründen für eine Verrechnung ausschlaggebend. Wenn es sich um ein Unternehmen handelt, das regelmäßig bucht, wird man eine Kulanzlösung anstreben. In jedem Fall gilt: Bei Unsicherheiten oder bevor Streitigkeiten entstehen, ist die Verrechnung zur Chefsache zu machen.

Gut zu wissen

No-Show-Gebühren unterliegen in Österreich nicht der Umsatzsteuer. Wird eine No-Show-Rechnung verschickt, ist darauf keine Umsatzsteuer auszuweisen.

NOTFALL

Im Betrieb können verschiedene Notfälle auftreten oder Situationen entstehen, die zu einem Sicherheitsrisiko für Gäste und Mitarbeiter/innen werden können. Hierunter fallen z. B. höhere Gewalt, Bedrohungsszenarien, Notsituationen mit Kindern oder Evakuierungen.

Um zu wissen, wie man sich in **Krisensituationen richtig verhält** bzw. wie den Gästen Sicherheit vermittelt werden kann und wem Auskunft zu erteilen ist, muss man sich im Vorfeld eingehend informieren. Im Regelfall gibt es dazu betriebsinterne Schulungen, die in regelmäßigen Abständen zu wiederholen sind.

Unterstützung bieten dabei auch Notfallhandbücher, die über das richtige Verhalten informieren.

„Schützen Sie die erkrankte oder verunfallte Person vor neugierigen Blicken. Lassen Sie sie nicht allein und versuchen Sie, sie zu beruhigen.

Medizinische Notfälle

Bei einem medizinischen Notfall sind sofort eine in Erster Hilfe ausgebildete Mitarbeiterin/ein in Erster Hilfe ausgebildeter Mitarbeiter und eine Notärztin/ein Notarzt zu informieren. Es ist besonders auf die Privatsphäre des Gastes zu achten.

Niemals dürfen bei medizinischen Notfällen Medikamente verabreicht werden.

Notruf- und andere Signalanlagen

Notrufsignalanlagen können im Gästebadezimmer – in der Nähe der Dusche – oder auf Gästetoiletten montiert sein. Bei Übelkeit oder bei einem Unfall kann der Gast einen Knopf betätigen oder an einer leicht erreichbaren Schnur ziehen und Hilfe holen.

O

#rezeption

ÖFFENTLICHKEITSARBEIT
BIS
OUTGOING-TOURISMUS

ÖFFENTLICHKEITSARBEIT

Siehe Public Relations

ÖHV *(Österreichische Hoteliervereinigung)*

Die Österreichische Hoteliervereinigung (ÖHV) vertritt die Interessen ihrer bundesweit etwa 1600 Mitgliedsbetriebe aus der Ferien-, Konzern- und Stadthotellerie. Die Hoteliervereinigung setzt sich für eine nachhaltige Stärkung und den Ausbau des Tourismusstandortes Österreich ein.

Die Hoteliervereinigung informiert ihre Mitglieder über Entwicklungen und Neuigkeiten der Branche und betreibt Lobbying. Darüber hinaus steht sie den Mitgliedsbetrieben auch bei Fragen hinsichtlich Rechtsinformationen, Weiterbildungsangeboten u. v. m. zur Seite.

ONLINE-BUCHUNG

Browser öffnen, gewünschtes Reiseziel suchen, Hotel buchen. Hotels online zu buchen, geht schnell und einfach – kein Wunder, dass viele Gäste ihren Hotelaufenthalt im Internet buchen. Die Vertriebskanäle sind vielfältig und reichen von der hoteleigenen Website über Online-Präsentationen von Tourismusorganisationen oder Hotelketten bis zu virtuellen Plattformen von Reiseveranstaltern und Angeboten auf Online Travel Agencys (OTAs) wie booking.com.

Das Ziel jedes Hotels sollte sein, das Gros der Online-Buchungen über die Hotel-Website in Echtzeit zu generieren. Dafür ist die Implementierung einer Web-Booking-Engine (WBE) auf der Hotel-Website nötig. Es gibt verschiedene Anbieter dieser Technologie, neben OTAs sind das Technologieanbieter wie z. B. HotelNetSolutions, easybooking und Bookassist oder Global Distribution Systems (GDS)/ Central Reservation Systems (CRS) wie z. B. Best Western. Aber auch Property Management Systems wie Fidelio, protel oder GASTROdat stellen WBEs zur Verfügung.

Neben einer gut positionierten Website ist der nächste Schritt im Webmarketing, den Betrieb über OTAs (z. B. booking.com, hrs.de, hotel.de, hotels.com, tiscover.at) zu vermarkten.

Weitere Online-Buchungskanäle sind z. B.:

- Online-Präsentation des Beherbergungsbetriebes durch eine Tourismusorganisation.
- Online-Präsentation über ein CRS einer Sales-&-Marketing-Gemeinschaft, eines Franchise-Unternehmens (z. B. Best Western) oder einer Hotelkette (z. B. Marriott, SAS, Ritz-Carlton)
- Online-Präsentation durch eine Angebotsgruppe (z. B. Urlaubsspezialisten, Urlaub am Bauernhof, Kinderhotels, Family Select Hotels, Abenteuer Fischwasser oder Wanderhotels)
- Virtuelle Plattformen von Reiseveranstaltern (z. B. ab-in-den-urlaub.at, tui.de)
- GDS-gestützte Reiseplattformen bzw. internetbasierte Verkaufssysteme für Reisebüros (z. B. hotels.com, expedia.at, travelocity.com, lastminute.com, orbitz.com, hotelclub.com)

SO GELINGT'S

Schnittstellen

Wichtig beim Webmarketing ist die Schnittstellenfreundlichkeit des Property-Management-Systems. Das ist für die Arbeit mit der Web-Booking-Engine auf der Hotel-Website wichtig. Die Web-Booking-Engine sollte mit dem vom Hotel verwendeten Property Management System gut zusammenpassen. Am besten ist es, bei der Wahl der Technologie auf „Preferred Partner" zu achten.

Auch manche OTAs haben Schnittstellen zu Property Management Systems eingerichtet. Dadurch ist eine Wartung der Preise und Verfügbarkeiten nicht nötig, die Preise werden direkt aus dem Property Management System des Hotels bezogen.

Datensicherheit, Zahlungssicherheit

Die Eingabe der persönlichen Kundendaten erfolgt meistens verschlüsselt mittels **Secure Socket Layer (SSL).** Ein Server übermittelt die Daten verschlüsselt an die jeweilige Plattform. Diese Informationen können bei der Übertragung im Internet von Unbefugten deshalb nicht gelesen werden.

Eine sichere Eingabemöglichkeit der persönlichen Daten bei Buchung und Zahlung ist unerlässlich. Dies gilt auch für den Online-Buchungsbereich der eigenen Website.

Stornobedingungen und No-Show-Gebühren

Vor einer Zusammenarbeit mit Reiseplattformen muss geklärt sein, ob die möglicherweise komplexen Stornobedingungen und No-Show-Regelungen in deren Vertriebssoftware dargestellt werden können. D. h., bei sehr restriktiven Buchungs-, Garantie-, Storno-, Zahlungs-, Anzahlungs- und No-Show-Bedingungen müssen diese im Online-Buchungssystem auch abgebildet werden können. Ist dies möglich, sind diese Bedingungen für alle in dem bestimmten Beherbergungsbetrieb getätigten Buchungen gültig.

Provisionsabrechnung

Bei der Zusammenarbeit mit externen Partnern wie Online-Reiseplattformen werden Provisionen fällig.

Ablauf Provisionsabrechnung

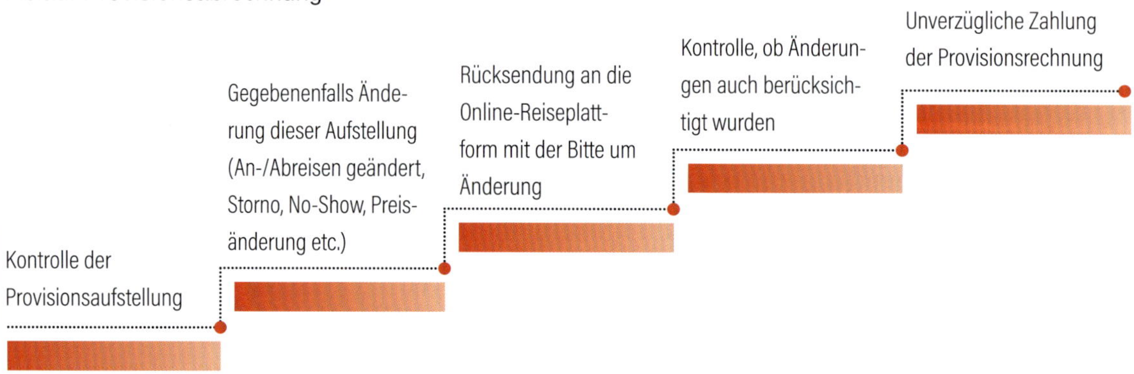

ONLINE-BUCHUNGSPLATTFORM

Siehe Online Travel Agency

ONLINE-MARKETING

Siehe Webmarketing

ONLINE TRAVEL AGENCY

Mit dem Begriff Online Travel Agency (OTA) sind genau genommen Online-Reisebüros gemeint. Häufig wird der Begriff aber allgemein für Online-Buchungsplattformen verwendet. Es handelt sich dabei um Websites, auf denen Gäste Hotelaufenthalte buchen können. Da das Internet als Buchungskanal für Reisen mittlerweile nicht mehr wegzudenken ist, ist es für Beherbergungsbetriebe wichtig, ihr Angebot über OTAs zu vermarkten.

Die Wahl der passenden OTAs für einen Hotelbetrieb ist mittlerweile vergleichsweise einfach. Nach einer massiven Marktbereinigung ist die Situation übersichtlicher, allerdings bestimmen die Marktführer (Big Players) nun weltweit die Regeln für den Online-Verkauf (z. B. steigende Provisionssätze, ungefragte Werbung mit dem Hotelnamen).

Die Big Player und ihre Marken

EXPEDIA GROUP

expedia.com, classicvacations.com, ebookers.de, hotels.com, hotwire.com, wotif.com, travelocity.com, orbitz.com, homeaway.com (mit fewo-direkt.de), cheaptickets.de, elong.net, TSE: trivago.at

BOOKING HOLDINGS

agoda.com, booking.com, kayak.com (mit cheapflights.com, momondo.at), opentable.com, priceline.com, rentalcars.com, ctrip.com

LASTMINUTE.COM GROUP

lastminute.com, weg.de, jetcost.at, volagratis.com, rumbo.com, bravofly.at, bravofly.de, hotelscan.com, crocierissime.it

Allgemeine Geschäftsbedingungen (AGB)

Die Allgemeinen Geschäftsbedingungen der bedeutenden Reiseplattformen unterscheiden sich nicht wesentlich voneinander und enthalten z. B. Provisionssätze, Abrechnungsmodalitäten (Rechnung, Zahlung mittels Kreditkarte, No-Show etc.), Garantieanforderungen oder Vorgehen bei Überbuchung.

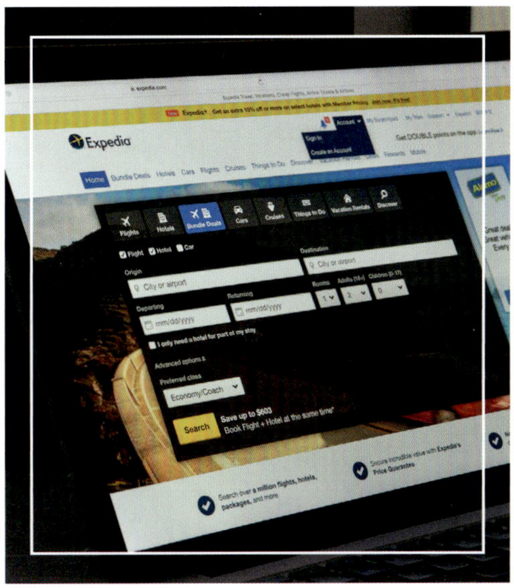

Spezialangebote, Deals, Kooperationen mit Groupon

OTAs bieten Betrieben immer wieder Special Promotions, bei denen die partizipierenden Betriebe besonders beworben werden. In Form von Bannern und Suchmaschinenmarketingkampagnen wird die Aufmerksamkeit auf diese Hotelangebote gelenkt.

Beispiele

- 3 = 2: Buche 3 Nächte, zahle 2; das entspricht einem Discount von 33,3 % bei einem Mindest aufenthalt von drei Nächten.
- Stay 3 save 20 %: Buche 3 Nächte und spare 20 % bei einem Mindestaufenthalt von 3 Nächten; meistens mit einer Vergabe von zusätzlichem fixem Kontingent bzw. einer fixen Verfügbarkeit verbunden.
- Opaque-Angebote: Eine Reduktion von zusätzlich mindestens 20 % (auf den meist schon herabgesetzten Promotion-Tarif) ist üblich. Der Gast erfährt erst nach der Buchung den Hotelnamen.
- Viele OTAs bieten auch spezielle Angebote über Groupon an. Das Groupon-Modell funktioniert folgendermaßen: Auf der Website von Groupon können Unternehmen Leistungen in Form eines Gutscheines mit mindestens 50 % Discount anbieten. Die Kundin/Der Kunde kauft den Gutschein und bezahlt den Gutscheinwert an Groupon. Erst nachdem der Gutschein beim ausstellenden Unternehmen eingelöst wurde, zahlt Groupon dem Unternehmen seinen Anteil am eingenommenen Umsatz. Das sind in der Regel ca. 25 % des Leistungswerts. Der Marktführer expedia.com sowie auch tui.de sind langjährige Partner von Groupon. Booking.com bietet sogenannte Flash Deals an. Nach dem oben beschriebenen Modell werden Leistungen um circa 50 % des Verkaufspreises angeboten. Auch Priceline hat ein Gutschein-/Discount-Programm gestartet. Die sogenannten „Deals" bieten nun neben dem bereits bekannten Programm „Freebies" auch Discounts um die 50 % auf alle Reiseleistungen an.

Schnittstellen

Manche OTAs haben Schnittstellen zu Property Management Systems (PMS) eingerichtet. Dadurch ist eine Wartung der Preise und Verfügbarkeiten nicht nötig, die Preise werden direkt aus dem PMS des Hotels bezogen.

Stornobedingungen und No-Show-Gebühren

Vor einer Zusammenarbeit mit Reiseplattformen muss geklärt sein, ob die möglicherweise komplexen Stornobedingungen und No-Show-Regelungen im Verkaufssystem dargestellt werden können. D. h., bei sehr restriktiven Buchungs-, Garantie-, Storno-, Zahlungs-, Anzahlungs- und No-Show-Bedingungen muss dafür gesorgt sein, dass es möglich ist, diese im Online-Buchungssystem auch abzubilden. Ist dies möglich, sind diese Bedingungen für alle in einem bestimmten Beherbergungsbetrieb getätigten Buchungen gültig.

Provisionsabrechnung

Bei der Zusammenarbeit mit OTAs werden Provisionen fällig.

OPAQUE-ANGEBOT/OPAQUE-MODELL

Opaque bedeutet soviel wie undurchsichtig. In der Reisebranche nennt man Angebote auf Reiseplattformen, bei denen der Hotelname verborgen ist, Opaque-Angebote oder Opaque-Modelle. Das Angebot weist bloß die Hotelkategorie, die Destination und den Preis aus. Erst nach der Buchung erfährt die Kundin/der Kunde den Namen des Hotels.

Die Buchungsplattformen arbeiten bei Opaque-Angeboten meist mit Nettoraten und Mark-ups. Meist sind diese Angebote mit strikten Storno- und Umbuchungskonditionen verbunden. Eine weitere Möglichkeit ist Dynamic Packaging, dabei sind mehrere Leistungen im Preis inkludiert, sodass der Nächtigungspreis nicht mehr erkennbar ist.

Da der Hotelname beim Angebot nicht sichtbar ist, können sehr günstige Angebote vertrieben werden, ohne sich dem Vorwurf des Preisdumpings vonseiten der Mitbewerber oder Reisevermittler aussetzen zu müssen.

ORDNERSYSTEME

Im Frontoffice wird täglich mit vielen Listen und Dokumenten gearbeitet. Damit die Mitarbeiter/innen bei Bedarf benötigte Aufzeichnungen rasch finden, müssen diese systematisch abgelegt und gespeichert werden. Wenn wir von Ordnersystemen sprechen, ist sowohl die händische Ablage von Schriftstücken und Dokumenten als auch die systematische digitale Ablage gemeint. Wenn nicht anders angeführt, handelt es sich bei den im Folgenden beschriebenen Abläufen um das Vorgehen bei händischer Ablage.

Alle Ordner sollen regelmäßig auf ihre Aktualität überprüft und bearbeitet werden.

Ordner für Anfragen

Fordert ein Gast Informationen an, wird die Anfrage mit einer Kopie der Antwort sowie Zusatzinformationen (z. B. wie der Gast auf das Hotel aufmerksam wurde) abgelegt. Für ein erfolgreiches Marketing kann dies wertvolle Informationen liefern. Die Ablage erfolgt alphabetisch oder nach Datum. Der Ordner muss regelmäßig kontrolliert werden, etwa hinsichtlich Follow-ups.

Ordner für laufende Angebote

Werden alle laufenden Angebote (z. B. einer Saison) in einem Ordner gesammelt, sind diese mit Optionsdatum zu versehen. Die Angebote werden alphabetisch oder nach Datum abgelegt. Die Ordner werden täglich überprüft und mit dem Zimmerplan abgeglichen, damit keine Optionsbuchung über das Optionsdatum hinaus im Zimmerplan verbleibt.

Auch über das Property Management System sind die Angebote mit Optionsdatum im Zimmerplan abrufbar.

Ordner für bestätigte Buchungen

Pro Monat wird ein Ordner mit Trennblättern für jeden einzelnen Tag angelegt. Kommt es zu einer Buchung, werden Angebot, Reservierung mit Reservierungsbestätigung und der gesamte Schriftverkehr sowie eventuelle Änderungen tageweise abgelegt. Auch die Inhalte dieses Ordners sind immer mit dem Zimmerplan abzustimmen. Auch über das Property Management System können die bestätigten Buchungen für ein bestimmtes Datum eingesehen werden.

Ordner für Reisebürovereinbarungen

Hier sind die aktuellen Reisebüroverträge und die gesamte Korrespondenz abgelegt, z. B. betreffend Kontingente (Rückforderungen, Aufstockungen, Überbuchungen etc.). Ebenso sind darin die Reisebürokatalogseite und die dazugehörige Preisliste aufzubewahren. Bei mehreren Reisebüropartnern empfiehlt es sich, mehrere Ordner anzulegen.

Stayover-Ordner

Darin befinden sich – nach Zimmernummern geordnet (praktisch ist ein Hängeregister) – alle Unterlagen, die den Aufenthalt derzeit im Haus befindlicher Gäste betreffen, z. B. Anfrage, Angebot, Reservierungsbestätigung, etwaige Änderungen, Gästeverzeichnisblatt, Kopien von Depotscheinen, Konsumationsbelege, Barauslagen. Alle Rechnungsbelege müssen vom Gast unterschrieben sein.

Lost-and-Found-Ordner (Fundbuch)

Darin werden Begleitschreiben und Aufgabebestätigungen abgelegt, wenn Gästen vergessene Utensilien nachgeschickt werden. Diese Informationen können auch von der Housekeeping-Abteilung gesammelt werden. Sind diese Informationen im Property Management System gespeichert, haben alle Abteilungen darauf Zugriff.

„Stehen größere Veränderungen an, wie z. B. ein Umbau, lohnt sich ein Blick in diesen Ordner. Was früher nicht möglich war, kann nun evtl. verwirklicht werden.

Ordner für Reklamationen und nicht erfüllbare Gästewünsche

Hier wird der Schriftverkehr betreffend Reklamationen und nicht erfüllbarer Wünsche von Gästen, die im Haus sind, abgelegt. Ebenso sollten alle Reviews aus Online-Buchungs- und -Bewertungsportalen (booking.com, hrs.de, holidaycheck.de, tripadvisor.com) abgelegt werden. Reklamationen müssen immer bearbeitet bzw. beantwortet werden. Reklamationen sind schriftlich zu dokumentieren, mit Bearbeitungsstatus zu versehen und im Frontoffice aufzubewahren.

Ordner für Abreisen

Darin wird die gesamte Korrespondenz der abgereisten Gäste nach Abreisedatum geordnet. Dieser Ordner dient damit als Archiv.

Ordner für Absagen, Stornoordner

Optionen auf Reservierungen, die vom Gast nicht bestätigt werden, werden darin alphabetisch abgelegt.

Verfallene Optionen werden im PMS auf den Status „storniert" geändert.

Ordner für Listen

Die Kopiervorlagen von sämtlichen Listen (z. B. Memos oder Functionsheets) werden digital in alphabetischer Ordnung aufbewahrt.

Sonstige Ordner

Diese werden je nach Bedarf zusätzlich angelegt:

- Ordner für Lieferanten (z. B. EDV, Telefonanlage, Blumenhändler, Bedienungsanleitungen, Servicenummern, F&B, Kostenvoranschläge)
- Mailordner: Ablage von Mailing-Musterbriefen inklusive Mailing-Codes
- Ordner für Werbung
- Ordner für Zahlungsvorgänge (Anzahlungen, Deposit, Vorauszahlungen)
- Ordner für sonstige Kontakte (z. B. Tourismusverband, Kooperationspartner)

Gut zu wissen

Offizielle Schriftstücke (Rechnungen, Zahlungsbelege etc.), die in rechtlichen Belangen als Nachweis dienen, sind in **Österreich** sieben Jahre aufzubewahren.
In **Deutschland** gilt für Buchungsbelege eine Aufbewahrungsfrist von zehn Jahren und für Handelsbriefe sechs Jahre.
Für Reservierungsunterlagen (z. B. Reservierungsbestätigungen) gibt es in **Südtirol** keine gesetzlichen Vorschriften, wie lange diese aufzubewahren sind. Dennoch sollten diese Unterlagen, zumindest so lange aufbewahrt werden, solange es noch zu Streitigkeiten (z. B. offene Debitoren) kommen kann. Rechnungen/Zahlungsbelege sind zehn Jahre aufzubewahren.
Die **Schweiz** verlangt für Geschäftskorrespondenz eine generelle Aufbewahrungspflicht von zehn Jahren.

ORGANISATIONSMITTEL

Zahlreiche Organisationsmittel unterstützen die Frontoffice-Mitarbeiter/innen bei ihrer täglichen Arbeit.

Dazu zählen:

- **Ordnersysteme** für die Ablage von Schriftverkehr etc.
- **Pläne:** z. B. Zimmerplan, Reservierungsplan, Dienstplan
- **Gesetzlich vorgeschriebene Organisationsmittel:** Gästeverzeichnisblatt und Statistikbögen (in Deutschland), Preislisten für alle angebotenen Leistungen im Hotel laut Preisauszeichnungsgesetz (Preisangabenverordnung), außerdem Depotschein und (in Österreich) aushangpflichtige Gesetze
- **Formulare:** Zimmerausweis, Vordruck für Garagenplatzvergabe, Mitteilungsblätter, Telefonnotiz, Vordruck Minibar, Functionsheet, Memo, Reservierungsformular, Formular für Barauslagen der Gäste, Übergabebuch, Fundbuch
- **Listen:** Wechselkursliste, An- und Abreise- sowie Stayover-Liste (Bleibeliste), Weckrufliste, Wäscheliste, Gruppenliste
- **Organisationsmittel für die Gästebetreuung:** Listen mit wichtigen Telefonnummern, Internetadressen und Informationen, Telefonbuch, Ausflugsangebote, Fahrpläne, aktuelles Hotelverzeichnis, Verbandskasten, Notfallapotheke, Zündhölzer etc.

Gesetzlich vorgeschriebene Organisationsmittel sind Unterlagen, in die der Gast bzw. die Behörden auf Verlangen jederzeit Einsicht nehmen können. Der Betrieb ist verpflichtet, sie entweder sichtbar anzubringen (Preislisten) oder dem Gast zur Einsicht vorzulegen. Dies dient der Sicherheit des Gastes (Fluchtwegeplan, Orientierungsplan), der Kontrolle durch den Gast (z. B. ob die verrechneten Zimmerpreise richtig sind) bzw. auch zur Sicherheit des Unternehmens (z. B. Gästeverzeichnisblatt).

Viele dieser Organisationsmittel können in elektronischer Form über das Property Management System abgerufen werden. Nach wie vor wird aber ein Teil des Schriftverkehrs nicht nur elektronisch, sondern auch in Papierform abgelegt.

Zu den Organisationsmitteln für die Gästebetreuung zählt auch die klassische **Gästeinformationsmappe**, die im Gästezimmer aufliegt und Informationen zum Hotel sowie zur Region beinhaltet. Außerdem können Hotels je nach Zielgruppe bestimmte Organisationsmittel für Gäste zur Verfügung stellen, z. B. Bädemäntel in Wellnesshotels oder ein Babyfon in Kinderhotels.

ORGANISATIONSSYSTEME IN DER HOTELLERIE

Um perfekte Gästebetreuung und reibungslose Abläufe zu garantieren, müssen Aufgaben und Zuständigkeiten in einem Hotel genau definiert und verteilt werden. Im Allgemeinen werden dabei zwei große Organisationssysteme unterschieden.

Amerikanisches System

Die Aufgabenbereiche werden beim amerikanischen System in den Abteilungen eines Beherbergungsbetriebes etwas anders aufgeteilt als beim europäischen System. In Klein- und Mittelbetrieben werden die Aufgaben – die grundsätzlich in jedem Betrieb die gleichen sind – auf wenige Mitarbeiter/innen verteilt. In jedem Fall müssen die Arbeitsbereiche für alle Mitarbeiter/innen klar definiert und nachvollziehbar sein.

General Manager/in/CEO/Chief Executive Manager/in

Executive Assistant Manager/in/Resident Manager/in
Stellvertretende General Managerin/Stellvertretender General Manager

Rooms Division	Food and Beverage	Operations
Rooms Division Manager/in	Food-and-Beverage-Manager/in	Key-Account-Manager/in
Frontoffice Manager/in Executive Housekeeper/Hausdame		
Manager on Duty		

„Internationale Hotelketten – aber auch große und mittelgroße Einzelbetriebe – sind nach dem amerikanischen System organisiert.

Europäisches System

Das europäische System wurde im 19. Jahrhundert von Cäsar Ritz in Paris entwickelt. Es kommt in Betrieben verschiedenster Größenordnung zur Anwendung, weshalb hier eine Unterteilung nach Groß-, Mittel- und Kleinbetrieben vorgenommen wird.

Direktor/in/Besitzer/in

Beherbergungsabteilung	Verpflegungsabteilung	Verwaltungsabteilung
Rezeption Halle Etage		

Organisationsbeispiele

Frontoffice im Großbetrieb

Frontoffice Manager/in

Rezeption	Halle	Etage
■ Rezeptionist/in: Auch Schichtführer/in in Vertretung der Empfangschefin/des Empfangschefs ■ Reservierungsleiter/in ■ Sekretär/in ■ Telefonist/in ■ Kassier/in ■ Lehrling/Auszubildende/r	■ Concierge/Portier ■ Hilfsportier ■ Nachtportier ■ Cheflohndiener/in bzw. Erste Hausdienerin/Erster Hausdiener ■ Lohndiener/in ■ Page ■ Türsteher/in ■ Fahrer/in	

Die Rezeptionistin/Der Rezeptionist eines Mittelbetriebes ist Ansprechpartner/in in allen Gästebelangen.

Frontoffice im Mittelbetrieb

Betriebsinhaber/in

Rezeption
■ Rezeptionist/in (= Kassier/in) ■ Reservierungsmitarbeiter/in ■ Portier

Frontoffice im Kleinbetrieb

In Kleinbetrieben ist die Rezeption nicht durchgehend besetzt und wird von einer Person neben anderen Tätigkeiten mitbetreut. Meist werden die Aufgaben von der Besitzerin/vom Besitzer selbst oder von Familienangehörigen übernommen.

WAS DER PROFI DAZU SAGT

Unterschätzen Sie im Kleinbetrieb die Bedeutung der Betreuungsaufgaben an der Rezeption nicht. Geben Sie Ihren Gästen das Gefühl, dass jemand für sie da ist, auch wenn Sie nicht immer an der Rezeption erreichbar sind. Ein Schild mit dem Hinweis, wo Sie zu finden sind (z. B. im Büro, im Restaurant), gibt dem Gast das Gefühl, dass er sich jederzeit an Sie wenden kann, ohne Sie zu stören.

ORTSTAXE

Die Ortstaxe ist eine Kommunalabgabe an die Gemeinde zur Errichtung und Aufrechterhaltung der touristischen Infrastruktur. Die Höhe der zu entrichtenden Ortstaxe richtet sich nach dem Umfang des touristischen Angebotes und ist oft nach Zonen gestaffelt. Die Ortstaxe wird von den Hoteliers in den Logispreis einkalkuliert und vom Gast pro Tag und Person über den Zimmerpreis bezahlt. Die Hoteliers wiederum entrichten die Abgabe meist monatlich an die Gemeinde.

ÖSTERREICHISCHE HOTELIERVEREINIGUNG

Siehe ÖHV

OTA

Siehe Online Travel Agency

OUTGOING-TOURISMUS

Wenn ein Reisebüro oder Reiseveranstalter Kundinnen/Kunden seiner Standortregion Reisen ins Ausland (oder entfernte Inland) anbietet, spricht man von Outgoing-Tourismus.

P

#rezeption

PACKAGE RATE
BIS
PUBLIC RELATIONS

PACKAGE RATE

In Package Rates (dynamisch oder nicht) sind mehrere Leistungen in einem Paket enthalten, z. B. Logis, Verpflegung und Greenfee.

Engl. Bellboy, Groom

PAGE

Das sind meist Berufseinsteiger/innen, die Botengänge und Besorgungen für Gäste, den Concierge, die Direktion und die Rezeption übernehmen. Sie überbringen Nachrichten, begleiten die Gäste zu den Zimmern und sind manchmal auch Begleiter/innen im Lift.

PARKPLATZ

„Manche Hotels – vor allem in der Stadt – empfehlen ihren Gästen, ihr Fahrzeug in einer öffentlichen Garage in der Nähe des Hauses abzustellen – oft zu einem ermäßigten Tarif.

Wenn Gäste mit dem Auto anreisen, wollen sie ihr Fahrzeug für die Zeit ihres Aufenthalts sicher und – falls sie es während des Aufenthalts benötigen – möglichst nah am Hotel abstellen. Viele Hotels bieten ihren Gästen daher Park- und/oder Garagenplätze an. Stellplätze sind meist gratis. Für Garagenplätze hingegen ist häufig eine Gebühr zu bezahlen. Der Preis wird – anders als der Zimmerpreis – nicht pro Nacht, sondern pro Tag als 24-Stunden-Tarif berechnet.

Abhängig von der Größe des Hauses bzw. der Anzahl der zur Verfügung stehenden Parkplätze kann für einen Parkplatz eine Reservierung nötig sein. Fragen Sie bei telefonischen und schriftlichen Reservierungen nach der Art der Anreise und bieten Sie gegebenenfalls einen Stellplatz an. Ansonsten klärt die Rezeptionistin/der Rezeptionist beim Check-in, ob ein Parkplatz benötigt wird, wenn ein Gast mit dem Auto anreist und Parkplätze zur Verfügung stehen.

Um den Überblick über die vergebenen Stellplätze zu wahren, vergibt die Rezeption die Garagenplätze. Dies wird im Property Management System vermerkt. So ist garantiert, dass jedem Gast verlässlich der versprochene Platz zur Verfügung steht. Auch aus sicherheitstechnischen Gründen ist es wichtig, zu wissen, von wem die Garage benützt wird. Meist werden Magnetkarten zur Ein- und Ausfahrt ausgegeben. Damit ist elektronisch vermerkt, wer die Garage benützt.

Gibt es keine Magnetkarten, wird ein Zettel ausgefüllt. Dieser Vordruck für die Garagenplatzvergabe enthält neben dem Hotellogo und der -adresse den Namen des Gastes, die Zimmernummer, den Zeitraum der Benützung, Datum und Unterschrift sowie evtl. den Preis pro Garagenplatz und Tag. Der Gast erhält das Original sowie eine Karte, die hinter die Windschutzscheibe zu legen ist; ein Durchschlag wird an der Rezeption abgelegt.

PAUSCHALREISE

Vereinfacht gesagt spricht man von einer Pauschalreise, wenn in einem Reisearrangement mindestens zwei Leistungen kombiniert werden. Das können neben Beherbergung, Beförderung und Kfz-Vermietung auch weitere Leistungen sein, wenn diese mindestens 25 % des Reisepreises ausmachen. Untrennbare Bestandteile einer anderen Reiseleistung gelten jedoch nicht als eigenständige Reiseleistung, z. B. Gepäckbeförderung in Verbindung mit dem Transport von Personen oder der Transfer vom Flughafen zum Hotel. Außerdem müssen die Leistungen gemeinsam gebucht und bezahlt werden. Reisen, die kürzer als 24 Stunden dauern, gelten nicht als Pauschalreisen.

„Im Falle der Buchung einer Pauschalreise direkt beim Beherbergungsbetrieb haftet der Beherbergungsbetrieb für alle inkludierten Leistungen, auch für jene, die von Fremdfirmen erbracht werden. Daher empfiehlt es sich, nur Pakete mit Leistungen des eigenen Betriebes zu schnüren.

Auch Reisen, die online gebucht werden, können unter die Pauschalreiserichtlinie fallen. Das ist etwa der Fall, wenn mehrere Leistungen verschiedener Unternehmen innerhalb von 24 Stunden online gebucht werden und die Daten dafür nur einmal eingegeben werden müssen. Nicht als Pauschalreise, sondern als verbundene Reiseleistungen gelten diese, wenn sie innerhalb von 24 Stunden über eine Plattform gebucht werden, aber getrennte Verträge mit den Erbringerinnen/Erbringern der jeweiligen Reiseleistung abgeschlossen wurden. Für eine klare Abgrenzung muss der konkrete Einzelfall betrachtet werden.

PAYMASTER

Auch City Ledger bzw. Dummy-Zimmer genannt, sind im Property Management System angelegte „Pseudozimmer", die real nicht existieren, jedoch für Sonderzwecke wie eine Zimmerzuteilung verwendet werden können. Dafür wird ein imaginäres Zimmer mit einer imaginären Zimmernummer (z. B. 9001) angelegt, auf das Buchungen erfolgen können.

Notwendig ist dies, wenn die Abrechnung eines Zimmers über eine Gesamtrechnung erfolgt und für dieses Zimmer keine eigene Rechnung erstellt wird. Paymaster gibt es bei Familienzimmern, Gruppenabrechnungen, Incentives.

Außerdem ist der Paymaster ein Interimskonto, um Abrechnungen später durchführen zu können, das Konto des Zimmers aber für die nächste Zimmerbelegung frei zu haben.

Die im Property Management System angelegten Paymaster können auch als Zimmer für die Warteliste bzw. im Rahmen einer Überbuchungsstrategie verwendet werden.

PENSION

Dabei handelt es sich um einen kleinen, meist privat geführten Beherbergungsbetrieb, der nur wenige Gästezimmer und ein eingeschränktes Verpflegungsangebot hat.

Engl. Person night

PERSONENNACHT

Diese Kennzahl sagt aus, wie viele Betten in einem bestimmten Zeitraum (z. B. einem Monat) mit Gästen belegt sind bzw. wie viele Personen für einen bestimmten Zeitraum im Hotel übernachtet haben.

Beispiel

Belegte Betten (Personennächte) im Mai: 1724

PETTY CASH

Siehe Barauslage

PICK-UP-REPORT

Im Pick-up-Report werden die täglichen Buchungszahlen für einen bestimmten Zeitraum, etwa einen Monat oder eine Saison, verglichen. So lässt sich der Buchungsverlauf für diese Periode gut nachvollziehen. Es lassen sich Rückschlüsse auf die zu erwartenden Buchungen und die Nachfrage in einem bestimmten Zeitraum ziehen. Der Pick-up-Report ist ein Hilfsmittel für die Preisgestaltung bzw. das Yield Management.

Beispiel

Zeigt sich im Pick-up-Report, dass sich die Buchungen für Silvester nicht im erwarteten Maß entwickeln, ist es an der Zeit, Marketingmaßnahmen zu setzen, indem etwa spezielle Silvesterangebote entwickelt werden oder auf Social-Media-Kanälen die Werbetrommel gerührt wird.

PORTER

Siehe Lohndiener/in

PORTIER

Siehe Concierge

PORTIERLOGE

Siehe Concierge Counter

POST FÜR GÄSTE

Wenn Gäste Post erhalten, ist diese sorgfältig und **so rasch wie möglich** weiterzuleiten. Selbiges gilt selbstverständlich auch für Nachrichten für den Gast. Meist wird die Post in das entsprechende Zimmer- oder Schlüsselfach eingeordnet und der Gast informiert. Dies kann mit einer Mitteilung per Telefon, über den Fernsehbildschirm oder ein Mitteilungsblatt geschehen. Besonderer Wert ist auf die Genauigkeit der weiterzuleitenden Informationen zu legen. Gästepost und Nachrichten unterliegen dem **Postgeheimnis.**

Geben Sie das Datum, die genaue Uhrzeit und Ihr Mitarbeiterkürzel an.

PREIS FÜR KOLLEGINNEN/KOLLEGEN

Das ist eine Rate für Kolleginnen/Kollegen, bei der 40 bis 50 % vom Individualpreis – je nach Verfügbarkeit – abgezogen werden.

PREISGESTALTUNG

Wie viel ein Zimmer oder Bett in einem Hotel kostet, ist das Ergebnis verschiedener Überlegungen. Grundsätzlich ist für die Preisgestaltung in einem Hotel wichtig, einen Überblick über die Kosten einer Nächtigung zu haben, da diese die Basis für die Berechnung des Zimmerpreises sind. Diese Kosten werden meist in fixe (z. B. Personal, Verwaltung) und variable (z. B. Reinigungskosten eines Zimmers, Wareneinsatz für das Frühstück) Kosten aufgeteilt.

Die variablen Kosten sind Aufwendungen für Verpflegung, Wäsche, Guest Supplys etc., die der Gast durch seinen Aufenthalt direkt verursacht.

Die Summe dieser Kosten bildet, vereinfacht gesagt, jenen Preis, den ein Hotelier für ein Zimmer mindestens verlangen muss.

In der Regel sollen jedoch nicht nur die Kosten gedeckt werden, sondern es soll auch ein Gewinn erwirtschaftet werden.

Kosten = variable Kosten + fixe Kosten

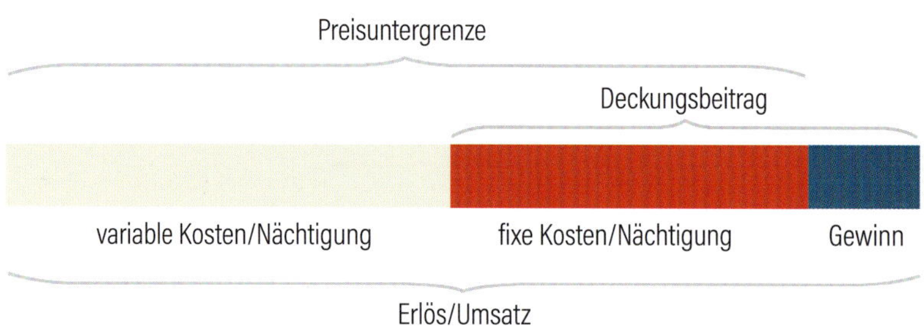

Gewinn = Umsatz - Kosten

Umsatz = Menge x Preis

Gewinn = (Menge x Preis) - (variable Kosten + fixe Kosten)

Konkurrenzorientierung

In der Praxis gibt es noch weitere Faktoren, die neben den Kosten einen Einfluss auf die Preisgestaltung haben. Da ein Hotel meist nicht das Einzige an einem Ort ist, verfolgen viele Beherbergungsbetriebe das Prinzip der **„konkurrenzorientierten Preispolitik".** Das bedeutet, dass die Preise nicht im Sinne einer kostenrechnerisch korrekten Preiskalkulation eruiert werden, sondern sich an der Konkurrenz orientieren.

Eine an die Mitbewerber/innen angepasste Preispolitik vereinfacht zwar die Preisfindung, kann jedoch zu Problemen führen, wenn die Kosten des täglichen Hotelbetriebes durch zu geringe Deckungsbeiträge nicht mehr erwirtschaftet werden.

Deckungsbeitrag = Umsatz - variable Kosten

Nicht nachvollziehbare Preisanpassungen schaden dem Image des Hotels. Durch Niedrigpreispolitik bzw. rein konkurrenzorientierte Preispolitik (ohne Rücksicht auf die wirtschaftliche Situation) haben sich Betriebe schon gegenseitig in den Ruin getrieben. Auslöser für solche Strategien sind häufig zeitweiliger Gästemangel, Akquisitionskampagnen bzw. Umsatzmaximierung um jeden Preis.

Nachfrageorientierung

Ein weiterer Ansatz zur Preisfindung ist die **Nachfrageorientierung.** Die Nachfrage kann z. B. abhängig von Saisonen schwanken. In der Hauptsaison akzeptieren Gäste möglicherweise einen höheren Preis als in der Nebensaison. Forecasts in Verbindung mit Segmenten über die Entwicklung der Buchungssituation und die Erfahrungen aus den Vorjahren helfen, einzuschätzen, wieviel Gäste bereit sind, zu einem bestimmten Buchungszeitpunkt für ein Zimmer zu bezahlen. Die gängigen Property Management Systems liefern sehr gute Forecasts sowie auch Pick-up-Reports. Diese dienen dazu, die Entwicklungen des Buchungsstandes für ein bestimmtes Datum nachvollziehen zu können.

Beispiel

Die ersten Buchungen für die Semesterferien kommen im Schnitt fünf Monate vorher. Wenn also sechs Monate vorher nur wenige Buchungen erfolgt sind, ist das kein Grund zur Panik. Wenn aber vier Monate vorher immer noch wenige Buchungen vorliegen, sollten Maßnahmen ergriffen werden. Es kann etwa ein zusätzliches Package angeboten werden.

Der Verkauf von Dienstleistungen zu unterschiedlichen Preisen ist in vielen Branchen bereits gang und gäbe (z. B. in der Flugbranche). Auch in der Hotellerie gewinnt Yield Management an Bedeutung. Dreh- und Angelpunkt sind **unterschiedliche Zahlungs- und Buchungsbedingungen.**

Beispiel

Frühbucher/innen erhalten einen günstigeren Preis, im Gegenzug müssen sie in Kauf nehmen, dass die Zahlung beim Kauf bzw. mit der Buchung erfolgt und der entsprechende Betrag von der Kreditkarte abgebucht wird. Zusätzlich kann bei solchen Angeboten ein kostenfreies Storno ausgeschlossen werden (Early Bird Rate).

Die flexible Handhabung von Leistungsbestandteilen wie Anzahlungen und Buchungsrestriktionen kann Vorteile sowohl für den Gast als auch den Betrieb haben. Wichtig sind bei derartigen Angeboten Transparenz und Fairness. Sollten sich Gäste übervorteilt fühlen, können massive Geschäftsschädigungen die Folge sein (Online-Reputation).

WAS WÜRDE SIE ALS GAST BEGEISTERN?

Viele Gäste wünschen sich etwa, zwischen verschiedenen Preistypen wählen zu können, damit sie für unterschiedliche Saisonen und Anlässe den richtigen Preis und die richtige Leistung finden. Beispiele sind etwa eine Corporate Rate für eine Geschäftsreise, zwei Familienzimmer mit Verbindungstür und Special Rate für die Nacht auf Montag, wenn ein Wochenendausflug mit der ganzen Familie inklusive Hund auf dem Programm steht, oder ein Wellnessangebot mit Halbpension und Begrüßungscocktail für den Mädelsausflug.

Ein Grund, warum die Preisbereitschaft oft nicht berücksichtigt wird, ist die Komplexität des Themas: Einen Preis danach festzusetzen, wieviel eine Kundin/ein Kunde bereit ist, auszugeben, ist wesentlich komplexer als rein kostenorientiertes Pricing. Auch wie sich eine geänderte Preispolitik auf die Auslastung auswirkt, ist oft nur schwer nachzuvollziehen.

Der Verkauf von Dienstleistungen zu unterschiedlichen Preisen spielt in der Stadthotellerie eine größere Rolle als in der Ferienhotellerie. In letzterer erfolgt die Preisbildung entweder ganz klassisch kostenorientiert oder konkurrenzorientiert. Wichtig ist bei letzterem, dass der Betrieb seine Kostensituation kennt und weiß, wo der Rock-Bottom-Preis (PUG – temporäre Preisuntergrenze) liegt.

Preissenkung nur bis zum Rock-Bottom-Preis

Der Zimmererlös muss über der Preisuntergrenze liegen, um das Zimmer **kostendeckend** zu verkaufen.

Im Ausnahmefall (z. B. kurzfristiges Gruppenstorno) kann die kurzfristige Preisuntergrenze in Höhe der variablen Kosten festgesetzt werden.

Eine Preissenkung erhöht zwar die Auslastung, allerdings sinkt dadurch der Umsatz pro verfügbarem Zimmer. Um trotz Preissenkung denselben Ertrag zu erzielen, muss die Auslastung gleichzeitig erhöht werden. Wird mit der Rabattierung übertrieben, kann trotz hundertprozentiger Auslastung kein Ertrag erzielt werden. Die folgende Grafik veranschaulicht das Zusammenspiel von Rabatt, Auslastung und Ertrag auf eindrucksvolle Weise.

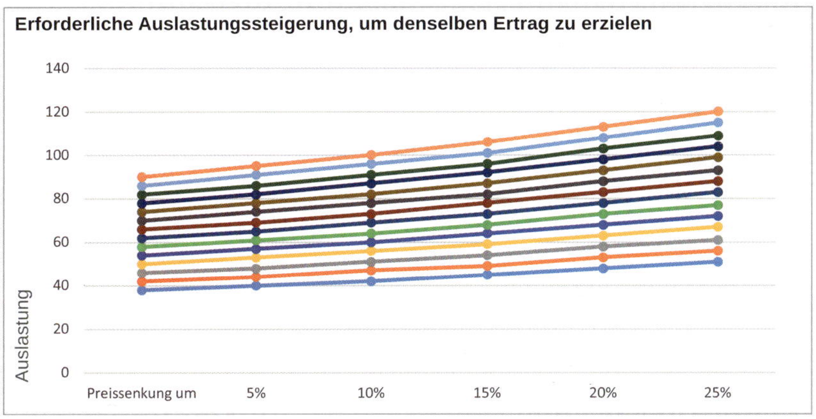

WAS DER PROFI DAZU SAGT

Grundsätzlich ist es bei der Preisgestaltung ratsam, mit der **Preisbereitschaft der Kundinnen/Kunden vorsichtig** zu agieren. Die große Gefahr von Rabatten liegt in ihrer mittel- und langfristigen Wirkung: Sobald sich die Preisspirale nach unten dreht, ist es schwierig, den Preis wieder auf das ursprüngliche Niveau anzuheben.
Mit cleveren Strategien kann der Hotelier verhindern, dass discountverwöhnte Gäste (noch) mehr Rabatt fordern. Bei Rabattfragen kann er dem Gast beispielsweise anbieten, dass dieser sein Zimmer selbst auswählt. Dieser Bonus kostet der Gastgeberin/dem Gastgeber nichts, dem Gast ist er aber viel wert.

Provisionen
Je nachdem über welchen Vertriebskanal ein Zimmer verkauft wird, sind auch Provisionen, z. B. für Reiseveranstalter und Buchungsplattformen, zu bezahlen. Diese haben auch einen Einfluss auf die Preisgestaltung. Da die Konditionen für gewöhnlich vom Partner mit der größeren Marktmacht vorgegeben werden, hat der Hotelier oft wenig Spielraum bei der Gestaltung seiner Preise. Die Reduktion auf die Listenpreise kann bis zu 70 % betragen.

Um den Anteil an Zimmern, die über Reisevermittler billig verkauft werden, gering zu halten, empfiehlt es sich, die **Saisonen genau zu definieren.** Nur jene Kapazitäten, die nicht über den direkten Vertrieb verkauft werden können, sollten über diese Kanäle vertrieben werden. Wichtig bleibt, dass der Hotelier seine Kostensituation genau kennt, um bei der Gewährung von Rabatten kostendeckend arbeiten zu können. Ob die Strategie des Verkaufs von freien Kapazitäten bei gleichzeitiger Reduktion der Verfügbarkeiten in gut nachgefragten Saisonen gelingt, hängt stark von der Attraktivität der Lage und des Beherbergungsbetriebes bzw. von der Nachfrage für die betreffende Region ab.

Beispiel: Budgetierung der Erträge

Umsätze 20..						
Segmente	in %	in EUR	Nächtigungen		Preis	Provision in %
Listenpreis	29	108.813	1 909		57,00	0,00
Veröffentlichter Firmenpreis	28	103.372	1 909		54,15	5,00
Individualrate für Reisebüros	21	78.335	1 527		51,30	10,00
Gruppenrate	21	78.352	2 291		34,20	40,00
Summe	100	368.873	7 636	Durchschnitt	48,31	15,25

Umsätze 20.. (Folgejahr)						
Segmente	in %	in EUR	Nächtigungen		Preis	Provision in %
Listenpreis	32	130.500	2 250		58,00	0,00
Veröffentlichter Firmenpreis	29	115.104	2 089		55,10	5,00
Individualrate für Reisebüros	21	83.885	1 607		52,20	10,00
Gruppenrate	18	72.697	2 089		34,80	40,00
Summe	100	402.187	8 035	Durchschnitt	50,05	13,70

Wenn im Folgejahr die Gruppenrate, die mit 40 % die höchste Provision aufweist, von 21 auf 18 % gesunken ist, dann war die Entscheidung, weniger Gruppenbuchungen anzunehmen, richtig, denn der Gesamtprovisionssatz fiel von 15,25 auf 13,70 %. Somit hat sich der Durchschnittspreis über alle Segmente von 48,31 EUR auf 50,05 EUR gesteigert. Weiters ist es offensichtlich gelungen, mehr Buchungen zum Listenpreis (vielleicht über die Website) zu erhalten – somit stieg der Anteil von 29 auf 32 %.

Ziel ist es, aus diesen Statistiken Strategien für die Zukunft zu gestalten bzw. herauszulesen.

Preisgestaltung im Internet/Pricing

Yield Management in Zeiten des Online Pricings birgt neue Herausforderungen für die Hotellerie. Wichtig für einen erfolgreichen elektronischen Verkauf ist es, Raten und Verfügbarkeiten für die jeweils kommenden 365 Tage ins Internet (Website, OTAs) zu stellen.

Ziel ist es, auf allen elektronischen Vertriebswegen mit

- **mehreren Preistypen** (Early Bird Rates, Non Refundable Rates, Last Minute Rates, BAR [Best Available Rates], Hot Deals [z. B. Gutscheinangebote von booking.com] etc.) und
- **mehreren Kategorietypen** (Einzelzimmer, Doppelzimmer, Economy-Zimmer, Juniorsuite, Studio, Familienzimmer, Appartement etc.)

zu arbeiten.

„Jede positive Eigenschaft oder jedes Ausstattungsmerkmal eines Zimmers kann einen höheren Preis rechtfertigen und den Ertrag optimieren.“

Worauf muss geachtet werden?

- Brutto-/Nettoraten bei der Preiskalkulation: Die gewohnten Preisstrukturen mit den Discount-Staffeln für die Vertriebspartner (Firmen, Reisebüros, Incomer, Wiederverkäufer) werden auf den Vertriebskanal Internet ausgedehnt. Die bisher üblichen Preisnachlässe auf den Listenpreis werden von den Online-Vertriebspartnern gleichermaßen mittels Provisionen auf die BAR (Best Available Rate) gefordert. Je nach Vertrag gilt es Netto- oder Bruttoraten für die Preiskalkulation zu beachten. Die Online-Vertriebskosten (Vermittlungsprovisionen und Mark-ups) werden vom Hotel getragen und müssen somit in dessen Preiskalkulation aufgenommen werden.

  Der Preis für eine bestimmte Hotelleistung für einen bestimmten Zeitraum muss für die Endverbraucherin/den Endverbraucher überall derselbe sein: Sowohl die Partner, die mit Nettoraten und Mark-ups als auch jene, die mit Bruttoraten arbeiten, präsentieren ihre Produkte auf demselben virtuellen Marktplatz.

  Die Strategie ist, auf der hoteleigenen Website und der hoteleigenen Web-Booking-Engine den günstigsten Preis, die differenziertesten Zimmerkategorien und die besten Buchungsbedingungen (Stornogebühr, Garantie) anzubieten. So können Gäste weltweit auf ein Haus aufmerksam gemacht werden und buchen direkt beim Hotel, weil sie hier die besten Konditionen bekommen.

„Niemandem ist gedient, wenn eine OTA günstiger ist als die andere/n. Die Gäste verlieren das Vertrauen in das Hotel und dieses erhält über den günstigsten Kanal die meisten Buchungen. Beides ist strategisch nicht klug.

- Schwierigkeiten mit der Preisparität bei Reiseveranstalterseiten: Auch Reiseveranstalter präsentieren ihre Angebote auf eigenen Seiten. Allerdings kann es dadurch zu Preisungleichheiten auf Preisvergleichsseiten kommen. Der Grund liegt in der Preiskalkulation: Reiseveranstalter vereinbaren ihre Preise einmal jährlich mit dem Hotel, diese sind dann fix. Auf diese Preise werden die sogenannten Mark-ups der Reiseveranstalter und deren Vertriebspartner aufgeschlagen und im Internet veröffentlicht.

  Die Preise auf den OTAs werden gemäß den Gesetzmäßigkeiten des Yield Managements mitunter täglich geändert. Somit kommt es automatisch zu Preisdifferenzen und die Preistransparenz und weitgehende Preishomogenität, die Gäste sich wünschen, ist nicht mehr gewährleistet. Die Hotels verlieren dadurch die Preishoheit über ihre Angebote und verärgern ihre Buchungspartner durch fehlende Markttransparenz.

PREISLISTE

Der Beherbergungsbetrieb ist nach dem **Preisauszeichnungsgesetz (Österreich)** bzw. der **Preisauszeichnungsverordnung (Deutschland)** verpflichtet, die Preise aller Leistungen ersichtlich zu machen, d. h., der Gast muss vor der Buchung über die Preise informiert sein und auf Verlangen Einsicht in die Preisliste bekommen. Die Preise sind in Euro anzugeben und müssen Inklusivpreise sein, d. h., sie müssen sämtliche Steuern und Abgaben enthalten.

Da viele Hotels ihre Preise mittels Yield Management individuell an die aktuelle Marktsituation anpassen, gehört es der Vergangenheit an, die offiziellen Zimmerpreise (Rack Rate) im Rezeptionsbereich oder in den Gästezimmern auszuhängen. In der Stadthotellerie wird bei Preislisten mit Von-Bis-Preisen gearbeitet (z. B. Zimmer 201: 59–210 EUR). In der Ferienhotellerie hingegen ist es üblich, die verschiedenen Preise nach Saisonen zu gliedern oder auf Grundlage des Yield Managements zu variieren.

In **Südtirol** sind von Amts wegen gültige Preislisten in der Eingangshalle und in den Zimmern gut sichtbar auszuhängen, in der **Schweiz** nur in den Gästezimmern. In **Österreich** erstellen häufig Tourismusverbände Preislisten. Es ist im eigenen Interesse jedes Betriebes, seine Preise bzw. die Preiskategorie dafür bekannt zu geben. In **Deutschland** gibt es regionale oder städtische Gastgeberverzeichnisse. Die Hoteliers sind nicht verpflichtet, dort Preisangaben zu machen, geben sie aber auch in ihrem eigenen Interesse an.

PREISUNTERGRENZE

Siehe Rock-Bottom-Preis

PROMOTIONAL RATE

Auch: Special Rate
Das ist eine Sonderrate für bestimmte Anlässe.

P

PROPERTY MANAGEMENT SYSTEM

> *Die Implementierung eines neuen Programms ist relativ aufwendig. Daher gilt es, vor der Anschaffung genau zu überlegen, für welche Abläufe und Tätigkeiten das Programm benötigt wird und welche Features und Schnittstellen nötig sind.*

Im Logisbereich wird täglich mit vielen Daten und Listen gearbeitet. Ein Property Management System (PMS), auch Frontoffice Software genannt, ist hier eine wertvolle Unterstützung. Dabei handelt es sich um eine Software, mittels der viele Prozesse und Abläufe im Beherbergungsbereich zusammengeführt und automatisiert durchgeführt werden können.

Es gibt eine Vielzahl von Software-Paketen mit unterschiedlichen funktionalen Schwerpunkten (z. B. Fidelio, GASTROdat [vor allem in der Ferienhotellerie], protel, OPERA, SiTec, Elite, Aida, Hogatex, Casablanca).

Ein PMS verfügt u. a. über folgende Features:

- Buchungsverwaltung: Belegungsgrafik, Forecast, Zimmerbelegungsplan, individuelle Angebote, Reservierungen, Kontingentverwaltung, Gruppenverwaltung, responsive Online-Buchungen und automatische Anfragen
- Gästekartei: Hier können neben den Gästedaten, wie An- und Abreisedatum oder getätigte Umsätze, Details wie bevorzugte Zimmerkategorie und Sonderwünsche – unter Einhaltung der datenschutzrechtlichen Vorgaben – notiert werden. Das erleichtert die perfekte Gästebetreuung.
- Check-in/Pre-Check-in: Registrierung, Wartung der Stammdaten, elektronisches Gästeverzeichnisblatt (E-Registration), Mobile-Payment-Verfahren (z. B. Google Pay, Apple Pay, PayPal)
- Check-out/Quick-Check-out: Abrechnung der Gästekonsumationen sowie in Anspruch genommener Dienstleistungen, Rechnungserstellung, Inkasso, Abmeldung mittels Gästeverzeichnisblatt
- Customer Relationship Management (CRM): Dieses ermöglicht die Zuordnung der Gäste zu bestimmten Zielgruppen mittels Selektionscodes (z. B. für zielgruppengerechte Aussendungen)
- Weckrufservice
- Elektronische Übermittlung von Nachrichten auf das Gästezimmer
- Termin- und Raumverwaltung im Seminar- und Spa-Bereich
- Bewertungsmanagement: Auswertung von E-Mail-Gästefragebögen
- Buchhaltung: Kassabuch, Debitorenverwaltung, Finanzbuchhaltung
- Tagesabschluss (ist nicht für alle Mitarbeiter/innen freigegeben)
- Erstellen von Listen und Reports
- Textverarbeitungs- und Mailing-Modul: Dieses dient z. B. für Gästekorrespondenz oder Marketing-Mailings (Newsletter etc.).

> *Die Gästekartei ist das Herzstück der Kundenbindungsaktivitäten. Die Informationen über einen Gast, die im PMS gespeichert sind, sind das wertvollste Kapital des Hotels. Daher ist eine gewissenhafte Datenpflege unerlässlich.*

> *Mittels Schnittstelle zur E-Mail-Software oder zu einer Newsletter-Software ist ein problemloser Datenaustausch zwischen den Programmen möglich.*

- Erstellen von täglichen Listen für andere Abteilungen
- Channel- und Yield Management: Preisgestaltung nach Angebot und Nachfrage

Neben dem Frontoffice benötigen auch andere Abteilungen Zugriff auf Teile des PMS, z. B.:

- Housekeeping: Zimmerbelegungspläne, Reinigungspläne, Wäscheverwaltung
- Concierge: Gästekartei
- Food-and-Beverage-Abteilung: Tischreservierung, Warenwirtschaft (Lagerverwaltung und Warenbestellung), Rezeptverwaltung, Kellerlagerverwaltung, Speisenkalkulation, Abrechnung
- Sales-Abteilung: Gästedaten, CRM, Forecast, Belegungsgrafik
- Verwaltung: Zeiterfassung, Verwaltung der Mitarbeiterdaten, Finanzbuchhaltung, Kostenrechnung, Onlinebanking
- Controlling: Erfassung von Daten für Statistiken und Prognosen
- Personalabteilung: Dienstpläne, Lohnverrechnung, Krankenstände, Urlaubsplanung (evtl. mittels Schnittstelle zur Personalmanagement-Software)

„Das PMS dient auch der Kommunikation mit anderen Abteilungen. So können etwa der Housekeeping-, F-&-B- oder Bankettabteilung Details zu Kundenwünschen, zur Verpflegung oder zu Veranstaltungen mittels PMS zur Verfügung gestellt werden.

Schnittstellen

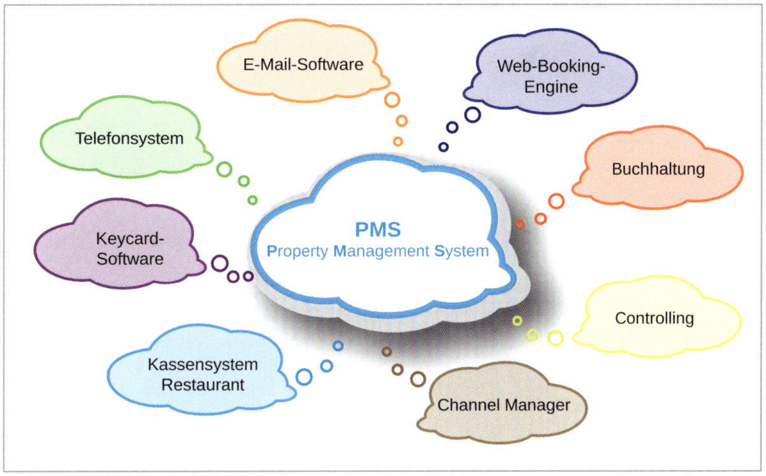

Das PMS sollte über Schnittstellen zu anderen im Betrieb verwendeten Systemen verfügen, wie etwa dem Kassensystem im Hotelrestaurant. So können z. B. Konsumationen im Restaurant direkt auf das Zimmer des Gastes gebucht werden. Abhängig von der Art des Betriebes können etwa Schnittstellen zu Telefon-, Pay-TV-, Schließ- und Kassensystemen sowie zum POS-Terminal sinnvoll sein. Außerdem sollten Schnittstellen zur Web-Booking-Engine der hoteleigenen Website sowie zu Online-Plattformen vorhanden sein. So können die Daten zu verfügbaren Zimmern direkt aus dem PMS entnommen werden und die getätigten Buchungen landen ebenso direkt im PMS und müssen nicht per Hand übertragen werden.

PMS zur Vorbereitung auf Verkaufsgespräche

Bei Verhandlungen und Gesprächen mit Stammgästen oder Vertragspartnerinnen/-partnern aus der Reisevermittlungsbranche ist es wichtig, verlässliche Daten, z. B. was die erreichten Zimmernächte, Anreisen, die Average Room Rate und erzielten Durchschnittspreise (in allen Erlösbereichen) betrifft, zur Hand zu haben. Diese Daten verhelfen zu einer sicheren und guten Argumentationsbasis sowie einer optimalen Preisfindung und sichern somit den Verhandlungserfolg. Durch gute Verhandlungsvorbereitungen werden bessere Preise bzw. Deckungsbeiträge erzielt. Im PMS können diese Daten rasch abgerufen werden und erleichtern so die Vorbereitung.

PROSPEKT

Prospekte werden beim direkten Kontakt persönlich überreicht oder auch Mailings angefügt. Gelegenheiten, bei denen sie außerdem verwendet werden, sind z. B.

- **Sales Calls:** Anbahnen neuer Kundenkontakte, wie z. B. mit Reisevermittlern, Firmenneukundinnen/-kunden,
- **Sales-Blitze:** kurzfristige Verkaufsbesuche bei Firmenkunden wie Reisebüros, Incentive-Firmen o. Ä.,
- **Messen**.

Zielgruppen sind bestehende und potenzielle Gäste der näheren und weiteren Umgebung.

Vorteile	Nachteile
Persönlich wirkungsvolle Selbstdarstellung, starke Profilierung, geringer Kostenaufwand.	Zunehmend vom „Online-Prospekt", der Website, verdrängt und nicht immer erwünscht.

Beispiel

Auf einer Reisemesse erhalten Besucher/innen von den Anbietern Prospekte zur Information. Vielfach wird von den Besucherinnen/Besuchern die Mitnahme eines Prospektes aber abgelehnt und auf die Recherche über die Website verwiesen.

PROVISION

Als Provision wird die Vermittlungsgebühr bezeichnet, die Reisevermittler bzw. OTAs von Hotels für ihre Tätigkeit erhalten. Im Gegensatz dazu wird die Vermittlungsgebühr an Reiseveranstalter als Kommission bezeichnet. In der Praxis werden die beiden Begriff aber oft vermischt.

Provisionen machen abhängig von den zwischen Hotel und Vertragspartnern ausgehandelten Konditionen meist einen prozentuellen Anteil des Umsatzes aus.

„Die Höhe der Provisionen hat auch einen wesentlichen Einfluss auf die Preisgestaltung.

Gut zu wissen

Ist im Zusammenhang mit Provisionen in Hotelverträgen von Brutto- und Nettoraten die Rede, ist mit Nettorate der Zimmerpreis ohne Provision gemeint, Bruttorate meint den Zimmerpreis inklusive Provision.

Wie die Provision berechnet wird, ist – ebenso wie die Höhe derselbigen – abhängig von den Vereinbarungen zwischen Hotel und dem jeweiligen Vertriebspartner. Manchmal wird die Provision vom Zimmerpreis ohne Umsatzsteuer berechnet, manchmal wird der Zimmerpreis inklusive aller Steuern und Abgaben als Grundlage für die Berechnung der Provision herangezogen. Das wird je nach Abkommen unterschiedlich gehandhabt. Auch die Frage, ob die Ortstaxe in die Provisionsberechnung einfließt, hängt von den vereinbarten Vertragsbedingungen ab.

Beispiel

So rechnen Sie die Orts- oder Kurtaxe aus dem Inklusivpreis heraus:

	EUR	1.747,00	Bruttopreis Logis
–	EUR	64,60	Ortstaxe
	EUR	1.682,40	reiner Zimmerpreis inklusive USt
–	EUR	152,95	1.682,40:11 = 152,95 = USt (bei 10 % USt)
	EUR	1.529,45	Nettopreis

„Davon wird die Provision für das Reisebüro berechnet.

PUBLIC RELATIONS

Public Relations (PR) – auch Öffentlichkeitsarbeit genannt – gehört zum Marketing-Mix eines Unternehmens. Häufig wird PR mit Pressearbeit gleichgesetzt, doch PR reicht weiter. Es geht darum, ein Unternehmen – in Ihrem Fall ein Hotel – in der Öffentlichkeit bekannt zu machen und das Vertrauen von Kundinnen/Kunden, Lieferantinnen/Lieferanten, Geschäftspartnerinnen/-partnern zu gewinnen und zu festigen.

PR-Arbeit dient dazu, dass positive Entwicklungen eines Unternehmens sowohl intern als auch extern bekannt werden. Ebenso Teil der Öffentlichkeitsarbeit ist es, Kontakte zu Pressevertreterinnen/-vertretern etc. aufzubauen und zu festigen. Weitere Funktionen sind Imagepflege und Absatzförderung, indem Angebote und Leistungen des Unternehmens kommuniziert werden.

SO GELINGT'S

- Wichtig ist, Aktionen zu setzen und darüber zu reden, sich nach außen – auf dem Markt und beim Zielpublikum – bemerkbar zu machen. PR soll bei der jeweiligen Zielgruppe ein positives Bild vom Betrieb entstehen lassen.

Um negative Kritik zu vermeiden, sollten PR-Aktionen gut durchdacht und wirklich sinnvoll sein. Andernfalls läuft man Gefahr, dass gut gemeinte Aktionen nach hinten losgehen.

- Klassische **Instrumente** der Öffentlichkeitsarbeit sind etwa Veranstaltungen und Unterlagen für Pressevertreter/innen (z. B. Pressemappen, Pressekonferenzen, Pressereisen), Mitarbeiter- oder Gästezeitungen, redaktionelle Beiträge, PR-Anzeigen/-Spots, Online-Auftritt (Website, Social-Media-Account, etc.), Vorträge/Interviews, Road Shows, Geschäftsberichte, Veranstaltungen (z. B. Tag der offenen Tür), Geschäftsberichte, Mitarbeiter- oder Hauptversammlungen, Betriebsbesichtigungen u. v. m.
- Ideen für Presseaussendungen sind etwa Informationen über Umbauten, personelle Änderungen (z. B. neue Küchenchefin/neuer Küchenchef) oder Spezialangebote.

Stellen Sie professionelle Fotos zur Verfügung und geben Sie immer eine Ansprechpartnerin/einen Ansprechpartner mit Kontaktdaten an.

WAS DER PROFI DAZU SAGT

Achten Sie bei Presseaussendungen auf Aktualität. Überlegen Sie genau, an welche Medien Sie die Aussendung schicken. Wie erreichen Sie Ihre Zielgruppe am besten? Senden Sie Presseaussendungen etwa zwei Wochen vor einer Veranstaltung an ausgewählte Medien und senden Sie drei Tagen vor der Veranstaltung einen Reminder.

- Erzählen Sie Geschichten. Selbstverständlich können Sie Angebotsdetails in Ihren Aussendungen unterbringen. Verpacken Sie diese in eine Geschichte, gewinnen Sie am ehesten das Interesse der Journalistinnen/Journalisten.

„Dennoch sollte auf den ersten Blick ersichtlich sein, was das Besondere an Ihrer Aussendung ist.

Zielgruppen von Public Relations im Tourismus

- Mitarbeiter/innen
- (Potenzielle) Gäste (Presseartikel in Tages-, Wochen-, Monatszeitschriften, Reisebeilagen)
- Reisebüros, Reiseveranstalter/Reisevermittler
- Medien, vor allem Reisejournalistinnen/-journalisten, Gastronomiekritiker/innen
- Schulen, Universitäten (Praktikantinnen/Praktikanten, Schüler/innen von Tourismusschulen zu Exkursionen einladen)
- Behörden, Kammern (Versammlungen, Einladungen)
- Vereine, Verbände, Tourismusorganisationen (Einladungen, Pressestellen, Events nutzen)
- Meinungsbildner/innen, z. B. Unternehmensberater (Aufträge, Seminarbesuche, Umfragebeteiligung anstreben)
- Lieferantinnen/Lieferanten/Geschäftspartner/innen (gute Zahlungsmoral, faire Behandlung)
- Lokale Politiker/innen (Einladungen, Besuche)
- Stars aus Sport und Kultur (Fotos, Meldungen an die Presse)
- Taxifahrer/innen etc. (faires Verhalten, Events)

Q

#rezeption

QUALITÄTSMANAGEMENT
BIS
QUELLMARKT

QUALITÄTSMANAGEMENT

Gäste sind preisbewusst, informiert, anspruchsvoll und bei Versäumnissen und Fehlern nicht besonders tolerant. Die Herausforderung für jedes Hotel ist, den Gast mehr als hundertprozentig zufriedenzustellen, um ihn an das Unternehmen zu binden. Das bedeutet,

- den Gast zu verstehen und seine Bedürfnisse zu erkennen,
- vorbereitet zu sein,
- einen verärgerten Gast rasch wieder zu einem zufriedenen zu machen,
- dem Gast aufmerksam zuzuhören,
- Verantwortung für das eigene Handeln zu zeigen,
- den Gast zu überraschen (Wow-Effekt),
- jede Kritik ernst zu nehmen und zu hinterfragen, Negatives in Positives zu verwandeln.

> *Machen Sie sich bewusst: Jeder Gast trägt zur Sicherung und Schaffung von Arbeitsplätzen bei.*

Wirklich zufrieden ist ein Gast, wenn seine Bedürfnisse und seine Erwartungen mehr als erfüllt werden. Denn bestimmte Qualitätsstandards, etwa bei der Ausstattung, setzt der Gast als selbstverständlich voraus. Punkten können Beherbergungsbetriebe bei ihren Gästen mit Qualitätsmerkmalen, die über die erwartete Serviceleistung hinausgehen.

Der Gast weiß, was er will – Sie müssen es auch wissen. Um herauszufinden, was der Gast erwartet, eignen sich etwa Gästebefragungen mittels Fragebogen oder Mystery Guest Analysis.

Jede Mitarbeiterin/jeder Mitarbeiter sollte sich als **Verkäufer/in** sehen. Sie/Er verkauft Servicequalität auf höchster Ebene.

Das sollten sich die Mitarbeiter/innen fragen:

- Sieht mein Gast das anders als ich?
- Was könnte mein Gast jetzt gehört und verstanden haben?
- Wie kommt meine Botschaft bei meinem Gast an?
- Fühlt sich der Gast von mir anerkannt?
- Kann sich der Gast bei uns wohlfühlen und seinen Aufenthalt genießen?

Qualitatives Handeln beginnt mit einer positiven Einstellung und mit Qualitätsbegeisterung. Das Motto lautet: Wenn der Gast abreist, soll er nicht nur zufrieden, sondern loyal sein und gerne wiederkommen.

Bestandteile eines professionellen Qualitätsmanagements sind u. a. Qualitätshandbücher. In diesen sind die Standards der Abläufe für bestimmte Tätigkeiten oder Interaktionen festgeschrieben. Diese Handbücher dienen den Mitarbeiterinnen/Mitarbeitern als Leitfaden für ihre Tätigkeiten.

QUEENSIZE

Das ist ein Bett für eine oder zwei Personen mit einer durchgehenden Matratze meist in der Größe 140 bis 180 x 200 cm.

QUELLMARKT

Der Begriff Quellmarkt meint die Herkunftsländer jener Gästegruppen, die einen Betrieb, eine Region oder ein Land vorwiegend besuchen.

Viele Gäste haben bereits zahlreiche Länder bereist und in vielen Hotels genächtigt, weshalb sie die Standards der internationalen Hotellerie kennen. So erfreut ein Frischwasserspender im Foyer oder eine Eiswürfelmaschine auf der Etage nicht nur den amerikanischen Gast. Ebenso sind frei zugängliche Internetcorner, kostenloses WLAN und Anschlüsse für Laptop, Tablet oder Mobiltelefon im Zimmer internationaler Standard.

Dennoch können je nach Quellmarkt verschiedene Kleinigkeiten, spezielle Aufmerksamkeiten oder Dienstleistungen Gästen aus aller Welt den Aufenthalt verschönern. Um dem Gast Entgegenkommen zu signalisieren, sollten z. B. Mitteilungen für die Gäste je nach Herkunft in ihrer Sprache oder in Englisch verfasst sein.

Beispiele

- **Bett:** Die Teilnehmer/innen von Reisegruppen aus dem asiatischen Raum kennen sich oft nicht besonders gut, weshalb sie Zweibettzimmer bevorzugen. Bei Paaren aus Italien oder Spanien hingegen stoßen getrennte Betten oder zwei zusammengeschobene Einzelbetten auf wenig Gegenliebe – sie erwarten ein Doppelbett.
- **Kulinarik:** Wenig überraschend variieren auch die kulinarischen Vorlieben der Gäste. Gäste aus Nordeuropa oder dem skandinavischen Raum haben etwa gerne Fisch zum Frühstück. US-Amerikaner/innen freuen sich über eine Eiswürfelmaschine im Zimmer oder am Stockwerk sowie über eisgekühltes Wasser zum Essen. Gäste aus Großbritannien, Japan und China trinken gerne Tee und schätzen daher Tea and Coffee Making Facilities am Zimmer.
- **Bezahlung:** Auch was die Bezahlung betrifft, differieren Gewohnheiten und Vorlieben. US-Amerikaner/innen und Australier/innen sind es gewohnt, auch kleine Beträge mit Kreditkarte zu bezahlen. Russische Gäste hingegen gelten gemeinhin als Barzahler/innen.

> *Gäste aus den USA und Kanada rechnen mit Exklusivpreisen, d. h. mit Preisen ohne Frühstück und Steuern. Es sollte als Wettbewerbsvorteil oder Special erwähnt werden, dass die Preise all-inclusive sind, da sich die Gäste dann beschenkt fühlen.*

- **Tagesrhythmus:** Gäste aus Spanien, Portugal und Italien gehen oft erst spät zu Bett und schlafen dementsprechend länger. Gäste aus dem asiatischen Raum hingegen zählen eher zu den Frühaufsteherinnen/Frühaufstehern. Hier gilt es etwa bei den Frühstückszeiten das Gros der Gästevorlieben abzudecken.
- **Körperliche Distanz:** Was als angemessene körperliche Distanz empfunden wird, unterliegt kulturellen Gepflogenheiten. So sollten Männer niemals arabischen Frauen die Hand geben. Arabische Männer bevorzugen es, von männlichen Mitarbeitern bedient zu werden. Für die Betreuung der Frauen sollten weibliche Mitarbeiterinnen zur Verfügung stehen, da es Männern nicht erlaubt ist, die Bereiche der Frauen zu betreten.

Um innovative Angebote und Ideen entwickeln zu können, ist es notwendig, sich mit den Gästen und ihren Anliegen auseinanderzusetzen. Im Folgenden werden anhand einiger ausgewählter Beispiele Wünsche und Bedürfnisse von Gästen verschiedener Quellmärkte dargestellt. Die angeführten Wünsche beruhen auf jahrzehntelanger Erfahrung der Hotellerie. Diese Ausführungen sind jedoch allgemein gehalten und gelten selbstverständlich nie für jeden Menschen im selben Maße.

Gäste aus Großbritannien

Britinnen/Briten möchten in ihrer Landessprache angesprochen werden und wünschen sich Eiswürfel und Gin in der Minibar. Da Britinnen/Briten traditionell große Teetrinker sind, freuen sie sich über Tea and Coffee Making Facilities auf dem Zimmer.

Gäste aus Frankreich

Diese Gäste schlafen im Urlaub gerne aus und gehen oft auch erst spät zu Bett. Bieten Sie ihnen Zimmer mit einem Grand Lit an. Während jüngere Französinnen/Franzosen durchaus Englisch sprechen, ist die ältere Generation dankbar, wenn es im Hotel eine Ansprechpartnerin/einen Ansprechpartner mit Französischkenntnissen gibt.

Gäste aus Italien, Spanien und Portugal

Italienische Ehepaare wünschen sich ein Doppelbett im Gästezimmer. Das Zimmer wird schon als „matrimoniale" reserviert. Das Doppelbett muss bei dieser Reservierung unbedingt zur Verfügung gestellt werden. Auch Ehepaare anderer Länder hegen im Urlaub den Wunsch nach einer Nachtruhe im gemeinsamen Doppelbett.

Gäste aus diesen Ländern sind es gewohnt, spät zu Abend zu essen und schlafen morgens gerne länger. Fremdsprachenkenntnisse erwarten sie kaum. Wenn sie aber in ihrer Muttersprache angesprochen werden, freuen sie sich über die ihnen entgegengebrachte Wertschätzung.

In Spanien setzt sich der Familienname normalerweise aus zwei Namen zusammen, aus dem ersten Nachnamen des Vaters und dem ersten Nachnamen der Mutter. Bei der Hochzeit behalten in der Regel beide ihren Geburtsnamen. Wundern Sie sich also nicht über unterschiedliche Namen bei spanischen Familien.

Q

US-amerikanische Gäste

Ist im Zimmerpreis auch das Frühstück inkludiert, soll die Preisauszeichnung im Zimmer den Preis für Zimmer und Frühstück enthalten. Auf Zuschläge für Dienstleistungen, die nicht im Zimmerpreis enthalten sind, sollte rechtzeitig aufmerksam gemacht werden. Stellen Sie US-amerikanischen Gästen, wenn möglich, ein Zweibettzimmer zur Verfügung. Erwünscht ist ein Eiswürfelautomat im Zimmer oder auf dem Gang.

Amerikanische Gäste erwarten von den Rezeptionsmitarbeiterinnen/-mitarbeitern gute Englischkenntnisse. Sie begleichen gerne auch kleinere Beträge mit der Kreditkarte und möchten alle Leistungen des Hauses über die Gesamtrechnung bezahlen.

Arabische Gäste

Arabische Gäste reisen meist individuell und mit Familie, manchmal mit mehreren Frauen und Kindern. Die Gästezimmer einer Familie sollten nebeneinander liegen.

Die persönliche Sicherheit ist arabischen Gästen sehr wichtig und sie haben hohe Hygieneerwartungen. Einen Wäscheservice setzen diese Gäste voraus.

Arabische Frauen halten sich eher im Hintergrund. Wenden Sie sich daher im Gespräch vor allem an die männlichen Familienmitglieder und üben Sie sich in Zurückhaltung gegenüber arabischen Frauen. Weibliche Gäste sollten von weiblichen Mitarbeiterinnen betreut werden. Männer haben zu den Zimmern der Frauen keinen Zugang. Andererseits möchten arabische Gaste an der Rezeption lieber mit einem männlichen Frontoffice-Mitarbeiter sprechen, speziell bei Reklamationen führt daher am besten ein Mann das Gespräch.

In der Regel spricht das Oberhaupt der Familie Englisch, weshalb Rezeptionsmitarbeiter/innen unbedingt Englischkenntnisse haben müssen. Falls eine Mitarbeiterin/ein Mitarbeiter Arabisch spricht, sollte diese/r für die Dauer des Aufenthaltes zur Verfügung stehen.

Die linke Hand gilt als unrein, vermeiden Sie daher Gegenstände mit der linken Hand zu berühren oder dem Gast etwas mit dieser Hand zu überreichen.

Gäste aus Russland

Russische Gäste buchen Auslandsreisen fast ausschließlich über **Reisebüros,** da sie ein Visum für Österreich benötigen. Da das Aussprechen einer Einladung (wozu auch eine Reservierungsbestätigung zählt) einer Haftungsübernahme für alle während des Aufenthaltes entstehenden Schäden gleichkommt, scheuen sich Hotels, Geschäfte direkt mit den russischen Gästen abzuwickeln. Dies ist ein weiterer Grund, warum meist über Reisebüros gebucht wird.

„Im Russischen wird zwischen den Vor- und den Nachnamen der Vorname des Vaters gestellt. Mit den beiden Vornamen wird der Gast auch angesprochen.

Für russische Gäste ist ein Frühstücksbuffet unbedingt notwendig. Diese gehen im Urlaub gerne spät zu Bett, stehen aber rechtzeitig zum Frühstücksbuffet wieder auf. Russische Gäste sind in der Regel Barzahler/innen.

Gäste aus Japan

Sauberkeit ist Japanerinnen/Japanern sehr wichtig, in japanischen Hotels ist für Gäste alles verpackt, sie erwarten diesen Service auch in Europa. Außerdem wünschen sie sich Zahnputzsets, Hausschuhe und Badmäntel im Zimmer. Im Badezimmer bevorzugen sie eine Badewanne – keine Dusche.

Gäste aus China

Schmatzen und Schlürfen bei Tisch gilt in China als normal, sich bei Tisch zu schnäuzen wird jedoch als unappetitlich empfunden. Applaus wird bei Chinesinnen/Chinesen großgeschrieben. Wenn Gäste Sie mit Klatschen begrüßen, sollten Sie dies auf dieselbe Art erwidern. Im Zimmer erwarten chinesische Gäste Zahnputzsets, Hausschuhe und einen Wasserkocher.

„Bei chinesischen Namen steht der Nachname an erster Stelle.

Gut zu wissen

Japanische und chinesische Gäste reisen bevorzugt in **Gruppen,** die von sprachlich gut ausgebildeten Reiseführerinnen/-führern begleitet werden, sodass es kaum zu direkter Kommunikation zwischen Gästen und Mitarbeiterinnen/Mitarbeitern des Hotels kommt. Wenden Sie sich für Informationen etc. daher immer an die Reiseleitung.

Asiatinnen/Asiaten würden niemals laut streiten oder ihre Meinung energisch kundtun. Umgekehrt können Sie Ihr Gesicht verlieren, wenn Sie sich nicht beherrschen können. Achten Sie daher besonders auf einen **souveränen, ruhigen Umgang** im Gespräch. Wahren Sie im Gespräch mit Gästen aus China und Japan eine angemessene körperliche Distanz und vermeiden Sie Berührungen. Verbeugen Sie sich bei der Begrüßung so tief wie Ihr Gast. Gehen Sie mit Visitenkarten sehr sorgsam um und überreichen Sie diese mit beiden Händen.

Gäste aus Indien

Die Tagesausgaben indischer Touristen sind im internationalen Vergleich sehr hoch, daher sind diese Touristen eine interessante Zielgruppe. Indische Gäste reisen meist im Familienverband, sehr aufwendig mit viel Gepäck und mitunter auch mit eigenem Personal. Inder/innen reisen bevorzugt im Frühling, sie wollen der Hitze im eigenen Land entfliehen. Bollywood-Filme haben die Alpenregion als Urlaubsziel beliebt gemacht. Das Winter- und Schneeerlebnis ist ebenfalls ein wichtiges Motiv. Indische Gäste fragen auch nach Aktivprogrammen, z. B. Radfahren am Donauradweg.

Indische Gäste wünschen sich Informationen über indische Restaurants, Bars und Shopping, einen Wasserkocher, Kochmöglichkeiten, eine Klimaanlage und Adapter im Zimmer, eine separate Toilette mit Waschbecken, Wellnesseinrichtungen und Fitnesscenter im Hotel sowie einen Gepäckservice.

SO GELINGT'S

- Wenn Sie Angebote für eine bestimmte Gästegruppe entwickeln möchten, überlegen Sie:
  - Welche Gäste spricht Ihr Betrieb an?
  - Sehen Sie anhand der verschiedenen Gästegruppen und ihrer Vorlieben und Wünsche weiteres Gästepotenzial, das mit Ihren bestehenden Angeboten gut zu erreichen wäre?
  - Was können Sie leicht adaptieren, um neue Gästegruppen anzusprechen?

- Trotz der Berücksichtigung der verschiedenen Gästebedürfnisse soll die **eigene Identität des Betriebes** nicht verloren gehen – der Gast reist auch, um Neues kennenzulernen, etwas zu erleben und neue Erfahrungen zu sammeln. Wenn er nicht weiß, ob er gerade in einem Hotel in New York, Vancouver, Hannover, Wien oder Bangkok weilt, ist die Reisewelt auch nicht in Ordnung.

- Hüten Sie sich davor, gängige Klischees zu bedienen. Gäste durchschauen schnell, was echter Charme und was Theater ist. Es gilt: Je näher das Heimatland des Gastes dem Reiseland ist, desto banaler wirken Klischees auf ihn, je weiter weg der Gast lebt, desto besser kann er mit Klischees umgehen.

- Wenn Sie Gäste aus einem bestimmten Quellmarkt vermehrt ansprechen wollen, suchen Sie **Online-Reiseplattformen** in den gewünschten Sprachen und evaluieren Sie, ob Ihr Betrieb auf diese Reiseplattform passen würde. Eine weitere Möglichkeit ist, die **eigene Website** in die Sprachen der gewünschten Quellmärkte zu übersetzen.

R

#rezeption

RACK RATE
BIS
ROOMS DIVISION MANAGER/IN

RACK RATE

Die Rack Rate ist der offizielle Listenpreis für ein Zimmer pro Nacht.

RATENPARITÄT

Der Begriff Ratenparität meint, dass auf allen Vertriebskanälen, die öffentlich zugänglich sind, für eine Leistung stets derselbe Preis verfügbar sein muss. Diese Bedingung fand/findet sich in den Vereinbarungen zwischen Hotels und OTAs. Mittlerweile haben in Europa einige Länder Paritätsklauseln untersagt, z. B. Österreich und Italien.

Auch wenn die Ratenparität kein Vertragsbestandteil mehr ist, sollten Hotels dennoch darauf achten, dass die für eine bestimmte Leistung verfügbaren Preise auf allen Plattformen etc. gleich sind. Kundinnen/Kunden können nicht nachvollziehen, wie unterschiedliche Raten zustande kommen und fühlen sich vor den Kopf gestoßen, wenn sie für dieselbe Zimmerkategorie auf unterschiedlichen Plattformen verschiedene Preise finden.

Daher gilt: Alle im Internet verfügbaren Preise für eine jeweils klar definierte Kategorie müssen gleich sein. D. h. egal, ob ein Gast über eine OTA oder Preisvergleichsseite nach einem bestimmten Preis sucht, die Preisauskunft muss immer dasselbe Ergebnis bringen. Eine Ausnahme bildet die hoteleigene Website.

Bei der Buchung mittels Web-Booking-Engine auf der hoteleigenen Website müssen (zumindest für die auf OTAs angebotenen Zimmer) nicht nur dieselben Preise, sondern auch dieselben Buchungs- und Stornobedingungen gelten. Sollten diese abweichen, sollte der Gast auf der hoteleigenen Website und deren Web-Booking-Engine bessere Bedingungen finden.

Auch Reiseveranstalter präsentieren ihre Angebote auf eigenen Seiten. Das führt immer wieder zu Preisungleichheiten auf Preisvergleichsseiten. Der Grund ist die Preiskalkulation: Reiseveranstalterpreise werden einmal jährlich mit dem Hotel vereinbart und sind dann fix. Auf diese Preise schlagen Reiseveranstalter und deren Vertriebspartner Mark-ups auf und veröffentlichen diese Preise. Im Vergleich dazu werden die Preise auf den OTA-Seiten gemäß den Gesetzmäßigkeiten des Yield Managements mitunter täglich geändert. Somit kommt es zu Preisdifferenzen. Die von der Kundin/vom Kunden bzw. Gast gewünschte Preistransparenz und weitgehende Preishomogenität sind dadurch nicht mehr gewährleistet. Die Hotels verlieren die Preishoheit über ihre Angebote und verärgern ihre Buchungspartner/innen durch fehlende Markttransparenz.

REISEBÜRO

An der Rezeption arbeiten Sie eng mit Reisebüros zusammen. Diese sind Geschäftspartner von großer Bedeutung, da sie Gäste ins Haus bringen.

Reisebüros helfen ihren Kundinnen/Kunden bei der Planung und Durchführung von Urlaubs- und Geschäftsreisen. Sie sind Dienstleistungsbetriebe, die ihre Kundinnen/Kunden über Reiseziele, Verkehrsverbindungen und Verkehrsmittel, Beherbergungsbetriebe, Sport- und Kulturangebote informieren.

Man unterscheidet Reiseveranstalter und Reisevermittler sowie Incoming- und Outgoing-Reisebüros. Reisevermittler vermitteln – wie der Name schon sagt – diverse Tourismusleistungen. Reiseveranstalter hingegen bieten Pauschalreisen an.

Aufgaben und Leistungen von Reisebüros

Gäste zahlen bereits vor Antritt der Reise die Leistung, die sie über ein Reisebüro buchen. Sie wissen also vorab nicht, ob die gebuchten Leistungen ihren Erwartungen entsprechen und müssen dem Reisebüro bzw. dem Reiseveranstalter vertrauen. Ein seriöses Reisebüro übernimmt die Verantwortung für die Qualität der Leistungen und garantiert diese durch die Kooperation mit vertrauenswürdigen Partnern.

Gut zu wissen

Da der Konsumentenschutz die Endverbraucherin/den Endverbraucher (Gast) schützt, ist der Zugang zum Gewerbe des Reisebüros reglementiert. Auch findet der Konsumentenschutz, der die Rechte der Konsumentin/des Konsumenten im Bereich Haftung und Gewährleistung sichert, vor allem hinsichtlich der Richtlinien von Pauschalreisen Anwendung, die u. a. folgende Punkte umfassen:

- Reiserücktrittsrecht
- Beschränkung einer nachträglichen Preisänderung
- Rügepflicht der/des Reisenden bei Reisemängeln
- Absicherung gegen Insolvenzrisiko der Veranstalterin/des Veranstalters

Einer Berechtigung für das Gewerbe der Reisebüros bedarf es für

- die Ausgabe, Vermittlung und Besorgung von Fahrausweisen einschließlich der Anweisung auf Liege- und Schlafwagenplätze, Platzkarten und dgl. in- und ausländischer Verkehrsunternehmen jeder Art,
- die Vermittlung von durch Verkehrsunternehmen durchzuführende Personenbeförderungen,
- die Vermittlung und Besorgung von für Reisende bestimmte Unterkünfte oder Verpflegung,
- die Vermittlung von Pauschalreisen einschließlich Gesellschaftsfahrten und
- die Veranstaltung von Pauschalreisen einschließlich Gesellschaftsfahrten, die der Veranstalter direkt oder über einen Vermittler anbietet.

Reisebüros sind im Großen und Ganzen in folgenden Segmenten tätig:

- Business Traveller/Geschäftsreisende
- Tagungs- und Kongressreisende, Bildungsreisende
- Leisure Traveller/Urlaubsreisende

> *Dies ist das Hauptgeschäft der Reisebürotätigkeit. Zu diesem Bereich zählen alle Reisen, die nicht aus beruflichen Gründen unternommen werden.*

- Incentive-Reisende

Information und Beratung

Eine potenzielle Kundin/Ein potenzieller Kunde kauft eine Reisedienstleistung erst dann, wenn sie/er Vertrauen in die Fachkenntnisse, die Urteilskraft und die Kompetenz des Reiseberaters hat. Dabei geht die Kenntnis des Reiseproduktes weit über das Verstehen und Zitieren von Informationsmaterialien, wie es etwa den Prospekten und Reisekatalogen zu entnehmen ist, hinaus. Die Reisebüromitarbeiterin/Der Reisebüromitarbeiter braucht neben diesen Fachkenntnissen auch ein gutes Allgemeinwissen in den Bereichen Geografie, Geschichte, Weltpolitik und internationale Entwicklung. Gute Mitarbeiter/innen mit umfangreichem Know-how sind ein großer Wettbewerbsvorteil eines Reisebüros.

Gute Informationen und fundierte Beratung werden im Zeitalter eines zunehmenden Verdrängungswettbewerbes immer wichtiger. Die Online-Reiseplattformen machen den angestammten Reisebüros harte Konkurrenz. Eine Form, auf diese Entwicklung zu reagieren, ist, selbst als Reisebüro eine Online-Reiseplattform zu gestalten und die bisher über Kataloge verkauften Leistungen zusätzlich online buchbar zu machen (z. B. tui.de). So erreicht man auch jene Zielgruppen, die sich Reisen selbst im Internet suchen und buchen.

Verkauf von Flugtickets

Reisebüros, die die IATA-Lizenz der International Air Transport Association haben, dürfen Flugtickets ausstellen. Der Flugticketverkauf dieser IATA-Reisebüros bildet einen wichtigen Anteil des Gesamterlöses.

Sonstige Leistungen

- Vermittlung von Unterkünften und Verpflegung (Voucher/Hotelgutscheine)
- Organisation von Stadtrund- oder Ausflugsfahrten
- Besorgung von Einreisevisa
- Besorgung von Spezialbewilligungen (Fischerkarte, Hubschrauberlandeerlaubnis)
- Valutenwechsel
- Vermittlung von Reiserücktrittsversicherungen
- Vermittlung von Mietautos
- Verkauf von Reiseliteratur
- Besorgung von Eintrittskarten für Veranstaltungen (Musical, Oper, Messen, Formel-1-Rennen)

Zusammenarbeit zwischen Reisebüros und anderen Unternehmen

Reisebüros arbeiten u. a. mit Hotels, anderen Reisebüros, Fluglinien (Chartergesellschaften) und Autobusunternehmen zusammen.

Zusammenarbeit zwischen Hotels und Reisebüros

Für Beherbergungsbetriebe sind Reisebüros wichtige Partner im Verkauf. Aufgrund der häufigen Geschäftsbeziehungen gibt es vielfältige Musterverträge, Formulare, Software etc., die die Zusammenarbeit regeln. Am Beginn einer Zusammenarbeit werden in einem Fragebogen alle Hotelleistungen wie Zimmerausstattung, Aussicht, sonstige Einrichtungen und Angebote beschrieben. Anschließend folgt ein Besuch der Reisebüroeinkäuferin/des Reisebüroeinkäufers im Betrieb.

Soweit die Zusammenarbeit zwischen Reisebüros und Hotels nicht durch nationale Kooperationsabkommen bzw. Rahmenabkommen zwischen den europäischen (HOTREC [Dachverband der Hotels, Restaurants und Cafés in Europa], ECTAA [The European Travel Agents' and Tour Operators' Associations]) und den internationalen Hotelverbänden (IH&RA [International Hotel & Restaurant Association], UFTAA [United Federation of Travel Agents' Associations]) geregelt wird, gibt es für eine individuelle Kooperation Richtlinien für Einzelverträge oder Kontingentverträge (siehe z. B. www.hotelverband.at/down/internationale_richtlinie.doc oder www.wko.at/branchen/tourismus-freizeitwirtschaft/hotellerie/kooperationsabkommen.pdf).

Arbeitet ein Hotel mit bestimmten Reisebüros häufig oder dauerhaft zusammen, werden detaillierte individuelle Verträge zwischen Reisevermittler und Beherbergungsbetrieb aufgesetzt. Einzelverträge werden im Zuge der Reservierung mit Gruppen oder mit Einzelreisenden abgeschlossen. Darin werden Sonderkonditionen, Zahlungsmodalitäten, Freiplatzregelungen, die Annahme von Vouchern etc. geregelt. Die gebräuchlichste Form des Hotelvertrages ist ein **Kontingent-** oder **Allotmentvertrag.**

Wie bei Direkt- bzw. Einzelreservierungen ist es auch bei der Zusammenarbeit mit Reisebüros und Reisevermittlern sehr wichtig, folgende Reservierungsdetails, vor allem, wenn es sich um Gruppenreservierungen handelt, klar festzulegen:

- Stornobedingungen, Rücktrittsbedingungen, Garantiezahlen
- No-Show-Bedingungen
- Deadlines für Angebote
- Namenslisten
- Zahlungsbedingungen
- Vorauszahlungen, Deposits

Das vollständige Beispiel finden Sie als Download.

Beispiel eines Angebots des Hotelbetriebes

Hotel Vier Jahreszeiten ****
Hohe Marktstraße 10
7777 Tannenstadt
Tel: +43 3623 456 77 22 | Fax: +43 3623 456 77 89
E-Mail: rezeption@tannenstadt-vierjahreszeiten.at
www.tannenstadt-vierjahreszeiten.at

HOTEL
Vier Jahreszeiten

TOURISTIK UNION INTERNATIONAL
Herrn Dr. Hans-Jörg Reinbrecht
In der neuen Welt 34
65312 HANNOVER
DEUTSCHLAND

Name: Gabriela Untersmayr
Telefon: +43 3623 456 77 22
E-Mail: rezeption@tannenstadt-vierjahreszeiten.at

Datum: 12. November 20..

Ihre Anfrage

Sehr geehrter Herr Dr. Müller,

herzlichen Dank für Ihr Schreiben vom 10. d. M. Wir freuen uns über Ihr Interesse an unserem Haus und bestätigen die gewünschte Bettenanzahl mit Option bis drei Wochen vor Ankunft der jeweiligen Gruppe. Bis zu diesem Zeitpunkt sind Ein- und Umbuchungen sowie Stornierungen möglich, dann verfällt das Kontingent.

Die Preise betragen:
- im Doppelzimmer mit Bad/WC 85,75 EUR pro Person und Tag
- im Einzelzimmer mit Bad/WC 123,54 EUR pro Tag.

In den angeführten Preisen sind folgende Leistungen enthalten:
Frühstücksbuffet • 3-gängiges Abendwahlmenü • Benützung der Konferenz- und Seminarräume • Reichhaltiger Pausenimbiss am Vormittag • Benützung des Wellnessbereiches und der Freizeiteinrichtungen • Alle Steuern und Abgaben

Die Kosten für den Gepäcktransport am Ankunfts- und Abreisetag sind extra zu entrichten. Wir berechnen hierfür einmalig 2,20 EUR pro Person.

Weitere Informationen über unser Haus finden Sie in den beiliegenden Unterlagen.

Wir freuen uns, Ihre Kunden in unserem Hotel zu begrüßen.

Freundliche Grüße

HOTEL VIER JAHRESZEITEN****

Beispiel einer Reservierungsbestätigung des Hotelbetriebes

Das vollständige Beispiel finden Sie als Download.

Hotel Vier Jahreszeiten ****
Hohe Marktstraße 10
7777 Tannenstadt
Tel: +43 3623 456 77 22 | Fax: +43 3623 456 77 89
E-Mail: rezeption@tannenstadt-vierjahreszeiten.at
www.tannenstadt-vierjahreszeiten.at

HOTEL Vier Jahreszeiten

REISEBÜRO WORLDTOUR
Diesenhofen 6
20253 HAMBURG
DEUTSCHLAND

Name: Gabriela Untersmayr
Telefon: +43 3623 456 77 22
E-Mail: rezeption@tannenstadt-vierjahreszeiten.at

Datum: 12. März 20..

Reservierungsbestätigung

Sehr geehrte Frau Woitsch,

herzlichen Dank für Ihre Reservierung vom 11. März 20.., die wir gerne wie folgt bestätigen:

- vom 12. Juli bis 10. August 20..
- 30 Doppelzimmer und 10 Einzelzimmer
- Porterage einmalig 2,20 EUR pro Person
- wöchentlich Donnerstag bis Sonntag
- zum Nettopreis von 36,00 EUR pro Person/Nacht im Doppelzimmer und von 66,00 EUR/Nacht im Einzelzimmer

Pro 20 zahlender Gäste stellen wir je einen Freiplatz im Doppelzimmer zur Verfügung. Wir ersuchen um Zusendung der Namensliste bis spätestens 30 Tage, der definitiven Zimmereinteilung bis spätestens 14 Tage vor Ankunft der Gäste.

Die kostenfreie Stornofrist endet sechs Wochen vor Ankunft der Gruppe. Eine etwaige Stornogebühr beträgt 75 % des Betrages:

- bis 30 Tage vor Ankunft für eine Annullierung von mehr als 50 % der Teilnehmer
- bis 14 Tage vor Ankunft für eine Annullierung von weniger als 50 % der Teilnehmer.
- Bei Nichtinanspruchnahme der bestellten Zimmer ohne nachweisliche Stornierung (No-Show) oder innerhalb von weniger als 5 Tagen vor der Anreise fällt eine Stornogebühr von 100 % des gesamten gebuchten Aufenthaltes an.

Anzahlungs-/Zahlungsvereinbarungen:
Wir ersuchen um eine Anzahlung in Höhe der ersten Nacht bis spätestens sechs Wochen, die Zahlung für die restlichen Übernachtungen erfolgt bis spätestens sieben Tage vor Ankunft auf unser Bankkonto: Privatbank Sperling, IBAN: AT76 0000 2100 0071, BIC: SPAEAT200. Die Gruppe reist mit einem Voucher an.

Check-In-Zeit: ab 14:00 Uhr
Check-Out-Zeit: bis 12:00 Uhr

„Die Zusammenarbeit zwischen Reisebüros ist in Agenturverträgen geregelt.“

Zusammenarbeit zwischen Reisebüros

Die wichtigste Art der Zusammenarbeit zwischen zwei oder mehreren Reisebüros ist die Abwicklung von Buchungsaufträgen. Davon ist dann die Rede, wenn ein Reisebüro bei einem Reiseveranstalter (seltener auch bei einem anderen Reisebüro) aus dessen Programm Reisen für eigene Kundinnen/Kunden bucht. Mitbucherfunktionen sind:

- Beratung von Kundinnen/Kunden
- Reservierung und Buchung (= Bestellung) des Kundenwunsches beim Veranstalter
- Ausstellung, Überprüfung und Weitergabe der Reisedokumente an die Kundin/den Kunden
- Inkasso der An- und Restzahlung

Zusammenarbeit mit Fluglinien (Chartergesellschaften)

Die Zusammenarbeit zwischen Reisebüros und Fluglinien wird im Wesentlichen durch ein Passenger Sales Agency Agreement (P. S. A. A.) geregelt, sofern es sich um ein Reisebüro mit IATA-Konzession handelt. Wenn das nicht der Fall ist, gibt es individuelle Vereinbarungen. Wesentliche Elemente des P. S. A. A. sind Provisionsregelung, Rechte und Pflichten des Reisebüros, Bestimmungen über die Ausstellung und Aufbewahrung der Flugtickets und die Zahlungsmodalitäten.

Zusammenarbeit mit Autobusunternehmen

Die Kooperation zwischen Reisebüros und Autobusunternehmen unterliegt keinerlei besonderen Richtlinien. Vereinbarungen werden durch individuelle Einzelverträge geschlossen.

Zusammenarbeit mit sonstigen Leistungsträgern

Sonstige Leistungsträger sind etwa Partneragenturen im Ausland (Handling Agents), Reedereien, Seilbahn- und Liftgesellschaften, Personentransportgesellschaften, Freizeiteinrichtungen u. Ä. Sämtliche Vereinbarungen werden individuell getroffen.

Abrechnung mit Reisebüros

Bucht ein Gast über ein Reisebüro, erhält er einen Voucher, ein vom Reisebüro ausgestelltes Dokument, in dem die Leistungen angeführt sind, die der Hotelbetrieb zu erfüllen hat. Der Gast händigt der Rezeptionistin/dem Rezeptionisten den Voucher bei der Ankunft aus.

Der Originalvoucher dient zur Verrechnung mit dem Reisebüro bzw. Reiseveranstalter. Er wird der Abrechnung mit dem Reisebüro beigelegt. Ebenso ist es äußerst wichtig, bereits bei der Anreise eines Reisebürogastes die bestellten Leistungen mit dem Voucher abzugleichen. Das Hotel stellt die Rechnung über jene Leistungen, die im Reservierungsauftrag bzw. im Hotelgutschein vereinbart wurden, an das Reisebüro. Die Bezahlung muss abzüglich der Provision innerhalb der vereinbarten Frist erfolgen.

Zusatzleistungen bezahlen die Reisebürogäste in der Regel beim Check-out selbst. Ausnahme: Full-Credit-Voucher – hier werden alle konsumierten Leistungen nach Kontrolle und Unterzeichnung der Rechnung durch den Gast dem Reisebüro verrechnet. Die Provision wird allerdings nur vom Logispreis berechnet. Rezeptionsmitarbeiter/innen müssen deshalb Voucher beim Check-in genau kontrollieren. Dies gilt sowohl für Einzel- als auch Gruppenbuchungen.

Bei **Reisegruppen** stellt das Hotel dem Reisebüro eine Rechnung über die vereinbarten Leistungen. Dabei wird dem Reisebüro der Logispreis abzüglich der vereinbarten Provision verrechnet.

Der Zimmerpreis für Reisebürokundinnen/-kunden darf die regulären Zimmerpreise (Rack Rates) für Individualgäste nicht überschreiten. Die Kosten für Aufenthalt und Arrangement werden auf eine Sammelrechnung (Paymaster) gebucht und dann gesamt dem Reisebüro in Rechnung gestellt.

Im Fall von Kontingentbuchungen (vorreservierte Zimmeranzahl bis zum vereinbarten Verfallsdatum) werden bereits im Voraus verminderte Spezialpreise vertraglich vereinbart.

Das Hotel sendet dem Reisebüro die Rechnung und listet darin die vereinbarten und abgerechneten Leistungen auf.

Ein Beispiel einer tabellarischen Reisebüroabrechnung mit 10 bzw. 20 % USt finden Sie als Download.

R

TEXTBAUSTEINE

- **Begleitschreiben für die Reisebüroabrechnung**
  - Wir danken herzlich für die gute Zusammenarbeit und erlauben uns, für die angeführte Gruppe folgende Rechnung zu stellen: ...
  - Für die gute Zusammenarbeit danken wir Ihnen herzlich und stellen Ihnen für die unten angeführten Kundinnen/Kunden wie folgt in Rechnung: ...
  - Herzlichen Dank für die Unterbringung Ihrer Kundinnen/Kunden in unserem Haus und das uns entgegengebrachte Vertrauen.
  - Wir danken für den Aufenthalt Ihrer Kundinnen/Kunden und hoffen, dass sie sich bei uns wohlgefühlt und erholsame und angenehme Tage in unserem Haus verbracht haben.
  - Wir bitten Sie, den offenen Betrag von... EUR an die ...Bank, IBAN ..., BIC ..., zu überweisen.
  - Wir ersuchen Sie, obigen Rechnungsbetrag unter Angabe der Rechnungsnummer spesenfrei (ohne Abzug von Rabatt und Skonto) an die ...Bank, IBAN ..., BIC ... zu überweisen.

- Bitte überweisen Sie den offenen Betrag in der Höhe von ... EUR mit der beiliegenden Zahlungsanweisung bis spätestens ... auf das unten angeführte Konto.
- Wir danken für Ihr Vertrauen und stehen für weitere Aufträge gerne zur Verfügung.
- Wir hoffen, dass Ihre Kundinnen/Kunden mit unseren Serviceleistungen zufrieden waren und freuen uns, auch in Zukunft wieder mit Ihnen zusammenarbeiten zu dürfen.

- **Bei Firmen-Incentives**
  - Wir hoffen, dass Ihre Mitarbeiter/innen mit unserem Angebot und unseren Serviceleistungen zufrieden waren und freuen uns, bald wieder mit Ihrem Unternehmen zusammenzuarbeiten.
  - Wir hoffen, Ihre Mitarbeiter/innen hatten einen angenehmen Flug nach ... und sind wohlbehalten wieder zu Hause angekommen. Wir erlauben uns, Ihnen folgende Leistungen in Rechnung zu stellen: ...

REISEGRUPPE

„Um andere Gäste nicht zu stören, wird für den Check-in größerer Reisegruppen häufig in der Lobby ein eigener Bereich vorbereitet.

Bereiten Sie die Anreiseformalitäten für Reisegruppen genau vor. Halten Sie die Gruppenliste bereit und öffnen Sie – für den Fall von Umbuchungen – den Zimmerplan im Property Management System. Codieren Sie bereits vor Ankunft der Gruppe die benötigten Keycards. Der Check-in wird von der Reiseleitung durchgeführt.

Bringen Sie die Mitglieder von Reisegruppen, wenn möglich, im selben Gebäudeteil oder im gleichen Stockwerk in nahe beieinanderliegenden und gleich ausgestatteten Gästezimmern unter. Dies erleichtert auch den Gepäcktransport. Bei Buchungen mit mehr als 20 Personen wird meist ein Freiplatz vereinbart.

„Reisegruppen bekommen oft spezielle Preise, sogenannte Group Rates.

Um auf einen Blick erkennen zu können, welcher Gast zu welcher Reisegruppe gehört bzw. wer die Gruppe leitet, welche Arrangements gebucht wurden etc., wird eine Gruppenliste geführt. Sie liegt zur Einsicht im Frontoffice auf und ist bei Bedarf zu aktualisieren.

Zur Erfüllung der Meldepflicht in Österreich muss bei Reisegruppen, die Reiseleiterin/der Reiseleiter ihre/seine Daten angeben, für die restlichen Reisenden reicht eine Liste, die Vor- und Familienname sowie die Staatsangehörigkeit der Reisenden enthält. Bei ausländischen Gästen ist auch die Art, Nummer und Ausstellungsbehörde des Reisedokumentes festzuhalten.

REISEVERANSTALTER

Engl. Tour Operator, Wholesaler

Reiseveranstalter schnüren touristische Einzelleistungen zu einem Pauschalreisepaket für den Gast. In der Regel besteht es aus folgenden Komponenten:

- Beförderung des Gastes (z. B. Flug, Bahnfahrt, Schifffahrt, Busfahrt)
- Beherbergung und Verpflegung

Zusatzleistungen können z. B. sein:

- Reiseleitung, Sightseeingtouren und betreute Rundreisen vor Ort
- Autovermietung
- Reisestornoversicherung
- Konzertkarten etc.

Wenn Reiseveranstalter ihre Kontingente an Reisevermittler weiterreichen und diese sie abermals an Vertriebspartner veräußern, bevor der Hotelgast ein Produkt bzw. eine Dienstleistung schlussendlich kauft, muss jeder beteiligte Partner mindestens 8 % (normalerweise 10 %) **Provision** erhalten. Das ergibt einen notwendigen Unterschied von 24 % (normalerweise 30 %) zwischen **Rack Rate** und verkaufter Nettorate bei den Vertragsverhandlungen mit Wholesalern (Wiederverkäufern).

Neben dem Druck fallender Kommissionen bzw. Provisionen dringen auch nationale und internationale **Internetportale** in traditionelle Geschäftsbereiche der Reisebüros und -vermittler ein. Die Zahl jener Gäste, die nicht nur Einzelleistungen (Hotelzimmer), sondern auch **Pauschalreisen** im Internet buchen möchten, nimmt stetig zu.

Große Tour Operators praktizieren folgendes Geschäftsmodell: Sie kaufen zu sehr günstigen Nettoraten Kontingente ein und verkaufen diese nicht mehr ausschließlich an ihre Reisevermittler, sondern auch direkt mit einem Mark-up (Aufschlag) von 25 % und mehr im Internet auf ihren Online-Reiseplattformen (z. B. kuoni.at). Der Vorteil für Hotels besteht in der weltweiten Buchungsmöglichkeit, die Nachteile liegen im Verlust der Preishoheit (die Mark-ups werden vom Reiseveranstalter festgesetzt) und der (Mit-)Bestimmung der Vertriebskanäle (Mitglieder können sich in der Regel Zielmärkte nicht aussuchen). Problematisch kann sich insbesondere die Preisgestaltung der Plattformen auswirken. So besteht die realistische Möglichkeit, dass der im Internet publizierte Preis über – aber auch unter – dem vom Hotel festgesetzten Verkaufspreis liegt.

Unterschied Reiseveranstalter – Reisevermittler
Eine klare Trennung zwischen Reiseveranstalter und Reisevermittler ist in vielen Fällen nicht möglich, ein Großteil der Anbieter arbeitet als Mischbetrieb. Auf der einen Seite stehen also Veranstalter mit angeschlossenem Reisebüro und der vorwiegenden Vermarktung von Eigenprodukten, auf der anderen Seite große Reisebüros, die sowohl Eigenkreationen vertreiben als auch fremden Reisebüros diese zur Veräußerung überlassen.

REISEVERMITTLER

Auch: Wiederverkäufer (Retailer), Travel Agents
Reisevermittler bieten Gästen und Reisenden Einzelleistungen und Packages an, die durch Dritte, wie z. B. Reiseveranstalter oder einzelne Leistungsträger, erbracht werden. Sie **vermitteln** diese Leistungen.

Reisevermittler erzielen Erlöse, indem sie vom Hotel Provisionen für abgewickelte Geschäfte erhalten bzw. den um die Provision verminderten Zimmerpreis bezahlen. Der Provisionssatz für Wiederverkäufer beträgt mindestens 8 % – die Tendenz ist aufgrund des zunehmenden Drucks innerhalb der Branche fallend. Eine aktuelle Auswirkung des Provisionsdrucks auf die Reisebranche ist z. B., dass für das **Flugticketing** keine Grundprovisionen mehr bezahlt werden.

WAS BEDEUTET INCOMING- UND OUTGOING-GESCHÄFT?

Reisevermittler unterscheiden sich in ihrer Tätigkeit. Hat ein Reisebüro Kundinnen/Kunden aus seiner Region, die ins Ausland (oder entfernte Inland) reisen, betreibt es Outgoing-Geschäfte. Vermittelt ein Reisebüro hingegen Leistungen in der eigenen Region an ortsfremde Kundinnen/Kunden, betreibt es Incoming-Geschäfte.

Hinweise für die Zusammenarbeit zwischen Hotelbetrieb und Vermittlern

Hotels, die mit Vermittlern zusammenarbeiten, sollten bestimmte ungeschriebene Regeln einhalten:

- **Treu bleiben:** Auch wenn es die Möglichkeit gibt, einen angestammten Reisevermittler/Incomer durch direkte Kontaktaufnahme mit dessen Partnerreisebüro zu umgehen, sollte dies vermieden werden. Hier könnte das Hotel zwar die Provision/Kommission an den Vermittler sparen, würde aber im Gegenzug alle anderen vom Reisevermittler zur Verfügung gestellten Vertriebskanäle und somit die gesamte Zusammenarbeit in Gefahr bringen. Wenn also Reisebüropartner der Vermittler versuchen, Direktgeschäfte mit dem Hotel zu beginnen, sollte sich das Hotel auf die gute Zusammenarbeit mit dem Vermittler berufen, denn solche „Direktgeschäfte" bleiben dem Vermittler meist nicht lange verborgen.

- **Preisstruktur einhalten:** Beim Verkauf mit Zwischenhändlern (Reiseveranstaltern, Tour Operators etc.) ist ein Preiskalkulationsschema einzuhalten. D. h., dass jeder „Händler" bzw. Vermittler, der zwischen dem Hotel und dem Hotelgast seine Vermittlungsleistungen zur Verfügung stellt, eine Vermittlungsprovision von mindestens 8 % erhält (üblich sind 10 %). Somit werden zwischen Hotel und Reiseveranstalter „Nettoraten" vereinbart, d. h. Preise, auf die dieser noch die Provisionen seiner Verkaufspartner aufschlagen kann. Für die Preiskalkulation des Hotels ist wichtig, dass es bei Vertragspreisanfragen durch Vermittlungspartner herausfindet, wo sich dieser Partner im oben genannten Preisschema befindet, bevor das Hotel Preise ausgibt. D. h., wenn ein Reisebüro (Direktverkauf an den Hotelgast), das normalerweise bei einem Reisevermittler einkaufen würde, um Nettoraten beim Hotel direkt anfragt, dann müssen auf die üblichen Nettoraten für Veranstalter zwischen 16 und 20 % aufgeschlagen werden. Dies bewirkt, dass das Reisebüro dieselben Nettoraten vom Hotel direkt sowie auch vom Veranstalter genannt bekommen würde. Wenn sich Hotels dauerhaft nicht an diese Preisphilosophie halten, haben sie Probleme mit ihren angestammten Reisevermittlern, denn diese sind unter solchen Umständen mit ihren Preisen nicht konkurrenzfähig.

R

REISEVERSICHERUNG

Empfehlen Sie Ihren Gästen den Abschluss einer Reiseversicherung. Es gibt verschiedene Arten von Reiseversicherungen, z. B. Reiserücktritts-, Reiseabbruchs-, Auslandskranken-, Reisehaftpflicht- und Reiseunfallversicherung. Auch bei vielen Kreditkarten ist ein Reiseversicherungsschutz inkludiert.

REKLAMATION

Siehe Beschwerdemanagement

REPUTATIONSMANAGEMENT

Viele Gäste informieren sich – bevor sie sich für ein Hotel entscheiden – vorab auf Online-Reiseplattformen und vergleichen Hotelbewertungen und Erfahrungsberichte. Leider lässt sich nicht verhindern, dass auch negative Reviews auftauchen. Durch gezieltes Reputationsmanagement kann gegengesteuert werden.

SO GELINGT'S

- Bitten Sie um positive Bewertungen: Überreichen Sie Ihren Gästen bei der Abreise ein kleines Give-Away und bitten Sie diese um ein positives Online-Feedback.
- Machen Sie es Ihren Gästen möglichst einfach: Senden Sie Ihnen nach der Abreise eine E-Mail mit einem Link zum Profil Ihres Hauses auf Bewertungsplattformen.
- Kontrollieren Sie die Reviews regelmäßig, aktivieren Sie die Alert-Funktionen.
- Wenn Sie antworten: Bleiben Sie ruhig und besonnen, seien Sie ausgleichend.

> *Auf jede Bewertung sollte wertschätzend und individuell reagiert werden. Kritische Reviews müssen beantwortet werden. Das zeigt, dass Ihnen die Meinung und die Zufriedenheit Ihrer Gäste wichtig sind.*

- Danken Sie den Gästen für deren offenes Feedback.
- Sprechen Sie die Bewerter/innen direkt an. Seien Sie sich aber im Klaren, dass bei direkten Antworten alle mitlesen können, auch potenzielle Gäste.

- Entschuldigen Sie sich für negative Erlebnisse; beschreiben Sie geplante Veränderungen und Verbesserungen.

> *Versprechen Sie nur, was wirklich stattfinden wird.*

Vielen Dank für Ihre Bewertung

So etwas sollte selbstverständlich nicht vorkommen. Wir haben den Sachverhalt mit unserem Housekeeping-Team besprochen. Dieses wird bei der täglichen Zimmerreinigung noch genauer auf Sauberkeit achten.

- Laden Sie die Gäste ein, sich von diesen Veränderungen persönlich zu überzeugen.
- Bieten Sie auf keinen Fall Kompensationen oder gar Gutscheine online an; das führt zu Missbrauch! Reagieren Sie dennoch auf die Beschwerde und bitten Sie den Gast, sich mit Ihnen in Verbindung zu setzen.

Vielen Dank für Ihre Bewertung

Es tut uns sehr leid, dass unser Haus Ihren Erwartungen nicht entsprochen hat. Dürfen wir Sie höflich bitten, mit uns direkt per E-Mail Kontakt aufzunehmen?

- Vermeiden Sie dramatische, zu humorvolle oder gar herablassende Formulierungen und entschuldigen Sie sich dafür, dass die Erwartungen nicht erfüllt wurden.
- Bei ungerechtfertigten oder falschen Bewertungen nehmen Sie mit dem Bewertungsportal Kontakt auf. Bitten Sie um Prüfung des Reviews und beantragen Sie gegebenenfalls die Löschung.
- Gehen Sie ruhig davon aus, dass bei besonders boshaften oder übertriebenen Reviews die anderen Reisenden diese auch so lesen, wie sie gemeint sind, und diese nicht hundertprozentig ernst nehmen.
- Sind die Vorwürfe gerechtfertigt, versprechen Sie Verbesserungen. Wenn Umstrukturierungen nötig sein sollten, bitten Sie um Zeit und Geduld. Beschreiben Sie die Neuerungen konkret (z. B. Zimmerkategorie, Service, Verpflegungsleistung, Spa-Treatment etc.).
- Erklären Sie bei Rechtfertigungen oder Entschuldigungen gleich auch die Vorzüge und positiven Seiten sofern möglich. Sehr gut kann man in der Beantwortung eines Reviews ein Produkt oder ein Alleinstellungsmerkmal genau beschreiben und somit Werbung für das Hotel machen.
- Schreiben Sie auch, wenn vor der Abreise schon etwas zur Lösung des Problems gemacht wurde, wenn also schon vollständig oder teilweise kompensiert wurde. Manchmal beschweren sich Gäste erst Monate nach ihrem Aufenthalt. Daher ist die Dokumentation aller Probleme mit Gästen im Property Management System des Hotels unerlässlich. Darauf kann man dann zurückgreifen, um kompetent zu antworten.

WIE REAGIERE ICH RICHTIG?

- **Sehr positive Reviews:** Bedanken Sie sich dafür und betonen Sie, dass Sie sich über einen erneuten Besuch des Gastes freuen würden.

Vielen Dank für Ihr positives Feedback! Wir freuen uns, wenn wir Sie bald wieder bei uns begrüßen dürfen.

- **Review mit Verbesserungsvorschlägen:** Wiederholen Sie die Verbesserungsvorschläge und bedanken Sie sich dafür. Nennen Sie Veränderungen, die bereits in die Wege geleitet wurden. Äußern Sie den Wunsch nach einem erneuten Besuch des Gastes und fordern Sie ihn auf, sich bei seinem nächsten Besuch von den Veränderungen zu überzeugen. Manchmal lohnt es sich, anzumerken, dass Feedback gerne auch während des Aufenthaltes im Hotel gegeben werden kann, da sich vieles sofort beheben lässt.

Wir bedauern sehr, dass das vegane Angebot bei unserem Brunch nicht Ihren Erwartungen entsprach. Wir bitten für die Unannehmlichkeiten vielmals um Entschuldigung. Wir nehmen Ihr Feedback zu unserem Angebot ernst. Ab sofort finden Sie bei unserem Brunch ein großes Angebot veganer Produkte.

- Bei **kritischen Reviews** ist es wichtig, professionell zu reagieren. Wiederholen Sie die Kritikpunkte, listen Sie die Verbesserungen auf, die durchgeführt wurden/werden und bitten Sie um eine zweite Chance, um den Eindruck des Gastes vom Hotel zu verbessern. Wenn Kritik sehr negativ (und evtl. auch nicht zutreffend) ist, können Sie Ihre Enttäuschung über die Bewertung und Ihren Wunsch nach differenzierter Kritik kundtun.

Es tut uns leid, dass es bei Ihrem Aufenthalt zu solchen Unannehmlichkeiten gekommen ist. Wir würden uns sehr freuen, Sie erneut bei uns begrüßen zu dürfen und Ihnen zu zeigen, dass dies in keinster Weise dem Standard unseres Hauses entspricht.

„Bieten Sie auf keinen Fall in Ihrer Reaktion Kompensationen an, sondern bitten Sie den Gast, sich mit Ihnen in Verbindung zu setzen oder Ihnen seine Kontaktdaten zukommen zu lassen.

Gut zu wissen

Um alle Reviews weltweit im Überblick zu behalten und auch bearbeiten zu können, gibt es eine Software als Hilfe: elektronische Reputationsmanagementsysteme, z. B. TrustYou. Diese melden und sammeln alle Hotelreviews und helfen bei der Beantwortung. Sie zeigen auch die durchschnittliche Bewertungsrate, z. B. 95 von 100 Punkten. Dies kann man dann auch auf der Hotel-Website veröffentlichen. Auch ein Vergleich mit den wichtigsten Konkurrenzbetrieben ist abrufbar.

Kann man gegen Erpressungsversuche vorgehen?
Leider kommt es immer wieder vor, dass Gäste Hotels damit erpressen, eine negative Bewertung zu schreiben, wenn ihren Wünschen nicht umgehend entsprochen wird.

In diesem Fall gibt es einen Trick: Zögern Sie die Antwort auf dieses unverschämte Anliegen der Gäste hinaus, indem Sie vorgeben, den Sachverhalt erst mit Ihrer/Ihrem Vorgesetzten besprechen zu müssen. In der Zwischenzeit melden Sie diesen „Erpressungsversuch“ (Manipulationsversuch) bei allen relevanten Portalen mit einer kurzen Problembeschreibung, inklusive bereits vorgenommener Gegenmaßnahmen (Kompensation o. Ä.). Geht bei Bewertungsportalen vor der Abgabe eines Reviews durch den Gast eine Manipulationsmeldung seitens des Hotels ein, besteht die Chance, dass ein mögliches Review vom Portal unterbunden wird.

RESERVIERUNG

Die Reservierung stellt den Abschluss der Angebotsphase dar. Es gibt aber auch Reservierungen ohne vorangegangenes Angebot. In großen Häusern führt die Reservierungsabteilung die Reservierung durch. Da aber viele Gäste kurzfristig oder beim Check-out schon für das nächste Mal reservieren, müssen auch Rezeptionsmitarbeiter/innen großer Hotels Einzelreservierungen durchführen können.

Gut zu wissen

Es gibt **fixe (definitive)** und **tentative (nicht fixe, optionale)** Buchungen.

Fixe Buchungen sind von Gast und Hotel fix bestätigt, alle **Vertragsbedingungen** werden damit **akzeptiert.** Das Hotel hat als Garantie für die Ankunft des Gastes z. B. eine Anzahlung erhalten. Im Gegenzug verfügt der Gast über die fixe Zusage des Hotels, dass die reservierte Leistung bei seiner Anreise auch im vereinbarten Ausmaß zur Verfügung steht.

Tentative bzw. **optionale Buchungen** sind aus folgenden Gründen noch nicht verbindlich:

- Ein Angebot (mit Ablaufdatum, Deadline) wurde versendet, aber die Buchung ist noch nicht erfolgt bzw. die Deadline ist noch nicht verstrichen.
- Eine Reservierungsvertragsbedingung ist noch nicht erfüllt, z. B. eine Anzahlung/ein Deposit wurde noch nicht getätigt.
- Eine Reservierung hat ein bestimmtes **Optionsdatum,** bis zu dem diese Reservierung gehalten wird. Nach Ablauf der Deadline verfällt diese Reservierung automatisch.
- Noch ausstehende Kontingentbuchungen sind ebenso nicht verbindlich.

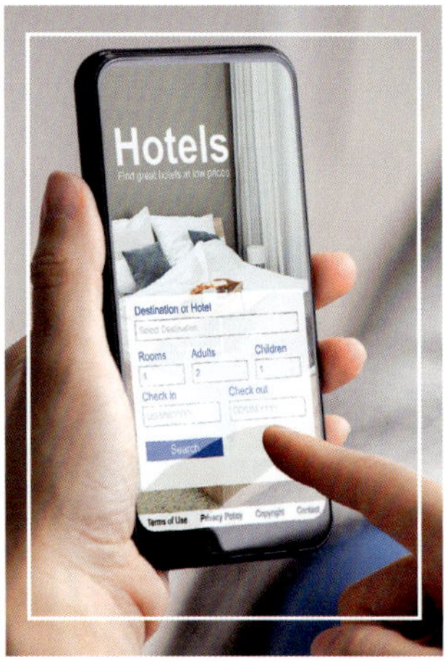

Wenn eine Reservierung das Hotel erreicht, wird zuerst die Verfügbarkeit von Zimmern mittels **Zimmerplan** überprüft. Ein weiteres Hilfsmittel bei der Reservierung ist der **Forecast/die Reservierungsvorschau.** Dies ist eine fiktive Vorschau für das laufende Monat bzw. das laufende Jahr, in der alle eingelangten Reservierungen eingetragen sind. Anhand der **Belegungsgrafik** kann sich die Rezeptionistin/der Rezeptionist zusätzlich einen Überblick über fixe und tentative Buchungen verschaffen.

Ist ein Zimmer laut Zimmerplan verfügbar, kann eine Reservierung durchgeführt werden. Damit alle Daten bezüglich des Gästeaufenthaltes ordnungsgemäß erfasst werden, wird das **Reservierungsformular** (in Papierform oder digital) ausgefüllt.

Bei einer telefonischen Reservierung kann dies gleich während des Telefonats geschehen. Bei schriftlichen Reservierungen werden die Daten **in die Gästekartei übertragen.** Dabei sollen alle Informationen, auch Hinweise, die Sie einem persönlichen Gespräch entnommen haben, sorgfältig notiert werden. Machen Sie dies ebenfalls so rasch wie möglich, um keine Details zu übersehen.

Anschließend erhält der Gast als Bestätigung des Beherbergungsvertrages eine **Reservierungsbestätigung**.

Gut zu wissen

Bei telefonischen Buchungen oder Direktbuchungen per E-Mail empfiehlt es sich, als Garantie eine Anzahlung einzufordern. Hier kann man mit Überweisung oder bei Bezahlung mit Kreditkarte mit Bezahllinks arbeiten. Bei Letzterem funktioniert der Ablauf gleich wie bei einem herkömmlichen Online-Shop. Ein Gast, der telefonisch oder per E-Mail bucht, erhält ein Bestätigungsmail mit einem Bezahllink. Über diesen Link gibt der Gast seine Kreditkartendaten bekannt, autorisiert die Karte und schließt somit die Buchung ab.

Gast und Betrieb gehen einen Vertrag über die Rechte und Pflichten ein, die mit der Beherbergung für beide Seiten verbunden sind. Damit diese Bedingungen nicht bei jeder Reservierung aufs Neue ausgehandelt werden müssen, gibt es nationale und internationale **Geschäftsbedingungen für die Hotellerie (z. B. AGBH 2006 in Österreich).** Vor Vertragsabschluss muss der Gast die Möglichkeit haben, die AGB einzusehen. Diese können dem Angebot/der Reservierungsbestätigung beigelegt werden oder es wird auf eine entsprechende Website verwiesen. Grundsätzlich sollte darauf hingewiesen werden, dass die AGBH gelten.

Wenn keine Anzahlung erfolgt, wird in den AGBH vorgeschlagen, die Reservierung bis 18:00 Uhr aufrecht zu halten (d. h. wenn der Gast bis 18:00 Uhr ohne vorherige Information nicht anreist, kann das Zimmer anderweitig vergeben werden).

Mit **Reisebüropartnern** und Firmen, wie Autobusunternehmen gibt es **Kooperationsabkommen.** Diese Verträge werden meist für ein Jahr abgeschlossen und dann wieder den Erfordernissen entsprechend adaptiert. Sie beinhalten Regelungen für die Zusammenarbeit zwischen den Vertragspartnern inklusive Kontingente und Provisionen. Die Basis dieser Verträge sind die AGBH sowie die geltenden Kooperationsabkommen (international IHA und UFTAA) für Reisebüros. Es ist selbstverständlich möglich, von den Musterbedingungen der AGBH, vom Kooperationsabkommen und von den internationalen Richtlinien abweichende Abmachungen zu treffen.

Die Reservierungen werden in einem dafür vorgesehenen Ordner abgelegt. Selten (vor allem in Betrieben ohne Property Management System) dient ein **Eingangsstempel** zur Kontrolle der Erledigung der Korrespondenz.

SO GELINGT'S

Ablauf einer telefonischen Reservierung

- Den Hörer spätestens nach dem dritten Läuten abnehmen.
- Begrüßen Sie den Gast mit den hotelüblichen Formulierungen.

Guten Tag/Guten Morgen/Guten Abend, Hotel Vier Jahreszeiten. Was kann ich für Sie tun?

- Prüfen Sie die Verfügbarkeit des gewünschten Zimmers im gewünschten Zeitraum. Bieten Sie ein Zimmer im mittleren Preissegment an, so haben Sie die Möglichkeit – abhängig von der Reaktion des Gastes – sowohl eine höhere als auch eine günstigere Kategorie anzubieten.
- Fragen Sie, ob es sich um eine Firmen- oder um eine Privatbuchung handelt.
- Nennen Sie den Preis und erklären Sie genau, welche Leistungen beinhaltet sind.
- Fragen Sie nach dem Namen des Gastes (lassen Sie sich diesen bei Unklarheiten buchstabieren) und einer E-Mail-Adresse (an die Sie die Reservierungsbestätigung schicken können). Sprechen Sie den Gast im Gespräch wiederholt mit Namen an.
- Fragen Sie nach der ungefähren Ankunftszeit und weisen Sie darauf hin, dass bei einer Reservierung ohne Akonto das Zimmer nur bis 18:00 Uhr am Anreisetag gehalten wird. Durch Anzahlung wird die Buchung garantiert.
- Verweisen Sie auch auf die Stornobedingungen und die Check-in- und Check-out-Zeiten.
- Fragen Sie nach Sonderwünschen.
- Fassen Sie die Reservierung zusammen.

Herr Sturm, darf ich Ihre Reservierung wiederholen? Ein Doppelzimmer von 26. bis 30. März 20.. zum Preis von 80 EUR pro Person und Nacht inklusive Frühstück.

- Verabschieden Sie sich freundlich. Legen Sie nicht auf, der Gast beendet das Gespräch.

Was noch zu beachten ist:

- Schließen Sie Vereinbarungen immer schriftlich ab, denn nur so ist eine nachträgliche Beweisführung möglich (dies gilt insbesondere für die Annullierungs- bzw. Stornobedingungen). Wählen Sie dafür eine klare, eindeutige Formulierung.
- Schreiben Sie bei telefonischen Buchungen eine Reservierungsbestätigung, auch wenn der Gast keine verlangt, um alle wesentlichen Details festzuhalten und lassen Sie sich diese kurz zu Ihrer Entlastung rückbestätigen.
- Empfehlen Sie dem Gast, zu seiner eigenen Sicherheit eine Reiseversicherung abzuschließen.
- Um Rechtsstreitigkeiten zu vermeiden, vereinbaren Sie die AGBH, das Kooperationsabkommen bzw. die internationalen Richtlinien ausdrücklich oder bringen Sie diese Ihrem Vertragspartner deutlich zur Kenntnis.
- Sie sollten im Briefpapier bzw. in der elektronischen Signatur den Gerichtsstand des Hotels angeben – so stellen Sie sicher, dass dieser gilt.
- Wenn Sie Schadenersatz verlangen, beachten Sie die Schadensminderungspflicht laut AGBH 2006, nach der Sie sich um eine anderweitige Vermietung der nicht beanspruchten Räume den Umständen entsprechend zu bemühen haben.

Buchung über elektronische Systeme

Ein Gast kann über elektronische Systeme wie Global Distribution Systems, Central Reservation Systems oder Internet Distribution Systems buchen, wenn der Hotelbetrieb mit diesen Anbietern kooperiert. Der Gast bucht also in diesem Fall über das Kontingent des Reservierungssystems und erhält per E-Mail oder SMS eine Reservierungsbestätigung. Das ist die kürzeste und einfachste Art der Buchungsabwicklung. Häufig kann auch über die hoteleigene Website gebucht werden.

RESERVIERUNGSABTEILUNG

In der Reservierungsabteilung werden sämtliche Anfragen und Reservierungen entgegengenommen, bearbeitet und beantwortet. Die Reservierungsabteilung liegt in unmittelbarer Nähe des Frontdesks, um eine rasche, direkte Kommunikation zwischen Frontoffice und Reservierungsabteilung zu gewährleisten. In großen Hotels gibt es eine eigene Gruppenreservierungsabteilung.

RESERVIERUNGSBESTÄTIGUNG

Die Reservierungsbestätigung dient der Fixierung des Beherbergungsvertrages und muss klar und einfach formuliert sein, aber präzise, was die **Konditionen** betrifft. Achten Sie auf eine optisch einwandfreie Form. Es sollen keine Tippfehler vorkommen, der Text muss entsprechend angeordnet sein.

Jede Reservierungsbestätigung muss folgende Punkte enthalten:

- *Name des Gastes*
- *An- und Abreisedatum*
- *Preis, Währung, Einheit/Anzahl der Zimmer*
- *Im Preis inkludierte Leistungen*
- *Zahlungsbedingungen*
- *Stornobedingungen/No-Show-Policy*
- *Garantiebestimmung: Reisebüro mit Voucher, Firma, Anzahlung – Deposit, Vorauszahlung*

Beispiel einer Reservierungsbestätigung

Hotel Vier Jahreszeiten ****
Hohe Marktstraße 10
7777 Tannenstadt
Tel: +43 3623 456 77 22 | Fax: +43 3623 456 77 89
E-Mail: rezeption@tannenstadt-vierjahreszeiten.at
www.tannenstadt-vierjahreszeiten.at

HOTEL
Vier Jahreszeiten

Frau
Magdalena Kurzbauer
Kronbergerweg 37
8526 Dorfstadt

Name: Frieda Fleißig
Telefon: +43 3623 456 77 22
E-Mail: rezeption@tannenstadt-vierjahreszeiten.at

Datum: 20..-11-02

Reservierungsbestätigung

Sehr geehrte Frau Kurzbauer!

Schön, dass Sie sich für einen Aufenthalt im Hotel Vier Jahreszeiten entschieden haben. Wir freuen uns, Ihnen die gewünschte Reservierung wie folgt bestätigen zu können:

23. bis 26. Februar 20..

1 Familienappartement mit Balkon für 2 Erwachsene und 1 Kind im Alter von 6 Jahren
mit 2 Schlafräumen, Wohnraum und begehbarem Kleiderschrank, Badezimmer mit Badewanne und Dusche, getrenntem WC, High-Speed-WLAN, Zimmersafe, Minibar, Flat-Screen-Smart-TV, Hi-Fi-Stereo-Anlage mit Digitalradio und Blue Tooth, Espressomaschine mit Pads und Wasserkocher mit Teeauswahl

zum Preis von 162,00 EUR

Für die Unterbringung Ihres Kindes im Familienappartement gewähren wir eine Ermäßigung von 50 %, das entspricht einem Preis von 81,00 EUR. Unsere Preise verstehen sich pro Person und Nacht inklusive aller Steuern und Abgaben. Der Gesamtaufenthalt für die ganze Familie kostet 1 215,00 EUR.

Folgende Leistungen sind im genannten Preis inkludiert:

- Begrüßungscocktail
- Reichhaltiges Frühstücksbuffet mit regionalen Spezialitäten und Bio-Ecke
- Tägliche Kinderbetreuung in unserem Kidsclub von 9:00 bis 17:00 Uhr
- Entspannung in unserer 1 200 m² großen Wellnessoase
- Teilnahme an unserem Fitnessprogramm
- Benützung unserer topmodernen Sportgeräte im Fitnessraum
- Radverleih
- Stellplatz für Ihren Pkw auf unserem hoteleigenen Parkplatz

Privatbank Sperling | IBAN: AT76 0000 6789 2100 0071 | BIC: SPAEAT2OO
UID: ATU 12451768 | FN 129970 e | Firmengericht: Tannenstadt

Auf Wunsch servieren wir in unserem Restaurant Vivaldi täglich ein 4-Gang-Abendwahlmenü mit Salat- und Dessertbuffet zum Preis von 34,50 EUR pro Tag (12,00 EUR pro Tag für Kinder bis 12 Jahre). Bitte geben Sie uns rechtzeitig Bescheid, ob wir Sie damit verwöhnen dürfen.

Gerne stellen wir Ihnen einen Parkplatz in unserer Parkgarage zum Preis von 15,00 EUR pro Tag zur Verfügung. Da die Plätze sehr schnell vergriffen sind, ersuchen wir Sie, uns ehestmöglich bekannt zu geben, ob wir einen Parkplatz für Sie reservieren dürfen.

Unser neu gestalteter Wellnessbereich bietet Erholung für die ganze Familie. Sauna, Dampfbad, Infrarot-Kabinen, türkisches Rasul-Bad, Whirlpool, Solarium sowie unser In- und Outdoor-Infinity-Pool sind täglich von 7:00 bis 22:00 Uhr geöffnet. In der Beilage finden Sie einen Überblick über unsere Massagen und Beautybehandlungen. Gerne können Sie Ihren Wunschtermin bereits vor Anreise per E-Mail an entspannung@tannenstadt-vierjahreszeiten.at reservieren.

Um Ihre Reservierung zu garantieren, überweisen Sie bitte eine Anzahlung in Höhe von 243,00 EUR, das entspricht 20 % des Gesamtaufenthaltes, spesenfrei bis spätestens 23. November 20.. mittels beiliegender Zahlungsanweisung auf folgendes Konto:

Privatbank Sperling
IBAN: AT76 0000 6789 2100 0071
BIC: SPAEAT2OO

Um die Anzahlung per Kreditkarte zu begleichen, folgen Sie bitte folgendem Link:
www.tannenstadt-vierjahreszeiten.at/anzahlung

Um Überweisung des Restbetrages von 972,00 EUR (80 % des Gesamtaufenthaltes) ersuchen wir bis spätestens 21. Jänner 20... Für diese Reservierung gelten die Allgemeinen Geschäftsbedingungen für die Hotellerie (AGBH 2006).

Gebühren bei Nicht-Anreise ohne rechtzeitige Stornierung:

- bis 3 Monate vor Anreise: keine Stornogebühren
- 3 Monate bis 1 Monat vor Anreise: 40 % des Gesamtbetrages
- 1 Monat bis 1 Woche vor Anreise: 70 % des Gesamtbetrages
- in der letzten Woche vor Anreise: 90 % des Gesamtbetrages

Wir empfehlen Ihnen, eine Reiserücktrittsversicherung abzuschließen. Auf unserer Website www.tannenstadt-vierjahreszeiten.at finden Sie bei den Serviceleistungen den Link zu den AGBH 2006 sowie das Formular der Europäischen Reiseversicherung.

Der Check-in ist am Anreisetag ab 16:00 Uhr möglich. Bei späterer oder früherer Anreise setzen Sie sich bitte mit uns (willkommen@tannenstadt-vierjahreszeiten.at) in Verbindung. Wir bitten Sie, das Zimmer am Abreisetag bis 12:00 Uhr zu räumen.

Wir freuen uns schon sehr, Sie, sehr geehrte Frau Kurzbauer, bei uns im Hotel Vier Jahreszeiten **** begrüßen zu dürfen.

Herzliche Grüße

HOTEL VIER JAHRESZEITEN****

Frieda Fleißig

i. A. Frieda Fleißig
Rezeption

Beilagen:
Zahlungsanweisung, Massagen- und Beautyfolder, Veranstaltungsprogramm Tannenstadt AKTIV

Zusatzverkauf (Upselling) anregen!

Wenn die Anzahlung 35 % des zu versteuernden Gesamtpreises nicht übersteigt, muss in Österreich die Anzahlung erst mit Erhalt des Gesamtbetrages versteuert werden.

Gut zu wissen

Da der Großteil an Unstimmigkeiten zwischen Gast und Beherbergungsbetrieb die Storno-, Zahlungs-, Garantie- und No-Show-Bedingungen sowie Check-in- und Check-out-Zeiten betrifft, empfehlen wir, diese Faktoren in Reservierungsbestätigungen anzuführen und – wenn für die weiteren Bedingungen die AGBH gelten – etwa mit der Formulierung „und im Übrigen gelten die AGBH" darauf zu verweisen.

TEXTBAUSTEINE

- **Einleitung**
  - Wir danken Ihnen herzlich für Ihre Nachricht und freuen uns, dass Sie Ihren Urlaub bei uns verbringen möchten.
  - Vielen Dank für Ihr freundliches Schreiben vom ...
  - Herzlichen Dank für das freundliche Telefonat und Ihren Entschluss, Ihren Urlaub bei uns zu verbringen.
  - Wir danken für Ihren heutigen Anruf und freuen uns, Ihnen die gewünschte Reservierung wie folgt bestätigen zu können: ...
  - Herzlichen Dank für Ihr Schreiben und Ihr Interesse an unserem Haus. Gerne bestätigen wir die gewünschte Reservierung wie folgt: ...
  - Wir freuen uns, dass Sie sich für unser Haus entschieden haben und bestätigen, dass wir für Sie wunschgemäß ein Zweibettzimmer von ... (Datum der Anreise) bis ... (Datum der Abreise) reserviert haben.
- **Textteil und Reservierung inklusive Gästewünsche laut Angebot und Anfrage**
  - Gerne bestätigen wir Ihre Reservierung wie folgt: ... (Zeitraum, Anzahl der Zimmer, Preis der Zimmer, Verpflegung [Frühstück, Halbpension etc.], Ausstattung der Zimmer, zusätzliche Gästeanfragen oder -wünsche)
  - Wir freuen uns, für Sie die folgende Reservierung verbindlich vornehmen zu dürfen: ...
  - Wir freuen uns, dass Sie sich für unser Haus entschieden haben und bestätigen, dass wir für Sie wunschgemäß ein Doppelzimmer von ... bis ... reserviert haben.
  - Für die Unterbringung Ihrer beiden Kinder im Alter von ... und ... Jahren im Zimmer der Eltern gewähren wir eine Ermäßigung von ... %, das entspricht einem Preis von ... EUR pro Kind und Tag.
- **Zahlungs- und Stornobedingungen sowie Garantiebestimmungen**
  - Um Ihre Reservierung zu garantieren, ersuchen wir Sie um eine Anzahlung in Höhe von ... %, das entspricht ... EUR, auf unser Konto bei der ... Bank, IBAN ...
  - Nach Erhalt dieser Bestätigung erbitten wir eine Anzahlung auf unser Konto bei der ... Bank, IBAN ..., in Höhe von ... %, das entspricht ... EUR. Erst dann gilt die Reservierung als verbindlich.
  - Bitte bestätigen Sie uns diese Reservierung schriftlich bis zum ... Vielen Dank!
  - Ihr Zimmer ist am Anreisetag ab 15:00 Uhr bezugsfertig. Wir ersuchen Sie, am Abreisetag das Zimmer bis 12:00 Uhr freizugeben.
  - Wir halten Ihre Reservierung bis 18:00 Uhr am Anreisetag. Sollten Sie später anreisen, bitten wir Sie um eine kurze Mitteilung.
  - Für diese Reservierung gelten die Allgemeinen Geschäftsbedingungen für die Hotellerie (AGBH 2006). Wir empfehlen Ihnen evtl. eine Reiserücktrittsversicherung abzuschließen. Auf unserer Website ... finden Sie bei den Serviceleistungen den Link zu den AGBH 2006 sowie das Formular der Europäischen Reiseversicherung.
- **Schlussteil**
  - Frau/Herr ..., wir freuen uns, Sie bei uns begrüßen und verwöhnen zu dürfen.
  - Wir freuen uns, Sie bald zu unseren Gästen zählen zu dürfen und wünschen Ihnen eine gute Anreise.
  - Sehr geehrte Frau/sehr geehrter Herr ..., wir freuen uns, Sie in unserem Haus begrüßen zu dürfen.
  - Wir freuen uns auf Sie!

RESERVIERUNGSFORMULAR

Das Reservierungsformular wird während des Telefonats mit der Auftraggeberin/dem Auftraggeber als Notiz ausgefüllt, wenn die Reservierung nicht elektronisch durchgeführt wird. Es dient als Grundlage für die elektronische Reservierung und Unterstützung bei der Erledigung der anfallenden Korrespondenz. Gibt es kein elektronisches Reservierungssystem, wird die Buchung aufgrund des Reservierungsformulars durchgeführt.

Dieser Vordruck soll so gestaltet sein, dass alle notwendigen und wichtigen Informationen, die der Anruferin/dem Anrufer bei Anfragen mitzuteilen sind, einfach entnommen und die Antworten eingetragen werden können. Das ausgefüllte Formular wird gemeinsam mit dem Anfragebrief und der Anfragebeantwortung abgelegt. Eine mündliche Vereinbarung gilt im Falle eines **Stornos** als rechtliches Beweismittel.

Praktisch ist, für die Mitarbeiter/innen ein bereits ausgefülltes Muster in der Nähe des Telefons anzubringen.

Inhalte des Reservierungsformulars

- **Daten des Gastes:** Name, Vorname, Straße, Hausnummer, Postleitzahl, Ort, Land, Telefon- bzw. Faxnummer, Mobiltelefonnummer, E-Mail-Adresse
- **Daten zum gewünschten Aufenthalt:** An- und Abreisetag, Art der Unterkunft (Zimmer, Ferienwohnung, Ferienhaus etc.), Ausstattung (Zimmer mit Dusche/WC, Bad/WC, Kinderbett etc.), Verpflegung (Zimmer mit Frühstück, Halbpension, Vollpension etc.), Personenanzahl (Erwachsene und Kinder, Alter der Kinder)
- **Preise:** Normalpreis, Ermäßigungen, Sonderkonditionen, Gruppentarife, Pauschalangebote (Golfwoche) etc.
- **Sonderwünsche:** Extras im Zimmer, Diät, Transfer, Skipass etc.
- **Fragenliste:** genauer Ankunftstermin, Anreise mit Pkw, Bahn, Bus etc.

Woher hat der Gast die Adresse (Kontrolle von Werbeaktionen)? Ist er Stammgast?

- **Organisationsdaten:** aktuelles Datum, Name der Mitarbeiterin/des Mitarbeiters, Grund des Anrufs ...

Ein Beispiel für ein Reservierungsformular finden Sie als Download.

Gestalten Sie das Reservierungsformular zugeschnitten auf Ihren Betrieb. Nehmen Sie häufig auftauchende Fragen und Punkte in das Formular auf, sodass die Mitarbeiter/innen die passende Option nur ankreuzen müssen. Ändern Sie das Formular nach Ihren Bedürfnissen.

Franz. Chef de Réservation
Engl. Reservation Manager

RESERVIERUNGSLEITER/IN

Diese Position hat keinen unmittelbaren persönlichen Gästekontakt. Die Reservierungsleiterin/Der Reservierungsleiter ist für die Reservierungsabteilung verantwortlich.

AUFGABEN

- Gästebezogene Korrespondenz: Angebotserstellung, Reservierungsbestätigung, Änderungsvorschläge, Storno
- Entgegennahme der Reservierungen laut Belegungsplan in Absprache mit der Frontoffice Managerin/dem Frontoffice Manager
- Organisation des Büromanagements in der Reservierungsabteilung: Ablage der Korrespondenz etc.
- Verwaltung und Pflege der Online-Buchungssysteme und -plattformen
- Kontingentverwaltung: Zusammenarbeit mit Reisebüros, Kurverwaltungen, Gemeinden und anderen Veranstaltern sowie Internetbuchungsplattformen, z. B. booking.com, eigene Website etc. In Großbetrieben wird dies von der Sales-Abteilung gemacht.
- Anzahlungsverwaltung
- Mitverantwortung für die optimale Zimmerauslastung
- Mailings (In Großbetrieben werden diese von der Sales-Abteilung gemacht.)
- Dienstplanerstellung für die ihr/ihm unterstellten Mitarbeiter/innen

RESIDENT MANAGER/IN

Siehe Executive Assistant Manager/in

RESPONSE-ZEIT

Response-Zeit wird die Zeitspanne genannt, die vergeht, bis auf eine Anfrage ein Angebot übermittelt wird. Grundsätzlich sollten Betriebe versuchen, möglichst rasch auf Anfragen etwa per E-Mail zu reagieren. Bucher/innen schätzen eine rasche Antwort. Bei einer Response-Zeit von maximal zwei Stunden kann man zu 70 % mit einer Buchung rechnen.

„Die Verkürzung der Response-Zeit kann ein echter Wettbewerbsvorteil sein!

RETAILER

Siehe Reisevermittler

REVENUE MANAGEMENT

Siehe Yield Management

REVENUE MANAGER/IN

Wie kann der Umsatz gesteigert werden? Wie gestaltet ein Haus seine Zimmerpreise? Sind alle Buchungskanäle up to date? Das alles sind Fragen, die die Revenue Managerin/den Revenue Manager eines Hotels beschäftigen. Ebenso zählt die Budgetentwicklung zu den Kernaufgaben dieser Position. Die Revenue Managerin/Der Revenue Manager muss den Überblick über sämtliche Preise sowie Vertriebskanäle haben. Sie/Er pflegt die Reservierungssysteme, aktualisiert und analysiert alle Daten rund um Belegungszahlen, Zeiträume und Raten. Ziel ist die Steigerung des Umsatzes und der Belegung. Eine wesentliche Rolle spielt dabei auch die Preisgestaltung, etwa mittels Yield Management.

Im Alltag arbeitet die Revenue Managerin/der Revenue Manager eng mit den Abteilungsleiterinnen/-leitern von Verkauf, Bankettabteilung und Frontoffice zusammen.

REVERSE CHARGE

Bei der grenzüberschreitenden Inanspruchnahme von Dienstleistungen wird bei Abrechnungen die Umsatzsteuer mit dem sogenannten Reverse-Charge-Verfahren behandelt. Reverse Charge bedeutet Umkehr der Steuerschuld. Dabei ist nicht der Leistungserbringer, sondern der Leistungsempfänger Schuldner der Umsatzsteuer. Da die Firmensitze der meisten OTAs im Ausland sind (der Firmensitz von booking.com ist z. B. in Amsterdam), gilt für Kommissionsabrechnungen die Reverse Charge. Es kann auf der Kommissionsabrechnung der Hinweis „Umsatzsteuer ist verrechnet durch Reverse Charge“ vermerkt sein, muss aber nicht. Der Leistungsempfänger muss von sich aus diese Steuerschuld mit dem Steuerbetrag in der Umsatzsteuervoranmeldung eintragen.

„Die sehr gut und hervorragend bewerteten Hotels sind Topseller, die höhere Preise als Mitbewerber durchsetzen können. Ein professioneller Umgang mit Hotelbewertungen ist daher wichtig.

REVIEW

Bei der Suche nach einem passenden Hotel, lesen viele Menschen Reviews auf Online-Reiseplattformen wie trivago.at, tripadvisor.com oder booking.com. Diese Hotelbewertungen sind Berichte, in denen Gäste von ihren individuellen Erfahrungen in einem bestimmten Hotel erzählen. So können potenzielle Gäste vorab einen authentischen Eindruck davon gewinnen, was ein Beherbergungsbetrieb zu bieten hat.

Gut zu wissen

Bei Online-Reiseplattformen wie booking.com können nur **Gäste** ihre Bewertungen veröffentlichen, bei Bewertungsportalen wie tripadvisor.com kann hingegen jede/r, die/der sich dort angemeldet hat, ein Review veröffentlichen, selbst wenn sie/er in diesem Hotel gar nicht gewohnt hat. Bei Online-Buchungsplattformen können die Bewertungen auch nach Zielgruppen sortiert werden, damit der suchende Gast interessante Angebote schneller findet.

Positive Bewertungen sind eine enorme Hilfe im Hotelmarketing. Da die Leser/innen sie als objektive Beschreibungen empfinden, ist es wichtig, dafür zu sorgen, dass ein Hotel viele – wenn möglich positive – Bewertungen erhält. Jedes Hotel sollte sich deshalb bei den wichtigsten Bewertungsportalen (tripadvisor.com, holidaycheck.at, trivago.at) anmelden, einen Hotel-Account erstellen und ein Hotelprofil mit ansprechenden Bildern hochladen.

So können Sie (potenzielle) Gäste über Neuerung auf dem Laufenden halten. Zudem erhalten Sie Benachrichtigungen, wenn neue Reviews erscheinen und können zeitnah darauf reagieren bzw. diese kommentieren.

Diese Accounts verfügen zudem über Funktionen wie:

- Analyse von Hotelbewertungen: SWOT
- Extras für die Gäste, die über die Bewertungsplattform (z. B. Holidaycheck Card) buchen
- Widgets für die Hotel-Website gestalten und herunterladen
- Wettbewerbsmonitor: Bewertungen mit designierten Mitbewerbern vergleichen

Die Gäste sollten bei der Abreise oder danach per E-Mail gebeten werden, das Hotel zu bewerten.

Integrieren Sie direkte Links zur Hotelpräsentation auf den OTAs bzw. Bewertungsplattformen in die E-Mail, so findet der Gast die Seiten problemlos.

Wir freuen uns, von Ihnen zu hören!

Cc Bcc

Sehr geehrte/r …!

Herzlichen Dank, dass Sie bei uns im Hotel … zu Gast waren. Wir hoffen, dass Sie sich in unserem Hotel wohlgefühlt haben und einen schönen/angenehmen/erholsamen Aufenthalt genießen konnten. Wir möchten uns ständig verbessern und freuen uns daher, wenn Sie unseren Service auf Bewertungsplattformen wie … bewerten. Sollten Sie über Online-Buchungsplattformen wie ... gebucht haben, können Sie auch dort die Möglichkeit nutzen, anderen Gästen unseren Service zu beschreiben.

Wir freuen uns auf Ihr Feedback und ein baldiges Wiedersehen!

Weitere Tipps

- Ersuchen Sie Ihre Gäste auch, auf Social-Media-Plattformen wie Facebook, Twitter oder Instagram ihre Meinungen zu posten.
- Verwenden Sie Widgets und Auszeichnungen der Bewertungsplattformen für Ihr Marketing und bauen Sie diese Social-Media-Elemente in Ihre Website ein.
- Fordern Sie Ihre Gäste nicht auf, vom Hotelcomputer (Internetcorner) aus Reviews für Sie zu verfassen. Aufgrund der Überprüfung der IP-Adressen der Computer würden die Bewertungsplattformen einen Betrug bzw. Eigenbewertung vermuten, das Review nicht veröffentlichen und das Hotel intern negativ kennzeichnen.
- Bauen Sie in Ihre Website eine gute Übersicht weltweiter Bewertungen ein. Diese werden nacheinander aufgelistet und ein Durchschnitt errechnet. Partner hierfür sind Firmen wie **Hotelnavigator** oder **TrustYou.**

Wie Sie richtig auf Bewertungen reagieren, erfahren Sie unter dem Stichwort Reputationsmanagment.

WAS TUN BEI UNGERECHTFERTIGTEN GÄSTEBEWERTUNGEN?

Nehmen Sie bei ungerechtfertigten Gästebewertungen Kontakt zur Bewertungsplattform auf. Diese prüft, ob der Gast tatsächlich im Hotel genächtigt hat. Dafür wird der Gast um die Reservierungsbestätigung bzw. die Rechnung gebeten. Wird diese nicht in einem angemessenen Zeitraum nachgereicht, wird das fragliche Review gelöscht.

Es können nur Reviews mit Unwahrheiten, Unterstellungen, Verstößen, wie z. B. persönlichen Beleidigungen, Obszönitäten, Verleumdungen, unethischen oder politisch nicht korrekten Äußerungen, beanstandet werden. Normalerweise werden solche Reviews vorab geprüft. Wenn ein Verstoß übersehen wurde, kann eine Löschung der Bewertung beantragt werden.

Lügen oder Unwahrheiten können beanstandet werden. Hier liegt die Beweislast beim Hotel. Der rechtliche Handlungsspielraum für Hoteliers ist dadurch sehr beschränkt. Der Hotelier ist verpflichtet, die Unwahrheit der Aussagen zu beweisen – was mitunter schwierig sein kann. Kann das Hotel einen Beweis vorlegen, wird das Review gelöscht. In der Verfassung ist verankert, dass jeder das Recht auf freie Meinungsäußerung hat – auch wenn die Aussagen verärgern können oder den Ruf des Hotels schädigen. Anders verhält es sich bei unwahren Tatsachenbehauptungen. Diese können in das geschützte Recht des (wirtschaftlichen) Rufs des Hoteliers eingreifen, wenn sie abstrakt geeignet sind, geschäftsgefährdend zu sein, und der Hotelgast die Unrichtigkeit der von ihm verbreiteten Tatsachenbehauptungen kannte oder kennen musste. Die Grenze zwischen (zulässigen) reinen Werturteilen und (nicht zulässigen) unwahren Tatsachenbehauptungen ist fließend und in jedem Einzelfall konkret zu prüfen.

Beispiele

Tatsachenbehauptungen

- „Zugesagter Internetanschluss im Zimmer nicht vorhanden"
- „Ungeziefer im Zimmer"
- „Zimmer schmutzig"

Bewertungen

- „Nicht zu empfehlen"
- „Ausstattung gefällt nicht"
- „Enttäuschend"
- „Essen schmeckt nicht."
- „Angebot lässt zu wünschen übrig."

REVPAR *(Revenue Per Available Room)*

Diese Kennzahl beschreibt den Durchschnittspreis pro verfügbarem Zimmer. Sie gibt Auskunft über die Produktivität der Zimmer in einer bestimmten Zeitperiode. Zur Berechnung wird die Anzahl der im Berechnungszeitraum verfügbaren Zimmer herangezogen (belegte Zimmer + nicht belegte Zimmer exklusive Out-of-Order-Zimmer).

Diese Kennzahl vergegenwärtigt gut, dass freibleibende Zimmer im Endeffekt zulasten des Durchschnittspreises gehen. Sie zeigt die Möglichkeiten der Preisvariation bzw. der Preisuntergrenze und macht klar, dass nichts so teuer ist wie ein leeres Hotelzimmer.

Berechnung der Kennzahl

$$\frac{\text{Logisumsatz}}{\text{Gesamtzahl der zur Verfügung stehenden Zimmer}} = \text{RevPAR}$$

Wird mit Online Travel Agencys (OTAs) zusammengearbeitet, muss zur korrekten Berechnung des RevPAR die Nettorate herangezogen werden. Es sind Umsatzsteuer und weitere Abgaben (z. B. Ortstaxe) herauszurechnen.

Beispiel

$$\frac{\text{91.680,00 (Logisumsatz für den Monat Oktober)}}{\text{870 (Anzahl der max. möglichen Zimmernächte im Oktober)}} = \text{105,38 EUR pro Zimmernacht}$$

Die Kennzahl zeigt, wie viel Geld durch ein leerstehendes Zimmer verloren geht. Außerdem wird dadurch klar, wie niedrig der Zimmerpreis hätte sein können, zu dem die leer gebliebenen Zimmer hätten verkauft werden können.

REVPOR *(Revenue Per Occupied Room)*

Siehe ADR, Kennzahl

REZEPTION

Rezeption leitet sich vom lat. recipere, dt. aufnehmen ab und bezeichnet den Empfangsbereich in einem Gebäude. An der Rezeption checkt der Gast im Hotel ein und aus und bezahlt seine Rechnung. Außerdem bekommt er Auskünfte aller Art, kann Theaterkarten, Sightseeingtouren, Flugtickets, einen Tisch in einem Restaurant etc. buchen oder auch Geld wechseln. In größeren Betrieben steht für diese Auskünfte und Organisationsaufgaben der Concierge (Portier) bzw. die Kassierin/der Kassier zur Verfügung. In Kleinbetrieben übernimmt die Rezeption diese Verwaltungstätigkeiten.

Da die Rezeption die erste Anlaufstelle für Gäste (bei organisatorischen Angelegenheiten ebenso wie bei der Suche nach Auskünften) und das Schaltzentrum eines Hotels ist, sollte sie zentral gelegen und für Gäste leicht erreichbar sein. Sie ist die Drehscheibe der Gästeverkehrswege und der Mittelpunkt der Hotelhalle. Von hier führen Verbindungen, wie Treppenhäuser, Korridore oder Lifte,

- zum Beherbergungsbereich: Etagen/Zimmer,
- zum Verpflegungsbereich: Restaurant, Gaststube, Café, Bar etc.,
- zum Seminarbereich: Konferenzräume etc. und
- zu den Freizeitanlagen: Schwimmbad, Sauna, Fitnessraum etc.

Der Rezeptionsbereich dient nicht nur der Kommunikation mit den Gästen, er ist auch die zentrale Schaltstelle des Betriebes, die sowohl funktionell als auch optisch dem Corporate Design (den Gestaltungsrichtlinien) des Unternehmens entsprechen soll.

Bauliche Erfordernisse an der Rezeption

- Grundsätzlich besteht die Rezeption aus einem **Rezeptionspult/Frontdesk, Regalen, Fächern** und **Schubladen, Ablageflächen** und einem **Schlüsselfach** bzw. einer **Schlüsselschublade** oder einem **Schlüsselboard** mit integrierten Ablageflächen für die Gästepost.
- Betritt ein Gast ein Hotel, soll er die Rezeption sofort sehen.
- Von der Rezeption oder der Portierloge aus soll die Hotelauffahrt einsehbar sein.
- Zwischen Büro und Rezeptionsbereich soll eine Durchsicht sein. So sehen Mitarbeiter/innen, die gerade im Backoffice arbeiten, ankommende Gäste und können sich um diese kümmern, sollte die Rezeption unbesetzt sein.
- Die Rezeption soll im Bereich des Haupteinganges liegen, sodass Eingang, Treppenaufgang, Lift, Telefonzellen, Gepäckablage, Garderobe und Kiosk überschaubar sind.
- Die Zentralisierung aller technischen Kontrollanlagen soll im Bereich der Rezeption gesichert sein (Telefon, Beleuchtung, Musik, Brandmelder etc.).
- Ist die Rezeption nicht durchgehend besetzt, sollte sie aus Sicherheitsgründen absperrbar sein.
- Die Gestaltung der Arbeitsplätze an der Rezeption soll ergonomischen Anforderungen entsprechen.
- Evtl. kann ein Kiosk an die Rezeption angeschlossen sein.

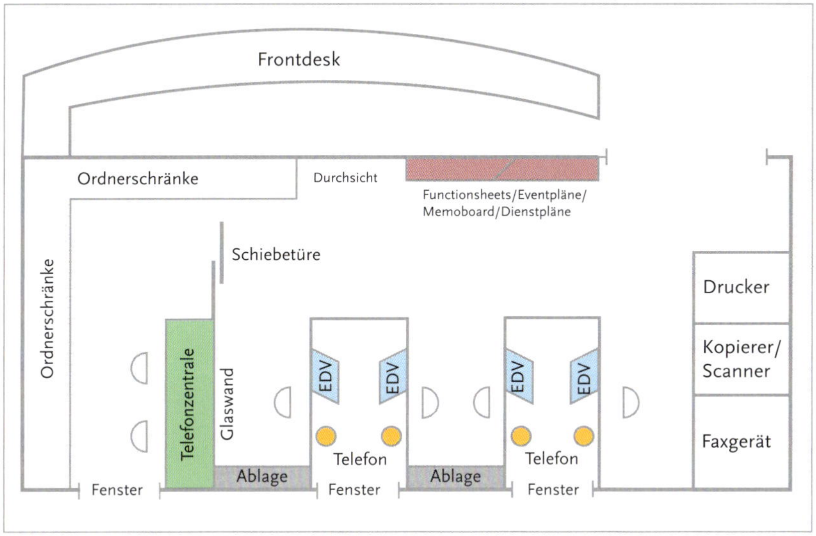

Franz. Réceptionniste
Engl. Receptionist, Room Clerk

„Neben der Rezeptionistin/dem Rezeptionisten gibt es häufig auch Junior Room Clerks, das sind meist Berufsanfänger/innen.

REZEPTIONIST/IN

Die Rezeptionistin/Der Rezeptionist unterstützt die Frontoffice Managerin/den Frontoffice Manager bei allen Tätigkeiten. Gleichzeitig hat sie/er auch immer direkten Kontakt zu den Gästen. Sie/Er ist für die optimale Gästebetreuung zuständig. Die Position der Schichtführerin/des Schichtführers (engl. Shiftleader) übernehmen erfahrene Rezeptionistinnen/Rezeptionisten. Der Shiftleader vertritt in der jeweiligen Schicht (Frühdienst, Spätdienst) vollverantwortlich die Frontoffice Managerin/den Frontoffice Manager, wenn diese/r frei hat.

AUFGABEN

Aufgaben im amerikanischen/europäischen Organisationssystem in Großbetrieben

- Gästebetreuung – zuständig für Fragen, Anliegen und Bedürfnisse der Gäste
- Organisation des Check-ins (Anmeldung laut Meldegesetz, Zimmerzuteilung, Gepäcktransport, Hinweis auf Parkmöglichkeiten etc.)
- Telefonvermittlung
- Erstellen von telefonischen Angeboten, Annahme von Reservierungen sowie schriftliche Weiterleitung an die Reservierungsabteilung zur Weiterbearbeitung
- Gästekorrespondenz in Absprache mit der Reservierungsleiterin/dem Reservierungsleiter in Abwesenheit einer Mitarbeiterin/eines Mitarbeiters der Reservierungsabteilung
- Bei Reservierungen, die das Restaurant oder die Bankett- bzw. Veranstaltungsabteilung betreffen, Kontaktherstellung zwischen Gast und zuständiger Mitarbeiterin/zuständigem Mitarbeiter.
- Erstellung der VIP-Liste und Weitergabe der Information an das Housekeeping-Department.
- Ablage der Gästekorrespondenz, der Anreise- bzw. Abreiselisten, der Rechnungen, der Gästeverzeichnisblätter etc. in die jeweiligen Ordner (in Papierform und/oder digital)
- Dienstübernahme/Dienstübergabe (Frühdienst, Spätdienst, Nachdienst)
- Führen und Aktualisieren des Übergabebuches/Logbuches (physisch oder digital)
- Unterstützung der Reserverungsleiterin/des Reservierungsleiters und der Kassierin/des Kassiers
- Freihalten der Zufahrten für neuankommende Gäste und Einsatzfahrzeuge

Zusätzliche Aufgaben einer Alleinrezeptionistin/eines Alleinrezeptionisten in Klein- und Mittelbetrieben

- Gästebetreuung
- Reservierung von Theater- oder Konzertkarten, Tischreservierungen für Gäste, Bestellung von Taxis, Shuttles etc.

- Erste Anlaufstelle für Reklamationen – Zuständigkeiten sind betriebsintern geregelt
- Durchführen des Check-outs (Erstellen der Pro-Formarechnung, Belegkontrolle, Rechnungslegung, Zahlungseingang, Verabschiedung, Hinweis auf Hotelbewertungsportale, Follow-up etc.)
- Weiterleitung von Nachrichten und Post an Gäste und an die zuständigen Abteilungen
- Erstellung einer Liste für bestellte Tageszeitungen und Journale
- Verkauf von Postkarten, Souvenirs und Reiseartikeln des täglichen Hygienebedarfes (Zahnpflege, Bartpflege, Hygieneartikel etc.) an Gäste
- Verwaltung der Zimmerdebitorenrechnungen und Weiterleitung zur Kontrolle an die Frontoffice Managerin/den Frontoffice Manager
- Erstellen von Debitorenrechnungen für Seminare und Veranstaltungen
- Nachtdienst im Bedarfsfall
- Evtl. Kontrolle der Anreisezimmer bei Abwesenheit der Hausdame
- Warenannahme nach Rücksprache mit dem zuständigen Abteilungsleiter (Einkauf, Direktion)
- Verwaltung des Safedepots

„Alle Aufgaben perfekt zu erfüllen, ist wichtig. Das A und O an der Rezeption ist aber zusätzlich, freundlich und mit ganzem Herzen bei der Sache zu sein. Nur wer seinen Beruf gerne hat, wird ihn auch zur Zufriedenheit der Gäste – und damit des Betriebes – machen.

ROBINSONLISTE

Nicht alle schätzen Direktwerbung. Daher gibt es **Robinsonlisten,** in denen Personen, die keine unaufgeforderte Werbung erhalten wollen, eingetragen sind. Es gibt Robinsonlisten für verschiedene Kanäle: Post, E-Mail, SMS, Telefon und Telefax. Sie werden von Branchenverbänden der Direktmarketing-Unternehmen sowie des Verbraucherschutzes geführt. Bei Versand von Mailings ist unbedingt darauf zu achten, ob die Empfänger/innen eine Zustellung wünschen.

ROCK-BOTTOM-PREIS

Auch: Temporäre Preisuntergrenze (PUG)

Der Rock-Bottom-Preis meint jene Rate, die ein Zimmer mindestens kosten muss, um es kostendeckend zu verkaufen. Um die sogenannte Preisuntergrenze (PUG) berechnen zu können, müssen die fixen (z. B. Personalkosten, Versicherungen, Pacht) und die variablen Kosten (z. B. Reinigung, Wäsche) bekannt sein.

Berechnung der Preisuntergrenze

$$\text{Rock-Bottom-Preis} = \frac{(\text{Fixkosten} + \text{variable Kosten})}{\text{Anzahl der vermieteten Zimmer}}$$

WAS DER PROFI DAZU SAGT

Im Ausnahmefall (z. B. kurzfristiges Gruppenstorno) kann die kurzfristige Preisuntergrenze in Höhe der variablen Kosten festgesetzt werden. Dies sollte aber keinesfalls Teil der üblichen Preisstrategie sein.

ROOM CLERK

Siehe Rezeptionist/in

ROOM NIGHT

Siehe Zimmernacht, Kennzahl

ROOM ONLY RATE

Das ist eine Rate, bei der nur die Übernachtung inkludiert ist. Frühstück und alle weiteren Leistungen können erst später oder vor Ort dazugebucht werden und sind extra zu bezahlen. Der Vorteil ist, dass die Preisdarstellung in Online Travel Agencys (OTAs) günstiger ist und viele Gäste Preise ohne Frühstück wünschen.

ROOMS DIVISION

Diesem Bereich sind Frontoffice und Housekeeping-Department zugeordnet. Verantwortliche Leiterin/Verantwortlicher Leiter ist die Rooms Division Managerin/der Rooms Division Manager.

Rooms Division
Rooms Division Manager/in

Frontoffice		Housekeeping
Frontoffice Manager/in		Executive Housekeeper
Rezeption	Halle	
■ Rezeptionist/in ■ Nachtportier ■ Kassier/in	■ Concierge ■ Page ■ Lohndiener/in ■ Türsteher/in	

ROOMS DIVISION MANAGER/IN

Die Rooms Division Managerin/Der Rooms Division Manager sorgt für einen reibungslosen Ablauf in Frontoffice und Housekeeping-Abteilung. Die Kontrolle der Auslastung gehört ebenso zum Zuständigkeitsbereich wie die Betreuung der Telefonzentrale.

Eine Rooms Division Managerin/Einen Rooms Division Manager gibt es nur in großen Hotels. In mittelgroßen Hotels übernimmt die Frontoffice Managerin/der Frontoffice Manager, die/der gleichzeitig auch das Housekeeping-Department leitet und für alle Guest Relations zuständig ist, die Leitung dieser Abteilung.

Die vorgesetzte Stelle ist die der Resident Managerin/des Resident Managers.

S

#rezeption

SAFE

BIS

SWITCH COMPANY

SAFE

Siehe Zimmersafe

SALES-ABTEILUNG

Die Sales- und Marketingabteilung betreut Firmen und Reisebüros großteils außer Haus. Sie trifft Firmenvereinbarungen und liefert wichtige Informationen über die Firmen und die Personen, die die Buchungen vornehmen. Die Preisgestaltung erfolgt meist in Zusammenarbeit von Frontoffice und Sales- und Marketingabteilung.

„Mitarbeiter/innen der Sales-Abteilung erfahren in einem persönlichen Gespräch oft viel mehr über die Gästezufriedenheit und über die Gästewünsche, als es am Telefon möglich ist.

Folgende Informationen werden zwischen Frontoffice und Sales-Abteilung ausgetauscht:

- Anfragen von Firmen (Firmenrate oder Buchung von größeren Veranstaltungen) und Reisebüros (Gruppenbuchungen)
- Probleme mit Reisebürokontingenten
- Geplante Firmenbesuche
- Reservierungsprobleme: z. B. keine verfügbaren Zimmer, Fehler bei einer Reservierung, Buchungsausfälle, Probleme mit Key-Account-Kunden
- Preisvereinbarungen
- Informationen über Neukundinnen/-kunden
- Informationen über Zimmerkontingente für Sonderpreise und für Reisebüros, Unterstützung bei Spezialterminen der Kundenbetreuung etc.
- Vorstellung neuer Produkte, Angebote, Packages

Während größere Hotels oft eine eigene Sales-Abteilung haben, übernehmen in kleinen und mittleren Hotels zum Teil Frontoffice-Mitarbeiter/innen Verkaufsagenden, etwa:

- Erstellung von Unterlagen für Verkauf bzw. Verkaufsförderung
- Verhandeln von Verträgen mit Reisebüros, Incoming-Agenturen, Firmen und anderen Vertriebspartnern
- Durchführung von Sales Calls in Kombination mit Direkt Mailings
- Verkauf am Telefon
- Durchrufen der bestehenden Gästekartei und Eruieren der aktuellen Daten sowie Verkauf der aktuellen Angebote

S

SALES CALL

Ein Sales Call ist eine gezielte Verkaufsaktion, um bestehende Kundinnen/Kunden (wie Firmen, Reisebüros oder Fluggesellschaften) zu betreuen. Hauptsächliches Ziel ist, Problemen vorzubeugen und sich zu erkundigen, ob das Angebot zur Zufriedenheit der Kundin/des Kunden ist oder ob Änderungswünsche bestehen. Vorwiegend werden Sales Calls in der Stadthotellerie durchgeführt.

Sales Calls sollten gut geplant und vorbereitet sein. Zuerst wird das Adressenmaterial gesichtet und die gewünschten Adressen ausgewählt. Legen Sie, bevor Sie mit dem Telefonat beginnen, ein Sales-Call-Protokoll mit allen bereits verfügbaren Daten über die Kundin/den Kunden bereit.

Auch wenn neue Kundinnen/Kunden gewonnen werden sollen, steht meist ein Anruf an erster Stelle.

- Hierbei wird erfragt, wer für Hotelreservierungen zuständig ist: Dabei sollten Vor- und Nachname, Abteilung und Durchwahl der entsprechenden Person in Erfahrung gebracht werden.
- Wenn man dann mit der richtigen Person verbunden ist:
    - Kurze Vorstellung der eigenen Person und des Hauses
    - Fragen, ob die Gesprächspartnerin/die Gesprächspartner Ihr Hotel kennt
    - Fragen, ob Hotelbuchungen vorgenommen werden und wenn ja, in welchem Ausmaß
    - Fragen, ob man zu einem Gesprächstermin vorbeikommen oder zum Frühstück einladen darf und wenn ja, Termin vereinbaren

- Alle Ergebnisse des Telefonats sowie etwaige Terminvereinbarungen werden im Sales-Call-Protokoll festgehalten und wichtige Daten (Firmenname, Adresse, Ansprechperson, Preisliste, Source-Code, Market-Code, Channel-Code) im Property Management System eingetragen.
- Evtl. Nachbereitung, wie z. B. nochmalige Kontaktaufnahme, Versand von Unterlagen an andere Abteilungen oder Verfügbarkeitsüberprüfung bei konkreten Anfragen

SALESMANAGER/IN

Ob Hotelzimmer oder Veranstaltungsräumlichkeiten – die Salesmanagerin/der Salesmanager muss alles an die Frau/den Mann bringen.

AUFGABEN

- Kundenakquise
- Verkauf und damit das Akquirieren von Umsätzen
- Erstellen von Werbeunterlagen und Infobroschüren
- Entwicklung von Strategien, um den Umsatz in auslastungsschwachen Zeiten zu verbessern
- Erstellen von Vertriebsplänen
- Erstellung von Angeboten
- Verkaufsgespräche
- Suche nach neuen Absatzmärkten und Zielgruppen
- Markt- und Konkurrenzbeobachtung, Verarbeitung der Ergebnisse: Verbesserung der angebotenen Produkte und deren Qualität

SCHLIESSFACH

Schließfächer sind eine Möglichkeit zur Verwahrung von Wertgegenständen. Diese sind meist in einem eigenen Raum in der Nähe der Rezeption untergebracht. Der Gast erhält ein Schließfachblatt, das er unterschreibt. Aus Sicherheitsgründen können diese Schließfächer nur mit zwei Schlüsseln geöffnet werden (einen erhält der Gast, einen die Rezeptionistin/der Rezeptionist). Wertgegenstände können neben Schließfächern auch in Zimmersafes verwahrt werden.

SCHLÜSSEL

Schlüssel, Keycard, Transponder usw. – die Möglichkeiten, Gästen den Zutritt zu ihrem Zimmer bzw. zu bestimmten Bereichen des Hotels zu ermöglichen, sind vielfältig. Wichtig bei der Wahl eines Schlüsselsystems ist, dass es zu den Anforderungen des jeweiligen Hotels passt und für den Gast einfach zu bedienen ist.

Konventionelles Schlüsselsystem

Die gebräuchlichsten Schlüssel sind die sogenannten **Bartschlüssel.** Jedem Schlüssel sind bestimmte Zugangsberechtigungen zugeordnet – vom einfachen Zimmerschlüssel bis zum Masterkey oder Zentralschlüssel, der sämtliche Schlösser im Betrieb sperrt.

Vorteil	Nachteile
■ Die technische Anfälligkeit (z. B. Klemmen in Schlössern) ist minimal.	■ Geht der Schlüssel verloren oder bricht er ab, muss das Schloss ausgetauscht werden (bei Masterkeys sogar alle Schlösser). Das ist teuer und aufwendig. ■ Der Schlüsselanhänger ist meist groß und unhandlich. Ist die Rezeption nachts unbesetzt ist und sperrt der Zimmerschlüssel auch den Nachteingang, muss der Gast diesen auch außer Haus bei sich tragen.

Keycard

Die Keycard ist eine **Magnetkarte,** auf der Informationen verschlüsselt gespeichert sind. Es gibt auch Keycards mit NFC-Technologie. In erster Linie dient die Keycard als **Schlüssel.** Sie kann aber auch **weitere Berechtigungen** für Dienstleistungseinrichtungen im Hotel enthalten (z. B. Öffnen der Eingangstüre und des Zimmersafes, Zugang zum Wellnessbereich, zur Garage, zum Skistall). Ebenso ist es in manchen Betrieben möglich, einen Geldbetrag auf die Karte zu buchen, der für Zahlungen im Betrieb zur Verfügung steht.

Gut zu wissen

Können auch Konsumationen, Geldbeträge oder Wellnessbehandlungen auf die Keycard gebucht werden, sollte für jeden Gast im Zimmer eine eigene Keycard ausgestellt werden, um Verwirrung zu vermeiden.

Vorteile	Nachteile
■ Die Keycard ist anonym – Hotel und Zimmernummer scheinen nur auf dem Zimmerausweis auf, der bei der Übergabe zusammen mit der Keycard ausgehändigt wird. ■ Bei Verlust ist weder ein Schloss auszutauschen noch ein Schlüssel nachzubestellen. Es wird lediglich eine neue Karte programmiert.	■ Der Gast kann seine Zimmernummer vergessen. ■ Schadhafte Karten müssen aussortiert, die Verlässlichkeit überprüft werden.

Funkchip/Transponder

Funkchips oder sogenannte Transponder, die oft von den Gästen als **Armband** getragen werden können, werden häufig in Wellnessbetrieben verwendet.

Vorteil
■ Der Funkchip besitzt sämtliche Eigenschaften einer Keycard, verlangt aber keine direkte Berührung mit den Lesegeräten (Türschloss, Restaurantkasse, Schwimmbad etc.) und ist daher – gerade in Wellnessbereichen – für die Gäste praktisch.

PIN-Code

Der Gast erhält per E-Mail oder SMS einen PIN-Code, mit dem er in sein Zimmer gelangt.

Smartphone

Auch das Smartphone kann als Türöffner dienen. Dabei wird mittels App eine virtuelle Keycard übermittelt.

Vorteil	Nachteile
■ Hotel und Gast können über die App relativ einfach miteinander in Kontakt treten.	■ Ein Smartphone ist nötig. Ältere Menschen oder Menschen, die mit digitalen Technologien nicht gut vertraut sind, werden als Gäste evtl. abgeschreckt. ■ Oft ist auch der Check-in online möglich. Der persönliche Kontakt zwischen Gast und Rezeptionsmitarbeiterinnen/-mitarbeitern fällt weg. ■ Bei Stromausfall oder technischem Gebrechen (z. B. Ausfall des Internets oder leerem Akku funktioniert das System nicht.

WAS TUN, WENN EIN GAST SICH AUSSPERRT?

Fragen Sie nach der Zimmernummer und dem Namen des Gastes. Sollten weitere Gäste in der Nähe sein, darf die Rezeptionistin/der Rezeptionist die Zimmernummer aus Datenschutzgründen nicht laut wiederholen.

SCHUTZHÜTTE

Schutzhütten sind einfache Unterkünfte für Wanderer, oft mit Matratzenlager, die sich häufig auf Bergen oder entlang von Wanderrouten befinden.

SECRETARIAL SERVICE

Neben oder anstelle eines Business Service Centers bieten manche Hotels einen sogenannten Secretarial Service an. Mitarbeiter/innen übernehmen für die Gäste Sekretariatsaufgaben, etwa Transkriptionen, das Erstellen von Kopien oder Versenden von Schriftstücken. Dieser Service ist vor allem in Businesshotels bzw. bei Geschäftsreisenden sehr beliebt.

Achten Sie darauf, auch eine alkoholfreie Alternative einzuplanen!

SEKTEMPFANG

Sektempfänge werden im Allgemeinen bei außergewöhnlichen Anlässen abgehalten. Sie können sowohl privaten als auch geschäftlichen und/oder offiziellen Charakter haben (Beginn einer Feier, Hochzeit, Geburtstag, Geschäftseröffnung, Theaterpremiere).

Ein Sektempfang kann zu jeder Tageszeit stattfinden, dauert meist kurz (nicht länger als zwei Stunden) und wird normalerweise als Stehempfang organisiert. Evtl. gibt es einige Sitzgelegenheiten für ältere oder gebrechliche Gäste. Serviert wird – wie der Name schon sagt – Sekt. Gegebenenfalls wird Fingerfood gereicht.

SELEKTIONSCODE

Nicht jedes Angebot ist für jeden Gast interessant. Ein Ehepaar im Pensionsalter, beide leidenschaftliche Golfer, freut sich vermutlich über andere Angebote als eine Familie mit drei Kleinkindern. Selektionscodes unterstützen bei der Gästebetreuung. Bei Marketingmaßnahmen (siehe Direktmarketing) sind sie ein wichtiges Tool, um den Gästen maßgeschneiderte Informationen und Angebote zukommen zu lassen. Die Selektionscodes werden in der Gästekartei/im Property Management System bei den Gastdaten eingetragen.

Zur Segmentierung der Gäste werden meist interne Abkürzungen bzw. Selektionscodes verwendet, wie z. B. ILT für Individual Leisure Traveller (Individualreisende/r), IBT für Individual Business Traveller (Geschäftsreisende/r, Seminargast, Kongressgast), GLT für Group Leisure Traveller (Gruppenreisende/r), GBT für Group Business Traveller (Kongress- oder Incentive-Gruppenreisende/r).

WAS DER PROFI DAZU SAGT

Familien können Kultururlaube planen und Best Ager neben Wellness Lust auf Shopping oder Kultur haben. Daher ist es von großer Bedeutung, dass das Property Management System eine Zuordnung der Gäste zu mehreren Zielgruppen zulässt.

SEMINAR

Unternehmen investieren heute viel in die Aus- und Weiterbildung ihrer Mitarbeiter/innen. Seminare etc. finden oft in Seminarhotels statt.

Veranstaltungen wie Seminare, Konferenzen oder Tagungen sind saisonunabhängig und finden häufig im Herbst und Frühjahr statt, in einer meist auslastungsschwachen Zeit. Daher sind solche Veranstaltungen eine gute Möglichkeit, die Auslastung zu steigern.

„Leichte Erreichbarkeit ist oft nicht der wichtigste Faktor bei der Wahl eines Seminarhotels. Aus Gründen der Gruppendynamik werden bewusst abgelegene Hotels in Ruhelage gewählt.

S

Um ein Hotel erfolgreich als Seminarhotel zu platzieren, sind bestimmte Voraussetzungen nötig, etwa die entsprechende Raumausstattung samt Technik. Zum guten Gelingen einer Veranstaltung tragen aber auch das Speisen- und Getränkeangebot sowie ein perfekter Service bei.

Da immer wieder Seminaranfragen das Frontoffice erreichen, müssen Frontoffice-Mitarbeiter/innen zumindest grundlegende Auskünfte dazu geben können. Welche Abteilung wofür zuständig ist, muss genau geregelt sein, damit Anfragen rasch weitergeleitet und bearbeitet werden können.

SO GELINGT'S

Gästezimmer

Die Teilnehmer/innen sollten in komfortablen Einbettzimmern beherbergt werden. Achten Sie darauf, alle Teilnehmer/innen – sofern nicht anders vereinbart – in gleichwertigen Zimmern unterzubringen. Um den Gästen weite Wege zu ersparen, sollten die Gästezimmer nahe bei den Konferenzräumen sein.

Viele Seminargäste belegen Doppelzimmer als Einzelperson. Sind die Doppelzimmer sehr unterschiedlich groß, sollten die kleineren Doppelzimmer als Doppelzimmer zur Einzelbenutzung zugeteilt werden.

Die Trainerin/Der Trainer erhält ein Businesszimmer mit Schreibtisch, Lampe, ausreichend Steckdosen und technischer Grundausstattung, da oft Vor- und Nachbereitungsarbeiten im Zimmer zu erledigen sind. Auch eine Sitzgarnitur und genügend Bewegungsfreiheit sind selbstverständlich.

Seminarräume

Die Seminarräume müssen über eine zeitgemäße technische Ausstattung verfügen. Dazu gehören ausreichend Stromanschlüsse sowie Anschlüsse für PC etc. mit den dazugehörenden Kabeln sowie Einrichtungen wie Leinwand, Beamer und Verdunkelungsmöglichkeiten. Ein schnelles WLAN ist Standard. Um gegebenenfalls in Kleingruppen arbeiten zu können, sind kleinere Räume oder Nischen in der Nähe der Seminarräume für Gruppenarbeiten ideal.

Verpflegung

Die Verpflegung während einer Veranstaltung bzw. in den Pausen stellt für den Betrieb einen Zusatzverkauf dar. Oft werden dafür Seminarpauschalen – sogenannte **Conference Packages –** verrechnet. Die Kalkulation der Speisen und Getränke basiert auf Erfahrungswerten.

Abhängig vom Anlass kann auch ein Rahmenprogramm, z. B. Begrüßungscocktail, Ausflugsangebote oder Freizeit- und Kulturangebote angeboten werden.

Die Mahlzeiten für Seminargäste sollen in einem eigenen Raum oder zumindest an einer eigenen Tischgruppe serviert werden.

Bei Seminaren sind häufig Logis und Frühstück und je nach Vereinbarung die Mittag- oder Abendessen inkludiert und werden vom Veranstalter übernommen. Zusätzlich in Anspruch genommene Leistungen müssen von den Gästen extra bezahlt werden. Die inkludierten Leistungen werden auf City Ledger gebucht und über eine Debitorenrechnung abgerechnet. Zusatzleistungen sind von den Gästen beim Check-out zu begleichen.

Sonstiges

Optimal sind kurze Wege zwischen Seminarräumen, Gruppenräumen, Pausenzonen, sanitären Anlagen und Zimmern. Eine Garderobe und ein Abstellraum sollen ebenfalls in unmittelbarer Nähe sein.

Bei Schönwetter sollen die Arbeit und auch die Pausen im Freien möglich sein. Ein Raum für gemütliche Kamingespräche abends nach dem Seminar soll vorhanden sein. Hier sollen auch noch nach 22:00 Uhr Getränke und kleine Speisen serviert werden.

Oft dauern Seminare bis zu zwölf Stunden pro Tag und sind geprägt von hoher Arbeitsintensität. Daher ist es für die Teilnehmenden wichtig, Freizeiteinrichtungen zur Erholung und Regeneration auch außerhalb der Arbeitszeiten nutzen zu können.

Angebote

Nicht jedes Hotel ist für alle Arten von Veranstaltungen geeignet. Überlegen Sie gut, welche Zielgruppe Sie ansprechen möchten und können.

Seminarpackages müssen übersichtlich beworben werden – auf der Website sowie in einem Prospekt oder einer Konferenz- oder Seminarmappe inklusive der notwendigen Checklisten. Die Ansprechpartnerin/Der Ansprechpartner im Hotelbetrieb und jene/r des Veranstalters müssen auf den Unterlagen aufscheinen.

Wenn Sie Ihr Seminarangebot auf Ihrer Website bewerben, achten Sie darauf, vor allem jene Informationen zu liefern, die für potenzielle Kundinnen und Kunden relevant sind (z. B. Grundrisse und Größen der Räume, Bestuhlungsarten und technische Ausstattung).

Die Konditionen müssen für den Veranstalter attraktiv sein. Der spezielle Nutzen für das Seminarhotel liegt in der Verbesserung der Auslastung, dem Zusatzumsatz mit Extras, einem eventuellen Folgegeschäft, z. B. einer Urlaubsbuchung, und im Ansprechen neuer Zielgruppen.

S

Kooperationen
In Österreich gibt es mehrere Hotelgruppen, die gemeinsam werben. Prospekte werden gemeinsam erstellt, die Teilnahme an Messen und Workshops wird abgesprochen. Solche Kooperationen sind z. B. Round-Table-Konferenzhotels und Symposion-Hotels.

Ablauf eines Seminars
Meist reist die Trainerin/der Trainer schon am Vorabend an. Bereits zum Anreisezeitpunkt sollten der Seminarraum und eine Mitarbeiterin/ein Mitarbeiter zur Verfügung stehen, um letzte organisatorische Fragen zu klären und die Details der Veranstaltung zu besprechen.

> *Begrüßen Sie die Seminarleiterin/den Seminarleiter mit Namen.*

Vor der Ankunft der Teilnehmer/innen sind der gebuchte Seminarraum und die Gruppenräume mit der gewünschten Bestuhlung vorzubereiten, die Technik zu überprüfen und das benötigte Material bereitzustellen. Im Frontoffice liegt eine Teilnehmerliste mit der Zimmereinteilung auf. VIPs sollen vermerkt sein.

Die Teilnehmer/innen werden persönlich begrüßt und auf die Angebote des Hotels hingewiesen.

Am Ende einer Veranstaltung empfiehlt sich ein kurzes Gespräch mit der Trainerin/dem Trainer und den Teilnehmerinnen/Teilnehmern, um zu klären, ob alles in Ordnung war. Auch ein kurzer Fragebogen, der in die Seminarmappe gelegt wurde, kann interessanten Input liefern, z. B. Verbesserungsvorschläge.

Die Räumung der Gästezimmer sollte erst mit Seminarende erfolgen. Ist dies aus zeitlichen Gründen nicht möglich, muss es möglich sein, das Gepäck bis zum Ende des Seminars sicher zu verwahren. Achten Sie darauf, dass die Teilnehmer/innen rechtzeitig informiert werden, bis wann die Zimmer zu räumen sind. Die Rechnungen für die Teilnehmer/innen liegen bei Seminarende bereit. Eine Mitarbeiterin/Ein Mitarbeiter sollte der Trainerin/dem Trainer beim Transport ihres/seines Equipments behilflich sein.

SEO

Siehe Suchmaschinenoptimierung

SICHERHEIT

FILM AB!

Diebstahl

Die Verantwortlichen im Hotel müssen alle erforderlichen technischen Vorsorgemaßnahmen zum Schutz der Gesundheit, Privatsphäre und Sicherheit der Gäste treffen. Selbstverständlich muss gewährleistet sein, dass diese Maßnahmen im Bedarfsfall auch funktionieren. Dafür stellt – neben einem umsichtigen Verhalten der Mitarbeiter/innen – eine geeignete technische Ausstattung die Voraussetzung dar.

Zutrittssysteme

Zutrittssysteme verhindern, dass Unbefugte Zutritt zu bestimmten Räumen im Hotel haben. Mit einer geeigneten Zutrittskontrolle lassen sich die Zutrittsberechtigungen nach Bedarf anpassen.

Alarmanlagen

Das rechtzeitige Erkennen von Gefahren ist einerseits eine Schutzmaßnahme für den Betrieb, andererseits bietet es auch Sicherheit für den Gast. Alarmanlagen schrecken entweder durch Lärm ab oder sind direkt mit Einsatzzentralen verbunden. Innerhalb weniger Minuten ist ein Einsatzwagen vor Ort.

Es gibt verschiedene Arten von Alarmanlagen:

TELEFONNOTRUFSYSTEM

Es dient zur schnellen lautlosen Alarmierung der Notrufzentrale. Das Gerät ist vom Stromnetz unabhängig, die Gesamtsteuerung ist elektronisch. Bei Auslösen des Alarms wird die Notrufzentrale (die Telefonnummer ist bei der ersten Inbetriebnahme zu speichern) automatisch mehrmals angewählt.

ALARMZENTRALE

Die elektronische Alarmzentrale überwacht zu sichernde Objekte mit Alarmkreisen. An den Objekten oder Bereichen sind Alarmgeber angebracht, die Störungen sofort an die Zentrale weitergeben.

RADARBEWEGUNGSMELDER

Er eignet sich vor allem zur Bewachung abgegrenzter Bereiche, wie z. B. Tresorraum, Büro, Direktion. Jede Bewegung im Raum wird registriert und mithilfe eines Senders an die Alarmzentrale oder Notrufzentrale gemeldet.

RAUMFALLE

Bei Bewegungen innerhalb eines Strahlenfeldes wird Alarm ausgelöst. Die Ausbreitung des Strahlungsfeldes sollte nicht durch Möbel o. Ä. behindert werden, daher eignet sie sich nur für unverstellte Räume und Bereiche. Ein Vorteil der Raumfalle ist die einfache Montage.

Stromausfall

Jedes Hotel muss mit einer **Notbeleuchtung** ausgestattet sein, um einen Stromausfall überbrücken zu können. Manche Hotels haben eigene Dieselaggregate, die bei Stromausfall in Betrieb genommen werden.

Sicherheit im Aufzug

Der Aufzug muss regelmäßig gewartet werden. Dennoch kann es zu einem Ausfall kommen und der Aufzug bleibt stecken. Daher sind folgende Maßnahmen zu treffen:

- In der Kabine muss eine Klingel sein, mit der sich der Gast entweder an der Rezeption oder beim Aufzugswart bzw. Nachtportier bemerkbar machen kann.
- Eine Informationstafel in der Aufzugskabine informiert über das richtige Verhalten im Notfall (Ruhe bewahren, Klingel bzw. Notrufnummer betätigen).
- Von Vorteil ist eine Telefonverbindung, damit man den eingeschlossenen Personen Informationen durchgeben kann.
- Die Schaltknöpfe moderner Aufzugsanlagen sind auch in Blindenschrift auszuführen.

„Aufzüge haben oft verspiegelte Flächen. Dadurch erscheinen kleine Kabinen optisch größer. Wenn Gäste etwa bei Störungen längere Zeit im Aufzug warten müssen, unterstützt dies unter Umständen das psychische Wohlbefinden.

Ruf- und Suchanlagen

Manchmal ist es notwendig, bestimmte Personen (z. B. Chief Engineer, Chief Executive Manager/in) rasch zu finden. Nicht nur im Notfall, sondern auch zur optimalen Gästebetreuung sind in großen Hotels Ruf- und Suchanlagen daher unentbehrliche Betriebsmittel. Auch Mobiltelefone und Pager sind zu diesem Zweck im Einsatz.

Sicherheit im Hotelzimmer

Manchmal sind Zimmertüren mit eigener Videoüberwachung ausgestattet. So kann der Gast sehen, wer vor der Zimmertür steht. Eine ähnliche Funktion haben Spione (meist in Großhotels), durch die der Gast sehen kann, was vor seiner Tür passiert.

Weitere Notfälle

Im Betrieb können weitere Notfälle auftreten oder Situationen entstehen, die ein Sicherheitsrisiko für Gäste und Mitarbeiter/innen darstellen können. Das können etwa Brandfälle, Naturkatastrophen, Bedrohungsszenarien, Notsituationen mit Kindern oder Evakuierungen sein.

Um richtiges Verhalten in Krisensituationen zu gewährleisten, etwa zu wissen, wie man den Gästen Sicherheit vermittelt und wem Auskunft zu erteilen ist, müssen die Mitarbeiter/innen im Vorfeld eingehend informiert werden. Im Regelfall gibt es dafür betriebsinterne Schulungen, die in regelmäßigen Abständen zu wiederholen sind. Unterstützung bieten dabei auch **Notfallhandbücher,** die über das richtige Verhalten informieren.

S

SOCIAL MEDIA

Für Hotels ist es ein Muss, Unternehmenspräsentationen auf Social-Media-Portalen wie Facebook, Google, Twitter, Xing, LinkedIn, Instagram oder YouTube anzulegen. Grund dafür ist nicht in erster Linie die Kommunikation mit den Gästen. Vielmehr sind sinnvoll gewartete Social-Media-Auftritte ein Instrument, um die Aufmerksamkeit der Suchmaschinen, z. B. Google, auf sich zu ziehen. Suchmaschinen haben als wichtigstes Prinzip die Relevanz. D. h., je häufiger sich der Content auf einer Seite ändert, desto relevanter und interessanter wird er von Google eingeschätzt und desto weiter oben ist die Website bei der Suchanzeige zu finden. Wenn Google nun bei Social-Media-Präsentationen mehrere neue Einträge pro Tag bemerkt, wird das gesamte Unternehmen (auch die hoteleigene Website) von Google aufgewertet und dank besserer Platzierung beim Suchergebnis von Kundinnen/Kunden eher wahrgenommen. Social Media sind für Unternehmen, die mehrheitlich zufriedene Gäste haben, eine große Chance.

> *Ersuchen Sie Ihre (zufriedenen) Gäste bei oder nach der Abreise per E-Mail, Ihren Auftritt auf Social-Media-Plattformen wie Facebook, Twitter und YouTube zu liken und ihre Erfahrungen zu posten.*

Wenn ein Hotel Informationen, Neuigkeiten, Veranstaltungen, Fotos und Videos hochlädt und mit Fans teilt, die diese wieder mit ihren Freundinnen/Freunden teilen usw., entsteht ein Schneeballeffekt, der neue Fans und damit potenzielle Gäste bringt.

SO GELINGT'S

- Social-Media-Profile pflegen sich nicht von selbst. Daher sollte es neben dem allgemeinen Marketingplan auch einen Social-Media-Redaktionsplan geben, um PR- und Social-Media-Aktivitäten zu koordinieren. Mithilfe eines Outlook-Kalenders können die Aktivitäten gut dargestellt werden. Legen Sie auch die verantwortlichen Personen fest. Dieser Plan soll garantieren, dass regelmäßig und auf allen verfügbaren Kanälen Informationen über das Unternehmen erscheinen.

- Definieren Sie, wie oft gepostet werden soll. Es müssen nicht jeden Tag drei neue Postings sein. Aber achten Sie darauf, die Profile aktuell zu halten. Wenn im Juni noch die Fotos vom Weihnachtsgalamenü als Erstes in Ihrer Timeline aufscheinen, wirkt das unprofessionell.
- Versuchen Sie, für Ihre Fans und Gäste interessante News und Infos zu posten. Sie können Ihre Stammgäste über Social-Media-Kanäle auch über aktuelle Veränderungen, z. B. Um- oder Zubauten, am Laufenden halten.
- Aktuelle Angebote und saisonale Themen wie Wildmenüs können ebenfalls von Interesse sein. Fotos von in Ihrem Haus abgehaltenen Veranstaltungen (ohne Namensnennung oder Abbildung der Feiernden) vermitteln authentische Eindrücke, so können evtl. auch potenzielle Gäste Lust bekommen, ihre nächste Geburtstagsfeier etc. bei Ihnen zu feiern.
- Nutzen Sie Social-Media-Kanäle, um auf Top-/Geheimtipps in Ihrer Region, Einkaufstipps, Events in der Umgebung aufmerksam zu machen.
- In der Kürze liegt die Würze: Achten Sie darauf, Ihre Postings auf 250 Zeichen zu begrenzen.
- Bevor Sie sich in den Social-Media-Rummel stürzen, überlegen Sie, welche Plattformen (z. B. Facebook, Twitter, Instagram, Youtube) Sie bespielen möchten.
- Reagieren Sie auf Kommentare: Auch auf negative Kommentare sollten Sie eingehen, so fühlen sich die Nutzer/innen gut betreut.

SPEISENKARTE

Speisenkarten gehören zu den Visitenkarten des Hauses, weshalb ihrer Gestaltung besonderes Augenmerk zu schenken ist.

Aufbau einer Speisenkarte

Klassische Variante

- Kalte Vorspeisen
- Suppen
- Warme Vorspeisen
- Fischgerichte
- Fleischgerichte mit Vitamin- und kohlenhydratreicher Beilage
- Vegetarische Gerichte
- Warme/Kalte Süßspeisen
- Käse

Moderne Variante

- Optisch getrennte und übersichtliche Darstellung der Speisengruppen
- Trennung von kalten und warmen Gerichten
- Steigerung von leichten zu schweren Gerichten

SO GELINGT'S

- Nur saubere, nicht korrigierte Karten auflegen.
- Fehlerlose Rechtschreibung beachten.
- Integrierte Menüs, Tages- oder Wochenspezialitäten sollen hervorstechen und auswechselbar sein.
- Preise rechtsbündig oder unter den Text setzen; hier sind sie am besten lesbar.
- Bei Gerichten mit längerer Zubereitungsdauer auf die Wartezeit hinweisen.
- Karten in handlicher Größe herstellen.
- Wählen Sie bei kleiner Auswahl eine größere Schrift. Die Schrift sollte immer gut lesbar sein.
- Nicht zu viele verschiedene und nicht zu kleine Schriftarten verwenden, einheitliche Gestaltungselemente einbauen.
- Anzahl der Karten anhand der Sitzplätze im Restaurant festlegen.

Hauptspeise, Sauce
Beilagen
Beilagensalat

Reihenfolge bei der Schreibung von Speisen mit Beilagen
Gebratener Fuschlsee-Saibling in Rieslingsauce
Sommerliches Gartengemüse
Gemischte Blattsalate

SPLASH

Als Splash wird eine Open-Air-Veranstaltung bezeichnet, bei der man sich bei Musik sportlich und wettkämpferisch betätigt (z. B. Beachvolleyball-Splash). Die Getränke werden in Flaschen angeboten, die Speisen entsprechen dem Fast-Foot-Gedanken. Eine Weiterführung des Splash-Gedankens sind die als Summer-Splashes angebotenen Maturareisen.

STAMMGAST

FILM AB!
Check-in Stammgast

Viele loyale Stammgäste – also Gäste, die immer wieder in einem Hotel nächtigen – wünscht sich wohl jeder Betrieb, ist es doch viel schwieriger und teurer, neue Gäste zu gewinnen, als bestehende Gäste an ein Haus zu binden.

Gäste kommen nur wieder, wenn sie vom Hotel, der Region und den Angeboten überzeugt sind. Doch die beste Lage schützt nicht vor Gästeabwanderung. Fühlen Gäste sich nicht gut betreut, werden sie den nächsten Aufenthalt wohl eher beim Konkurrenzbetrieb buchen. Jede Mitarbeiterin/jeder Mitarbeiter kann ihr/sein Quäntchen dazu beitragen, dass Gäste zu Stammgästen werden – nämlich durch exzellente Gästebetreuung.

Die Betreuung von Stammgästen hat oberste Priorität!

SO GELINGT'S

- Informieren Sie sich über anstehende Anreisen. Überprüfen Sie, ob Stammgäste erwartet werden und prägen Sie sich die Namen ein.
- Begrüßen Sie Stammgäste bei der Anreise mit Namen. Bieten Sie ihnen evtl. ein Begrüßungsgetränk an oder laden Sie sie zu einem Drink an der Bar ein.
- Stammgäste werden wie VIPs behandelt. Sie erhalten z. B. Sonderarrangements, VIP-Check-in, Zugang zur VIP-Lounge, besondere Zimmer, besondere Aufmerksamkeiten oder Upgrades. Manche Häuser bieten fixe VIP-Treatments an, z. B. beim vierten Aufenthalt ein Glas hausgemachte Marmelade, beim achten Aufenthalt eine Flasche Wein aufs Zimmer. Die Informationen im Property Management System sind aktuell zu halten (siehe Customer Relationship Management), damit kein Stammgast übersehen wird. Für einen reibungslosen Ablauf ist eine gute Zusammenarbeit mit dem Housekeeping-Department wichtig.

WAS DER PROFI DAZU SAGT

Der Gast fühlt sich bereits nach dem zweiten Aufenthalt als Stammgast, d. h., er erwartet, dass er erkannt wird. Für den Gast hat z. B. eine betriebsintern getroffene Regelung, dass ein Gast erst ab dem zehnten Aufenthalt als Stammgast zu bezeichnen ist, keine Bedeutung.

STAYOVER-LISTE

In der Stayover-Liste sind all jene Gäste aufgelistet, die am betreffenden Tag im Haus zu Gast bleiben. Sie wird am Vorabend für den nächsten Tag ausgedruckt und ist ein wichtiges Informationsmittel für alle Abteilungen.

STERNE

Siehe Hotelstars Union

S

STORNO

Wenn der Beherbergungsbetrieb eine Buchung storniert, spricht man von einer Absage.

Die Absage einer Reservierung durch den Gast wird als Storno bezeichnet. Ein Storno gilt nur, wenn der Gast schriftlich abbestellt – und zwar im Rahmen der vereinbarten Frist. Auf Kulanzbasis werden jedoch in der Regel auch mündliche Stornierungen akzeptiert.

Die Höhe der Stornogebühr basiert in Österreich meist auf den AGBH. Laut diesen sind Stornierungen bis zu drei Monate vor der geplanten Anreise kostenlos möglich. Danach werden die Stornogebühren bis zum geplanten Anreisezeitpunkt schrittweise erhöht. Die Stornobedingungen in den AGBH sind für Hotels nicht verpflichtend. Jedes Hotel legt seine eigenen Stornobedingungen fest. Als Basis dafür dienen die AGBH. Um die Bedingungen geltend machen zu können, muss in der Reservierung darauf hingewiesen werden. Gelten die AGBH, ist auf diese zu verweisen.

Stornierungsbestätigung

Nach einer Stornierung erhält der Gast eine **Stornierungsbestätigung.**

Versuchen Sie, den Grund für die Stornierung herauszufinden und gehen Sie in der Bestätigung darauf ein. Versuchen Sie, den Gast für eine Buchung zu einem anderen Zeitraum zu begeistern.

TEXTBAUSTEINE

- Wir erhielten heute Ihre Absage und bedauern es sehr, dass es Ihnen (aus ... Gründen) nicht möglich ist, zu kommen.
- Das von Ihnen bestellte Zimmer (Art, Zeitraum) konnten wir weitervermieten. Somit sind für Sie keine Kosten entstanden.
- Nachdem Sie nicht anreisen konnten und es uns so kurzfristig nicht möglich ist, das Zimmer weiterzuvermieten, sind folgende Kosten entstanden: ...
- Vielleicht möchten Sie sich später/nach Genesung gerne bei uns erholen. Einige der Winterwanderwege eignen sich durchaus, da sie über ebenes Gelände führen.
- Wir würden uns freuen, Sie zu einem späteren Zeitpunkt bei uns begrüßen zu dürfen!
- Wir wünschen Ihnen gute Besserung und freuen uns, Sie schon bald in unserem Haus begrüßen zu dürfen.
- PS: Ein kleiner Vorgeschmack auf den Frühling: Unser Package „Wohlfühlen mit Leib und Seele" gibt's zum Kennenlernen im Monat März für zwei Personen im Doppelzimmer zum Preis eines Einzelzimmers. Mehr erfahren Sie im beiliegenden Folder.

Gut zu wissen

Werden Stornogebühren verrechnet, unterliegen diese in Österreich nicht der Umsatzsteuer. Auf der Stornorechnung ist keine Umsatzsteuer auszuweisen.

STUDIO

Ein Studio ist eine Zimmerkategorie im Beherbergungsbereich. Es handelt sich dabei um einen großen Raum, der mit Bett, Kochecke, Sitzecke und Couch, die zu einem Bett ausgezogen werden kann, ausgestattet ist. Bad/ WC sind räumlich getrennt.

SUCHMASCHINENMARKETING

Als Suchmaschinenmarketing bezeichnet man alle Maßnahmen, die darauf abzielen, dass eine Webpräsenz auf den Ergebnisseiten von Suchmaschinen gut platziert ist. Finden Suchmaschinen eine Website nicht, ist sie quasi unsichtbar. Daher ist ein gutes Ranking bei den führenden Suchmaschinen so wichtig. Dies lässt sich durch bezahlte Suchmaschinen-Ergebnisse und Suchmaschinenoptimierung erreichen.

SUCHMASCHINENOPTIMIERUNG

Engl. Search Engine Optimization (SEO)

Eine gut gepflegte Website ist wunderbar. Sie bringt allerdings wenig, wenn (potenzielle) Gäste sie in den unendlichen Weiten des World Wide Webs nicht finden. Daher sollte die hoteleigene Website bei den Suchergebnissen großer Suchmaschinen wie Google unter den ersten Treffern auf den Search Engine Result Pages (SERPs) zu finden sein. Damit das gelingt, gibt es eine Reihe von Maßnahmen, die unter dem Stichwort Suchmaschinenoptimierung zusammengefasst werden.

Die Reihung der Suchergebnisse, Ranking genannt, erfolgt bei den meisten Suchmaschinen nach dem Prinzip der Relevanz. Jene Websites, die von den Suchmaschinen als am besten zur Suchanfrage passend empfunden werden, scheinen in den Suchergebnissen oben auf.

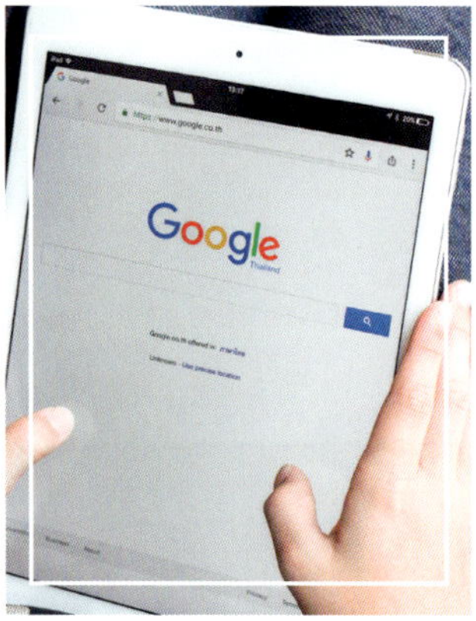

Vereinfacht formuliert machen Suchmaschinen folgendes: Sie suchen die Website auf von den Nutzerinnen/Nutzern eingegebene Keywords bzw. Suchanfragen ab und listen die gefundenen Seiten nach Relevanz. Neben den Keywords zählen auch Verweildauer (Dwell Time), Absprungrate und Conversions zu jenen Faktoren, nach denen Suchmaschinen Websites ranken.

Grundsätzlich muss die Website so angelegt sein, dass Suchmaschinen sie analysieren können. Was dabei zu beachten ist, hat etwa Google in den Richtlinien für Webmaster zusammengefasst.

WAS DER PROFI DAZU SAGT

Wenn die Programmiererin/der Programmierer der Website nicht auch zugleich für das Suchmaschinenmarketing verantwortlich zeichnet, sollte sie/er zur reibungslosen Zusammenarbeit mit einem externen Partner in der Lage sein. Die Programmierung alleine garantiert noch keine günstige Platzierung im Ranking. Suchen Sie sich daher einen Webmaster, der von vornherein mit einem Suchmaschinenmarketingprofi zusammenarbeitet oder selbst nachweislich SEO-Erfolge mit anderen Hotels verbucht hat!

Onpage-Optimierung

Unter dem Begriff **Onpage-Optimierung** werden jene Maßnahmen zusammengefasst, die zum Ziel haben, die Inhalte und technischen Details der Website so zu gestalten, dass diese von Suchmaschinen gefunden und analysiert werden kann, und zugleich die Bedienerfreundlichkeit für die User/innen zu erhöhen.

Keywords

Keywords sind jene Begriffe, die Nutzer/innen in die Suchmaschine eingeben. Suchmaschinen suchen dann auf den Websites nach diesen Begriffen. Daher ist es wichtig, dass die Texte auf Ihrer Website diese Keywords enthalten. Überlegen Sie sich, bevor Sie sich an das Formulieren machen, welches Ihr Main-Keyword, also das wichtigste Schlagwort, sein könnte. Sie können dafür z. B. die Google-Suchvorschläge nutzen, indem Sie Ihre Ideen eingeben und überprüfen, welche Kombinationen Google vorschlägt.

Texte

Wichtig beim Texten ist, den Nutzen für den Gast im Auge zu behalten. Überlegen Sie, was den Gast interessieren könnte und formulieren Sie den Text dementsprechend. Es reicht nicht aus, relevante Schlagwörter im Text aneinanderzureihen. Wichtige Keywords sollten im Text natürlich vorkommen. Die Empfehlungen für die Keyword-Density, die Schlagwort-Dichte, gehen auseinander und liegen zwischen 0,5 und 5 %. Auf jeden Fall sollten Keywords in den Überschriften und in den ersten 100 Zeichen des Textes enthalten sein.

„Suchmaschinen wollen ihren Userinnen und Usern nur relevante Suchergebnisse liefern. Daher ist die Qualität des Contents wichtig.

Sinnvoll ist es, den Text lesbar und übersichtlich (mit Zwischenüberschriften und Absätzen) zu gliedern. Achten Sie auf präzise Formulierungen und natürlich auf eine einwandfreie Rechtschreibung.

Meta-Tags

Meta-Tags werden im Suchergebnis der Suchmaschine angezeigt. Der sogenannte Title-Tag ist jener Text, der den Link zur betreffenden Website enthält. Auch Meta-Tags sollten die Keywords enthalten und dennoch sollten sie eindeutig und informativ formuliert sein. Auch die URLs der einzelnen Seiten sollen sinnvollen Text und Keywords enthalten. Verwenden Sie nicht einfach aussagelose, automatisch generierte URLs.

Bilder

Suchmaschinen können Text besser analysieren als Bilder, Grafiken und Videos. Daher wird empfohlen, im Dateinamen und Alt-Text eine kurze Bildbeschreibung (inkl. Keywords) einzufügen.

Quelltext

Zur Suchmaschinenoptimierung gehört auch die Optimierung des Quelltextes (programmierter Code einer Website). Die Keywords und Descriptions (also Beschreibungen), nach denen die Suchmaschine sucht, sind darin eingebettet. Je genauer diese sogenannten Metadaten gepflegt werden, desto besser ist das Suchergebnis.

„Der Quelltext ist im Übrigen für jedermann einsehbar, es genügt, im Menü des Browsers unter „Ansicht“ den Menüpunkt „Quelltext“ auszuwählen.

Externe Links

Links zu anderen Websites sind insofern hilfreich, als Suchmaschinen wie Google dann die thematische und inhaltliche Gewichtung einer Website besser einordnen können.

Beispiel

Wenn Sie auf Ihrer Website auf einen Autoverleih oder einen exklusiven Autohändler verlinken, dann passt das, wenn Sie z. B. über Oldtimer-Rennen oder Fahrtechnikkurse berichten, die bei Ihnen stattfinden. Unmotivierte Links ohne Beziehung zum Inhalt der Website sind kontraproduktiv! Sorgen Sie auch dafür, dass Partnerbetriebe auf Sie verlinken. Hier gilt ebenfalls die genannte Regel der „inhaltlichen Relevanz" für die Userin/den User.

Weitere Faktoren der Onpage-Optimierung

- Schnelle Ladezeit der Website
- Responsives Design
- Sinnvoller Aufbau der Website: gut strukturierte Navigation, Sitemaps und Formatierung nach Web-Standards
- Sinnvolle interne Verlinkungen für eine bessere Crawlbarkeit für die Suchmaschinenbots

„Einwandfreie Darstellung der Website auf allen Browsern und Endgeräten (auch auf Handys oder Tablets)

Offpage-Maßnahmen

Backlinks

Das sind Links von anderen Seiten auf die eigene Website. Anzahl und Qualität der Links sind wichtig für die Platzierung im Suchmaschinenranking. Sprechen Sie Ihre Geschäftspartner/innen bezüglich einer Verlinkung zu Ihrer Website an. Wichtig ist, thematisch passende und für potenzielle Gäste relevante Links anzubieten. Setzen Sie auf Reiseplattformen, wann immer möglich, Links zu Ihrer Website.

Suchmaschinenalgorithmus

Dieser Kriterienkatalog, nach dem eine Website gerankt wird, ist ebenfalls für die Positionierung entscheidend.

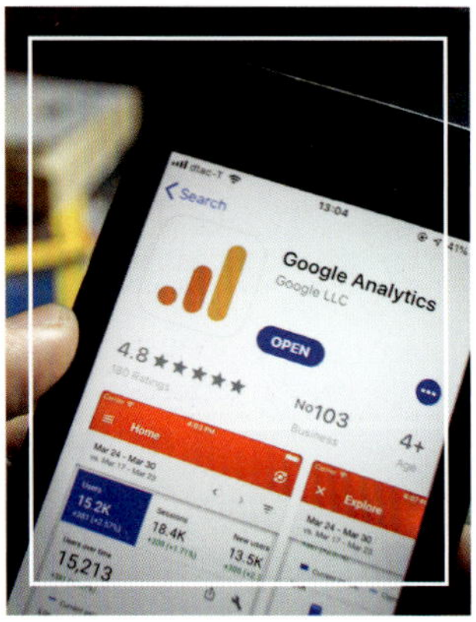

Pay per Click (PPC)

Diese Strategie setzt auf zugekaufte Besucher/innen für die eigene Website. Es gibt verschiedene Varianten, z. B. Besucherpakete (z. B. 10 000 Besucher/innen zum Fixpreis) oder Angebote (z. B. von Google Adwords), bei denen man für jeden Klick auf die eigene Website bezahlt. Hier gilt es festzulegen, welche Marketingkampagne sinnvoll ist, damit nur Besucher/innen auf die Seite zugreifen, die das Angebot auch interessieren könnte.

In den sogenannten **Visitor-Tracking-Systemen** lassen sich die **Herkunftsorte der Zugriffe** auf die Website genau eruieren. Diese Auswertungen sollten auch bei Pay-per-Click-Kampagnen genützt werden, um die Sinnhaftigkeit der anfallenden Kosten nachvollziehen zu können. Visitor-Tracking-Systeme werden im Normalfall von den Programmiererinnen/Programmierern der Website implementiert. Google bietet mit **Google Analytics** ein exzellentes Tool an. Daraus lässt sich u. a. ablesen:

- **Anzahl der Besucher:** Wie viele Besucher waren auf der Webseite?
- **Bounce-Rate:** Wie viele Besucher haben eine Seite aufgerufen und diese schnell wieder verlassen?
- **Verweildauer:** Wie lange bleibt ein Nutzer auf der Webseite?

Hohe Verweildauer = hohe Relevanz für die Suchmaschine

SÜDTIROLER HOTELIERS- UND GASTWIRTEVERBAND

Der Hoteliers- und Gastwirteverband (HGV) ist die Interessensvertretung der Südtiroler Unternehmer/innen, die in der Hotellerie und Gastronomie tätig sind. Der HGV bringt sich aktiv in touristische Diskussionen und in die Tourismuspolitik des Landes Südtirol ein. Als Wirtschaftsverband ist der HGV bestrebt, seine Mitglieder zu fördern und ihre Interessen auf regionaler, nationaler und EU-Ebene zu vertreten.

SUITE

Eine Suite ist eine gehobene Zimmerkategorie. Eine Juniorsuite besteht aus einem Schlafraum mit einer optisch abgetrennten Sitzecke. Größere Suiten bestehen aus mindestens zwei separaten, miteinander verbundenen Räumen, meist Schlaf- und Wohnraum, sowie einem Bad- und WC-Bereich.

SWITCH COMPANY

Um Hotelinformationen vergleichbar zu machen, müssen gleiche Angebote auch gleich bezeichnet sein. Switch Companies sind Unternehmen, welche Hotelinformationen aus Central Reservation Systems (CRSs) in ein für Global Distribution Systems (GDSs) lesbares und bearbeitbares Format bringen, sozusagen Übersetzungsarbeit leisten.

Beispiel

Eine Zimmerkategorie „RSV23" bedeutet „Room with Seaview for 2 or max. 3 people". Findet der Switch im Hotelangebot den Vermerk: „Zimmer mit Meerblick", übersetzt er ihn für das GDS mit dem Code RSV. Die Codes dienen im System als Suchkriterien.

T

#rezeption

TAGESABSCHLUSS
BIS
TÜRSTEHER/IN

TAGESABSCHLUSS

Als Tagesabschluss bezeichnet man die Zusammenfassung aller Buchungen, der in Anspruch genommenen Leistungen sowie der getätigten Zahlungen eines Tages.

Eine Hotelübernachtung beginnt immer am Nachmittag des Anreisetages und endet nächsten Mittag.

SO GELINGT'S

Der Tagesabschluss wird mittels Property Management System erstellt. Da mehrere Abteilungen auf das Frontoffice-Programm Zugriff haben, während der Abrechnung das System jedoch nicht verwendet werden kann, erfolgt der Abschluss in der Nacht und wird als **Nachtlauf** oder **Night Audit** bezeichnet. Dabei werden auch alle Daten kontrolliert und gesichert. Nach Beendigung wird der automatische Tagesabschluss, der alle Posten detailliert auflistet, ausgedruckt und steht für die Buchhaltung zur Weiterbearbeitung zur Verfügung. Der Tagesabschluss sollte jeden Tag zur gleichen Zeit durchgeführt werden.

Bezahlen Gäste ihre Rechnung am Vorabend der Abreise, d. h. nach dem Tagesabschluss, wird der Rechnungsbetrag auf den nächsten Tag übertragen. Erfolgt der Check-out von spät abreisenden Gästen erst nach dem Tagesabschluss, wird die Rechnung ebenfalls auf den nächsten Tag übertragen.

TEA AND COFFEE MAKING FACILITIES

Ein schneller Kaffee oder eine gemütliche Tasse Tee am Zimmer – das wünschen sich viele Gäste. Hotels reagieren auf diesen Wunsch, indem sie ihren Gästen sogenannte Tea and Coffee Making Facilities im Gästezimmer zur Verfügung stellen. Diese bestehen etwa aus einem Wasserkocher inkl. Teeauswahl und Kaffeepulver oder einer Kaffeemaschine mit Kaffeekapseln sowie Tassen, Süßstoff, Zucker, Kaffeeweißer etc.

TELEFONIEREN

Bei Ihrer Arbeit im Frontoffice ist das Telefon eines der wichtigsten Kommunikationsmittel. Anfragen, Buchungen oder auch Stornos werden oft via Telefon getätigt. Daher ist es wichtig, auch am Telefon professionell zu sein, um den Betrieb bestmöglich zu repräsentieren.

STELLEN SIE SICH VOR

Sicher ist es Ihnen schon mal passiert: Sie haben mit jemandem telefoniert, den Sie nicht kennen und dennoch hatten Sie innerhalb kurzer Zeit ein Bild von dieser Person im Kopf. Allein die Stimme kann der Grund sein, dass wir jemanden sympathisch oder unsympathisch finden. Ihre Stimme ist die erste, die ein Gast hört, wenn er im Hotel anruft – eine akustische Visitenkarte des Hotels. Da der Gast Sie nicht sieht, ist es allein Ihre Stimme, die zählt. Deshalb ist es wichtig, persönlich und einladend zu klingen, besonders die ersten Sekunden sind entscheidend für den weiteren Verlauf des Telefonats.

Vorbereitung
Bereiten Sie sich auf Telefonate gut vor.

WAS DER PROFI DAZU SAGT

Überlegen Sie, wie Sie auf Anfragen adäquat reagieren. Notieren Sie sich hilfreiche Sätze/Satzanfänge und Assoziationswörter, etwa für den Einstieg in ein gutes Verkaufsgespräch. Als Hilfestellung für die Führung eines strukturierten Gesprächs können Sie auch eine Checkliste mit wichtigen Punkten erstellen.

„Strukturierte Telefonate sparen Zeit und so können auch die variablen Telefonkosten gesenkt werden.

Während eines Telefonats brauchen Sie gegebenenfalls Zugriff auf bestimmte Informationen bzw. müssen Sie Notizen machen oder Aufträge notieren. Daher sollten sich folgende Unterlagen in sichtbarer bzw. greifbarer Nähe befinden:

- Notizblock und Stift
- Reservierungsformular bzw. Telefonnotiz mit Fragenliste und hausinternes Nachrichtenformular
- Jahreskalender
- Preisliste der Angebote des Hauses: Zimmerpreise, Packages, Monatsspecials, Speisen- und Tageskarte vom Restaurant etc.
- Zugriff auf das Property Management System oder folgende Unterlagen: An- und Abreiselisten etc.
- Telefonliste mit Durchwahlen

- Liste mit Telefonnummern des Tourismusverbandes und von Veranstaltern und Geschäftspartnerinnen/-partnern der Umgebung etc.
- Liste mit Notfallnummern: Feuerwehr, Polizei, Ärztin/Arzt etc.
- Dienstpläne
- Telefonbuch und Branchenverzeichnis
- Werbematerial, Werbeaussendungen des Betriebes bzw. des Ortes
- Unterlagen über Freizeitangebote im Ort, in der Region (Öffnungszeiten, Abschlagzeiten von Golfplätzen, Preise von Skipässen etc.)
- Veranstaltungskalender der Tourismusregion
- Weckrufliste
- Buchstabiertabelle
- Zeitzoneninformationsliste
- Taschenrechner

Korrekte Gesprächsführung

- Warten Sie einen Moment, bevor Sie abheben, aber lassen Sie das Telefon maximal zwei- bis dreimal klingeln. Tonbandstimmen, die die automatische Weiterleitung mithilfe der Eingabe über die Telefontastatur vorgeben, stoßen auf wenig Gegenliebe.
- Konzentrieren Sie sich, bevor Sie abheben und lächeln Sie.

Seien Sie immer erreichbar, der Gast ruft selten noch einmal an.

Ihre Gesprächspartnerin/Ihr Gesprächspartner sieht es zwar nicht, aber sie/er erkennt an der Stimme, dass Sie lächeln.

- Melden Sie sich gut verständlich in angemessener Lautstärke und freundlich mit dem Namen des Betriebes, Ihrem Vornamen und gegebenenfalls Familiennamen und grüßen Sie der Tageszeit entsprechend.
- Machen Sie sich während des Gesprächs Notizen. Lassen Sie sich schwierige Namen buchstabieren.
- Die Anruferin/Der Anrufer soll merken, dass Sie sich Zeit für sie/ihn und ihr/sein Anliegen nehmen. Nebenbeschäftigungen wie essen, trinken, am Computer tippen etc. lenken ab und sind störend.
- Achten Sie beim Telefonieren auf eine angenehme Körperhaltung. Die Haltung beeinflusst Ihre Stimme und damit den Eindruck, den Sie während des Gesprächs hinterlassen.
- Sprechen Sie deutlich und flüssig. Lange Pausen und Füllwörter wie „äh" stören den Gesprächsfluss.

Eine Buchstabiertabelle finden Sie als Download.

- Notieren Sie sich den Namen Ihrer Gesprächspartnerin/Ihres Gesprächspartners und sprechen Sie sie/ihn während des Telefonats wiederholt freundlich mit Namen und gegebenenfalls Titel an.
- Lassen Sie Ihre Gesprächspartnerin/Ihren Gesprächspartner ausreden. Stimmen Sie zu und fragen Sie nach, damit sie/er merkt, dass Sie sich mit ihrer/seiner Anfrage auseinandersetzen.
- Achten Sie darauf, dem Gast während des Gesprächs mit Auskünften entgegenzukommen und ihm zu seinen Wünschen passende Informationen aktiv anzubieten. Erwähnen Sie Zusatzangebote und Neuerungen. Halten Sie dafür eine Argumentationsliste mit USPs bereit – also mit Punkten, die Ihren Betrieb von anderen unterscheiden und einzigartig machen.
- Verwenden Sie eine bilderreiche Sprache, wenn Sie ein Angebot formulieren und lassen Sie dadurch Bilder im Kopf des Gastes entstehen, z. B. kristallklare Bergluft, gemütliche Kamingespräche, kurzweilige Sightseeingtouren.
- Wenn Sie Widerstand spüren, fragen Sie nach. So können Sie ein eventuelles Missverständnis aufklären.
- Achten Sie auf positive Formulierungen.

Ich werde Ihren Wünschen gleich nachkommen.

Ich werde das sofort für Sie erledigen.

- Ja, bitte.
- Ja, gerne.
- Das machen wir gerne für Sie.
- Ich erledige das umgehend für Sie.
- Selbstverständlich schicke ich Ihnen sofort unseren neuen Hotelprospekt.
- Ich freue mich, dieses Angebot für Sie vorbereiten zu dürfen.
- Schön, dass Sie sich an unser Haus gewandt haben.
- Danke für Ihren Anruf.

Meist neigt man dazu, negativ zu formulieren, Nein zu sagen und das auszudrücken, was nicht möglich ist. Dies kann man aber vermeiden.

SO BITTE NICHT!	JA, SO SOLL ES SEIN!
Herr Huber ist nicht zu sprechen.	Herr Huber ist um 11:30 Uhr wieder erreichbar. Darf er Sie zurückrufen?
Ich bin dafür nicht zuständig.	Dafür ist Frau Hansen unsere Spezialistin. Ich verbinde Sie sofort mit ihr.
Das haben wir nicht.	Ich mache Ihnen folgendes Angebot: …
Da kann ich nichts machen.	Ich werde mich für eine rechtzeitige Erledigung einsetzen.
Ich finde gerade die Unterlagen nicht.	Kleinen Moment bitte – nun habe ich alle Informationen für Sie griffbereit, Frau/Herr …
Da kann ich nichts dafür.	Ich verstehe Ihren Ärger. Darf ich Ihnen daher folgende Lösung anbieten?
Das ist gerade nicht möglich.	Spätestens morgen haben Sie das gewünschte Angebot. Ist das für Sie in Ordnung?
Keine Ahnung.	Ich werde mich für Sie informieren und Ihnen dann Bescheid geben.
Das ist ein Problem.	Für diesen Sachverhalt werden wir eine Lösung finden.
Sie haben mich falsch verstanden.	Damit wollte ich sagen ...

Abschluss

- Wiederholen Sie wichtige Punkte, um sicherzustellen, dass Sie alles richtig verstanden haben: z. B. Angebot (Daten, Zimmer, Personenanzahl, enthaltene Leistungen, Preis), Sondervereinbarungen (Torte, Flasche Sekt bei Ankunft auf dem Zimmer, Transfer), Adresse, Telefonnummer, Name, Zimmerkategorie, Aufenthaltsdatum und Preis müssen korrekt sein.
- Achten Sie darauf, Sonderwünsche des Gastes (z. B. Massagetermin) zu erfüllen: Bestätigen Sie diese abschließend noch einmal.
- Schließen Sie das Gespräch positiv ab. Teilen Sie der Anruferin/dem Anrufer mit, dass Sie sich freuen, wieder von ihr/ihm zu hören bzw. sie/ihn persönlich kennenzulernen.

Vielen Dank, dass Sie sich für uns entschieden haben! Wir freuen uns auf Sie! Ihr Skipass liegt bei Ihrer Ankunft bei uns bereit!

- Bedanken Sie sich für den Anruf und lassen Sie die Gesprächspartnerin/den Gesprächspartner das Gespräch beenden.

Gut zu wissen

Grundregeln beim Telefonieren

- Den eigenen Namen, den Namen des Hotelbetriebes, der Abteilung etc. deutlich aussprechen.
- Deutlich sprechen, aussagekräftige Sätze verwenden.
- Lange Sätze und umständliche Formulierungen vermeiden.
- Nicht in zu starkem Dialekt antworten, damit der Gast alles versteht, aber der Charme dennoch nicht verloren geht.
- Negative Formulierungen und Umgangswörter meiden.
- Bestätigungswörter in das Gespräch einbauen (z. B. natürlich, gerne).
- Die Gesprächspartnerin/Den Gesprächspartner zu Wort kommen lassen.
- Die Buchstabiertabelle verwenden.
- Den Namen des Gastes im Gespräch wiederholen.
- Vollständige Notizen machen und weitergeben.
- Unterlagen und Informationen zur Beantwortung von Gästefragen bereithalten.
- Dem Gast nicht in der Fachsprache antworten, sondern einfache, verständliche Begriffe wählen.
- Anrufe nie unterbrechen.
- Nicht auf provokante Bemerkungen eingehen.
- Lächeln, lächeln, lächeln – Hilfsbereitschaft und Höflichkeit müssen an der Stimme erkannt werden.

TELEFONNOTIZ

Telefonnotizen dienen als Vorlage zum Ausfüllen des Reservierungsformulars und können auch gleichzeitig als Mitteilungsblatt für Gäste dienen, wenn die Formulierungen allgemein gehalten sind (z. B. Anrufer/in, Grund des Anrufs, Datum, Nachricht für ...).

TOURISMUSABGABE

Diese auch Ortstaxe genannte Abgabe, ist an die Gemeinde zu entrichten und dient der Erhaltung der touristischen Infrastruktur in einem Ort. Die Hoteliers heben diese Abgabe von ihren Gästen ein und zahlen diese monatlich an die Gemeinde. In Kurorten gibt es die sogenannte Kurtaxe.

TOURISMUSVERBAND

Tourismusorganisationen sind sehr wichtige Verkaufs- und Marketingpartner der Hotellerie. Ihre Aufgabe ist es, eine Destination oder Region mit gezielten Marketingmaßnahmen an den Gast zu bringen.

Tourismusorganisationen entwickeln beispielsweise gemeinsame thematische Schwerpunkte und erstellen Werbematerial dazu, außerdem kümmern sie sich um Messe- und Internetauftritte, bei denen eine Region/ein Bundesland etc. präsentiert wird.

Diese Organisationen erstellen – zielgruppenorientiert – bedarfsgerechte Prospekte und organisieren themenbezogene Pressereisen oder Internetauftritte ebenso wie Workshops, Studienreisen von Reiseveranstaltern oder Verkaufsreisen zu Wiederverkäuferinnen/-verkäufern innerhalb und außerhalb des Landes. Das Ziel ist, potenzielle Gäste anzusprechen. Verstärkt im Fokus der Organisationen steht derzeit die verkaufsorientierte Aufbereitung der Angebote, die sofort buchbar und kurzfristig verfügbar sind.

Tourismusorganisationen arbeiten sowohl mit Tourismusbetrieben als auch mit Politik, Verwaltung und Reiseveranstaltern eng zusammen.

Tourismusorganisationen initiieren auch Angebotskooperationen zu bestimmten Themen, wie z. B. familienfreundliche Angebote, Umwelt- oder Jugendurlaube. Im Rahmen dieser Kooperationen werden Einzelleistungen zu sogenannten Dienstleistungsketten kombiniert: Verschiedene Anbieter, wie Restaurants, Hotels, Verkehrsbetriebe etc., bieten dafür ihre Dienstleistungen an – die Tourismusverbände bzw. Destinationen schnüren daraus maßgeschneiderte Pauschalangebote.

Gut zu wissen

Die Landestourismusorganisation (z. B. Tirol Werbung) organisiert das touristische Marketing auf Landesebene, wobei ihr wichtige überregionale Aufgaben zukommen. Die Tourismusdestination (z. B. Pyhrn-Priel-Region, Dachstein West) hingegen ist noch ein Stück näher am Geschehen, da die Region im Zentrum ihrer Tätigkeiten steht.

Aufgaben der Tourismusverbände

- Sie machen Werbung auf Landesebene.
- Sie fungieren als Vermittler zwischen den Mitgliedern des Verbandes, den Reiseveranstaltern und dem Zielpublikum.
- Sie planen übergreifende Tourismuswerbung nach Schwerpunkten.
- Sie kümmern sich um die Organisation von Tourismusveranstaltungen und um die Teilnahme an Fach- und Reisemessen.

Aufgaben der Tourismusdestinationen

- Sie machen Werbung auf lokaler, regionaler sowie internationaler Ebene.
- Sie entwerfen spezielle Packages (z. B. für die Generation 50+). Die Hotelbetriebe können dafür ihre Angebote zur Verfügung stellen. Die Vermarktung (Schaltung von Inseraten, Aussendungen an die Zielgruppen etc.) übernimmt die regionale Organisation.
- Sie unterstützen die Hotelbetriebe bei ihren Marketingaktivitäten.

Zusammenarbeit von Hotels und Tourismusorganisationen

Um als Beherbergungsbetrieb die Hauptaufgabe der Tourismusorganisationen, nämlich die Marketing- und Verkaufstätigkeit aller touristischen Leistungsträger eines Ortes, einer Stadt, einer Destination, einer Region optimal unterstützen zu können, ist es notwendig, regelmäßigen Kontakt zur Landestourismusorganisation bzw. zur jeweiligen Destination zu halten.

„Stellen Sie sicher, dass Tourismusorganisationen stets Ihr aktuellstes Prospekt mit professionellem Bildmaterial sowie eine detaillierte Leistungsbeschreibung, am besten in gedruckter und elektronischer Form, erhalten.

Die Landestourismusorganisation und auch die Tourismusdestination können optimale Verkaufsunterstützung leisten, wenn sie die aktuellen Informationen über das Hotel haben.

„Für Hoteliers sind diese Treffen gute Gelegenheiten, mit Mitbewerbern und Kolleginnen/Kollegen Netzwerke für Kooperationen aufzubauen.

Folgende Leistungen sollte ein Hotelbetrieb kontinuierlich in Anspruch nehmen:

- Jour fixe: In regelmäßigen Abständen veranstalten Tourismusorganisationen einen Jour fixe, zu dem alle Leistungsträger/innen eingeladen werden. Die Tourismusorganisation präsentiert ihre Leistungen und neue Ideen.
- Zusammenarbeit mit der Presse: Tourismusorganisationen leisten vielfältige Pressearbeit, sie erstellen z. B. Presseinformationen, organisieren Pressekonferenzen und Pressefahrten, betreuen Journalistinnen/Journalisten vor Ort, planen und betreuen Insertionen, unterstützen Redaktionen bei der Bild- und Textrecherche.
- Messen und Workshops, Verkaufs- und PR-Reisen: Die Landestourismusorganisation tritt ebenso wie die Destinationen bei Messen und Workshops für ihre Mitglieder auf bzw. ist selbst Veranstalter und lädt ein, dort auszustellen und sich zu präsentieren. Eine Teilnahme ist meistens kostenpflichtig.

T

- Vermarktungsaktionen: Die Landestourismusorganisationen und Destinationen bieten immer wieder die Möglichkeit, sich an Vermarktungsaktionen zu beteiligen. Die Österreich Werbung (ÖW) bietet z. B. ausführliche Unterstützung für Werbe- und Verkaufsaktivitäten weltweit an. Dazu gehören z. B. Mailings und Newsletter. Diese Services sind kostenpflichtig.
- Betreuung von Studiengruppen und Fam Trips: Fam Trips und ausländische Studiengruppen sind auf die Hilfe der Tourismusverbände angewiesen, da diese einerseits über das Know-how und andererseits über das Budget verfügen, das man für eine Reise durchs Land und die Destinationen braucht. Hotels stellen diesen Reisegruppen Begrüßungscocktails, Abendessen o. Ä. zur Verfügung und haben dadurch die Möglichkeit, diesen Multiplikatoren ihren Betrieb vorzustellen.

Gut zu wissen

Fam Trips sind Familiarization Trips, Informationsreisen, um mit einem Land vertraut zu werden, es für weitere Kooperationen kennenzulernen. Meist lädt eine Reisebürogruppe Mitarbeiter/innen eines Vermittlers ein, um sie zu Urlaubsprofis für die Destination zu machen. Diese Mitarbeiter/innen können dann zu Hause ihre Eindrücke im Verkaufsgespräch vermitteln.

„Wer auf der Suche nach Infos zur Gestaltung eigener Folder (Flyer) oder sonstiger Werbemittel ist, nimmt am besten Kontakt mit der Tourismusdestination auf. Hier erhält man Tipps, wie man den Betrieb im Rahmen der Tourismusdestination optimal positioniert und die Werbemittel zielgruppengerecht gestaltet.

- Broschüren und Kataloge: Tourismusverbände erstellen gemeinsame Verkaufsbroschüren, Hotelverzeichnisse und Veranstaltungskataloge. Diese dienen dazu, Angebote für spezielle Zielgruppen zu publizieren. Beispiele dafür sind Spezialkataloge wie „Honeymooner“, „Familienfreundliche Betriebe“, „Gruppenfreundliche Hotels“, „Event-Manual“, „Incentive-Katalog“.
- Veranstaltungskataloge: Darin werden Kongresse und Messen vermarktet. Die Tourismusorganisationen nehmen Kontakt mit Veranstaltern auf, die bestimmte regionale Angebote und natürlich auch die dazugehörigen Beherbergungsbetriebe in ihren Katalogen vorstellen. Diese Leistungen sind meistens kostenpflichtig.
- Zeitungspromotions/-artikel für Special Offers (Spezialangebote): Zu speziellen Anlässen werden von der Landestourismusorganisation bzw. Tourismusdestination Special Offers (Advent in Wien, Saisoneröffnung in Kitzbühel etc.) in Form von Zeitungsanzeigen mit konkreten Hotelangeboten veröffentlicht. Die Teilnahme an diesen PR-Aktionen ist meistens kostenpflichtig.

- Betreuung von Service-Außenstellen: Die Landestourismusorganisation betreut Informationsstellen an Ortseinfahrten, Autobahnraststätten, Bahnhöfen etc. Dort erhalten Passantinnen/Passanten touristische Informationen sowie Angebote zu Hotelzimmern. Zu diesen Außenstellen sollten Hotels einen hervorragenden Kontakt pflegen. Wenn technisch möglich, sollte der Beherbergungsbetrieb von dort aus direkt online buchbar sein.
- Infoservices: Ein gutes Beispiel für optimale Serviceunterstützung sind sogenannte Frühstücksmails, die Tourismusverbände täglich an die Beherbergungsbetriebe schicken. Dabei handelt es sich um kopierfertige Informationen über den Ort bzw. die Region. Sie informieren über Wetter, Veranstaltungen, Öffnungszeiten, Ideen für Ausflüge etc. und können beim Frühstückstisch direkt an die Gäste ausgegeben werden.

- Organisation und Vertrieb von Kundenbindungskarten (z. B. Kärnten Card oder Wien-Karte in Österreich, OberbayernCard oder Pfalzcard in Deutschland, Gstaad Card in der Schweiz, Mobilcard in Südtirol): Mittels dieser Karten erhalten Gäste Zugang zu Leistungen/Ermäßigungen, z. B. für Transportmittel oder Sehenswürdigkeiten. Die Karten können vom Hotel oder von den Reiseveranstaltern mitangeboten werden.
- Betreuung des Segments MICE: Tourismusorganisationen bieten Veranstaltern von Kongressen etc. einen Veranstaltungsservice, inklusive Beratung bei der Auswahl von Location, Gastronomie, Beherbergungsbetrieben, Rahmenprogramm und Vermittlung von Kontakten zu den touristischen Partnerinnen/Partnern und Leistungsträgerinnen/-trägern. Außerdem organisieren die Tourismusorganisationen sogenannte Site Inspections, die den Entscheidungsträgerinnen/-trägern die Vorbereitung des Rahmenprogramms durch das Kennenlernen der Umgebung erleichtern. Hotels sind gut beraten, wenn sie touristische Entscheidungsträger/innen und Journalistinnen/Journalisten zu Veranstaltungen im Haus (z. B. einem Silvesterball, einer Produktpräsentation) einladen. Damit halten sie ihre Angebote im Bereich Bankett und Veranstaltungen in Erinnerung.
- Elektronische Vertriebswege: Im Optimalfall beinhaltet die Internetpräsentation einer Landestourismusorganisation bzw. Destination eine Direktbuchungsmöglichkeit. Das bedeutet, dass das Hotel nur ein Extranet warten muss, aber über dieses auf mehr als einer Seite online buchbar ist.

T

TOUROFFICE

Gibt es in einem Hotel kein Touroffice, übernimmt die/der Concierge diese Aufgaben.

Ein solches gibt es in größeren (Ketten-)Hotels. Es befindet sich meist in der Nähe des Haupteingangs. Hier kann der Gast Ausflüge und Touren buchen, Autos mieten etc.

TOUR OPERATOR

Siehe Reiseveranstalter

TRAVEL SEARCH ENGINE

Travel Search Engines (TSEs) sind vergleichende Reiseplattformen. TSEs listen Hotels und erlauben den Nutzerinnen/Nutzern, Preisvergleiche zwischen den Plattformen anzustellen.

Cost-per-Click-Einnahmen: Werbemöglichkeit, bei der ein Click einer Userin/eines Users auf einen Link oder Werbebanner mit Kosten pro Click für die Werberin/den Werber verbunden ist.

Ähnlich wie eine Internetsuchmaschine sucht eine Travel Search Engine (z. B. hotelscomparison.com, mobissimo.com, trivago.at, swoodoo.com, kayak.de, hotelsvergleichen.com oder checkfelix.com) **Reiseplattformen nach relevanten Ergebnissen** ab und stellt diese gegenüber. Aufgelistet werden u. a. die Provider (die Online-Reiseplattformen), die Hotelnamen, die Kategorien und die jeweils verfügbaren Preise für die angegebenen Kategorien. TSEs verdienen ihr Geld mit Werbung und Klick-Gebühren (Pay per Click), die sie von den Online Travel Agencys (OTAs) erhalten.

Beim Suchergebnis können die Rubriken auf- und absteigend **sortiert** werden, eine Sortierung nach Hotelnamen zeigt sofort die für ein und dasselbe Hotel verfügbaren unterschiedlichen Zimmerpreise auf unterschiedlichen Reiseplattformen. Daher sollte das oberste Prinzip sein: Alle im Internet verfügbaren **Preise** für eine jeweils klar definierte Kategorie müssen **gleich** sein. D. h., egal, ob ein Gast über die Hotel-Website, direkt am Telefon oder bei einer Online-Reiseplattform nach einem bestimmten Preis sucht, die Preisauskunft sollte immer dasselbe Ergebnis bringen.

TRESOR

Ein allgemeiner Tresor ist nur noch in kleineren Hotels üblich. Werden Wertgegenstände im Hotelsafe verwahrt, nimmt die Rezeptionistin/der Rezeptionist die Wertgegenstände an. Auf einem Depotschein werden die Übernahme und der exakte Inhalt festgehalten und durch Unterschrift bestätigt. Das Original behält der Gast als Quittung, ein Durchschlag bleibt bei der Rezeption. Gegen Vorlage des Depotscheines erhält der Gast die Gegenstände wieder ausgehändigt. Etwaige Änderungen müssen jeweils eingetragen werden.

TSE

Siehe Travel Search Engine

TÜRSTEHER/IN

Engl. Doorman

Die Türsteherin/Der Türsteher ist die/der erste und auch die letzte Mitarbeiterin/der letzte Mitarbeiter, den ein Gast sieht. Deshalb ist das Auftreten und äußere Erscheinungsbild besonders wichtig. Es muss den Stil des Betriebes repräsentieren.

Der Doorman erwartet die Gäste vor dem Eingang, öffnet Autotüren und hilft ihnen beim Ein- und Aussteigen. Sie/Er regelt die Zu- und Abfahrt der Autos, ruft Taxis für die Gäste, weist auf Garagen und Parkplätze hin, hilft beim Gepäcktransport und verständigt die Lohndienerin/den Lohndiener von der Ankunft des Gastes.

U

#rezeption

ÜBERBUCHUNG
BIS
USP

ÜBERBUCHUNG

FILM AB!

Überbuchung

Immer wieder stornieren Gäste kurzfristig oder reisen einfach nicht an (No-Show). Um Leerstände zu verhindern, ist es in vielen Hotels Usus, mehr Buchungen anzunehmen als Zimmer verfügbar sind. Das Ziel hinter dieser Strategie ist, dass sich am Ende Überbuchungen und No-Shows/Stornos ausgleichen.

> *Vorsicht: Werden zu viele zusätzliche Buchungen angenommen, droht die Gefahr, dass Gäste bei ihrer Anreise kein Zimmer erhalten, das ist unbedingt zu vermeiden.*

SO GELINGT'S

- Für eine optimale Überbuchungsstrategie ist die Kenntnis der durchschnittlichen Anzahl an No-Shows pro Tag unerlässlich: Wenn es im Durchschnitt z. B. drei No-Shows pro Tag gibt und täglich zwei Zimmer mehr verkauft werden als verfügbar sind, ist die Chance auf Vollauslastung sehr hoch.

> *In den meisten Fällen geht diese Rechnung dank Fachwissen und Erfahrung der Reservierungsmitarbeiter/innen auch auf.*

- Die Reservierung wird wie üblich im Property Management System oder im Zimmerplan eingetragen. Allerdings wird keine normale Zimmernummer vergeben, sondern die über die Kapazitätsgrenze des Hotels gebuchten Zimmer werden als sogenannte Paymaster gebucht.
- Sollte es dennoch soweit kommen, dass für einen Hotelgast wegen Überbuchung kein Zimmer mehr frei ist, muss ein in Bezug auf Qualität und Lage **gleichwertiges** oder ein **Hotel einer höheren Kategorie** organisiert werden. Die evtl. entstehenden Mehrkosten übernimmt – laut AGBH – das überbuchte Hotel. Etwaige **Taxikosten,** um den Gast in das Hotel zu bringen, sollten ebenfalls vom überbuchten Hotel getragen werden. Telefonate, Nachrichten und Post müssen verlässlich an den umquartierten Gast weitergeleitet werden.

> *Wichtig ist, den Gast so zufriedenzustellen, dass er kein verlorener Gast wird, sondern sich wieder an den Betrieb wendet.*

U

ÜBERGABEBUCH

Die Informationen, die an der Rezeption gesammelt werden, dürfen niemals personengebunden sein, sondern müssen allen Frontoffice-Mitarbeiterinnen/-Mitarbeitern zugänglich sein. Im Frontoffice wird daher ein Übergabebuch geführt, in dem alle wichtigen Informationen und Ereignisse notiert werden. Jede Mitarbeiterin/Jeder Mitarbeiter ist dafür verantwortlich, auf dem aktuellen Stand zu sein. Bei der **Dienstübergabe** dient das Übergabebuch als **wichtiges Informationsmittel.** Es kann händisch oder elektronisch geführt werden.

Im Property Management System heißt das Übergabebuch Blog. Hier werden z. B. Beschwerden oder Sonderwünsche von Gästen eingetragen und automatisch an die betroffenen Abteilungen weitergegeben.

UMGANGSFORMEN

Gute Manieren stehen hoch im Kurs. Als Rezeptionist/in müssen gute Umgangsformen für Sie eine Selbstverständlichkeit sein.

SO GELINGT'S

- Begrüßung: Begrüßen Sie Ihre Gäste höflich. Achten Sie auf die richtige Reihenfolge: Jung grüßt Alt, Herr grüßt Dame, Mitarbeiter/in grüßt Vorgesetzte/n.
- Gäste spricht man in der Regel mit „Sie" an und grüßt sie mit „Grüß Gott", „Guten Morgen", „Guten Abend". „Hallo" ist ein absolutes No-Go!
- Gäste werden nicht über den Frontdesk hinweg mit Handschlag begrüßt. Die Ranghöhere/Der Ranghöhere – in unserem Fall der Gast – entscheidet, ob sie/er Ihnen die Hand geben will, oder nicht.

Ausnahmen gibt es evtl. in der Ferienhotellerie, hier ist es durchaus möglich, Stammgäste, die gut bekannt sind, mit Handschlag zu begrüßen.

- Sprechen Sie den Gast immer mit Titel und Namen an. Sollte jemand mehrere Titel haben, wählen Sie den höchsten oder einen der Situation angemessenen. Bei Doppelnamen sprechen Sie die Person mit dem ganzen Namen an.

- Hören Sie Ihren Gästen aufmerksam zu und unterbrechen Sie diese nicht.
- Sprechen Sie deutlich und vermeiden Sie dabei starken Dialekt.
- Gäste stehen in der Regel an der Rezeption. Auch die Rezeptionsmitarbeiterin/der Rezeptionsmitarbeiter steht, während sie/er die Gäste bedient. Sitzen, während der Gast an der Rezeption steht, ist ein No-Go.
- Lassen Sie Gästen den Vortritt beim Betreten eines Raumes, des Liftes oder beim Stiegenaufgang.
- Helfen Sie Damen aus dem Mantel.
- Wenn Sie einen Rückruf, eine Information, ein Bestätigung versprechen, halten Sie sich daran.
- Entschuldigen Sie sich, wenn Sie einen Fehler gemacht haben.
- Wenn Sie das Zimmer eines Gastes während seines Aufenthaltes betreten müssen, klopfen Sie an und betreten Sie den Raum nur nach Aufforderung. Entschuldigen Sie sich für die Störung.

UNIFIED MESSAGING

Unter Unified Messaging (UMS) versteht man die Zusammenführung von Nachrichten unterschiedlicher Formate (E-Mail, SMS, Fax, Telefon, Video) auf eine zentrale elektronische Kommunikationsplattform. Der Nutzen von UMS zeigt sich zum einen in beträchtlichen Kosteneinsparungen (Gesprächskosten in Verbindung mit Internet-Telefonie [VoIP], Effizienzsteigerung von Kommunikations- und Serviceprozessen), zum anderen im Potenzial, welches UMS in der Neugestaltung bzw. Bereicherung von Gästeinformation und -betreuung offenlegt. Im Zusammenspiel mit CRM-Software (Customer Relationship Management = Kundendaten- und Betreuungsprogramm) kann so etwa jedwede Kommunikation mit Gästen lückenlos erfasst und auch ausgewertet werden.

In weiterer Folge wird das gesammelte Datenmaterial für die Konzeption maßgeschneiderter automatisierter Angebotsprozesse genutzt.

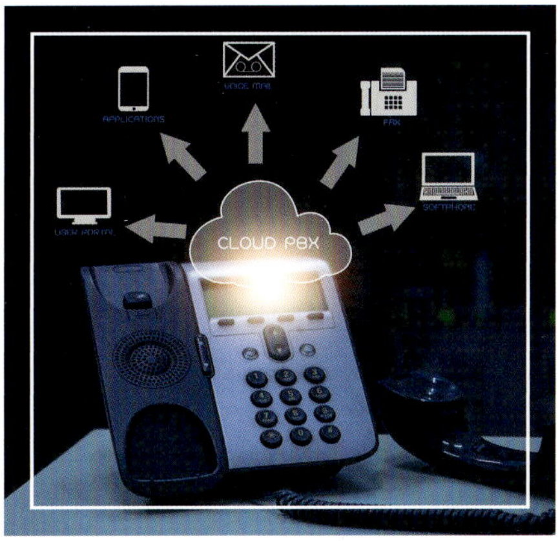

Vereinzelt werden endbenutzerfreundlich ausgelegte UMS-Plattformen bereits in die Ausstattung von Hotelzimmern einbezogen. Hotelbetriebe sind damit in der Lage, ihren Gästen z. B. kostenlose Sprach- und/oder Videotelefonie weltweit zu bieten oder den Hörgenuss Tausender Internet-Radiostationen und das Anschauen von digitalen Urlaubsfotos inklusive des unmittelbaren Versands an Verwandte und Freundinnen/Freunde zu ermöglichen.

Ziel ist es, alle Nachrichten, Daten und Dokumente zu bestimmten Vorgängen an einem Ort in technisch einheitlicher Form nachvollziehbar und jederzeit abrufbar bereitzuhalten. Grundsätzlich sind UMS-Lösungen für den kommerziellen Einsatz zur Verbesserung des Workflows u. a. in CRM- und ERP-Systeme sowie Exchange, Lotus Notes o. ä. integriert.

UPGRADE

Ein Upgrade ist eine kostenlose Umbuchung auf eine höhere Zimmerkategorie. Das kann etwa im Fall von Überbuchungen notwendig sein. Ein Upgrade kann aber auch Stammgästen als besonderes Dankeschön angeboten werden. Ebenfalls kann an Gäste, die zu einem speziellen Anlass anreisen (z. B. Geburtstag, Hochzeitstag), oder VIP-Gäste ein Zimmer einer höheren Kategorie vergeben werden.

FILM AB!

Upselling Wellnessbehandlungen

UPSELLING

Durch Zusatzverkäufe an der Rezeption lassen sich die durchschnittlich erzielten Raten erhöhen oder zusätzliche Umsätze lukrieren. Dieses Vorgehen wird Upselling genannt.

Ein klassisches Beispiel für Upselling ist, beim Check-in oder bei der Reservierung eine höherwertige Zimmerkategorie anzubieten:

Sie haben ein Standardzimmer gebucht, wir haben aber auch noch ein ‚Superior'-Zimmer frei, das regulär 280,00 EUR kostet. Ich kann Ihnen das Zimmer aber für den geringeren Aufpreis von 24,00 EUR pro Person und Nacht anbieten.

„Bieten Sie nie von Anfang an die niedrigste Kategorie und den billigsten Preis an. Ist dem Gast der Preis zu hoch, haben Sie keine Möglichkeit mehr, ihm ein billigeres Angebot zu unterbreiten.

Ist kein Frühstück im Preis inkludiert, können Sie dem Gast bei der Anreise anbieten:

Das Frühstück ist im Preis nicht inkludiert, dieses kostet normalerweise 19,00 EUR, aber wenn Sie es jetzt beim Check-in gleich mitbuchen, kommt es abzüglich Rabatt auf nur 15,00 EUR pro Person. Somit können Sie 4,00 EUR pro Person und Tag sparen. Darf ich das Frühstück für Sie buchen?

Weitere Möglichkeiten für Upselling sind etwa eine Reservierung im hoteleigenen Restaurant oder die Buchung einer Massage im Wellnessbereich.

SO GELINGT'S

Finden Sie gute Argumente, um den Gast zu überzeugen, dass Ihr Angebot genau das Richtige für ihn ist. Wenn es um den Verkauf einer höherwertigen Zimmerkategorie geht, arbeiten Sie die Unterschiede zwischen den Zimmern heraus und verweisen Sie auf die Vorteile der höherwertigen Kategorie. Wenn Sie dem Gast anbieten, einen Tisch im Restaurant zu reservieren, können Sie auf USPs (Haubenkoch, Saisonmenü, Happy Hour etc.) des Restaurants hinweisen. Seien Sie ehrlich und überzeugend, aber nicht penetrant!

USP

Die sogenannte USP (Unique Selling Proposition) ist ein Begriff aus dem Marketing. Eine USP ist ein Alleinstellungsmerkmal, das einen Betrieb von der Konkurrenz abhebt und ihn besonders macht.

Beispiele

- Einzigartige Qualität: z. B. bestes Restaurant laut Gourmetführer, 10 von 10 Bewertungspunkten bei Online-Portalen
- Konsequente Spezialisierung: z. B. einziges koscheres Restaurant, einzige Anti-Aging-Farm mit Ärzten
- Hohes Marketingtempo: durch Aufspüren von Gästebedürfnissen und die allerneuesten Trends immer „die Nase vorne haben", z. B. Siebensternehotel, Unterwasser-, Eis-, Feng-Shui-Hotel
- Die 25hours-Hotels kombinieren Budget und neue Schlichtheit mit Kunst und Lebensstil: Es entsteht ein „affordable style".

V

#rezeption

VERANSTALTUNGSMANAGEMENT
BIS
VOUCHER

VERANSTALTUNGSMANAGEMENT

FILM AB!

Verkaufsgespräch Hochzeit

Gerne werden Veranstaltungen, von Hochzeiten über Kongresse bis hin zu Bällen, in Hotels abgehalten. Für einen Betrieb sind Veranstaltungen (Caterings) eine gute Chance, den Umsatz und den Bekanntheitsgrad zu steigern. Veranstaltungen bedeuten aber auch einen erheblichen organisatorischen und personellen Aufwand. Daher ist eine genaue Planung wichtig.

Während in Klein- und Mittelbetrieben meist die Besitzerin/der Besitzer oder die Geschäftsführerin/der Geschäftsführer die Veranstaltung anbahnt, aufnimmt und organisiert, gibt es in großen und auf das Veranstaltungswesen spezialisierten Betrieben eine eigene Food-&-Beverage- oder Bankettabteilung. Frontoffice-Mitarbeiter/innen müssen über Veranstaltungen im Haus Bescheid wissen (z. B. über benötigte Zimmer oder inkludierte Leistungen). Informationen dazu werden im Übergabebuch festgehalten.

SO GELINGT'S

Frontoffice-Mitarbeiter/innen müssen über die im Haus zur Verfügung stehenden Räumlichkeiten (inklusive Fassungsvermögen) sowie das technische Equipment Auskunft geben können. Anfragen betreffend Veranstaltungen werden vom Frontoffice an die zuständige Abteilung weitergeleitet. Daher müssen die Kommunikationsabläufe zwischen Bankettabteilung und Frontoffice genau definiert sein.

Für Veranstaltungen werden oft auch Zimmer benötigt. Der Bankettabteilung steht dafür entweder ein eigenes Zimmerkontingent zur Verfügung oder das Frontoffice reserviert die benötigten Zimmer nach Absprache mit der Bankettabteilung. Werden alle Teilnehmer/innen in Zimmern derselben Kategorie untergebracht, ist darauf zu achten, wirklich nur gleichwertige Zimmer zu vergeben.

Gäste fragen oft an der Rezeption nach dem Weg zu den Veranstaltungsräumen. Frontoffice-Mitarbeiter/innen müssen daher über Veranstaltungen Bescheid wissen. In Häusern gehobener Kategorie werden Gäste von einer Lohndienerin/einem Lohndiener oder vom Manager on Duty zu den Räumen geführt.

Dauern Veranstaltungen, z. B. Seminare, am Abreisetag über die Check-out-Zeit hinaus an, müssen die Teilnehmenden ihre Zimmer häufig bereits am Morgen räumen. Für die Gepäckaufbewahrung kann entweder ein nicht benötigtes Gästezimmer zur Verfügung gestellt werden – in diesem Fall ist die Keycard umzuprogrammieren, damit die Gäste Zugang zu diesem Zimmer haben – oder das Gepäck wird in einem Gepäckaufbewahrungsraum untergebracht.

Ein Planungsformular für Veranstaltungen finden Sie als Download.

Gut zu wissen

Raumbedarf pro Person:

- Für Stehempfänge: ca. 1,5 m^2
- Für Festessen: ca. 2–2,5 m^2
- Für Buffets: ca. 2,5–3,5 m^2

Um eine optimale Raumausnützung erzielen zu können, muss das Fassungsvermögen der Räume bei unterschiedlicher Bestuhlung bekannt sein.

Informationen zu Veranstaltungsräumlichkeiten etc. sind in der **Bankettmappe** zu finden. Diese enthält allgemeine Informationen über den Betrieb und die Umgebung, Übersichtsblätter und -formulare über die Veranstaltungsräume mit Plänen und allen technischen Details, mögliche Tafelformen und Sesselstellungen, standardisierte und frei wählbare Menüvorschläge, Veranstaltungs- und Konferenzpauschalen (Conference Packages), Formulare, z. B. mit Allgemeinen Geschäftsbedingungen (Vorauszahlung, Storno etc.) und eine Checkliste für das Verkaufsgespräch.

Als Ergänzung zur Bankettmappe gibt es die **Konferenzmappe** mit genaueren Details. Sie informiert Interessierte im Speziellen über die Möglichkeiten, Tagungen und Seminare im Haus zu gestalten, enthält alle technischen Details sowie Pauschalangebote, Kombinationen mit Incentives, die Ansprechpartnerin/den Ansprechpartner etc. Weitere Unterlagen, die für die Planung von Veranstaltungen wichtig sind, sind Functionsheet, Memos und evtl. ein Formular zur Tagungstechnik, das ergänzend zum Functionsheet gemeinsam mit der Auftraggeberin/dem Auftraggeber ausgefüllt wird.

VERBUNDZIMMER

Das sind Zimmer, die durch eine Verbindungstür verbunden sind, etwa für Familien mit Kindern. So kann man von einem Zimmer in das andere gelangen, ohne über den Hotelgang gehen zu müssen.

Engl. Quad Room

VIERBETTZIMMER

Das ist ein Zimmer für bis zu vier Personen mit zwei Doppelbetten (King- oder Queensize) oder mehreren Einzelbetten.

VIP

VIP steht für Very Important Person. Damit sind Gäste wie Popstars, Politiker/innen oder Schauspieler/innen gemeint. Diese sind gute Werbeträger/innen für den Betrieb. Ihre Betreuung stellt aber auch besondere Anforderungen an einen Betrieb. Oftmals haben diese Gäste Sonderwünsche oder reisen mit einem Mitarbeiterstab inklusive Bodyguards und Betreuerinnen/Betreuern an. VIPs wählen fast ausschließlich Fünfsternebetriebe. Die Unterbringung von VIPs kann betriebliche Umstellungen nötig machen, die anderen Gäste dürfen darunter nicht leiden. VIPs reisen oft inkognito unter einem anderen Namen.

FILM AB!

Unangekündigtes Paket für VIP-Gast

Check-in

VIPs werden bei ihrer Ankunft von einer/einem leitenden Angestellten – der General Managerin/dem General Manager oder ihrer/seiner Vertretung – oder vom Hotelier bzw. von der Hoteldirektorin/vom Hoteldirektor begrüßt. Der Check-in findet räumlich getrennt, z. B. in der VIP-Lounge, statt. Die Anreiseformalitäten werden so rasch wie möglich erledigt, im Vordergrund steht die individuelle Gästebetreuung. So wird dem Gast – wenn er dies möchte – sogleich ein Platz angeboten und ein Willkommensdrink serviert. Der Gast erhält ein Zimmer mit Upgrade und Turndownservice (Aufschlagen der Bettdecke und Betthupferl) sowie Blumen, Obst und Wein.

Welche Aufmerksamkeiten VIPs erhalten, ist von Haus zu Haus verschieden, eine Möglichkeit ist auch, den Inhalt der Minibar zur Verfügung zu stellen.

Betreuung von VIPs

Alle Mitarbeiter/innen müssen über den genauen Zeitablauf, über Sonderwünsche etc. bestens informiert werden. VIPs sollen in einem vom übrigen Gästebereich getrennten Hotelbereich untergebracht werden. Autogrammjäger/innen, Paparazzi oder Journalistinnen/Journalisten müssen unbedingt ferngehalten werden. Die Gäste haben das Recht auf Privatsphäre. Absolute Diskretion ist oberstes Gebot. Nachbarbetriebe und -lokale sollen aber über die Anwesenheit von VIPs informiert werden.

Wenn jemand an der Rezeption nach einem VIP fragt, geben Sie niemals Auskunft. Rufen Sie gegebenenfalls vom Backoffice aus im Zimmer an und fragen Sie nach, ob jemand erwartet wird.

VOLLBELEGSTAGE

Dabei handelt es sich um eine Kennzahl, die aussagt, an wie vielen Tagen des Berechnungsjahres das Hotel zu 100 % ausgelastet war, also alle Hotelzimmer verkauft wurden. Diese Berechnungsvariante wird vor allem in **Saisonbetrieben** verwendet.

Berechnung der Kennzahl

$$\frac{\text{Anzahl der erzielten Zimmernächte pro Zeitraum (z. B. Mai–Oktober)}}{\text{Anzahl der Zimmer}} = \text{Vollbelegstage}$$

Beispiel

$$\frac{\text{7 668 (Zimmernächte Mai–Oktober)}}{\text{54 (Anzahl der Zimmer)}} = \text{142 Vollbelegstage}$$

VOLLBETRIEB

Vollbetriebe sind Beherbergungsbetriebe, die dem Gast auch Verpflegung bieten. Das kann entweder Frühstück, Halb- bzw. Vollpension oder All-inclusive sein.

VOUCHER

Ein Voucher ist ein vom Reisebüro ausgefülltes Dokument, das alle Leistungen auflistet, die der Hotelbetrieb zu erfüllen hat.

„Gleichen Sie die im Voucher aufgeführten Leistungen mit den bestellten Leistungen ab, um Unklarheiten bei der Abrechnung zu verhindern.

Abrechnung von Vouchern

Der Gast hat das Hotel über ein Reisebüro gebucht und auch bereits (einen Teil der Kosten) bezahlt. Das Hotel rechnet die Kosten für den Aufenthalt des Gastes mit dem Reiseveranstalter/-vermittler ab. Der Gast zahlt im Betrieb nur mehr jene Kosten, die der Voucher nicht abdeckt.

Grundsätzlich gilt der Voucher nicht als Zahlungsmittel, sondern ist ein Auftrag vom Reiseunternehmen zur Verrechnung der beim Hotel bestellten Leistungen. Der Gast händigt bei der Anreise den Voucher der Rezeptionistin/dem Rezeptionisten aus.

Der Originalvoucher dient als Beleg zur Verrechnung mit dem Reisebüro bzw. Reiseveranstalter. Er wird der Abrechnung mit dem Reisebüro beigelegt.

Häufig steht auf den Vouchern nur Name und Adresse des Veranstalters und nicht der des ausstellenden Reisebüros. Der Grund dafür ist, dass die Vermittler eine Kontaktaufnahme des Hotels mit dem Reisebüro verhindern möchten, um Direktgeschäfte zu unterbinden. Bei Direktgeschäften würde der Vermittler natürlich keine Kommission/Provision erhalten.

Arten von Vouchern

Anzahlungs- oder Depositvoucher

Er hat als Wert die Summe, die im Reisebüro vom Gast angezahlt wurde. Der Rest wird vom Gast im Betrieb bezahlt. Das Reisebüro setzt den Betrag mit der ihm zustehenden Provision gleich und behält die Anzahlung ein oder das Reisebüro zieht sich bei höheren Anzahlungen die Provision ab und überweist den Rest der Anzahlung an das Hotel.

Standardvoucher

Alle angegebenen Leistungen wurden bereits im Reisebüro bezahlt. Die vereinbarte Provision wird vom Rechnungsbetrag abgezogen.

Reservierungsvoucher

Die Reservierung wird auf dem Voucher vermerkt. Der Gast bezahlt die Rechnung direkt im Hotel. Das Reisebüro erhält die Provision der Hotelrechnung ohne Extras.

Full-Credit-Voucher (All-inclusive-Voucher)

Dieser Voucher berechtigt den Gast, alle Konsumationen über das Reisebüro abzurechnen. Die jeweiligen Bons müssen vom Gast unterzeichnet werden, damit die Abrechnung korrekt erfolgen kann. Das Hotel stellt dem Reisebüro eine um die Provision verminderte Rechnung aus.

W

#rezeption

WALK-IN
BIS
WOCHENVORSCHAU

WALK-IN

Ein Walk-in ist ein Gast, der ohne Reservierung in ein Hotel kommt.

SO GELINGT'S

- Bieten Sie nie von Anfang an die niedrigste Kategorie und den billigsten Preis an. Ist dem Gast der Preis zu hoch, haben Sie keine Möglichkeit mehr, ihm ein billigeres Angebot zu unterbreiten.
- Kontrollieren Sie, ob und welche Zimmer frei sind.
- Informieren Sie den Gast über Verfügbarkeit und Preise der Zimmer, Lage, Ausstattung (Prospekt) und Angebote sowie über Hotelleistungen (Arrangement, Umfang der Mahlzeiten, Freizeit- und Sporteinrichtungen, Park- und Depotmöglichkeiten). Außerdem können Sie dem Gast über Ort und Region (Busverbindungen, Skigebiet, Kulturelles etc.) Auskunft geben, um das Interesse zu wecken.
- Bitten Sie den Gast um einen Ausweis und füllen Sie das Gästeverzeichnisblatt aus. Wenn der Gast schon einmal im Hotel übernachtet hat, dann sollten seine Daten im Property Management System sein und können übernommen werden. Der Gast kontrolliert das Gästeverzeichnisblatt und unterschreibt es.
- Führen Sie im Property Management System die Reservierung und den Check-in durch. Legen Sie bei Bedarf eine neue Datei in der Gästekartei an.
- Sind die Walk-in-Gäste Stammgäste des Hauses, ist die Bezahlung der Rechnung beim Check-in kein Thema. Wenn es sich aber um eine dem Hotel unbekannte Person handelt, sollte der gesamte Aufenthalt im Voraus beglichen werden bzw. die Keycard lediglich für den bereits beglichenen Zeitraum freigeschaltet werden.

Gut zu wissen

Wenn Sie für einen Walk-in kein Zimmer mehr haben, schlagen Sie dem Gast andere Hotels im Ort/in der Umgebung vor und fragen Sie dort telefonisch an. Meist haben Häuser einer Region Partnerschaften und helfen sich gegenseitig aus.
Halten Sie an der Rezeption Folder/Flyer und Wegbeschreibungen zu Partnerbetrieben bereit. Sind auch diese Quartiere ausgelastet, verweisen Sie Ihre Besucher/innen an die Tourismusinformation im Ort und helfen Sie auch in diesem Fall mit einer Wegbeschreibung weiter.

W

WARTELISTE

Bekommt ein Gast für seinen Wunschtermin kein Zimmer mehr, bieten viele Hotels eine Warteliste an. Diese muss laufend **aktualisiert** werden, ebenso muss der Gast regelmäßig informiert werden, an welcher Stelle der Warteliste er im Moment gereiht ist.

Es empfiehlt sich, die im Property Management System angelegten **Dummy-Zimmer/Paymaster** als Zimmer für die Warteliste zu verwenden. Eine Reservierung auf Warteliste wird wie eine normale fixe Reservierung im Property Management System eingegeben, es wird jedoch keine Zimmernummer, sondern eine Dummy-Zimmernummer vergeben.

Somit kann die Rezeption bei einem Storno sofort erfassen, welche Buchung am besten in die durch das Storno entstandene „Buchungslücke" passt. Durch einen Doppelklick auf die Dummy-Buchung öffnet sich die angelegte Buchung mit allen Daten und der Gast kann unverzüglich informiert werden.

WÄSCHESERVICE

Siehe Laundry

WEB-BOOKING-ENGINE

Ziel jedes Hotels sollte sein, dass Gäste über die hoteleigene Website in Echtzeit buchen können. Eine Web-Booking-Engine (WBE) ist ein Online-Buchungstool, das Online-Buchungen mithilfe einer hinter der Website liegenden Datenbank ermöglicht. Diese Buchungstechnik wird von folgenden Partnern angeboten:

- Online Travel Agencys (z. B. booking.com)
- Technologieanbieter (z. B. HotelNetSolutions, Bookassist, Seekda, easybooking, caesar data)
- Property Management Systems (z. B. Fidelio, protel, GASTROdat)
- Global Distribution Systems/Central Reservation Systems (z. B. Best Western, Small Luxury Hotel of the World, Accor)

SO GELINGT'S

Den richtigen Partner finden

Wichtig ist, einen Softwarepartner mit einer für den Betrieb geeigneten Lösung zu finden. Die beste Lösung ist die Wahl eines Technologiepartners, da bei dieser Form der Zusammenarbeit das Hotel die Kontrolle über Gäste- und Kontaktdaten, Verfügbarkeiten und Preisgestaltung behält. Das ist bei den OTAs nicht der Fall. Den wertvollen Web Traffic sollte jedes Hotel für sich beanspruchen. So ist gewährleistet, dass die Kundendaten auch in die Hoteldatenbank Eingang finden und diese wichtigen Daten nicht den OTAs vorbehalten bleiben.

Passende Schnittstellen

Von großer Bedeutung ist die Schnittstellenfreundlichkeit der Software. Die WBE soll gut mit dem im Hotel verwendeten Property Management System (PMS) zusammenpassen. Am besten ist es, wenn diese beiden „Preferred Partner“ sind. Bevor man sich für eine WBE entscheidet, ist es sinnvoll, diesbezüglich beim PMS-Partner nachzufragen. Die Software-Firmen, die gut zusammenarbeiten, sind sicher die erste Wahl.

Was darf’s kosten?

Die Kosten für Buchungen über solche Technologieanbieter sind unterschiedlich: Von der monatlichen Flatrate bis zu ca. 5 % des gebuchten Umsatzes in Form einer Provision ist alles möglich.

WEBMARKETING

Wer eine Reise tut, will sich meist gut informieren. Hier ist das Internet auf vielfältige Weise eine Unterstützung: Kein anderes Medium kann in so kurzer Zeit multimedial und interaktiv die Fülle touristischer Leistungspakete direkt zur Kundin/zum Kunden bringen wie das Internet.

Diese Vielzahl von neuen Vermarktungsmöglichkeiten bringt jedoch neue Herausforderungen mit sich. Neue Gäste bringen Umsatz, die Online-Vermittler verursachen aber auch zusätzliche Vertriebskosten. Hier die Balance zwischen den unterschiedlichen Vermarktungs- und Vertriebswegen und den damit verbundenen Aufwendungen zu finden, ist eine zentrale Aufgabe.

„Gegenwärtig wird der Online-Reisemarkt vom Last-Minute-Segment angeführt, gefolgt von den Pauschalreisen und der Buchung von Flugtickets. Anhaltende Trends sind kurzfristige Buchungen und Flüge mit Low Cost Carriers.

Vorteile eines Internetauftrittes für Hotelier und Gast

- **Zielgruppen weltweit erreichen:** Die einzelnen Quellmärkte und Zielgruppen (Wellness, Golf etc.) sind via World Wide Web leicht zu erreichen. Durch gezielte Ansprache von Zielmärkten via Internet kann u. a. die Gästestruktur aktiv beeinflusst und verändert werden.
- **Geringere Offline-Kosten:** Es fallen weniger Kosten für Gästeberatung an der Rezeption und am Telefon, bei Prospektversand etc. an.
- **Verbesserung der Auslastung:** In saisonschwachen Zeiten lassen sich teils durch Webpräsenz, z. B. mit Packages, Spezialangeboten, Early Bird Rates und Schnäppchen zusätzliche Buchungen generieren.
- **Zugang zu neuen Vertriebskanälen:** Der Brancheneintrag bei Google (Google my Business) zeigt nicht nur Unternehmensinformationen, sondern auch die Hotel-Website und animiert zur Online-Buchung. Außerdem vergleicht Google my Business auch die Preise des Hotels und zeigt die Google-Rezensionen (1 bis 5 Sterne).

Zahlreiche Wege führen den Gast via Internet in ein Hotel

- Website
- Online-Präsentation des Beherbergungsbetriebes durch eine Tourismusorganisation
- Online-Präsentation über ein Central Reservation System (CRS) einer Sales-&-Marketing-Gemeinschaft oder eines Franchise-Unternehmens (z. B. Best Western)
- Online-Reservierung über ein CRS einer Hotelkette (z. B. Marriott, Radisson Blu, Ritz-Carlton)
- Online-Präsentation durch eine Angebotsgruppe (z. B. Die Urlaubsspezialisten, Urlaub am Bauernhof, Kinderhotels, FamilySelectHotels, Abenteuer Fischwasser, Golf & Hotel oder Wanderhotels)
- Virtuelle Plattformen von Reiseveranstaltern (z. B. tui.de, ab-in-den-urlaub.at)
- Online Travel Agencys (OTAs): z. B. booking.com, hrs.de, hotel.de, hotels.com, tiscover.com
- Travel Search Engines (TSEs): vergleichende Suchmaschinen, die Preisvergleiche im Internet anstellen, indem sie mehrere OTAs nach Hotel-, Flug- und Mietwagenangeboten absuchen und die Preise vergleichend darstellen (z.B. kayak.com, swoodoo.com, mobissimo.com, hotel.idealo.de, momondo.at, hotelscombined.com)
- GDS-gestützte Reiseplattformen: internetbasierte Verkaufssysteme für Reisebüros (z. B. expedia.at, travelocity.com, lastminute.com, orbitz.com)
- Mischung aus TSE und Bewertungsplattformen: Diese Seiten verdanken ihre Bekanntheit und Bedeutung einer sehr großen Anzahl von Reviews. Das Geschäftsmodell ist jedoch die Vermittlung zwischen Gästen, die online recherchieren und den OTAs und GDS-gestützten Reiseplattformen, Online-Reisebüros und Hotels direkt (trivago.at, tripadvisor.com).
- Websites von Low Cost Carriers, nationalen Bahnunternehmen, Autovermietern etc.
- Online-Kampagnen, die eine Verlinkung zur Hotel-Website anbieten (Google Adwords, Instagram- und Facebook-Kampagnen)
- Bannerwerbung bei TSEs und Online-Vermittlern (expedia.at, holidaycheck.at, tripadvisor.com, booking.com)

SO GELINGT'S

- Praktisch alle Beherbergungsbetriebe sind heute mit einer eigenen Website im Internet vertreten. Die Implementierung einer Web-Booking-Engine kann helfen, die Zahl der Direktbuchungen zu steigern.

Ziel jedes Hoteliers sollte es sein, im Webmarketing einen großen Teil der Buchungen im direkten Verkauf mit geringen Vermittlungsgebühren und über die Hotel-Website zu generieren!

- Nach der gut positionierten Website ist Schritt Nummer zwei, den Betrieb über OTAs zu vermarkten.
- Suchmaschinenmarketing gehört zum Werbe- und Marketingmix eines modernen Tourismusbetriebes.

Bereits ca. 80 % des Online-Umsatzes lassen sich auf Suchanfragen über das Internet zurückführen.

- Jedes Hotel sollte sich bei den wichtigsten Bewertungsportalen (tripadvisor.com, holidaycheck.at, trivago.at) einen Account anlegen. So kann das Hotelprofil upgedatet, Hotelbilder hochgeladen und Widgets für die Hotel-Website gestaltet und heruntergeladen werden. Außerdem erhält man Benachrichtigungen über neue Reviews.
- Positive Reviews sind eine enorme Hilfe im Hotelmarketing. Bei mehrheitlich positiven Berwertungen gelingt die Preisdurchsetzung besser. Bitten Sie Ihre Gäste bei der Abreise (oder danach per E-Mail), das Hotel zu bewerten. Fügen Sie in die E-Mail Links zur Hotelpräsentation auf OTAs bzw. Bewertungsplattformen ein, damit der Gast diese rasch und einfach findet.
- Manche touristischen Informationsportale bieten Beherbergungsbetrieben die Möglichkeit, verfügbare Zimmer über eine Verknüpfung mit dem Outlook-Kalender anzuzeigen.

Vorsicht: Diese Verfügbarkeiten müssen laufend manuell aktualisiert werden. Es handelt sich um eine reine Information und keine Buchungsmöglichkeit!

WEBSITE

Praktisch alle Beherbergungsbetriebe – auch Kleinbetriebe – sind heute mit einer eigenen Website im Internet vertreten. Bei der Gestaltung ist vor allem auf Übersichtlichkeit und eine professionelle Gestaltung zu achten. Achten Sie auf Aktualität. „News“ vom vergangenen Jahr wirken unprofessionell.

Was bei der Gestaltung der Website zu beachten ist

- Gestaltung nach den Richtlinien der Corporate Identity (CI) des Hotels.
- Suchfunktion
- Übersichtliche Navigation (am besten lassen Sie die Seite von einer/einem Externen vor Inbetriebnahme testen und nehmen Sie sie in den Gästefragebogen auf)
- Einfach zu bedienende Interaktionsflächen, z. B. für die Reservierung
- Laufende Aktualisierung
- Keine Musik auf der Startseite
- Ständige Sichtbarkeit der Online-Anfrage- und -Reservierungstools
- Klare Kompetenzverteilung in Bezug auf Wartung, Zugriffsrechte etc.
- Suchmaschinenoptimierte Gestaltung

Testen Sie Ihre Website auf verschiedenen Geräten und mit unterschiedlichen Verbindungen. Lässt sich die Website ohne Probleme öffnen? Finden Sie die gewünschten Informationen? Ist es leicht, eine Reservierung durchzuführen? Wie viel Zeit vergeht, bis Sie auf eine Anfrage ein Angebot erhalten?

Die Auffindbarkeit in den Tiefen des World Wide Webs ist eines der wichtigsten Kriterien einer guten Website.

WAS DER PROFI DAZU SAGT

Die Gäste sind es gewohnt, mit verschiedenen Endgeräten (PC, Notebook, Tablet, Smartphone etc.) im Internet zu surfen. Um auf allen diesen Geräten optimal dargestellt zu werden, muss eine Website responsiv gestaltet sein. Ein weiterer Vorteil von responsiven Websites ist der geringe Pflegeaufwand. Die gesamten Inhalte (egal, ob Grafiken oder Texte) müssen nur einmal angelegt werden, um dann auf **allen** aktuellen sowie zukünftigen **Endgeräten** und **Auflösungen** perfekt angepasst dargestellt zu werden.

Die Hotel-Website als Buchungstool

Die beste und günstigste Möglichkeit, mehr Buchungen zu lukrieren, ist die eigene Hotel-Website. Dennoch setzen viele Hotels immer noch auf ein Anfrageformular und verzichten auf die Einführung einer Web-Booking-Engine. Viele Gäste wollen aber das Angebot, das ihnen zusagt, direkt buchen. Es ist daher empfehlenswert, eine Buchungsmaske auf der Website zu integrieren, die direkt mit dem Property Management System verbunden ist. So können Verfügbarkeiten live auf der Website angezeigt und umgekehrt die Reservierungen auch direkt und in Echtzeit verarbeitet werden.

Der direkte Verkauf über die eigene Hotel-Website ist mit größter Aufmerksamkeit und Konzentration voranzutreiben. Erklärtes Ziel jedes Hoteliers sollte sein, im Webmarketing den Löwenanteil der Buchungen im direkten Verkauf mit geringen Vermittlungsgebühren und über die hoteleigene Website zu generieren! Wichtig ist, dass Sie Ihren Gästen auf der eigenen Website die besten Preise anbieten.

Außerdem sollten auf der Web-Booking-Engine der hoteleigenen Website (zumindest für die auf OTAs angebotenen Zimmer) **nicht nur dieselben Preise, sondern auch dieselben Buchungs- und Stornobedingungen** gelten. Sollten diese abweichen, sollte der Gast die besseren Bedingungen über die Hotel-Website buchen können. Leider kommt es oft vor, dass die Hotel-Website restriktiver ist. Der Gast hat den Eindruck, nur auf der Online-Reiseplattform das buchen zu können, was er wirklich will und bucht dort.

Dies ist sicher nicht im Sinne des Hoteliers! Denn die Vertriebskosten via Web-Booking-Engine betragen nur einen Bruchteil derer der Online Travel Agencys.

WAS DER PROFI DAZU SAGT

Damit Gäste sich auf Ihrer Website informieren und im besten Fall auch direkt buchen, müssen sie diese auch verstehen. Überlegen Sie, welche Sprachen Ihre Gäste sprechen und orientieren Sie sich bei der Gestaltung Ihrer Website daran. Soll Ihre Website in mehreren Sprachen verfügbar sein, achten Sie auf professionelle Übersetzungen. Vor allem eine englische Version ist eine wichtige Grundlage, damit fremdsprachige Gäste einen Überblick über Ihr Haus bekommen können. Abhängig vom Quellmarkt können auch Übersetzungen in weitere Sprachen notwendig und zielführend sein.

WECKRUF

FILM AB!
Weckruf vergessen

Wenn Gäste zu einer bestimmten Zeit geweckt werden wollen, sind der exakte Zeitpunkt und die Zimmernummer in einer Weckliste einzutragen. Der Weckruf muss pünktlich erfolgen!

Denken Sie bei jedem Weckruf daran, dass es an Ihnen liegt, ob der Gast pünktlich zu einem wichtigen Termin erscheint oder seinen Flug erreicht.

Es gibt verschiedene Möglichkeiten, um Gäste zu wecken:

- **Wecken per Telefoncomputer:** Die gewünschte Weckzeit wird im Computersystem eingetragen und der Gast wird automatisch telefonisch geweckt. Eine Computerstimme begrüßt ihn und nennt die Uhrzeit. Wenn der Gast abnimmt, wird dies automatisch in einem Protokoll vermerkt. Diese Art des Weckens ist sehr unpersönlich, aber umso beweiskräftiger. Außerdem können viele Gäste zur selben Zeit geweckt werden.

> *In manchen Hotels kann der Gast die Weckzeit über die Telefonanlage selbst einstellen.*

- **Wecken per Telefon:** Diese Art des Weckens ist sehr aufwendig, dafür sehr persönlich. Dem Gast können mit dem Weckruf auch weitere Informationen, z. B. Wetter, Termine mitgeteilt werden.

Guten Morgen, Herr Möller, es ist 08:30 Uhr. Dies ist Ihr persönlicher Weckruf. Wir haben blauen Himmel, Sonnenschein und eine Temperatur von 17 °C. Ich wünsche Ihnen einen schönen Tag!

- **Wecken per Hotel-TV:** Der Gast kann via Fernbedienung einen Weckruf mittels TV-Gerät programmieren. Das TV-Gerät darf dafür allerdings nicht ganz ausgeschaltet werden, sondern muss im Stand-by-Modus laufen. Informationen dazu erhält der Gast an der Rezeption bzw. in der Gästeinformationsmappe. Dieses System darf nicht die einzige Weckmöglichkeit darstellen!
- **Persönliches Wecken:** Dabei klopft eine Mitarbeiterin/ein Mitarbeiter an die Zimmertür. Meldet sich der Gast, wünscht man ihm einen guten Morgen und nennt die Uhrzeit. Da dies sehr zeitaufwendig ist und nur wenige Gäste zur gleichen Zeit geweckt werden können, ist es nur noch in Kleinbetrieben üblich oder wird dann eingesetzt, wenn andere Weckversuche fehlschlagen.

WEEKEND RATE

Sonderpreis für einen Aufenthalt am Wochenende

WEGWEISER

Ein Hotel ist kein Labyrinth – die Wege sollten kurz sein und die Beschilderung eindeutig und verständlich.

Überlegen Sie, ob evtl. auch eine Beschriftung in Englisch oder einer anderen Fremdsprache hilfreich sein könnte.

In weitläufigen Gebäuden müssen leicht wahrnehmbare Orientierungssysteme die Wege der Gäste ausweisen. **Orientierungstafeln** und Hinweise sollten farblich kontrastierende Buchstaben haben, in einer gut lesbaren Schrift gehalten sein und so angebracht werden, dass sie für die Gäste leicht zu lesen sind, gut ausgeleuchtet und entspiegelt sein.

Ein **Farbleitsystem** bietet den Gästen eine gute Orientierungshilfe. Durch farbliche Akzente werden Emotionen geweckt, z. B. weckt die Farbe Blau die Assoziation mit Wasser. Blau könnte also für die Wegweiser zum Hallenbad verwendet werden. Die Beschriftung der Zimmertüren, Türklinken, Lifttüren etc. entspricht dem Corporate Design des Betriebes.

WERBUNG

Werbung ist Teil der Kommunikationspolitik eines Unternehmens und damit Teil des Marketings. Der Begriff Werbung bezeichnet Informationen, die an eine bestimmte Gruppe von Adressatinnen/Adressaten verteilt werden und das Ziel haben, die Adressatin/den Adressaten für das beworbene Produkt/die beworbene Dienstleistung so sehr zu begeistern, dass sie/er es kauft/in Anspruch nimmt. Mittels Werbung soll ein Produkt/eine Dienstleistung bekannt gemacht und der Absatz gesteigert werden.

Man unterscheidet zwischen indirekter und direkter Werbung. **Indirekte Werbung** ist jene Form, die durch ein bestimmtes Medium an eine anonyme Gruppe von Menschen herangetragen wird, z. B. Rundfunkwerbung, Internet, Inserate in Zeitungen. Bei **direkter Werbung** wendet sich der Betrieb unmittelbar an eine bestimmte Person oder Institution, um auf sein Leistungsangebot aufmerksam zu machen. Zeigt eine Kundin/ein Kunde Interesse, werden ihr/ihm umgehend Informationen zugesendet.

In der Hotellerie schließen sich vermehrt Betriebe zu Werbekooperationen (z. B. Relais & Chateau, Best Western) zusammen und organisieren ihre Werbe- und Messeauftritte gemeinsam.

Werbemittel

Werbebrief

Ein Werbebrief wird mit oder ohne Beilagen an bestimmte Empfänger/innen versandt. Zielgruppen sind beispielsweise Gäste, Unternehmen, Opinionleader, Lieferantinnen/Lieferanten, Freundinnen/Freunde oder Bekannte des Hauses.

Vorteil	Nachteil
Er ist preiswert und persönlich und damit wertiger als eine E-Mail.	Aufgrund der Flut an Briefen lesen die meisten Menschen Werbebriefe nicht. Wichtig ist daher, aus der Masse herauszustechen und die Leserin/den Leser von der ersten Zeile an mit einer griffigen Botschaft zu fesseln.

Prospekt

Prospekte werden beim direkten Kontakt persönlich überreicht oder auch Mailings beigelegt. Gelegenheiten, bei denen sie außerdem verwendet werden, sind z. B.

- **Sales Calls:** Anbahnen neuer Kundenkontakte, wie z. B. mit Reisevermittlern, Firmenneukundinnen/-kunden,
- **Sales-Blitze:** kurzfristige Verkaufsbesuche bei Firmenkundinnen/-kunden wie Reisebüros, Incentive-Firmen o. Ä.,
- **Messen.**

Zielgruppen sind bestehende und potenzielle Gäste der näheren und weiteren Umgebung.

W

Beispiel

Auf einer Reisemesse erhalten Besucher/innen von den Anbietern Prospekte zur Information. Vielfach lehnen Besucher/innen Prospekte bereits mit dem Verweis, benötigte Informationen gegebenenfalls online zu recherchieren, ab.

Vorteil	Nachteil
Prospekte sind eine persönliche und wirkungsvolle Selbstdarstellung. Sie ermöglichen eine starke Profilierung und der Kostenaufwand ist gering. Sie werden vom Gast als interessantes Informationsmittel betrachtet.	Er wird zunehmend vom „Online-Prospekt", der Website, verdrängt und ist nicht immer erwünscht.

Außenwerbung, Plakat

Darunter versteht man die Werbung, die außerhalb eines Hotels in Form von Wirtshausschildern, Aufschriften, Hinweisschildern, Schaufenstern an Haltestellen und Bahnhöfen, Litfaßsäulen, digitalen Schaufenstern, Schau- sowie Lichttafeln angebracht wird. Die Zielgruppe sind Passantinnen/Passanten.

Vorteil	Nachteil
Sie sind sehr wirkungsvoll im direkten Umfeld des Unternehmens. Sie sind ein typisches Medium für Erinnerungswerbung.	Die Gefahr von Streuverlusten ist groß.

Anzeige, Inserat

Anzeigen werden in Tages- und Wochenzeitungen, in Zeitschriften sowie in Fachzeitschriften geschaltet. Zielgruppe sind Stammgäste und potenzielle Gäste sowie Opinionleader aus der Branche, z. B. von Reisebüros oder der Fachpresse. Anzeigen sind ein vergleichsweise teures Medium für unbekannte, nicht direkt erreichbare Zielgruppen, aber ein sehr treffsicheres Medium zum Erreichen von Neigungsgruppen (Führungskräften o. Ä.).

Nachteil
Hohe Streuverluste sind möglich, wenn die Medien nicht optimal selektiert wurden. Manchmal verschwinden Anzeigen in sogenannten „Anzeigenfriedhöfen" (Anzeigenseite, die durch Masse und Gleichförmigkeit die Werbung nicht zur Geltung kommen lässt).

Telekommunikation

Telefon, Telefax, Bildschirmtext sind keine typischen Werbemittel, können aber zum Transport von Werbebotschaften verwendet werden. Die Zielgruppe ist jede mit den erwähnten Mitteln erreichbare Art von Gästen.

Nachteil
Diese Art der Werbung ist bei Gästen wenig beliebt (z. B. Telefonmarketing).

TV-Werbung

Das sind TV-Werbespots, deren Zielgruppen in den regionalen oder internationalen Sendegebieten zu finden sind. Radiowerbung eignet sich besser für aktuelle Angebote als für Profilierung. Nur klare und verständliche Ansagen prägen sich ein.

Nachteil
Film- und Fernsehwerbung findet in der Individualhotellerie nur wenig Anwendung, da die Kosten zu hoch sind.

Internetwerbung

Dazu gehören:

- Mailings

Beachten Sie die Vorgaben der Datenschutz-Grundverordnung.

- Präsentation auf Informationsportalen und Online-Buchungsplattformen
- Eigene Website
- Bannerwerbung auf Websites anderer Anbieter
- Suchmaschinenmarketing: Google Adwords, Werbung in den sozialen Medien

Zielgruppen sind, je nach Übersetzung der Inhalte in die entsprechenden Sprachen, alle Userinnen/User weltweit.

Vorteil	Nachteil
Sie hat eine sehr große Reichweite und verursacht nur geringe Kosten	Es besteht die Gefahr der schlechten Präsentation von Inhalten auf Internetseiten, die nicht direkt erreichbar sind (Sub-Portale). Das Update dieser Seiten ist dadurch kompliziert.

Kosten

Für welche Art von Werbemittel man sich entscheidet, hängt vom sogenannten **Tausender-Kontakt-Preis** ab. Diese Größe wird gewählt, um die Kosten der verschiedenen Medien vergleichbar zu machen. Sie gibt an, wie viel es kostet, tausend Nutzer/innen bei der Verwendung eines bestimmten Mediums, also beispielsweise einer Zeitung oder Zeitschrift, zu erreichen.

Berechnung des Tausender-Kontakt-Preises (ungewichtet)

$$\textbf{Tausenderpreis}\text{ (ungewichtet)} = \frac{\text{Kosten einer Schaltung x 1000}}{\text{Anzahl der Leser/innen}}$$

Werden die Kosten einer Anzeige auf diese Weise auf die Anzahl der Nutzer/innen bezogen, bleibt die Qualität der Kontakte unberücksichtigt, d. h. es wird nicht berücksichtigt, wie viele Leser/innen dieser Zeitschrift zur Zielgruppe gehören. Deshalb bietet der **gewichtete Tausenderpreis** (= quantitativer Tausenderpreis) einen höheren Informationsgrad. Die Kosten für die Erreichung von tausend Personen der Zielgruppe werden den Kosten eines alternativen Werbeträgers gegenübergestellt.

Berechnung des Tausender-Kontakt-Preises (gewichtet)

$$\textbf{Tausenderpreis}\text{ (gewichtet)} = \frac{\text{Kosten einer Schaltung x 1000}}{\text{Anzahl der Leser/innen x Anteil der Zielgruppe in \%}}$$

Voraussetzung ist, dass Informationen über die Leserstruktur vorliegen, die von den Medien zur Verfügung gestellt werden.

Die Entscheidung, wie viel im Werbebudget zur Verfügung steht, wird im Tourismus über Planungskennziffern festgelegt und orientiert sich somit an Finanzkraft, Umsatz und Konkurrenzverhalten.

- Ausrichtung am Umsatz: Der Werbeetat ergibt sich als Prozentsatz des vergangenen, gegenwärtigen oder geplanten Jahres.
- Ausrichtung an den finanziellen Mitteln: Bei dieser liquidationsorientierten Methode nach dem Motto „Was können wir uns leisten?" ist das Werbebudget letztlich eine Residualgröße – alles was vom Marketingetat übrig bleibt, wird in die Werbung gesteckt.
- Ausrichtung an den Werbeaufwendungen der Konkurrenz: Die Höhe der Ausgaben wird einem vergleichbaren Konkurrenten oder dem Branchendurchschnitt angepasst – es wird mindestens so viel Werbung gemacht, wie die Konkurrenz es tut.

Gut zu wissen

Die **AIDA-Regel** zeigt auf, wie eine Werbemaßnahme aufgebaut sein sollte, damit Rezipientinnen/Rezipienten diese wahrnehmen. Die Regel unterscheidet vier Phasen:

Attention = Aufmerksamkeit des Gastes erregen

Interest = Interesse am Angebot wecken

Desire = (Kauf-)Bedürfnis auslösen

Action = (Kauf-)Handlung setzen

Es gibt auch verschiedene Ergänzungen dieser Formel, z. B. AIDCA, weil Confidence (Vertrauen) nötig ist, bevor es zu einem Kauf kommt.

SO GELINGT'S

Jeder Text, jede Aussendung, jedes Angebot kann eine Werbung für Ihren Betrieb sein – oder eben nicht. Behalten Sie dies auch bei der Gestaltung von Werbemitteln im Kopf. Nur wer sich angesprochen fühlt, wird dem Werbemittel die nötige Aufmerksamkeit schenken und entsprechend reagieren – im besten Fall mit einer Buchung.

- Emotionaler Einstieg: Sprechen Sie die Reisemotive und Wünsche Ihrer Gäste an. Der Gast muss in der ersten Zeile überzeugt sein, dass hier ein Inhalt folgt, der ihn interessieren könnte.
- Die Zielgruppe im Auge haben: Das Angebot oder Package muss maßgeschneidert zu den Erwartungen passen.
- Versetzen Sie sich in die Rolle der Adressatin/des Adressaten.

„Spricht Sie das Angebot an?

- Positive Formulierungen und kurze Sätze: Das Angebot soll leicht zu erfassen sein.
- Keine Floskeln
- Vermeiden Sie Wörter wie „könnte", „dürfte", „wäre", „sollte", „vielleicht", „unter Umständen".
- Sprechen Sie den Gast direkt an.
- Vermeiden Sie Fremdwörter, Fachausdrücke und Füllwörter.
- Schaffen Sie Stimmungsbilder des Betriebes. Heben Sie die USPs hervor.
- In der Kürze liegt die Würze: Formulieren Sie konkret und in kurzen Sätzen. Niemand liest gerne ellenlange Werbetexte.
- Relevante Botschaften am Ende des Schreibens bestärken die Angesprochene/den Angesprochenen in ihrer/seiner Absicht zu handeln. Das Postskriptum ist eine gute Möglichkeit, noch einen überzeugenden Werbehinweis anzubringen.
- Tadellose Rechtschreibung und Grammatik
- Halten Sie sich an das Corporate Design Ihres Betriebes. Dieses muss sich in allen schriftlichen Medien – vom Brief über die Menükarte bis zum Wegweiser zum Hotel – wiederfinden.
- Absätze, Zwischentitel und Hervorhebungen lockern den Text auf und erhöhen die Lesbarkeit.
- Verwenden Sie bei Bedarf Bilder und Grafiken: Achten Sie dabei aber auf ein harmonisches Verhältnis zu den Textblöcken und denken Sie daran, dass für E-Mail-Aussendungen Datenvolumen und Formatierung ideal gewählt sein müssen. Achten Sie bei Drucksorten darauf, dass Bilder Druckqualität haben.
- Auch für die Gestaltung gilt: Weniger ist mehr. Ein Eyecatcher (Blickfang) ist effizienter als mehrere. Vermeiden Sie Unruhe (nicht zu viele Schriften, Farben oder Bilder).
- Verwenden Sie eine klare, gut lesbare Schrift.

WERTGEGENSTÄNDE

Hotels sollten bzw. sind abhängig von den gesetzlichen Gegebenheiten verpflichtet, Wertgegenstände (meist bis zu einem bestimmten Höchstwert) des Gastes anzunehmen und sicher zu verwahren.

SO GELINGT'S

Wertgegenstände können in einem Schließfach, Safe oder einem allgemeinen Tresor verwahrt werden. Der Gast ist über die Möglichkeit, einen Safe beanspruchen zu können, zu informieren, weil

- der Hotelier damit gegen Schadenersatzforderungen abgesichert ist,
- der Versicherungsschutz gewährleistet ist, wenn die Gegenstände ordnungsgemäß deponiert sind, und
- der Gast sich wohler fühlt, wenn seine Wertgegenstände gut verwahrt sind.

Über die Depotmöglichkeit wird der Gast mündlich beim Check-in oder über einen Zimmeraushang bzw. einen Hinweis in der Gästeinformationsmappe oder auf dem Zimmerausweis informiert.

Gut zu wissen

Die gesetzlichen Grundlagen betreffend Aufbewahrung und Haftung des Beherbergers bei durch den Gast ins Hotel eingebrachten Sachen können sich gegebenenfalls etwas unterscheiden. Beachten Sie daher die in Ihrem Land gültigen Regelungen.

WHOLESALE RATE

Preis für Reiseveranstalter/Wholesaler. Diese stellen ein Reiseangebot inklusive verschiedener Leistungen wie Logis, Flug oder Transfer zusammen. Verkauft wird das Angebot an Reisebüros. Der Abzug vom Listenpreis beträgt meist mindestens 30 %.

WOCHENVORSCHAU

Die Wochenvorschau gibt einen Überblick über die Aktivitäten der nächsten Tage/Woche. Die Wochenvorschau sollte nicht nur im Hotel sondern auch an anderen Orten, z. B. Touristinfo, aufgelegt werden.

Y

#rezeption

YIELD MANAGEMENT

YIELD MANAGEMENT

Auch: Revenue Management, Ertragsmanagement

Beim **Yield Management** werden Preise und Kapazitäten dynamisch, meist EDV-gestützt, gesteuert. Ziel ist es, mit an der Nachfrage angepassten Angeboten eine optimale und maximale Auslastung mit höchstmöglichem Erlös zu erreichen. Das gelingt, indem die Preise für bestimmte Zimmerkategorien zu bestimmten Saisonzeiten sehr unterschiedlich festgesetzt werden. In der Hotellerie gibt es meist Zeiten mit höherer und niedrigerer Auslastung. In Zeiten starker Nachfrage können traditionell höhere Preise durchgesetzt werden. In Zeiten schwacher Nachfrage müssen evtl. Preisnachlässe gewährt werden, um Auslastung und Erlös zu steigern.

Im Unterschied zur klassischen Preisdifferenzierung werden im Yield Management die Preise nicht nur auf der Produkt- und Angebotsebene variiert, sondern direkt für einzelne **Einheiten: 1 Einheit = 1 Yield = 1 Zimmer pro Nacht (Room Night).**

Yield Management arbeitet mit dem Prinzip der **Kontingentierung.** Ist ein Kontingent aufgebraucht, ist der zugehörige Tarif nicht mehr verfügbar. Das auf den ersten Blick Ungewöhnliche an der Kontingentierung ist, dass Kontingente nicht nur an beobachtbare bzw. überprüfbare Kriterien geknüpft werden, sondern unter anderem auch an Verhaltensweisen. So winken z. B. Schnellentschlossenen Vergünstigungen: Wer zuerst kommt, bekommt den billigsten noch verfügbaren Tarif.

Bekannte Yield-Parameter für die Hotellerie

- **Auslastung/Kapazität:** Je geringer die Verfügbarkeit ist, desto höher ist der Preis. Je höher die Auslastung bzw. die erwartete Auslastung, desto höher ist der angebotene Preis.
- **Saison:** Das ist eine klare Saisonstruktur mit den dazugehörigen diversifizierten Preiskategorien. Höhere Nachfrage innerhalb einer klar definierten Saison zieht höhere Preise nach sich.
- **Variable Preisstruktur:** Unterschiedliche Vertragspartner/innen haben unterschiedliche Vertragspreise. Die Preisreduktionen richten sich nach den jeweiligen „Vertriebskosten" der Vertragspartner/innen. Wenn ein Incomer seine Zimmerpreise noch zweimal weiterverkaufen muss, dann muss diesem Partner ein Discount von mindestens 30 % (Rack Rate minus 30 %) angeboten werden.

„Reiseplattformen haben aufgrund der Vergleichbarkeit in Travel Search Engines entkoppelte Preiskalkulationen.

Auch die Preisbündelung ist hier zu erwähnen. Bei Packages werden Hotelleistungen mit extern zugekauften Leistungen gebündelt und dann zu einem Pauschalpreis verkauft.

- **Buchungszyklen:** Je nach Buchungsgewohnheiten werden z. B. Geschäftsreisende, die max. ein bis zwei Wochen vor Ankunft buchen, nicht mit dem für diesen Zeitraum vielleicht schon höheren Preis eingebucht, sondern haben aufgrund des Buchungsvolumens und der bestehenden Corporate-Rate-Vereinbarung trotz der späten Buchung einen günstigeren Preis. Ähnlich günstig können auch Gäste buchen, die aufgrund von Visums- oder Reisemodalitäten langfristig planen müssen. Diese können von Frühbucherrabatten profitieren. Der Vorteil für den Beherbergungsbetrieb liegt in der Vorauskasse, die bei Early-Bird-Raten häufig zu den Buchungsbedingungen gehört, sowie der besseren Planbarkeit.

> *Hand in Hand damit geht die Segmentierung: Unterschiedliche Gästesegmente haben unterschiedliche Preis- und Kategorieerwartungen.*

Gut zu wissen

Achtung: Bei flexibler Preisstruktur sind lange Optionsfristen bei verbindlichen Angeboten kontraproduktiv. Wenn sich die Preise und Bedingungen aufgrund von Yield Management häufig ändern, kann der Preis im verbindlichen Angebot zu niedrig sein, außerdem sind diese Zimmer bei langer Frist für lange Zeit nicht verfügbar.

- **Kategorienverkauf:** Es ist anzuraten, Zimmerkategorien zu diversifizieren. Generell sollte jede Kategorie (z. B. Zimmergröße, Einrichtungsstil, Nussholz, Zirbenholz, Balkon, Terrasse, Berg-/Tal-/Seeblick, Stockwerk, ruhige Lage, Doppelzimmer zur Einzelbenützung, Dusche, Badewanne, vom Bad getrenntes WC, begehbarer Kleiderschrank, Wohnecke, Verbindungstür etc.) mit dem jeweils hierfür auf dem Markt erzielbaren Preis verkauft werden. Allerdings sollte die Diversifikation nicht auf Kosten der Produktübersicht passieren. Eine Balance zwischen gutem Produktportfolio und Machbarkeit im Verkauf – dazu zählt auch die Darstellbarkeit in der Web-Booking-Engine der hoteleigenen Website bzw. in den OTAs – ist optimal.

- **Externe Faktoren:** Zu Events, Messen, Kongressen werden die Preise erhöht.
- **Stornoquote, No-Show-Quote, Walk-in-Quote, Überbuchungsstrategie**

Beispiel

Wenn etwa jeweils 10 % der gebuchten Zimmer kurzfristig storniert werden oder No-Shows sind, können diese in der Überbuchungsrate des Hotels berücksichtigt werden. Dasselbe gilt auch für die Walk-in-Quote: Je höher diese ist, desto geringer die Notwendigkeit der Überbuchung.

Eine erlösorientierte **Überbuchungsstrategie** hat zum Ziel, einen Ausgleich zwischen Leerständen und Überverkäufen zu erreichen. Die Überbuchung wird gezielt beschränkt, damit sich die über die Kapazitätsgrenze hinaus angenommenen Buchungen und die No-Shows (bzw. Stornos) am Ende des Reservierungszeitraumes ausgleichen. Wichtig ist, die durchschnittliche Anzahl an No-Shows pro Tag zu kennen und ein gutes Partnerhotel zu haben, um bei tatsächlicher Überbuchung möglichst beschwerdefrei und kostengünstig auslegen zu können.

- **Strengere Buchungskonditionen:** Bei Terminen mit hoher Nachfrage können strengere Buchungskonditionen zur Verbesserung der Auslastung führen: Mindestaufenthalte, klar definierte An- bzw. Abreisetage (Tage gesperrt für An- bzw. Abreisen), hundertprozentige Vorauszahlung ohne Stornomöglichkeit (Advanced Purchase Rate) etc.
- Last-Minute-Discount: Das sind niedrige Raten bei sehr kurzfristiger Buchung.

WAS DER PROFI DAZU SAGT

Wichtig ist, trotz angestrebter Ertragsmaximierung die Kundenorientierung im Auge zu behalten. Die Raten müssen für die Kundinnen/Kunden nachvollziehbar sein. Wenn eine Kundin/ein Kunde feststellt, dass sie/er für dieselbe Dienstleistung mehr bezahlt als eine andere/ein anderer, fühlt sie/er sich unfair behandelt. Achten Sie besonders bei langjährigen Kundinnen/Kunden darauf, diese nicht aufgrund der Möglichkeit kurzfristiger Ertragsmaximierung zu verärgern.

Z

#rezeption

ZAHLUNGSMITTEL
BIS
ZWEIBETTZIMMER

ZAHLUNGSMITTEL

Barzahlung

Die Barzahlung erfolgt in Euro oder in Fremdwährungen zum Tageskurs, der entweder von der Hausbank zur Verfügung gestellt oder Tageszeitungen bzw. dem Internet entnommen wird. Banknoten werden auf ihre Sicherheitsmerkmale hin überprüft. Für Euro-Scheine gibt es eigene Prüfgeräte, die bei Banken angefordert werden können.

Kreditkarte

Viele Gäste schätzen die Kreditkarte als Zahlungsmittel. Gäste aus bestimmten Ländern (z. B. USA) sind es gewöhnt, auch kleine Beträge mit der Kreditkarte zu bezahlen. Die Vorteile der Kreditkarte liegen auf der Hand: So kann damit weltweit bargeldlos bezahlt bzw. bestellt werden, außerdem bietet sie Versicherungsschutz etc.

Für Zahlungen mittels Kreditkarte ist die sogenannte Zwei-Faktor-Authentifizierung nötig. Dafür muss sich der Gast mit mindestens zwei von drei der folgenden Faktoren authentifizieren: Wissen (z. B. Pin), Besitz (z. B. Kreditkarte) und Inhärenz (z. B. Fingerabdruck).

Wird bei einer Reservierung eine Anzahlung oder Vorabzahlung vereinbart, ist die Bezahlung des vereinbarten Betrags per Kreditkarte möglich. Hier kann man mit Bezahllinks arbeiten. Der Gast, der telefonisch oder per E-Mail bucht, erhält ein Bestätigungsmail mit einem Bezahllink. Über diesen Link gibt der Gast seine Kreditkartendaten bekannt, autorisiert die Karte und schließt somit die Buchung ab.

Bei Bezahlung mit der Kreditkarte wird deren Gültigkeit automatisch überprüft und somit das Risiko von Missbrauch minimiert.

Zahlungen, die nicht den Regeln entsprechen, werden abgelehnt und gestohlene Karten sind innerhalb Europas somit wertlos. Alle Kreditkartengeschäftsfälle eines Tages werden zusammengefasst und vollautomatisch (papierlos) an die Abrechnungsstellen der Kreditkartenorganisationen weitergeleitet. Der Rechnungsbetrag wird erst nach Abrechnung an das Hotel überwiesen.

Aufseiten des Hotels wird für die Bezahlung mit Kreditkarte ein Disagio fällig (mindestens 1 % – abhängig vom Karteninstitut und der Umsatzhöhe). Ebenso sind Kosten für das Kreditkartenterminal, Transaktionsgebühren etc. zu bezahlen.

Debitkarte/Bankomatkarte

Mit einer Debitkarte kann die Kartenbesitzerin/der Kartenbesitzer bargeldlos bezahlen bzw. Bargeld bei Geldausgabeautomaten abheben. Dafür wird (außer bei Kleinbeträgen beim kontaktlosen Bezahlen) ein Pin-Code benötigt. Ähnlich wie bei einer Kreditkarte kann die Debitkarte auch zum Online-Shopping verwendet werden. Die Zahlung wird – im Gegensatz zur Zahlung mit Kreditkarte – sofort vom Konto des Gastes abgebucht.

Bezahlung mit dem Mobiltelefon

Immer beliebter wird auch das Bezahlen mit dem Mobiltelefon (z. B. Google Pay, Apple Pay sowie Mobile Wallets). Mobile Wallets sind Apps, die bargeldlose Zahlungen via Mobiltelefon ermöglichen. Dafür werden die Bankkartendetails in der App gespeichert. Einige Unternehmen integrieren in ihre Zahlungsanweisungen QR-Codes. Diese können mittels Smartphone eingelesen werden und die Daten in die Überweisung übernommen werden. Mit dieser Methode werden Tippfehler bei der Eingabe von Zahlungsdaten vermieden.

ZIELGRUPPE

Zielgruppen im Sinne der Hotellerie sind Gäste (Gästesegmente) mit ähnlichen Reisemotiven bzw. Eigenschaften und/oder Bedürfnissen. Für sie werden neue Produkte kreiert.

Beispiele für Zielgruppen sind z. B. Motorradfahrer/innen, Mountainbiker/innen, Wellnessurlauber/innen, Golfer/innen, Tennisspieler/innen, Skifahrer/innen, Schnäppchenjäger/innen, Luxusreisende, Kunst- und Kulturinteressierte, Pferde- oder Hundeliebhaber/innen, Läufer/innen, Wanderer, Bergsteiger/innen, Business Traveller, Gäste mit Haustieren, Familien.

Viele Gäste gehören nicht nur zu einer bestimmten Zielgruppe, sie sind vielseitig interessiert, z. B. Golfer/innen fahren gerne Rad oder spielen Tennis und genießen abends ein Degustationsmenü mit Weinbegleitung – manchmal reisen sie mit Familie, manchmal mit Freundinnnen/Freunden, manchmal auch geschäftlich etc.

Im Property Management System (PMS) werden die Gäste Zielgruppen zugeordnet. Meist geschieht das mittels sogenannter Selektionscodes. Anhand dieser Informationen kann das Hotel exakt auf seine Zielgruppe zugeschnittene Angebote und Packages entwickeln und direkt vermarkten.

Wie ein maßgeschneidertes Angebot für eine Zielgruppe aussieht, hängt von verschiedenen Faktoren ab, wie etwa der Art des Hotelbetriebes, Standort, Umgebung und Infrastruktur, aktuellen Gegebenheiten (Events, Ski-Openings etc.) sowie Marketingaktivitäten der Destination.

Wenn Sie Angebote erstellen, überlegen Sie, welche USPs und Vorteile für die spezielle Zielgruppe Ihr Haus bietet.

Die Schwerpunkte lassen sich an die Altersstruktur der Gäste anpassen und zu konkreten Angeboten spezifizieren.

Möglichkeiten für Schwerpunkte sind z. B.:

- Naturerlebnis im Nationalpark mit Radtouren und Unterbringung im Bikerhotel für die Zielgruppe Mountainbiker/innen
- Wellnessanwendungen und Körperpflege inklusive Beratung, z. B. eine Hautanalyse für Beautyurlauber/innen
- Städtereise mit Kultur, kombiniert mit Shopping oder einem Event für Kulturinteressierte
- Rahmenprogramm während einer Pferdeausstellung für Pferdefreundinnen/-freunde, z. B. Vorträge über die Pflege von Pferden

Beispiel

Zu den Zielgruppen eines Stadthotels in einer Kleinstadt zählen Schnäppchenjäger/innen und junge Paare mit hohem Preisbewusstsein. Der Standort ist ideal, um Shopping mit Erholung zu verbinden, da das Hotel am Stadtrand neben einem ruhigen Naturschutzgebiet liegt. Am ersten Adventwochenende gibt es ein Advent-Shopping-Ticket, mit dem man in der Innenstadt Ermäßigungen und kleine Geschenke bekommt. Hier könnte der Hotelier z. B. folgendes Paket für die angeführten Zielgruppen schnüren:

Entspannt durch den Advent

Die besinnliche Vorweihnachtszeit genießen, gemütlich beim Städtebummel Geschenke kaufen und dabei vielleicht sogar ein Schnäppchen machen? Klingt das nach einer guten Idee?

Unser Angebot für gemütliches Weihnachtsshopping in entspannter Atmosphäre:

- Doppelzimmer zum Preis eines Einzelzimmers für die Nacht von Samstag auf Sonntag
- Shoppingpaket inklusive Advent-Shopping-Ticket mit zahlreichen Ermäßigungen, Schnäppchen-Shopping-Plan mit Empfehlungen für Mode-, Weihnachtsaccessoire- und Geschenk-Shopping
- Gutschein für einen Glühwein oder Punsch am hauseigenen Punschstand
- Außerdem im Angebot inkludiert: Fußreflexzonenmassage oder Pferdeschlittenfahrt durch das Naturschutzgebiet „Moorheide"

> *„Es lohnt sich, sich in die Zielgruppe hineinzuversetzen und lokale oder regionale Angebote und Veranstaltungen in ein Angebot einzubeziehen. Wichtig ist der Kontakt mit lokalen Institutionen und Tourismusverbänden.*

Entscheidend ist, dass das Angebot mit den Bedürfnissen der Zielgruppe übereinstimmt. Versuchen Sie, im Smalltalk mit den Gästen ihre Interessen herauszufinden und notieren Sie diese in der Gästekartei (CRM). Gut geschulte und aufmerksame Mitarbeiter/innen erfahren so viel über die Wünsche von Gästen und bieten ihnen ein perfekt darauf abgestimmtes Programm an.

Beispiele für häufige Gästegruppen und ihre Wünsche und Bedürfnisse

Im Folgenden werden häufige Zielgruppen und ihre Grundbedürfnisse vorgestellt. Selbstverständlich sind die Bedürfnisse von Zielgruppen sehr unterschiedlich und jeder Gast hat auch individuelle Wünsche, dennoch gibt es bestimmte Eigenschaften etc., die auf viele Vertreter/innen einer Zielgruppe zutreffen. Diese zu kennen, kann helfen, die Zielgruppe besser zu verstehen und ein passendes Angebot zu entwickeln.

Best Ager/Silver Surfer

Mit diesen Begriffen werden Gäste ab 50 Jahren bezeichnet. Gebrechlichkeit und Gehhilfen werden Sie bei den Best Agern jedoch selten finden, vielmehr handelt es sich dabei um eine aktive Zielgruppe mit Interesse an Kultur, die aber auch Bewegung und einen gewissen Komfort schätzt. Diese Gästegruppe ist für Hotels besonders wichtig. Einerseits sind diese Gäste oft zeitlich flexibel und verreisen gerne auch in Zwischen- und Nebensaisonen. Andererseits haben sie meist die entsprechenden finanziellen Mittel, um Kurzurlaube, Wellness- und Kuraufenthalte etc. zu buchen.

Moderne Nomaden
Dieser Begriff bezeichnet eine junge Zielgruppe, die beruflich mobil ist und viel reist. Diese Gäste suchen Hotels in Stadt-, Flughafen- oder Bahnhofsnähe, evtl. auch mit Tiefgarage, Business-Zimmer mit kostenlosem Highspeed-Internet, Docking-Station für das Handy, Ladegerät, Adapter und umfassendem Business-Service. Oft nehmen diese Gäste Wäsche- und Nähservice in Anspruch. Eine Kaffeemaschine, ein Bügeleisen und ein Kühlschrank im Zimmer sind von Vorteil. Ebenso erwünscht sind ein Fitnessstudio, eine moderne Ausstattung und eine gemütliche Hotelbar mit WLAN.

Kultururlauber/innen
Kultur in ihrer Vielfalt zu genießen, ist für viele Gäste zumindest Teil ihres Urlaubs. Das kann etwa ein Festspiel-, Ausstellungs- oder Konzertbesuch sein. Gäste freuen sich über qualifizierte Informationen zu kulturellen Angeboten in der Region, auch eine Morgenpost mit aktuellen Veranstaltungshinweisen ist ein beliebtes Angebot.

Gourmets
Reisen mit Fokus auf kulinarischen Genuss, wie z. B. Weinreisen, Reisen zum Törggelen nach Südtirol, zum Spargelessen nach Schwetzingen bzw. ins Marchfeld oder zur Marillenernte (Aprikosenernte) in die Wachau, haben sich längst als eigener Tourismuszweig etabliert. Neben Weinverkostungen erwarten die Gäste eine gute Weinauswahl im Restaurant sowie ein vorzügliches Speisenangebot. Die Mitarbeiter/innen sollten gut geschult sein und kulinarische Hotspots der Region, von Haubenlokalen bis zu Geheimtipps, empfehlen können.

Ernährungsbewusste Gäste
Immer mehr Menschen (müssen) auf ihre Ernährung achten. Während Veganer/innen freiwillig auf sämtliche tierische Produkte verzichten, leiden andere Menschen unter Nahrungsmittelunverträglichkeiten oder -allergien und müssen deshalb bestimmte Inhaltsstoffe meiden. Hotelmitarbeiter/innen müssen Fragen zur Verfügbarkeit veganer, gluten-, lakosefreier etc. Gerichte zufriedenstellend beantworten können und Informationen an die betreffenden Abteilungen weiterleiten.

Kur- und Wellnessgäste
Die Gäste möchten Kombinationsangebote von Gesundheit, Wellness, Sport und Erholung. Optimal ist, die Gäste in geräumigen Gästezimmern in der Nähe des Wellnessbereiches unterzubringen. Eine Möglichkeit, Sportbekleidung zu waschen und trocknen ist diesen Gästen sehr wichtig. Bei Kurgästen ist die Aufenthaltsdauer oft länger als bei anderen Gästen.

Personas

Die für den Beherbergungsbetrieb in seiner Marketingkonzeption ausgewählten Zielgruppen können hinsichtlich ihres Reiseverhaltens, ihrer Werte und Interessen, ihrer Mediennutzung sowie ihres Informations- und Buchungsverhaltens genau analysiert werden. Ziel ist es, daraus **idealtypische Zielgruppenvertreter/innen** abzuleiten. Diese ausgewählten Zielgruppen können dann auf der Basis fiktiver Personen vorgestellt werden.

ZIMMERARTEN

Gästeräume müssen Wohnlichkeit und Funktionalität vereinen. Im Design zeigt sich, wofür ein Hotel steht, z. B. Sachlichkeit in einem Seminarhotel oder familiäres Ambiente in einem Ferienhotel. Die Zimmerbezeichnungen und -arten richten sich in Bezug auf Größe, Anzahl und Ausstattung der Räume, Lage sowie Größe und Anzahl der Betten nach den Richtlinien der Hotelklassifizierung. Zimmergröße und Ausstattung haben Einfluss auf die Sternekategorie. Bucht ein Gast ein Zimmer, kann er sich hinsichtlich Qualität und Preis an der länderspezifischen Hotelklassifizierung orientieren.

Vom Einzelzimmer bis hin zur Suite gibt es zahlreiche Möglichkeiten, die Gästebedürfnisse Schlafen, Wohnen, Entspannen, Waschen, Verpflegen, Arbeiten und Aufbewahren der persönlichen Dinge zu erfüllen.

Zimmerart	Beschreibung
Einzelzimmer/Singleroom	Für eine Person mit einem oder mehreren Betten
Doppelzimmer/Doubleroom	Für zwei Personen mit einem oder zwei Betten, die nebeneinander stehen und das klassische Doppelbett bilden
Doppelzimmer bzw. Zweibettzimmer mit getrennten Betten/Twin Room	Für eine oder zwei Personen mit zwei getrennt voneinander stehenden Betten
Dreibettzimmer/Triple Room	Für drei Personen mit zwei oder mehreren Betten
Vierbettzimmer/Quad Room	Für vier Personen mit zwei oder mehreren Betten
Doppelzimmer mit Doppelbett/Queensize	Für eine oder zwei Personen mit Queensize-Bett
Doppelzimmer mit sehr großem Doppelbett/Kingsize	Für eine oder zwei Personen mit Kingsize-Bett

Doppelzimmer mit Grand Lit/ Kingsize oder Queensize	Für eine oder zwei Personen mit Grand Lit
Vierbettzimmer mit zwei Doppelbetten/Double-Double	Für eine bis vier Personen mit zwei Queensize- oder Kingsize-Betten
Studio	Ein großer Raum mit Bett, Sitzecke und Couch, die zu einem Bett ausgezogen werden kann
Minisuite oder Juniorsuite	Großes Zimmer mit Bett und Sitzecke bzw. Wohnbereich, der vom Schlafbereich optisch abgetrennt sein muss
Suite	Zwei oder mehr Zimmer: ein Wohnbereich, der mit einem oder mehreren Schlafzimmern verbunden ist
Appartement	Ein Wohnraum, ein Schlafraum und eine kleine Küche (Kitchenette)
Studio/Connecting Rooms	Zimmer mit Verbindungstüre; für Familien, die nicht über den Hotelgang ins benachbarte Zimmer gehen möchten; können auch als Appartement verkauft werden
Nebeneinanderliegende Zimmer/ Adjoining Rooms	Zimmer, die nebeneinanderliegen, d. h. eine gemeinsame Wand haben (für Familien oder Gruppen)
Two Storey Room	Zimmer auf zwei Ebenen, Schlafraum oberhalb des Wohnraumes

WAS DER PROFI DAZU SAGT

Damit Sie wissen, was Sie Ihren Gästen „verkaufen", müssen Sie Ihr Produkt – also Zimmer, Ausstattung und Arrangements – genau kennen. Informieren Sie sich eingehend über die verschiedenen Zimmerarten in Ihrem Haus. Achten Sie auf die Unterschiede, die Verkaufsvorteile, die Möglichkeiten und Ausstattungsvarianten.

Besichtigen Sie Zimmer jeder Kategorie – im besten Fall nächtigen Sie in Zimmern unterschiedlicher Kategorien. Nur so kennen Sie die Unterschiede und können gezielt verkaufen. Der Gast merkt, ob Sie wissen, wovon Sie sprechen. Die meisten Hotels haben **Zimmer- und Suitenpläne** mit einer Ausstattungsbeschreibung, die bei der Gästeberatung hilfreich sein können.

„Sie können auch eine Liste anfertigen, die Ihnen hilft, Ihre Gäste optimal zu beraten.

ZIMMERAUSWEIS

Der Gast erhält den Zimmerausweis bei seiner Ankunft. Dieser dient als Nachweis, dass der Gast im Hotel wohnt, und wird zur Schlüsselausgabe, zur Benützung der Garage und des Wellnessbereiches etc. benötigt. Auf dem Zimmerausweis sind Name, Adresse und Telefonnummer des Hotels, Name und Zimmernummer des Gastes sowie evtl. Zimmerpreis und/oder Arrangement vermerkt.

Der Zimmerausweis eignet sich als Hülle für die Keycard, als Werbeträger (z. B. für Taxiunternehmen, Reisebüros) bzw. als Informationsträger (z. B. für Öffnungszeiten, Verkehrsverbindungen, Stadtpläne, Depothinweis).

ZIMMERNACHT

Engl. Room Night

Diese Kennzahl weist alle Zimmer aus, die in einem bestimmten Zeitraum (z. B. einem Monat) belegt sind bzw. verkauft wurden.

Beispiel

Belegte Zimmer im Mai: 1312

ZIMMERPLAN

Der Zimmerplan ist eines der wichtigsten Arbeitsmittel an der Rezeption. Er ist im Property Management System standardmäßig enthalten. Erreicht eine Reservierung das Hotel, überprüft die Rezeptpionistin/der Rezeptionist zuerst im Zimmerplan, ob die gewünschte Zimmerkategorie zum gewünschten Zeitpunkt noch verfügbar ist.

Wenn Anfragen und Reservierungen bearbeitet werden, liefert ein Blick auf den Zimmerplan einen verbindlichen Überblick über die verfügbaren Zimmer und die bereits eingegangenen Vorreservierungen. Hier ist immer der Letztstand an Belegungen und Reservierungen abzulesen. Die aktuelle Belegung ist auf einen Blick ersichtlich. Im Zimmerplan sind alle Änderungen sofort durchzuführen.

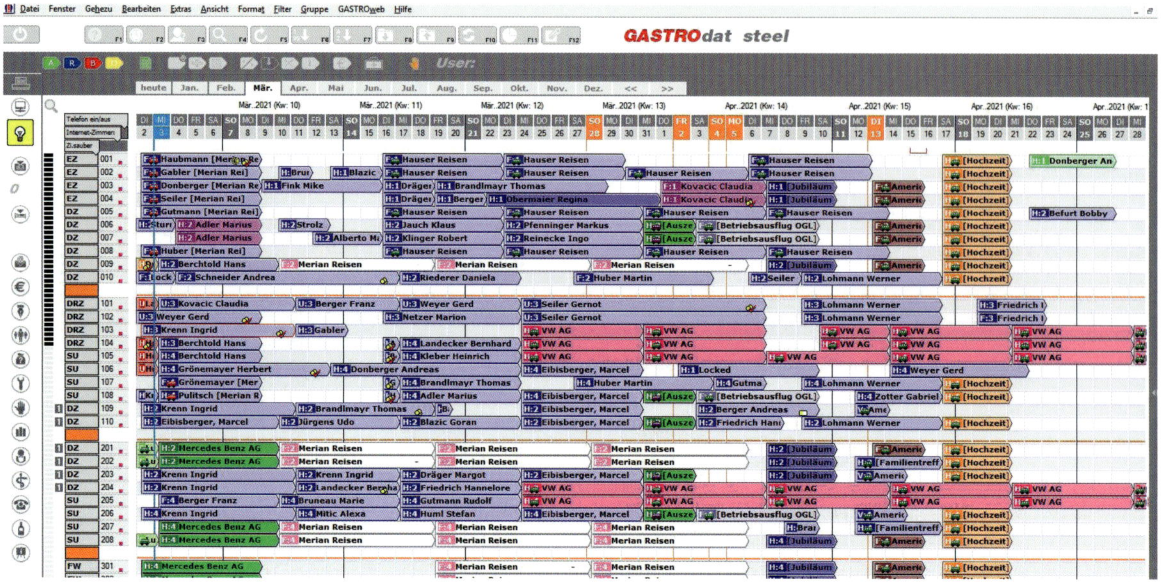

- Die Zeilen zeigen die jeweiligen Zimmer sowie deren Kategorie an.
- Die Spalten zeigen das Datum an.
- Der vertikale blaue Balken symbolisiert den aktuellen Tag.
- Die grau hinterlegten Tage weisen die Wochenenden aus.
- Die grün markierten Einträge stehen für Angebote.
- Blau markierte Einträge zeigen fixe Reservierungen an.
- Die roten Einträge zeigen die eingecheckten bzw. im Haus befindlichen Gäste.
- Alle ausgecheckten Gäste erkennt man an der gelben Farbe.

Im Property Management System können auch Tages- bzw. Monatszimmerpläne generiert werden.

Jede Reservierung wird – vom Ankunfts- bis zum Abreisetag – in den Zimmerplan eingetragen. Da der Plan sehr übersichtlich ist, sieht man auf einen Blick, welche Lücken mit Reservierungen ausgefüllt werden können, damit eine optimale Belegung erreicht werden kann. Zur Übersicht können Buchungen unterschiedlich farblich gekennzeichnet werden.

Der Zimmerplan kann auch ausgedruckt werden.

Erfahrungsgemäß wird ein kleiner Teil der Reservierungen wieder storniert. Deshalb können Überbuchungen vorgenommen werden, d. h., man nimmt mehr Gäste an als Zimmer zur Verfügung stehen. Zu diesem Zweck werden imaginäre Phantomzimmer angelegt. Diese werden auch als Dummy-Zimmer oder Paymaster bezeichnet.

ZIMMERSAFE

Ein Safe dient als Depot für Wertgegenstände wie Geschäftsunterlagen, Bargeld, Schecks, Schmuck etc. von Gästen.

Ein Zimmersafe befindet sich, wie der Name schon sagt, im Gästezimmer. Nur der Gast hat einen Schlüssel bzw. ein Passwort (Code). Informationen zum Versicherungswert und die Kosten bei Schlüsselverlust etc. findet der Gast meist auf der Innenseite des Safes. Vergisst der Gast seinen Code, kann der Safe von einer/einem leitenden Angestellten entriegelt werden. Das sollte nur im Beisein des Gastes geschehen. Zur Verwahrung von Wertgegenständen kommen neben Safes auch Schließfächer in Frage.

„Die Versicherungssumme bei Zimmersafes ist meist geringer als bei Schließfächern an der Rezeption, besonders dann, wenn diese 24 Stunden besetzt ist.

In kleineren Häusern gibt es oft einen allgemeinen Hotelsafe im Backoffice.

ZIMMERWECHSEL

Immer wieder fragen Gäste nach einem anderen Zimmer, etwa weil sie ein Grand Lit anstelle von zwei getrennten Betten bevorzugen oder wegen eines Gebrechens im Zimmer.

SO GELINGT'S

- Die Rezeptionsmitarbeiter/innen prüfen im Property Management System bzw. Zimmerplan, ob weitere Zimmer frei sind und was dem Gast angeboten werden kann. Umbuchungen in eine höhere Kategorie sind vom Gast zu bezahlen. Der Zimmerwechsel ist im Property Management System bzw. im Zimmerplan/Belegungsplan zu vermerken.
- Die Rezeptionistin/Der Rezeptionist beauftragt die Lohndiener/innen, den Gast beim Zimmerwechsel, etwa beim Gepäcktransport, zu unterstützen.
- Nach dem Zimmerwechsel sind alle betroffenen Abteilungen, z. B. Housekeeping, zu informieren. Das Housekeeping überprüft das Zimmer, z. B. die Minibar, aus dem der Gast ausgezogen ist, und reinigt dieses gegebenenfalls. Danach wird das Zimmer wieder freigegeben.

Z

ZUFRIEDENHEITSMANAGEMENT

Zufriedene Gäste sind eher bereit, mehr für eine Dienstleistung zu bezahlen. Sie steigen mit höherer Wahrscheinlichkeit ein weiteres Mal in Ihrem Haus ab und empfehlen dieses eher weiter.

Machen Sie sich bewusst: Jeder Gast trägt zur Sicherung und Schaffung von Arbeitsplätzen bei. Gästezufriedenheit ist also ein wichtiges Thema für jeden Hotelier. Doch wie können Gäste am besten zufriedengestellt werden?

Gäste sind preisbewusst, informiert, anspruchsvoll und bei Versäumnissen und Fehlern nicht besonders tolerant. Dass ihre Erwartungen erfüllt werden, setzen sie voraus und sie empfinden die Erfüllung ihrer Erwartungen nicht als etwas Besonderes. Hinzu kommt, dass die meisten Gäste heute ganz genau wissen, was von einem Hotel zu erwarten ist. Sie haben Bewertungen auf Buchungsplattformen gelesen und sich ihre Meinung bereits gebildet. Damit diese Gäste einen Hotelaufenthalt besonders positiv in Erinnerung zu behalten, müssen ihre Vorannahmen übertroffen werden, ein sogenannter „Wow-Effekt" muss dafür sorgen, dass Gäste wirklich beeindruckt sind.

Der schwierige Weg zum loyalen Gast

Eindruck	Der Gast kommt ...	Der Gast empfiehlt ...	Der Gast erzählt ...	Der Gast ist ...
Topservice	immer wieder.	das Hotel aktiv.	Jedem davon, auch jenen, die nicht fragen.	loyal.
Guter Service	gelegentlich wieder.	das Hotel einigen Leuten.	einigen Leuten davon.	sehr zufrieden.
Okay	wenn es keine Alternative gibt.	das Hotel vielleicht, wenn er danach gefragt wird.	möglicherweise, davon wenn er gefragt wird.	zufrieden.
Nicht erwähnenswert	vielleicht, vielleicht auch nicht.	das Hotel wahrscheinlich niemandem.	niemandem davon.	gleichgültig.
Schlechter Service	nach einigen Jahren vielleicht.	das Hotel definitiv niemandem.	mindestens zehn Personen davon.	unzufrieden.
Miserabler Service	nur, wenn ihm nichts anderes übrig bleibt.	das Hotel ganz bestimmt nicht!	mindestens 25 Personen davon.	sehr unzufrieden.

Eine Zumutung	niemals mehr – nicht einmal, wenn es in der Hölle schneit.	das Hotel hundertprozentig niemandem.	erzählt jeder/jedem davon, die/der zuhört.	äußerst verärgert.
Eine bodenlose Frechheit	unter gar keinen Umständen wieder – auch wenn die Welt untergehen sollte.	das Hotel nur, um Rechtsanwältinnen/-anwälte zu Aufträgen zu verhelfen.	... davon der Presse.	so verärgert, dass er eine Klage einreicht.

Die Herausforderung lautet, den Gast mehr als hundertprozentig zufriedenzustellen, um ihn an das Unternehmen zu binden. Das bedeutet,

- den Gast zu verstehen und seine Bedürfnisse zu erkennen,
- vorbereitet zu sein,
- einen verärgerten Gast rasch wieder zu einem zufriedenen zu machen,
- dem Gast aufmerksam zuzuhören,
- Verantwortung für das eigene Handeln zu zeigen,
- den Gast zu überraschen (Wow-Effekt),
- jede Kritik ernst zu nehmen und zu hinterfragen, Negatives in Positives zu verwandeln.

Viele Hotels unterscheiden sich nicht wesentlich in Ausstattung, Lage und Kategorie – es ist die Individualität, die Persönlichkeit und Herzlichkeit eines Betriebes, die ihn von seinen Mitbewerbern abhebt. Erst die Erfüllung individueller Gästebedürfnisse, Aufmerksamkeit, Empathie, offensiver Service und Fachkompetenz der Mitarbeiter/innen machen ein Hotel einzigartig und begeistern Gäste.

Der Gast hat während seines Aufenthaltes Kontakt mit verschiedenen Abteilungen eines Hotels. Jede Abteilung muss sich das Ziel setzen, die Gästeerwartungen mehr als zu erfüllen.

> *„Jede einzelne Mitarbeiterin/jeder einzelne Mitarbeiter kann mithelfen, dass Gäste sich in einem Haus so wohlfühlen, dass sie vollauf zufrieden sind und wiederkommen!*

STELLEN SIE SICH VOR

Die Erwartungen eines Gastes liegen bei 100 Punkten. Küche und Etage erreichen jeweils 85 Punkte, wodurch die jeweils 100 Punkte bei Technik und Service etwas abgewertet werden. Die Rezeption hat aber mit 120 Punkten die Gästeerwartung übertroffen und somit wird der Gast höchstwahrscheinlich bei Erzählungen die Rezeption hervorheben und die Abteilungen, die seine Erwartungshaltung nicht erreicht haben, nicht erwähnen. Das soll nicht heißen, dass Sie die Verantwortung haben, die Fehler der anderen Abteilungen abzufangen. Sie haben aber die Möglichkeit, Ihren Bereich optimal zu vertreten – und diese sollten Sie unbedingt nützen.

Um zufriedene Gäste zu haben, muss man als Mitarbeiter/in selbst aktiv sein, innovativ sein. Jede Mitarbeiterin/Jeder Mitarbeiter soll sich als Verkäufer/in sehen. Es wird das Produkt Service verkauft – die Botschafter/innen der zu bietenden Qualität sind die Mitarbeiter/innen auf allen Ebenen.

Es sind nicht nur die großen und außergewöhnlichen Dinge, die den Gast rundum zufrieden und glücklich machen. Ein gutes Basisangebot, die individuell abgestimmte Dienstleistung basierend auf den besten Mitarbeiterinnen/Mitarbeitern und die entsprechende Information der Gäste bilden die Grundvoraussetzung, dass Ihre Gäste zufrieden sind. In Ihrer Position sind Sie gefordert, echte Gastfreundschaft zu leben. Um diese Herausforderung annehmen zu können, sollten Sie sich im Klaren sein, was Gastfreundschaft bedeutet und in welchem Maß Sie sich darauf einlassen können. Nur wenn Sie Freude am Umgang mit Ihren Mitmenschen haben, wenn Ihre Gastfreundschaft spürbar ist, können Sie in Ihrem Job richtig gut sein.

„Überlegen Sie: Was erwartet Ihr Gast für sein Geld?

Was Sie sich fragen sollten, um besser auf Ihre Gäste eingehen zu können:

Was erwartet mein Gast jetzt?

Was denkt mein Gast gerade?

- Sieht mein Gast das anders als ich?
- Wie kommt meine Botschaft bei meinem Gast an?
- Fühlt sich der Gast bei uns wohl und genießt seinen Aufenthalt?
- Was könnte mein Gast jetzt gehört und verstanden haben?
- Fühlt sich der Gast von mir anerkannt?

Worauf Sie achten sollten:

- Halten Sie Blickkontakt mit den Gästen (zu allen, wenn mehrere vor Ihnen stehen).
- Merken Sie sich die Namen Ihrer Gäste und sprechen Sie diese mit Namen an.
- Erfassen Sie die Gewohnheiten und Wünsche der Gäste.
- Denken Sie sich in Ihre Gäste hinein. Überlegen Sie, was auf der Anreise schon passiert sein könnte und wie sich das auf die Ankunft und den Aufenthalt im Hotel auswirkt.
- Zusätzliche kostenlose Serviceleistungen wie Mineralwasser auf dem Zimmer geben dem Gast das Gefühl, dass er für sein Geld auch etwas bekommt.
- Halten Sie die Gästekartei aktuell! Nutzen Sie diese, um sich über die Vorlieben Ihrer Gäste zu informieren.

„Je besser Sie Ihre Gäste kennenlernen, umso individueller können Sie Ausflugsziele empfehlen und unvergessliche Urlaubserlebnisse schaffen. Das macht Sie und Ihren Betrieb einzigartig.

Bewertungsbogen

Untersuchungen zeigen, dass nur ca. 4 % aller unzufriedenen Kundinnen/Kunden ihrem Unmut auch direkt gegenüber dem Betrieb Luft machen. Das bedeutet, dass eine Beschwerde für 25 Beschwerden steht, die nie geäußert wurden. Umgekehrt zeigen Studien, dass verstimmte Gäste ihren Unmut zwar nicht dem Hotel, aber dafür anderen erzählen: Ein unzufriedener Gast erzählt es zehn Leuten, ein zufriedener Gast erzählt es hingegen nur drei Leuten.

Um die hauseigenen Leistungen zu bewerten, empfiehlt es sich daher, einen Bewertungsbogen zu entwerfen, der natürlich nur bei einer selbstkritischen Beurteilung sinnvoll ist.

Z

Beispiel

HOTEL
Vier Jahreszeiten

Bewertungsbogen zur Selbstreflexion	☺	😐	☹
Ich trage jeden Tag dazu bei, dass sich alle meine Gäste ohne Unterschied wohlfühlen.			
Ich habe gute Laune und mache meine Arbeit gerne.			
Jeder Gast wird mit einem Lächeln begrüßt.			
Ich grüße korrekt, freundlich und persönlich.			
Ich bin körperlich fit und frisch. Ich bin wach, ausgeschlafen und konzentriert.			
Ich habe eine positive, optimistische Grundeinstellung. Ich glaube, dass der Gast sich freut, mit mir Kontakt zu haben.			
Ich habe alle wichtigen Unterlagen zur Hand.			
Ich begrüße jeden Gast, den ich schon kenne, mit seinem Namen und mit persönlichem Bezug.			
Jeder Gast fühlt schon im ersten Augenblick, dass er willkommen ist.			
Ich schenke jedem Gast vom ersten Augenblick an die volle Aufmerksamkeit.			
Der Gast weiß von Anfang an, mit wem er spricht; er spürt meine Kompetenz.			
Ich bin eine gute Zuhörerin/ein guter Zuhörer. Ich achte die andere/den anderen und ihre/seine Meinung, ihre/seine Denkweise und ihre/seine Werte.			
Ich kann mich in andere hineinversetzen, ihre Sorgen und Ängste verstehen und akzeptieren, auch wenn sie ganz anders sind als meine.			
Ich vermittle jeder Anruferin/jedem Anrufer das Gefühl, dass ich mich über ihren/seinen Anruf freue.			
Meine Sprache und Ausdrucksweise habe ich so sicher im Griff, dass ich harmonische Gespräche führe, bei denen der Gast sich wohlfühlen kann.			
Flexibilität ist für mich wichtiger als die innere Organisation („Das werden wir für Sie sicher machen können, Herr ..." statt „Das gibt es bei uns nicht").			
Ich bin zuverlässig. Ich halte Zusagen pünktlich und inhaltlich korrekt ein.			
Ich bin geduldig, höflich und lasse der Gästebetreuung den Vorrang vor anderen Tätigkeiten.			
Ich und meine Vorgesetzten verhalten uns einander gegenüber sehr fair und freundlich – natürlich vor allem vor den Gästen, aber nicht nur dann.			
Ich bin so begeistert vom Unternehmen, von den Produkten, vom Service, vom Nutzen, den ich bringe, dass ich auch andere begeistern kann.			

Ich bin lebendig, kreativ und abwechslungsreich. Ich habe immer wieder neue Ideen. Ich bin immer wieder für eine (positive) Überraschung gut. Es macht Spaß, mit mir zu tun zu haben.			
Ich bin primär am Gast interessiert und erst sekundär am Auftrag. Die gute Beziehung zum Gast und ihre Dauerhaftigkeit zählt für mich mehr als die Umsatzhöhe.			
Ich mache keinen Unterschied zwischen den Gästen.			
Der Gast wird auch noch beim Abschied mit voller Aufmerksamkeit bedient und umsorgt.			
Ich bin spontan bereit, meinem Gast bei Problemen, Wünschen und Fragen zu helfen.			
Mein Follow-up-Service ist unübertrefflich (Zufriedenheitsnachfrage, Ersatzware, Reklamationsfreundlichkeit).			

ZUSATZVERKAUF

Siehe Upselling

ZUTRITTSKONTROLLE

Siehe Schließsystem/Schlüssel

ZWEIBETTZIMMER

Engl. Twin Room

Das ist ein Zimmer für zwei Personen mit getrennten Betten.

INDEX

I

J

K

L

M

N

O

LITERATURNACHWEIS

Amt der OÖ. Landesregierung – Direktion für Landesplanung, wirtschaftliche und ländliche Entwicklung, Abteilung Wirtschaft und Forschung, Wirtschaftskammer Oberösterreich – Sparte Tourismus- und Freizeitwirtschaft, Oberösterreich Tourismus GmbH (Hrsg.): Tourismusstrategie 2022. Tourismus. Zukunft. Oberösterreich. Online abrufbar unter: https://www.oberoesterreich-tourismus.at/fileadmin/user_upload/oberoesterreich-tourismus/Bilder/B2B/LTO/Dokumente/Oberoesterreich_Landes-Tourismusstrategie_2022_web.pdf, abgerufen am 25. 2. 2021

Bardi, James A.: Hotel Front Office Management. 3. Auflage, John Wiley & Sons, 2003.

Bundesministerium für Nachhaltigkeit und Tourismus, Wirtschaftskammer Österreich – Bundessparte Tourismus und Freizeitwirtschaft (Hrsg.): Datenschutz neu. Eine Orientierungshilfe für die Tourismus- und Freizeitwirtschaft. 2018. Online abrufbar unter: https://www.wko.at/branchen/tourismus-freizeitwirtschaft/datenschutz-im-tourismus.pdf, abgerufen am 25. 2. 2021.

Bundesministerium für Wissenschaft, Forschung und Wirtschaft (Hrsg.): Danke, lieber Gast! Vom Umgang mit Wünschen, Anregungen und Beschwerden. Wien: 2014. Online abrufbar unter: https://www.wko.at/branchen/tourismus-freizeitwirtschaft/Danke,-lieber-Gast-.pdf, abgerufen am 25. 2. 2021

Bundesministerium Nachhaltigkeit und Tourismus, Wirtschaftskammer Österreich – Fachverband für Reisebüros (Hrsg.): Pauschalreiserecht – Neu. Die wichtigsten Neuerungen aufgrund der Pauschalreiserichtlinie (EU) 2015/2302. 3. Auflage, Wien: 2019. Online abrufbar unter: https://www.wko.at/branchen/tourismus-freizeitwirtschaft/reisebueros/PRG-Reisebuero-lang.pdf, abgerufen am 3. 3. 2021

Chang, Celine u. a.: Internationale Gäste gewinnen und begeistern. Erfolgreich durch interkulturelle Kompetenz. Stuttgart: Matthaes Verlag, 2015.

Hafner, Harald: Hotmama – Hospitality & Tourism Marketing Management. Wien, 2006.

Hafner, Harald: Profitabilität durch Kundenzufriedenheit. Tourismusmarketing. Fortis FH, Wien: Manz, 1998.

Hänssler, Karl Heinz (Hrsg.): Management in der Hotellerie und Gastronomie. 9. Auflage, Oldenburg: De Gruyter, 2016.

Hartauer, Hans-Jürgen: future service sells. Stuttgart: Matthaes Verlag, 2014.

Hotelstars Union (Hrsg.): Kriterienkatalog 2020–2025. Online abrufbar unter: https://www.hotelstars.eu/fileadmin/Dateien/PORTAL_HSU/Kriterienkataloge/Hotelstars_Union_-_Klassifizierungskriterien_2020-2025.pdf, abgerufen am 25. 2. 2021

Kloppsteck, Edda: Wirtschaftslehre Hotel/Restaurant/Küche. 1. Auflage, Haan-Gruiten: Pfanneberg, 2019.

Knaus-Siegel, Birgit u. a.: Rechnungswesen und Controlling Tourismus III HLT. 1. Auflage, Linz: Trauner Verlag, 2019.

Kohl, Manfred: Mehr Service bitte. Stuttgart: Matthaes Verlag, 2015.

Krainer, Renate u. a.: Angewandte Wirtschaftslehre für die Gastronomie. 2. Auflage, Linz: Trauner Verlag, 2020.

Krausler, Kurt u. a.: Rezeption in Perfektion. 2. Auflage, Linz: Trauner Verlag, 2020.

Kroner, Markus; Reisenzahn, Thomas: Das Hotel und seine Gäste. Die rechtlichen Rahmenbedingungen der Beherbergung und der Pauschalreise. 2. Auflage, Wien: Linde Verlag, 2018.

Land Salzburg (Hrsg.): Salzburger Tourismus. Gesund. Innovativ. Nachhaltig. Strategieplan Tourismus 2020. Salzburg: 2013. Online abrufbar unter: https://www.salzburg.gv.at/tourismus_/Documents/strategieplan_2020_-_internetversion.pdf, abgerufen am 25. 2. 2021.

Meffert Heribert: Marketing. 9. Auflage, Wiesbaden: Gabler, 2000.

Michel, S./Zellweger, C. (2007): Pricing bei Dienstleistungen und Yield Management. Grundlagen, Beispiele und Herausforderungen, in: Schäfer-Matzak, A./Jüttner, U. (Hrsg.): Dienstleistungsmarketing (Forthcoming), Luzern.

Motsch, Elisabeth; Rohrmoser, Sabine: Meine Gäste – meine Fans. Von der Servicewüste zur Gästebegeisterung. 1. Auflage, Linz: Trauner Verlag, 2014 (Nachdruck 2015).

Österreichische Hoteliervereinigung (Hrsg.): Leitfaden Bargeldloses Bezahlen. Online abrufbar unter: https://www.oehv.at/fileadmin/user_upload/MediaLibrary/Downloads/Leitfaeden/Leitfaden_Bargeldloses-Bezahlen_screen.pdf, abgerufen am 25. 2. 2021

Pizam, Abraham; Holcomb, Judy (Hrsg.): International Dictionary for Hospitality Management. 1. Auflage, Amsterdam u. a.: Elsevier, 2008.

Ploner, Jean-Georges: Service that sells! 4. Auflage, Stuttgart: Matthaes Verlag, 2010.

Reisenzahn, Thomas u. a.: STAHR. Erfolg ist planbar. Das Controlling-Handbuch für Österreichs Hotellerie. 1. Auflage, Linz: Trauner Verlag, 2018.

Schopohl, Michael u. a.: Hotelfach. Kompetent in Ausbildung und Beruf. Hamburg: Verlag Handwerk und Technik, 2016.

Wirtschaftskammer Österreich – Fachverband Hotellerie (Hrsg.): Gastwirtehaftung. Wien: 2012. Online abrufbar unter: https://www.wko.at/branchen/tourismus-freizeitwirtschaft/hotellerie/120412_ip_gastwirtehaftung_cw.pdf, abgerufen am 25. 2. 2021

Wolf, Kurt; Heckmann, Roland: Marketing für Hotellerie und Gastronomie. Stuttgart: Matthaes Verlag, 2008.

Online-Quellen:

Onpage SEO Checkliste – Tipps für bessere Suchmaschinenoptimierung. https://www.selbstständig-im-netz.de, abgerufen am 5. 2. 2020

Prodinger Tourismusberatung: Datenschutzgrundverordnung – was Hoteliers tun müssen. https://tourismusberatung.prodinger.at/2017/11/15/datenschutzgrundverordnung-hoteliers-tun-muessen/, abgerufen am 25.2.2021

Prodinger Tourismusberatung: Der Hotelier als Reiseveranstalter. https://www.prodinger.at/observer/der-hotelier-als-reiseveranstalter/, abgerufen am 25. 2. 2021

Prodinger Tourismusberatung: Umsatzsteuer bei Storno, No-Show und verfrühter Abreise. https://tourismusberatung.prodinger.at/wp-content/uploads/sites/2/2018/12/Artikel_USt_Storno_NoShow.pdf, abgerufen am 25. 2. 2021

Gabler Wirtschaftslexikon: https://wirtschaftslexikon.gabler.de, abgerufen am 26. 3. 2021

Spalteholz Hotelkompetenz: https://spalteholz.com, abgerufen am 3. 3. 2021

Wirtschaftskammer Österreich: Das Medienrecht für Newsletter und Websites im Überblick: https://www.wko.at/service/wirtschaftsrecht-gewerberecht/Das_Medienrecht_fuer_Newsletter_und_Websites_im_Ueberblick.html, abgerufen am 25. 2. 2021

Wirtschaftskammer Österreich: E-Mails versenden – aber richtig: https://www.wko.at/service/wirtschaftsrecht-gewerberecht/E-Mails_versenden_-_aber_richtig.html, abgerufen am 25. 2. 2021

Wirtschaftskammer Österreich: Newsletterversand im Kontext der EU-Datenschutz-Grundverordnung – FAQ: https://www.wko.at/service/unternehmensfuehrung-finanzierung-foerderungen/eu-dsgvo-newsletterversand-faq.html, abgerufen am 25. 2. 2021

BILDNACHWEIS

Seite 52: Asia Images/Shutterstock.com (Rezeption)
Seite 60: Mick Harper/Shutterstock.com (Concierge)
Seite 66: GASTROdat (Screenshot Gästekartei)
Seite 129: Melinda Nagy/Shutterstock.com (Burj Al Arab)
Seite 161: SIVStockStudio/Shutterstock.com (Lost & Found)
Seite 178: Adriano Castelli/Shutterstock.com (Messe)
Seite 179: John And Penny/Shutterstock.com (Minibar)
Seite 180: RaksyBH/Shutterstock.com (Automat)
Seite 182: Nick Fox/Shutterstock.com (Motel)
Seite 197: Wachiwit/Shutterstock.com (Handy Travel Apps), Casimiro PT/Shutterstock.com (Laptop Expedia)
Seite 204: Premier Photo/Shutterstock.com (Ritz)
Seite 285: Vasin Lee/Shutterstock.com (Smartphone)
Seite 286: ArthurStock/Shutterstock.com (Instagram)
Seite 292: ©Chinnapong – stock.adobe.com (Google)
Seite 294: ©wachiwit – stock.adobe.com (Google Analytics)
Seite 319: taniavolobueva/Shutterstock.com (VIP)
Seite 352: GASTROdat (Screenshot Zimmerplan)

Alle weiteren Bilder und Grafiken sind Eigentum der TRAUNER Verlag + Buchservice GmbH bzw. wurden von Bildagenturen zugekauft (stock.adobe.com, shutterstock.com, istockphoto.com).

EIN HERZLICHES DANKESCHÖN AN ...

Brigitta Brunner BA, Leitung ÖHV Campus
Andrea Fuchs, Hotel Sans Souci, Wien
Mariia Ilinykh, WorldSkills Russia
Egidio Marcato, SwissSkills
Petra Rechberger, GASTROdat
Thomas Reisenzahn, Prodinger Tourismusberatungs Gmbh
Luisella Rossi, WorldSkills Italy
Dr. Evelin Schieder, HGV
Mag. Michaela Thalhammer, Berufsschule für Touristik, Längenfeldgasse, Wien
Tobias Warnecke, IHA

PETER WÖLFL

Ausgebildeter Hotelkaufmann, Absolvent eines Universitätslehrgangs für Tourismus an der Wirtschaftsuniversität Wien, sammelte praktische Erfahrungen in der internationalen Hotellerie, u. a. in Österreich, Großbritannien und den USA. Über dreißig Jahre Unterrichtstätigkeit an der Berufsschule Waldegg. Betreut seit vielen Jahren als Expert bzw. Chief Expert die Teilnehmer/innen im Bereich Hotel- und Gastgewerbeassistent/in (Hotel Receptionist) bei den Austrian Skills, EuroSkills sowie WorldSkills.

INES WEISSENSTEINER-WIESSLER

Lehramtsstudium Deutsch und Italienisch, Absolventin der ÖHV-Unternehmerakademie. Langjährige berufliche Praxis im Bereich Hotellerie und Tourismusberatung, u. a. zu den Themen Marketing und Webmarketing. Seminartätigkeit u. a. Lehrgang für Rezeptionisten am WIFI Wien. Betreibt seit 2016 ein Appartementhaus in Rheinland-Pfalz, Deutschland.

CHRISTINE RUETZ

Absolventin des viersemestrigen Fremdenverkehrskollegs der Höheren Lehranstalt für Tourismus in Salzburg/Klessheim, sammelte praktische Erfahrung als Rezeptionistin und Direktionsassistentin der gehobenen Hotellerie in Salzburg, am Arlberg und am Wörthersee. Seit über zwanzig Jahren Lehrerin an der Landesberufsschule Obertrum im Bereich Hotel- und Rezeptionstechnik, Betriebswirtschaft und Marketing. Über zehn Jahre erfolgreiche Trainerin und Betreuerin der Salzburger Teilnehmer/innen im Bereich Rezeption bei den Staatsmeisterschaften und später als Shopmaster bei den juniorSkills Austria.

ERNST KHOM

Absolvent der Hotelfachschule Villach und der Höheren Lehranstalt für Fremdenverkehrsberufe Villach, sammelte praktische Erfahrungen in der internationalen Hotellerie, u. a. in der Schweiz, in Frankreich und in Österreich. Seit über dreißig Jahren Lehrtätigkeit an der Landesberufsschule Obertrum, seit 2013 Direktor der Landesberufsschule Obertrum.